Dina Casparis

High Heels – Heisse Mode

Teil II der High-Heels-Reihe

 münsterverlag

Impressum

© 2022 Münster Verlag, Zürich

Illustrationen:	Florence Bachofen-Székely
Umschlaggestaltung:	Corinne Lüthi
Gestaltung und Satz:	Corinne Lüthi
Lektorat:	Sibylle Liedtke
	(Unterwegs Verlag, Singen)
Druck und Einband:	CPI books GmbH, Ulm
Verwendete Schriften:	Source Serif Pro
Autorenfoto:	Roman Schubert
Make-up & Styling:	Aisha Wenzel-Werz
Papier:	Umschlag, 135g/m^2, Bilderdruck
	glänzend, holzfrei; Inhalt, 90g/m^2,
	Werkdruck bläulichweiss,
	1,75-fach, holzfrei

ISBN 978-3-907301-45-6
Printed in Germany

www.muensterverlag.ch

«Mode ist vergänglich, Stil niemals.»
Coco Chanel

Für Finy

Inhaltsverzeichnis

Auf ein Wort

«Mode und Nachhaltigkeit? Aha ...» Mehr als ein gelangweiltes Lächeln oder genervtes Augenrollen erntete ich nicht, wenn ich nach dem Thema meines neuen Romanprojekts gefragt wurde. Erst seit ein, zwei Jahren scheint das Thema salonfähig geworden zu sein. Mein erster Roman, «High Heels – Heiße Deals», spielt 2013 und endet damit, dass Tara an ihrer neuen Stelle im *Family Office* unverhofft wieder auf James Kuhl trifft, der im Auftrag eines Kunden eine Modefirma kaufen will. Im vorliegenden Roman begegnen wir Tara knapp eineinhalb Jahre später, im Januar 2015 am Weltwirtschaftsforum in Davos, zu dem sie der Schweizer Modekönig an die erste «grüne» Modeschau eingeladen hat.

«High Heels – Heiße Mode», der vorliegende zweite Teil der «High-Heels-Reihe», spielt im Jahre 2015. Fertig geschrieben habe ich den Roman Ende 2021. So mögen mich Technologien oder Begebenheiten, von denen 2015 noch niemand sprach, inspiriert haben. Das Thema Mode und Nachhaltigkeit hingegen habe ich versucht, zeitgerecht darzustellen. Damals interessierte sich das Gros der KonsumentInnen nicht wirklich für die Herkunft ihrer Kleider. Greenpeace hatte mit seiner *Detox-Kampagne* gerade die Modebranche aufgerüttelt, aber die Umsetzung harzte. Mit Greenwashing ließ (und lässt) sich das Gewissen der Konsumenten eben billiger beruhigen.

Bei den Recherchen für diesen Roman habe ich Ungeheuerliches und Wissenswertes entdeckt. Wer sich für die Thematik interessiert, findet entsprechende Links auf meiner Webseite (www.dinacasparis.com). In den Fußnoten stehen Erklärungen, die nicht unbedingt in den Text gehören. Kursiv gedruckte Begriffe sind am Ende des Buchs im Glossar erklärt.

Danke, dass Sie sich für meinen Roman Zeit nehmen und viel Lesevergnügen!

Disclaimer

Es heißt zwar, das Leben schreibe die besten Geschichten, doch ich muss Sie, liebe Leserinnen und Leser, enttäuschen: Sämtliche natürlichen und juristischen Personen im vorliegenden Roman sind frei erfunden, sofern nicht, wie die eine oder andere bekannte Persönlichkeit oder Marke, mit Absicht erwähnt.

Figuren

Tara Bernhard (32)
Rechtsanwältin im *Family Office*, La Couronne des Bergues.

Tante Jo (69)
Josephine Bernhard, genannt Jo, ist die Schwester von Taras verschollenem Vater. Als Tara mit sechzehn Jahren Vollwaise wurde, nahm sie sie in ihrem großen Haus und Herzen auf.

Annabelle Kronenberg
(ihr Alter untersteht dem Bankgeheimnis)
Gründerin des *Family Office* und Taras Chefin. Die Spezialistin für Finanz- Vermögensfragen entstammt einer norddeutschen Bankiersdynastie, wo sie ihre Sporen abverdient und ein wertvolles Netzwerk geknüpft hat.

Karl Gerold Fuchs (74), genannt KGF oder «der alte Fuchs»
«Schweizer Modekönig», Patron in dritter Generation des von seiner Großmutter Rudolfine gegründeten traditionsreichen Modeunternehmens, Finny-Mode AG (und Taras Lieblingsklient).

Nadine Blumenthal (34)
KGFs Nichte, Gesellschaftskolumnistin, Bloggerin und frischgebackene Pressesprecherin von Finny-Mode.

Madam oder Mama Blumenthal, auch genannt Mama B.
Nadines Mutter, KGFs Schwester, Mitinhaberin und Mitglied des Verwaltungsrats von Finny-Mode, von Beruf Ex-Ehefrau und Galeristin.

Adalbert Ferdinand Fuchs, genannt AFF (32)
KGFs Sohn, Marketingchef, Mitglied des Verwaltungsrats von Finny-Mode (aber nicht Aktionär).

James Kuhl (42)
Finanzspezialist und Geheimagent im Nebenamt, als Vertreter des stillen Teilhabers ebenfalls Mitglied des Verwaltungsrats von Finny-Mode.

Der stille Teilhaber
Öffentlichkeitsscheues indisches IT-Genie, das die Smarty-Technologie entwickelt hat und eine Plattform für das Hightech-Kleid suchte.

Boris Garcholigoff (53)
Fast-Fashion-Zar und Inhaber der Billigmodekette Uptodate.

Cheru Wüstenhagen (35)
Textilingenieurin, arbeitet an der Entwicklung des Hightech-Kleids «Smarty».

Oliver Weiss (37)
Taras Lebenspartner, arbeitet als Biochemiker ebenfalls an Smarty.

Valerie von Felsenkirch (34)
Rechtsanwältin der Kanzlei Brecht & Partner (vormals Guth & Brecht) und Taras verhasste Ex-Kollegin. Sie ist die Nichte von Professorin Bernadette Brecht.

Prof. Bernadette Brecht, heimlich Ochsenfrosch genannt
Valeries Tante, Gründungspartnerin von Brecht & Partner und Vizepräsidentin des Verwaltungsrats von Finny-Mode.

Ines Grossweiler, genannt Rottweiler
Assistentin des Patrons und selbsternannte Office-Managerin, (hält mit den Akten auch ihr Alter unter Verschluss).

Theobald
Chefdesigner bei Finny-Mode.

Leopold, genannt Leo
Sein Assistent.

Gar Beau
Eine junge Modeaktivistin, die mit Sitzstreiks vor Fast-Fashion-Tempeln bekannt wurde.

Die Grünen Löwen
Eine militante Gruppe von Modeaktivisten. Gar Beau ist ihr großes Vorbild.

Ein Polizist
Kein Freund und Helfer.

«Mode ist nicht meine Welt!» Sie löste sich aus seiner Umarmung und schlang die Arme um ihre Beine. «Ich will weder eine Schaufensterpuppe noch ein wandelnder Kleiderständer sein. Zudem würden das meine Eltern niemals zulassen.»

«So streng?»

«Und traditionsbewusst.» Dass ihre Eltern bereits einen Ehemann für sie ausgewählt hatten, brauchte er nicht zu wissen. Auch nicht, dass ihre Tage in London gezählt waren, sobald sie ihr Studium beendet hatte. Sie wollte einfach nur weg, in ein neues Leben mit diesem Schweizer, in den sie sich entgegen jeglicher Vernunft verliebt hatte. «Sie finanzieren mein Studium, keine Ferien in der Schweiz.»

«Dann such dir eben einen Büro-Job!»

«Du wolltest mir doch die Stelle nicht geben!» Finster blitzte sie ihn an.

«Nein, ich wollte dich nur ausführen, ausziehen und verführen.» Er lachte und zog sie wieder an sich. «Die Finanzwelt ist nichts für Frauen und für dich erst recht reine Zeitverschwendung. Mit deinen Looks kannst du als Model viel mehr verdienen.»

«Du jonglierst doch auch lieber mit Zahlen.»

«Und genau deshalb braucht mich mein Vater.» Seine Finger wanderten über ihren Yoga-gestählten Rücken. «Komm mit mir in die Schweiz und wenn es nur ein paar Wochen sind. Dann sehen wir weiter.»

«Und mein Studium?»

«Mach eine Pause, lerne Deutsch. Models mit deinem Aussehen sind bei uns gesucht. Du könntest dir dein Studium locker selbst finanzieren und Elektrotechnik kannst du auch in der Schweiz studieren.» Er ließ sich auf den Rücken fallen und zog sie auf sich. «Komm, lass mich noch einmal deine Yogamatte sein.»

1. Hindernislauf zum Gipfeltreffen

Ganz in Weiß glich die höchste Stadt Europas Schneewittchens Stiefmutter, deren Makel unter einem Spitzenschleier verschwanden. Architektonische Schandtaten hatten sich in majestätische Schneeskulpturen verwandelt, Flachdächer sich mit Schneehäubchen aufgehübscht. Mit Tausenden Eiskristallen überzogene Bäume glitzerten mit dem zugefrorenen See und dem Goldenen Ei[1] um die Wette. Schneewälle am Straßenrand verzauberten das Straßenbild in eine Miniaturberglandschaft. Der tiefblaue Davoser Himmel stimmte selbst das kritischste Auge milde.

Nicht nur die Natur hatte ihre Hand an die Alpenstadt gelegt. In ihrem mondänen Kleid, herausgeputzt für die Staatsbesuche, war sie nicht mehr wiederzuerkennen. Und so fühlte sich Rechtsanwältin Tara Bernhard wie Alice im Wunderland, als sie den Parkplatz der Parsennbahn überquerte, um in einer temporären Office-Baracke ihren *Badge* abzuholen, ihren persönlichen Schlüssel zum Weltwirtschaftsforum in Davos. Für einen Tag gehörte auch Tara zur Elite, die alljährlich im Januar im Kongresszentrum den geopolitischen Draht- und Strippenziehern dieser Welt lauschen durfte. Taras Lieblingsklient, der Patron von Finny-Mode, Karl Gerold Fuchs, hatte sie zum Green Fashion Summit, dem ersten Mode-Gipfel zum Thema Nachhaltigkeit anlässlich des WEF[2], eingeladen. Dank eines aufsässigen Teenagers namens Gar Beau erhiel-

---

[1] 2013 wurde das in Form eines goldenen Eis oberhalb des Davoser Sees thronende Hotel Inter-Continental eröffnet. Nach mehreren Besitzerwechseln heißt es heute AlpenGold Hotel.
[2] Das Weltwirtschaftsforum oder zu gut Englisch «World Economic Forum» ist ein von manchen Seiten kritisch beäugtes alljährliches Gipfeltreffen der internationalen Wirtschaftselite in Davos.

ten dieses Jahr auch weniger mächtige, aber nicht minder wichtige junge Menschen eine Stimme. Die Tochter einer Modedesignerin hatte mit ihren Sitzstreiks vor Fast-Fashion-Tempeln eine weltweite Bewegung unter Teenagern und Umweltaktivisten ausgelöst. Letztes Jahr campierte Gar Beau während des WEF vor dem Kongresshaus und wetterte gegen die Fast-Fashion-Industrie. Und dieses Jahr schon durfte sie als Ehrengast den Green Fashion Summit am Weltwirtschaftsforum eröffnen.

In gespannter Vorfreude dachte Tara an den Vortrag, den sie für ihre Chefin geschrieben hatte. Sie hoffte, damit auch die junge Modeaktivistin dabei zu unterstützen, ihr ehrgeiziges und von vielen belächeltes Ziel zu erreichen: Die Textilbranche und die Konsumenten zum Umdenken zu bringen.

Die Menschentraube vor dem Holzbau mit dem Registration-Schild brachte Taras Terminplan erneut ins Wanken. Bei der Polizeikontrolle im Prättigau, dem Tal, durch das die einzige Straße nach Davos führte, hatte Tara nicht nur Zeit, sondern beinahe auch ihre Nerven verloren. Dass der Blitz kein reflektierender Sonnenstrahl war, der sich in einem Straßenschild spiegelte, hatte sie erst realisiert, als sie von einem Polizisten heraus gewinkt wurde. Taras letzte Geschwindigkeitsübertretung mit Führerscheinentzug hatte sie den Job gekostet. Ihr angeschlagener automobilistischer Leumund war nebst der Affäre mit einem Juniorpartner die offizielle Erklärung für ihren Rauswurf bei der der Anwaltskanzlei Guth & Brecht gewesen. Inoffiziell war sie als jüngste Anwältin das pflegeleichteste Opfer der Sparmaßnahmen, als die Kanzlei nach einem Datenleckskandal auseinanderzubrechen drohte.

Sie schaute auf die Uhr. Es war erst kurz vor 12 Uhr. Mit etwas Glück konnte sie es rechtzeitig zum Lunch mit dem Klienten Karl Gerold Fuchs schaffen. Im schlimmsten Fall würde sie das Essen absagen und ihn direkt beim Notar zur Beurkundung des Vorsorgeauftrags treffen, so wie ihre Chefin ihr aufgetragen hatte. Ein befreundeter Notar in Davos hatte Karl Gerold Fuchs auf die Notwendigkeit einer solchen Vorkehrung für den Notfall angesprochen. Und so hatte der spontan beschlossen, das lästige Geschäft rasch hinter sich zu bringen. Natürlich nicht ohne seine Anwältin, die mit der Modeschau das Angenehme mit dem Nützlichen verbinden sollte. Sie scannte die in ihre Smartphones vertieften Menschen unterschiedlichster Hautfarben. Vielleicht traf sie ja auf die eine oder andere Berühmtheit. Oder wenigstens auf einen potenziellen Klienten. Ganz nach dem Motto von Annabelle Kronenberg: Akquirieren kann man auch im Supermarkt! Nachdem keiner der Umstehenden auf ihr Lächeln und auch nicht auf ihr schüchternes «Hi» reagiert hatte, zog sie ihr Smartphone aus der Manteltasche. Dem Gerät galt der erste Griff nach dem Aufwachen und der letzte vor dem Einschlafen, wenn sie Oliver nach Lektüre der Regenbogenpresse einen virtuellen Gutenachtkuss schickte. Denn dieser «Schund», wie Oliver Taras Pflichtlektüre nannte, war eine wichtige Informationsquelle über manch einen ihrer Kunden. Und ein perfektes Schlafmittel. Perfekt wie ihre Wochenendbeziehung. Nachdem sie in einer intelligenten Frauenzeitschrift gelesen hatte, dass sexuelle Enthaltsamkeit in der Jugend zu Gewichtszunahme im Alter führen konnte, hatte sie ihrem alten Jugendfreund Oliver Weiss, dem Erhalt ihrer noch ganz passablen Figur und einer ebensolchen Beziehung eine Chance gegeben.

Tara überflog ihre E-Mails. Nachdem nichts Dringendes zu beantworten war, widmete sie sich ihrer Lieblingslektüre, dem Gossip-Blog von Nadine Blumenthal.

Nadine's Fashion & Society Blog
Donnerstag, 22. Januar 2015

Liebe Fashion- und Newsjunkies
Ihr habt richtig gelesen: Mein Blog vereint ab heute meine beiden Leidenschaften! Seriös recherchierte Schauergeschichten über Persönlichkeiten aus Gesellschaft und Kultur nebst Klatsch & Tratsch aus der Modeszene.
Wie ich dazu komme?
Karl Gerold Fuchs hat mich zur Kommunikationsbeauftragten von Finny-Mode ernannt!
Das hat übrigens nichts damit zu tun, dass er mein Onkel ist... immerhin habe ich meine 200'000 Follower selbst akquiriert.
Und ich liebe Mode, seit ich meine Barbie-Puppen mit Stoffresten und mich selbst aus Mamas Kleiderkasten gestylt habe. Mode ist der Geruch von Shalimar und Chanel Nummer 5, das Rascheln von schweren Stoffen auf dem glatten Parkett während der Modeschau meines Grossonkels. Seit meiner Kindheit versuche ich mit jedem neuen Kleidungsstück, jeder Handtasche, jedem Paar Schuhe, dieses Gefühl wieder zu finden. Shoppen ist meine Droge.
Doch nun zu meinen bahnbrechenden News: Heute wird Smarty, das erste Hightech-Kleid aus dem Hause Finny-Mode, das Licht der Modewelt erblicken!
Wo? Das berichte ich euch morgen!

Hug & Kiss
Eure Nadine
Follow me – stay informed!

War Smarty etwa Olivers Geheimprojekt? Arbeitete er für Karl Gerold Fuchs? Taras Freund tüftelte am alpinen Bio-tech- und Textilforschungsinstitut in Davos an giftfreien Herstellungsmethoden von Jeans, kompostierbaren T-Shirts, Seide aus Mandelmilch, Baumwollersatz aus Holzfasern und neuerdings an intelligenten Textilien. Er sprach nie über seine Auftraggeber. Als sie ihn wieder einmal gelöchert hatte, meinte er lapidar, sein neuestes Projekt hätte das Potenzial, die Modewelt nachhaltig zu verändern: Ein Hightech-Kleid aus synthetischer Spinnenseide und Nanobiotechnologie.

Tara schauderte bei der Vorstellung. Mode und Hightech, das passte für sie nicht zusammen. Mode war ein Spiel und Kleider shoppen ein Hobby, seit sie als Gymnasiastin die Mittagspausen mit ihren Freundinnen bei Uptodate[3] verbachte. Der Look angesagter Designer kostete im Fast-Fashion-Tempel weniger als ein Mittagessen. Sie hatte sich nie etwas gedacht dabei. Bis sie diesen Weiterbildungskurs in *Fashion Compliance* besuchte. Die Bilder eingestürzter Fabrikgebäude und darbender Textilarbeiterinnen hatten ihr die Shoppinglaune verdorben. Und ihren heimlichen Wunsch geschürt, einen Job bei Finny-Mode zu ergattern, der Firma ihres Lieblingsklienten, der sich Nachhaltigkeit auf die Fahnen geschrieben hatte.

Das Tuten eines Schiffshorns in ihrer Handtasche schreckte sie aus ihren Gedanken auf. Sie quittierte die amüsierten Blicke mit einem entschuldigenden Lächeln. So sehr sie ihre Tante liebte, für ein Plauderstündchen hatte sie jetzt keine Zeit. Das Smartphone verstummte, um gleich doch wieder loszutröten. Beim dritten Mal nahm sie den Anruf schließlich doch an.

«Tante Jo, was gibt's?»

«Wie bitte? Wo sind Sie? Wieso nehmen Sie nicht ab?» Annabelle Kronenberg klang außer Atem.

---

[3] Uptodate ist ein fiktives Fast-Fashion-Unternehmen.

«Ich bin...» Mist, sie hatte die Klingeltöne verwechselt. Sie wollte der Chefin die rostige Hupe zuweisen.

«Schon wieder zu spät!» Die kühle Norddeutsche echauffierte sich selten, aber wenn sie es tat, drohte jedem in ihrer Nähe Ungemach.

«Nein, ich habe genügend Zeit einberech...»

«Was ist mit der *Family-Governance*-Offerte für KGF?»

Im *Family Office* sprach man aus Diskretionsgründen nur verklausuliert über Kunden. Karl Gerold Fuchs wurde selbst im altehrwürdigen Modeunternehmen KGF und hinter vorgehaltener Hand «der alte Fuchs» genannt.

«Ich sollte ihn doch heute während des Lunchs erst einmal für die Thematik sensibilisieren.» Dem widerspenstigen Klienten klarmachen, dass seine Nachfolge im Unternehmen mit dem Vorsorgeauftrag noch längst nicht geregelt war, lautete der Auftrag für heute, doch Tara hatte ihren eigenen Plan.

«Vergessen Sie es! Die von Felsenkirch war schneller.» Annabelle Kronenberg gab einen unterdrückten Knurrlaut von sich. «KGF hat mir grade ihr Angebot zugeschickt und will meine Meinung dazu hören.»

«Dieses Miststück!» Taras Ex-Kollegin, Valerie von Felsenkirch, kümmerte sich in der Kanzlei Brecht & Partner um die rechtlichen Belange von KGFs Firma, nicht um seine privaten Angelegenheiten. Für diese war Tara zuständig, seit sie die Rechtsabteilung des *Family Office* La Couronne des Bergues leitete. Seit weitere von Taras ehemaligen Klienten ihr zum *Family Office* gefolgt waren, herrschte ein offener Krieg zwischen Valerie und Tara sowie zwischen Valeries Tante, Professorin Bernadette Brecht, und Annabelle Kronenberg.

«Noch vor einer Woche hat Valerie mir erklärt, dass sie mit *Family Governance* nichts am Hut habe. Die meisten ihrer Klienten seien Großkonzerne.»

«Genau das, liebe Tara, hätte Sie hellhörig machen sollen!», schimpfte die Chefin.

«Dann machen wir ihm eben ein besseres Angebot!», versuchte Tara die Situation zu retten. Als Schnittstelle zwischen Familie und Familienunternehmen war *Family Governance* das perfekte Instrument, um sich gegenseitig die Goldfische aus dem Teich zu ziehen.

«Zu spät. Ich habe eine bessere Idee. Sie werden Karl Gerold Fuchs mit Ihrem Wissen über die rechtlichen Implikationen von Mode und Nachhaltigkeit beeindrucken. Davon hat Valerie definitiv keinen blassen Schimmer.»

«Klar, ich werde ihn darauf ansprechen», frohlockte Tara. Dank Valeries fiesem Schachzug konnte sie nun mit offenen Karten spielen.

«Und Sie werden den Vortrag heute Abend an meiner Stelle halten, Tara!»

«Ich kann doch nicht...» Tara erstarrte. «Wieso?»

«Ich hatte einen Unfall.»

Tara suchte nach Worten. «Das ist ja schrecklich.» Dem energischen Ton nach zu urteilen, war die Chefin nicht ernsthaft verletzt. «Was ist denn passiert?», erkundigte sie sich höflich.

«Fuß verstaucht beim Ski-Yoga.»

Tara grinste erleichtert. «Oh je...» Ein Annabellscher Fehlalarm. «Soll ich Sie zum Arzt fahren?» Sie schaute auf die Uhr und verabschiedete sich gedanklich bereits vom Lunch mit dem Klienten. «Ich besorge Ihnen Krücken.» Sie würde alles tun, um ihren Vortrag nicht selbst halten zu müssen.

«Beim Arzt war ich schon. Der hat mir zwei Tage Fuß hochlagern und ein Schmerzmittel verordnet, von dem ich nur schon beim Lesen der Packungsbeilage krank werde.» Rascheln und Stöhnen. «Wenigstens wird der Green Fashion Summit live übertragen. So verpasse ich nichts.»

25

«Ich bin überhaupt nicht vorbereitet!» Tara wurde übel bei der Vorstellung, vor Publikum zu stehen. Noch dazu an einem so hochkarätigen internationalen Modetreffen.

«Wo liegt das Problem? Sie haben den Vortrag doch selbst geschrieben.»

Ich bin das Problem, wollte Tara sagen, doch ein glockenhelles Lachen vernichtete jeglichen Widerspruch. «Ich habe weder einen Ausdruck des Textes noch einen Laptop dabei», wehrte sie sich.

«Sie haben mir den Text per E-Mail geschickt, meine Liebe. Einen Drucker finden Sie bestimmt irgendwo. Also keine Ausreden. Das schaffen Sie. Und jetzt schauen Sie zu, dass sie rechtzeitig zum wichtigsten Lunch ihrer bisherigen Karriere kommen.»

«Ich weiß nicht, ob ich das ...», krächzte Tara und hielt sich am Geländer der Holzbaracke fest. Schweiß drang aus allen Poren. Wie immer, wenn sie vor mehr als drei Personen sprechen musste.

«Viel Glück, Tara. Ich zähle auf Sie. Und das Wichtigste», die Chefin räusperte sich. «Sind Sie noch da?»

«Ja.»

«Überzeugen Sie KGF von Ihrer Kompetenz!» Ein trockenes Lachen. «*Fashion Compliance* ist Ihr Zauberwort!» Stille. Die Chefin hatte aufgelegt. Wie immer ohne ein Abschiedswort.

Tara schwankte. Ihr Kopf dröhnte. Gedanken und Befehle purzelten durcheinander. In Olivers Wohnung den Vortrag ausdrucken, durchlesen, auswendig lernen. Hatte Oliver überhaupt einen Wi-Fi-Drucker? Der Green Fashion Summit begann um 18 Uhr. Wie sollte sie das schaffen? Dem Klienten absagen? Wenigstens das Essen. Zum Notar musste sie ihn begleiten. Sicherstellen, dass der Vorsorgeauftrag unterzeichnet und notariell beurkundet im *Family Office* ankam und nicht wieder in einer Schublade verschwand. Andererseits war der Lunch ihre Chance, KGF zu überzeugen, dass sie, Tara Bernhard, die einzig richtige firmeninterne Anwältin[4] war. Das war nämlich ihr geheimer Plan, seit der Klient ihr anvertraut hatte, er suche einen hauseigenen Juristen. Deshalb hatte sie sich in den letzten Wochen ein fundiertes Wissen über Nachhaltigkeit in der Modeindustrie angeeignet. Annabelle hatte sie dabei unterstützt. Ihr war jedes Mittel recht, um einen lukrativen Kunden ans *Family Office* zu binden. «Der braucht keinen Spezialisten einzustellen. Das machen wir selbst», hatte Annabelle erklärt.

So war die Idee mit dem Vortrag geboren. Und nun würde sie sich damit blamieren, statt sich beim Lunch zu profilieren. Tara wurde übel bei dem Gedanken. Die Tabletten! Sie griff in die Handtasche, suchte nach dem Döschen. Vergeblich. Die Panik kroch langsam in ihr hoch. Sie blickte sich um. Jetzt umzukippen, wäre sehr peinlich.

[4] Früher war es für einen Anwalt verpönt, die Unabhängigkeit aufzugeben und in einem Unternehmen anzuheuern. Heute heuern hochqualifizierte Spezialisten als firmeninterne Anwälte an, besonders in Großunternehmen. Oft werden sie aktiv von Wirtschaftskanzleien abgeworben (Knowhow-Einkauf zwecks Kostensenkung).

2. Power Lunch mit Ausblick

«Frau Bernhard?», dröhnte in dem Moment eine tiefe Stimme hinter ihr. «Tschuldigung.... *Sorry*... *Excuse me*... Lassen Sie mich bitte durch. Ich gehöre zu dieser Dame.»

Tara wagte ihren Ohren nicht zu trauen und drehte sich um. Hinter ihr hatte sich eine lange Schlange gebildet, durch die sich ein Bär von einem Mann arbeitete.

«Herr Fuchs?» Verlegen lachend winkte sie ihrem Klienten zu, der sich ungeduldig mit den Armen wedelnd an den Wartenden vorbeischob. «Was für eine...» Tara stockte. Überraschung? Weil ein Modekönig den administrativen Kram doch eigentlich seinem Fußvolk überließ? Oder weil er seinen *Badge* schon längst abgeholt haben und im Restaurant auf Tara warten sollte? Oder ganz einfach: Was für ein glücklicher Zufall, denn ich wollte Sie gerade anrufen und Ihnen einen Korb geben?

«Was für eine Freude!», beendet Karl Gerold Fuchs ihren Satz und trat mit ausgebreiteten Armen auf sie zu. «Das nenne ich ein perfektes Timing!» Schwer atmend ergriff der «Schweizer Modekönig», wie ihn die Regenbogenpresse gerne nannte, ihre Hand. Die silbergraue Löwenmähne wurde von einer schwarzen Samtschleife zusammengehalten.

«Geht es Ihnen gut?» Besorgt stellte Tara fest, dass er ein wenig schwankte.

«Jetzt schon», keuchte er. «Sie..., Sie sind meine Rettung. Bis jetzt im Labor... kleines technisches Problem mit Smarty und...» Er holte tief Luft und knöpfte seinen Kaschmirmantel auf. «Es ist zum...» Das Jackett seines schwarzen Samtanzugs spannte sich über seinem Bauch. «Glauben Sie mir,

Frau Bernhard, manchmal würde ich am liebsten abtauchen, davonlaufen, einfach verschwinden. Alles lastet auf mir. Sogar um die Formalitäten muss ich mich selbst kümmern.» Mit zwei Fingern fuhr er in den Kragen seines anthrazitfarbenen Rollkragenpullovers. «Meine Sekretärin fühlt sich nicht mehr zuständig, seit meine Nichte das kommunikative Zepter schwingt.» Ein Augenbrauenpaar zog sich wie ein graumelierter Pelzkragen über der Nasenwurzel zusammen. «Frauen ...» Bevor Tara aufbegehren konnte, verzog er das Gesicht zu einem breiten Grinsen. «Machen nur Ärger, aber ohne sie wäre das Leben eine traurige Einöde.» Sein Blick schweifte wehmütig in die Ferne, bevor sich seine Augen wie schwarze Scheinwerfer wieder auf Tara richteten. «Anwesende natürlich ausgenommen. Auf Sie, Frau Bernhard, kann man sich verlassen.»

«Danke, das gehört bei uns zum Service.» Tara fuhr sich verlegen durchs Haar. «Soll ich den *Badge* für Sie abholen? Oder sonst etwas erledigen?» Sie schluckte leer. «Wir können den Lunch auch ausfallen ...»

«Auf keinen Fall, wir schaffen das», unterbrach er sie strahlend. «Ich bin nur etwas nervös. Wie vor einer Geburt.» Seine Augen begannen zu leuchten. «Smartys Geburt!»

«Ich weiß nicht, ob ich mich als Geburtshelferin eigne.» Tara grinste schief. «Wenn Sie bereits in den Wehen liegen ...»

KGF blickte sie verständnislos an. Dann legte er den Kopf schief und lachte herzlich. «Frau Bernhard, Sie sind einfach wunderbar.»

Sein Lachen, seine vor Begeisterung leuchtenden Augen erinnerten sie an ihren Vater. Wenn er von einer längeren Reise zurückkehrte oder ihr auf einem Spaziergang etwas zeigen wollte, hob er sie begeistert auf seine Schultern. Er war nicht so breit, aber mindestens so groß wie KGF, und sie fühlte sich auf ihrem Hochsitz wie eine Prinzessin.

Sie schüttelte die Vergangenheit ab und nahm pflichtbewusst den Faden wieder auf. «Spaß beiseite. Wenn Sie unter Zeitdruck sind, Herr Fuchs, dann sollten wir den Lunch verschieben und uns direkt beim Notar treffen.»

«Kommt nicht in Frage!» Er schüttelte so heftig den Kopf, dass sich eine Locke aus der zum Pferdeschwanz gebändigten Mähne löste. «Den Notar habe ich bereits auf morgen verschoben.» Er blies das silbergraue Haar aus dem Gesicht und fixierte Tara. «Sie sind doch morgen noch da?»

«Ja natürlich, aber dieser Vertrag regelt genau...» versuchte sie, den Vorsorgeauftrag am Strohhalm festzuhalten.

«Ja, ja. Keine Angst, ich werde schon nicht über Nacht umfallen.» Er winkte lachend ab. Dann fuhr er mit gesenkter Stimme fort. «Ich muss mit Ihnen etwas Dringendes besprechen.»

Tara nickte. Ihr wars recht. Annabelle konnte ihr keinen Vorwurf machen, der Klient hatte entschieden. Auf diesen einen Tag ohne Vorsorgeauftrag kam es nun auch nicht mehr an. So konnte sie beim Lunch ihren Plan umsetzen.

Die Reihe vor der Baracke hatte sich gelichtet. KGF trat einen Schritt zur Seite und ließ Tara den Vortritt. «Wir zwei holen uns jetzt die Schlüssel zum Tor der Weltwirtschaft, und dann gehen wir zum Power Lunch.»

Kurze Zeit später standen sie vor dem Hotel Seehof am Eingang der einst eleganten Promenade. Tara legte den Kopf in den Nacken. Das Palasthotel mit der Patina vergangener Pracht versetzte sie augenblicklich in eine andere Zeit. Eine Zeit, als ihre kleine Welt noch in Ordnung war.

«Ich liebe diese alten Kästen. Sie geben mir ein Gefühl von Geborgenheit, von einer Epoche als alles noch ein wenig gemächlicher und eleganter war», schien KGF ihre Gedanken zu lesen, während sie die Treppenstufen erklommen. «Was meinen Sie, wie war das wohl zu Zeiten des Zauberbergs mit all den noblen Tuberkulosepatienten, denen Davos seinen Namen als Höhenluftkurort für Europas Elite verdankte.» Schweratmend blieb er stehen und stützte sich aufs Treppengeländer.

«Damals hatte Davos noch Stil.» Taras Blick wanderte über die verwahrlosten Bierdosen am Fuß der Treppe. «Und ich hätte gern mit Hans Castorp vor dem Kamin im Salon Zauberberg einen Tee getrunken.»

«Ich wäre jetzt auch lieber zur Kur hier. Dann könnte ich mich heute Nachmittag in einen Liegestuhl fläzen», sagte KGF seufzend und nahm die Treppe wieder in Angriff. «Wussten Sie, dass lange vor Thomas Mann schon Schriftsteller zur Liege- und Schreibkur in die Sonnenstadt im Hochgebirge [5] kamen?», fragte er, als er Tara die Tür aufhielt.

«Sir Arthur Conan Doyle hat über seine Skitour von Davos nach Arosa geschrieben.» Tara lächelte wehmütig. «Das hat mir mein Vater erzählt, als wir hier in den Ferien waren.»

Kaum hatten sie die modern renovierte Lobby betreten, drehten sich Köpfe um. Hände streckten sich dem Modekönig entgegen. Der nickte hier, schüttelte da eine Hand und raunte Tara mit leiser Missbilligung den einen oder andern Namen zu. «Kommen Sie, kommen Sie», sagte er, als sie vor einer Gruppe erwartungsvoll grienender Anzugträger stehen bleiben wollte. «Alles Schmarotzer, die nur unsere Zeit verschwenden. Die wirklich wichtigen Leute messen ihre Kräfte beim Power Lunch.» Er half Tara aus dem Mantel und drückte ihn einem Pagen in die Hände.

---

[5] Inspiriert vom Titel des Bildbandes «Davos – Die Sonnenstadt im Hochgebirge», von Kasimir Edschmid (Einleitung) und Emil Schaffer (Herausgeber), Zürich: Orell Füssli 1921

Während er sich umständlich seines eigenen Mantels entledigte, fiel Tara eine Frau in einem wollweißen Pelzmantel und mit langem schwarzglänzenden Haar auf. Mit einem Briefumschlag, den sie wie ein Schutzschild vor die Brust hielt, bahnte sie sich einen Weg zur Rezeption. Dort blieb sie stehen und schaute sich verstohlen um. Ihre Blicke trafen sich. Sie kam Tara irgendwie bekannt vor. Die Frau schaute rasch wieder weg, legte den Umschlag auf den Tresen, ohne mit jemandem gesprochen zu haben, und hastete dem Ausgang zu.

«Nach Ihnen, Frau Bernhard.» Der Modekönig tippte ihr auf die Schultern und zeigte auf das Panoramarestaurant.

«Wow!», staunte Tara, als sie sich im Lokal umsah. Filmstars, Wirtschaftsbosse, Staatsoberhäupter saßen in kleineren und größeren Gruppen beim informellen Lunch. Gesichter aus ihrer allabendlichen Pflichtlektüre, die sie nicht gleich zuordnen konnte, bis auf die Königin von Jordanien. Tara hatte gelesen, dass sie sich für die Rechte von Frauen und Mädchen in ihrem Land und für Kinder weltweit einsetzte. Die geheimnisvolle Frau im weißen Pelz hatte sie an diese atemberaubende Schönheit erinnert. «Und diese Leute essen hier einfach so ohne ihre Bodyguards?»

«Nein, wo denken Sie hin. Während des WEF finden Sie kaum ein öffentlich zugängliches Restaurant in den großen Hotels. Die vermieten alle Lokalitäten.» Er machte eine große Geste. «Diesen Raum stellt meine Hausbank ausgesuchten Kunden und VIPs als Restaurant zur Verfügung, damit man sich auch mal ungestört im kleinen Kreis zum Lunch treffen kann.»

«Aha, deshalb Power Lunch?»

«Genau, hier werden Pakte geschlossen, Seilschaften geknüpft, Konkurrenten ausgebootet und politische Statements platziert.» KGF nickte einer mütterlich wirkenden Dame mit Kurzhaarfrisur und energischem Kinn zu. Die Ellenbogen

32

aufgestützt, die Hände zur Raute gefaltet, hielt sie eine Gruppe Anzugsträger in ihrem Bann. «Die Hosen hat hier nur eine an.» Er grinste. «Wer keine Macht hat, versucht mit Statussymbolen zu signalisieren, was er nicht ist. Der Autoschlüssel auf dem Tisch, die Uhr am Handgelenk oder …» Er wandte den Kopf zu einer Frau, die sich mit ihrer Birkin Bag einen Weg durchs Lokal bahnte.

«Oh ja, ich kenne eine, die setzt ihre Waffen mindestens so rücksichtslos ein wie Maggie Thatcher, aber nur halb so elegant wie die eiserne Lady damals», sagte Tara.

Sie meinen wohl, Professorin Brecht. Er verzog das Gesicht. «Die mir als Vizepräsidentin von meinem Teilhaber aufs Auge gedrückt wurde.»

Zu gern hätte Tara ihn zu seinem geheimnisvollen Investor ausgefragt. «Diese Aussicht!», schwärmte sie stattdessen, als sie Platz genommen hatten. «Man sieht bis ins Dischmatal.» Eisläufer drehten ihre Runden auf dem zugefrorenen Seehofseeli, wie der kleine See mit der Natureisbahn direkt vor dem Hotel genannt wurde.

«Waren Sie schon oft in Davos?», fragte KGF, während er die Speisekarte studierte.

«Als Kind mit meinen Eltern ungern zum Wandern, später mit Vergnügen zum Skilaufen.» Dass sie ihren Freund Oliver, der vermutlich im alpinen Biotech-Labor auch für den Modekönig arbeitete, öfters hier besuchte, brauchte er nicht zu wissen. «Und zum Shoppen. Ich erinnere mich noch gut an die Finny-Mode-Boutique.»

«Ja, unsere größte nebst dem Zürcher Flagshipstore. Nachdem die Snowboardszene mit den schicken Lokalen auch unsere internationale Stammkundschaft vertrieben hatte, mussten wir schließen.» Er schüttelte bedauernd den Kopf. «Davos hat viel von seinem Charme verloren.» Er reichte

Tara die Speisekarte. «Aber wir sind nicht hier, um den glanzvollen Zeiten nachzutrauern.»

«Sie haben ein technisches Problem erwähnt. Mit Smarty…», begann Tara vorsichtig, nachdem sie bestellt hatten.

«Ach das.» Der Modekönig winkte ab und wartete, bis der Kellner außer Hörweite war. «Mein Hightech-Baby hat wohl ein kleines Virus eingefangen.»

«Smarty? Ein Virus?»

«Sch-schtt! Nicht so laut.» Er hob beschwörend die Hände. «Alles halb so wild. Nur eine Kinderkrankheit, die unsere Textiltechnikerin rasch im Griff hatte.»

«Technikerin?», fragte Tara irritiert.

«Hab mich auch gewundert, als unser Forschungsleiter mir seine neue Kollegin Cheru vorstellte.» Er lachte beinahe verlegen. «Mit meinen bald vierundsiebzig Jahren hätte ich es besser wissen müssen. Wir leben in einer Zeit, wo Frauen Autorennen fahren, Robotics oder eben Textiltechnik studieren.» Umständlich steckte er die Serviette in seinen Rollkragen. «Ich ließ mich zum zweiten Mal bei einem Bewerbungsgespräch von einem Namen täuschen.» Er strahlte Tara an. «Zum Glück muss ich sagen, denn Cheru war Smartys Rettung.»

«Diese Cheru hat Smarty mitentwickelt?», hakte Tara ein. Oliver hatte einen Kollegen erwähnt, mit dem er bis in alle Nacht an seinem die Mode revolutionierenden Projekt arbeitete.

«Ja, sie hat das Team in kürzester Zeit mit Charme und Geist um den Finger gewickelt. Eine schöne und kluge Frau.»

Tara hätte am liebsten auf der Stelle Oliver angerufen. «Bei welcher Modefirma hatten Sie sich damals beworben?», lenkte sie das Thema auf KGFs Vergangenheit und fügte hinzu, als er fragend seine Augenbrauen hob. «Das Bewerbungsgespräch?»

«Damals arbeitete ich für einen Hedgefond Manager in London und musste einen Assistenten einstellen.» Ein verklärter Ausdruck überzog sein Gesicht. «Ich hatte einen hochqualifizierten jungen Mann namens Kiran Khan zum Vorstellungsgespräch eingeladen. Im Sitzungszimmer erwartete mich stattdessen eine umwerfend attraktive Frau.»

«Und haben Sie diese Kiran eingestellt?»

Der Kellner kam mit den Getränken. KGF lehnte sich schweigend zurück, und wartete bis die die Gläser gefüllt und sie wieder allein waren.

«Nein. Die Finanzwelt war damals nichts für Frauen.» Sein Blick schweifte versonnen in die Ferne. «Aber ich fand meine große Liebe.» Er schüttelte den Kopf. «Das ist über dreißig Jahre her und ich will Sie nicht mit meiner Vergangenheit langweilen.»

«Überhaupt nicht.» Tara wusste nur, dass ihr Klient nach dem frühen Tod seiner ersten Frau noch zweimal geheiratet hatte. Beide Ehen gingen in die Brüche. «Was ist aus Kiran geworden?»

«Wir haben uns aus den Augen verloren, als ich in die Schweiz zurückkehrte.» Er legte beide Hände auf den Tisch und blickte Tara ernst in die Augen. «Aber nun zu meinem Thema. Frau Bernhard, ich brauche Ihre Hilfe. Jemand will Smartys Auftritt sabotieren.»

«Wie kommen Sie darauf?»

«Bis vor wenigen Tagen hat unser Hightech-Baby einwandfrei funktioniert. Erst bei der Hauptprobe ...» Er betrachtete indigniert den Salatteller, den der Kellner vor ihn hinstellte. «Ich glaube der ist für die Dame.» Nach dem Tellertausch, fuhr er fort: «Das kann nur ein Hackerangriff gewesen sein.»

«Aber wer sollte ...?»

«Seit ein paar Wochen werde ich von Aktivisten bedrängt.»

«Aktivisten in der Modebranche?» Tara versuchte, ein sorgfältig aufgespießtes Salatpäckchen in den Mund zu balancieren, ohne es sich samt Sauce ins Gesicht zu schmieren. «Etwa Gar Beaus Anhänger?»

«Schon möglich.» Er nickte. «Grüne Hitzköpfe.» Er wies mit Kinn nach draußen.

Tara folgte seinem Blick. Draußen wogte eine Ansammlung grün bemützter Menschen wie ein Rasenteppich. Erhobene Transparente und ein skandiertes «Es gibt keinen Planeten Blablabla, keine faire Mode Blablabla! Wir wollen Taten statt grünes Blablabla! Der Modekönig soll endlich Farbe bekennen!»

«Modeaktivisten!» Er nickte grimmig. «Diese grünen Pilzköpfe bombardieren mich mit E-Mails und haben nun wohl versucht, Smarty zu sabotieren.»

Tara kämpfte mit den Salatblättern. «Was bezwecken die denn damit?» Sie ärgerte sich, dass sie Annabells Knigge außer Acht gelassen hatte: Kein Salat mit Kunden!

«Als Modekönig müsse ich ein Vorbild sein, mit gutem Beispiel vorangehen, ein Zeichen setzen ...»

«Das machen Sie doch bereits mit Smarty und ihrer nachhaltigen Kollektion?» Tara kapitulierte und griff nach dem Messer. «Mit Smarty wird Nachhaltigkeit überhaupt erst sexy.»

Er legte das Besteck auf den Teller und ballte seine Hände. «Aber das wollen diese Ökoaktivisten nicht wahrhaben. Smarty sei nicht alltagstauglich, zudem müssten wir den gesamten Produktionsprozess umstellen. Aber wie denn, um Himmels willen? Das wäre ein logistischer Aufwand, der sich nicht lohnt, solange sich unsere Stammkundschaft nicht dafür interessiert.»

«Nachhaltigkeit ist doch Teil Ihrer neuen Strategie?» Mit Hilfe des Messers hatte sie rasch die widerspenstigsten Blätter besiegt und zu einem halbwegs kompakten Paket aufgespießt.

«Natürlich! Genau dafür brauche ich junge Frauen wie Sie und Nadine als Botschafterinnen für eine neue, eine jüngere Generation.» Er fuhr sich über die Stirn. «Und mehr Zeit! So eine Umstellung geht nicht von heute auf morgen. All unsere Zulieferer und Subunternehmer können wir gar nicht kontrollieren. Lieferanten wie Mitarbeiter müssen erstmal für die Problematik sensibilisiert und geschult werden. Das ist ein langer Prozess, der nur von einem…» Er machte eine Pause, kaute langsam. «Von einem *Fashion Compliance* Spezialisten in die Wege geleitet werden kann.»

«*Fashion Compliance?*» Tara starrte ihn mit offenem Mund an, die Gabel mit den Salatblättern vor dem Gesicht. Smarty war vergessen. «Das ist unser Thema! Also meines… ähm… ich meine Annabelle und ich, wir…» Das Salatpaket löste sich in seine Einzelteile und landete – zum Glück auf dem Teller. Sie ließ die Gabel sinken, räusperte sich und nahm einen Schluck Wasser. «Mit dem heutigen Referat sprechen wir genau dieses Thema an.» Oliver mit seiner schönen Kollegin und dem smarten Kleid konnten ihr samt dem Virus gestohlen bleiben. Das hier war ihre Chance! «Ich habe den Vortrag geschrieben, weil ich mich auf dem Gebiet auskenne.»

«Annabelle erwähnte, dass Sie sich auf Nachhaltigkeit in der Mode spezialisiert haben.» Er nickte. «Und genau deshalb brauche ich Ihre Hilfe.»

«Ja?» Mehr brachte sie vor Anspannung und glückseliger Erwartung nicht heraus.

«Sie, Frau Bernhard, müssen mit diesen Hitzköpfen reden. Sie könnten denen meine Strategie darlegen. Vielleicht zusammen mit dieser Gar Beau. Die hat Charisma und Anhänger, Sie haben das Knowhow.»

War das gerade ein Kompliment? Nicht wirklich, aber egal.

«Klar, das mache ich sehr gerne.» Sie tupfte die Lippen mit der Serviette ab. «Wie haben Sie sich das vorgestellt?»

«Ich zeige Ihnen die Firma, Sie können mit meinen Leuten reden, und ich erkläre Ihnen unsere Strategie. Dann müssen Sie diesen Aktivisten nur noch etwas zum Beißen geben, etwas Handfestes, das sie beruhigt.»

«Kein Problem.» Sie dachte fieberhaft nach. Einfach würde das nicht, aber es war immerhin ein Anfang. «Wann soll das Gespräch stattfinden. Und wann... Hmm. Also wann soll ich bei Ihnen...»

«Gleich nächste Woche. Je schneller desto besser.»

Tara war sprachlos. Ein Jobangebot! Wie sollte Sie Annabelle das schonend beibringen?

Der Kellner erschien und räumte das Geschirr ab. KGF bestellte einen doppelten Espresso und Tara einen Verveine-Tee.

«Ich habe übrigens noch eine kleine Bitte, Frau Bernhard-»

«Ich erfülle Ihnen jede Bitte.» Nun galt es, Nägel mit Köpfen machen. «Denn Sie, Herr Fuchs, haben mit Ihrem Angebot meinen größten Wunsch erfüllt. Ich freue mich, als Inhouse-Juristin gemeinsam mit Ihnen Finny-Mode in eine nachhaltige Zukunft zu führen.»

Der Klient blickte Tara an, als habe sie soeben Champagner aus ihren High Heels getrunken. «Frau Bernhard, ich glaube Sie...» Er legte die Hände aneinander und senkte den Kopf. «Sie haben mich falsch verstanden. Für die Stelle des Hausjuristen kommt nur ein Mann infrage. Ich kann und will nicht mit Frauen arbeiten.» Er öffnete die Hände und hob verzweifelt die Schultern. «Das hat mir meine Nichte einmal mehr bewiesen. Leider hat meine Schwester die Aktienmehrheit, also musste ich ihrer Tochter den Job als modisches Aushängeschild für die junge Generation geben. In den sozialen

38

Medien macht Nadine einen guten Job. Nur in der Firma, da macht sie alle wahnsinnig. Allen voran meine langjährige Sekretärin. Die tickt eigentlich wie ein Mann, aber seit Nadine bei uns ist, nicht mehr ganz richtig.» Er lächelte gequält. «Zickenkrieg ist nichts dagegen. Und mein Sohn ist auch keine Hilfe. Lässt sich von den Weib...» Er räusperte sich. «Sorry, von den Frauen auf der Nase herumtanzen. Wie Adalbert Ferdinand einmal die Firma führen will, wenn ich nicht mehr da bin, weiß ich auch nicht. Aber das ist ein anderes Thema.»

«Ein sehr wichtiges sogar», ergriff Tara den letzten Strohhalm im reißenden Fluss der Enttäuschung. «Mit Hilfe unseres Nachfolgeprogramms für Unternehmerfamilien begleiten wir Sie auf dem Weg, die Bedürfnisse Ihrer Familie mit denen Ihres Unternehmens zu verbinden.»

«Ach, jetzt lassen Sie mich bitte damit in Ruhe! Die Bedürfnisse meiner Schmarotzer-Familie kenne ich nur zu gut.» Er legte beide Hände auf den Tisch. «Ich denke nicht daran, mich aus dem Geschäft zurückzuziehen. Frau Bernhard, ich schätze Sie als feinfühlige und gewiefte Beraterin. Sie haben mich nie zu etwas gedrängt, ganz im Gegenteil zur Felsenkirch.» Seine Hände zitterten ein wenig, als er sie wieder aneinanderlegte. «Ihre Stärken, Frau Bernhard, wären Ihre Schwächen in meinem Unternehmen. Hinter den Kulissen ist Mode weder sexy noch glamourös. Sie kann zwar das Feuer der Leidenschaft entfachen, aber schon manche haben sich daran verbrannt. Nur allzu rasch kann der Wind drehen, ein neuer Trend einem eine eisige Bise ins Gesicht wehen.» Er starrte sie einen Moment an. Dann driftete sein Blick ab. «Die Modebranche ist ein Haifischbecken, in dem nur der mit dem größten Maul überlebt.» Er fuhr sich mit beiden Händen übers Gesicht. «Sie könnten sich niemals bei meinen Mitarbeitern durchsetzen und schon gar nicht mit einer neuen Strategie, welche die Leute zum Umdenken und Handeln zwingt. Glauben Sie mir, Frau Bernhard, Sie sind zu gut für die Modebranche!»

Tara öffnete den Mund, wollte sich verteidigen, seine Zweifel zerstreuen. Doch er hob die Hand, und sie schluckte die Enttäuschung mit dem lauwarmen Tee hinunter.

«Im *Family Office* können Sie mich viel besser unterstützen. Ich wollte Ihnen ja bereits bei den Verhandlungen mit dem stillen Teilhaber das Mandat für die Firma übertragen. Es wäre eine Gelegenheit gewesen, diese Valerie von Felsenkirch und ihre horrenden Honorarnoten endlich loszuwerden. Aber der Investor hat darauf bestanden, dass die Firma weiterhin von ihr betreut wird.»

Tara legte den Kopf schief. Ob Annabelle wusste, dass sie bei KGF offene Türen einrannte? «Vielleicht könnten Sie das noch einmal ansprechen?» Wenn schon keine Festanstellung in seiner Firma, dann wenigstens das Mandat.

«Eine gute Idee.» Er legte den Kopf schief. «Wenn die Smarty-Lizenzen vergeben sind, nehmen wir das in Angriff.»

«Wieso nicht jetzt?» Sie biss sich auf die Lippen. Drängen brachte nichts.

Er winkte den Kellner zu sich und bat ihn um die Rechnung. «Ich muss den richtigen Zeitpunkt finden.»

«Danke für Ihr Vertrauen.» Tara klammerte sich in Ermangelung eines weiteren Strohhalms an ihre Teetasse.

«Jetzt aber noch zu meiner kleinen Bitte.» Er füllte die halbleere Espressotasse mit Sahne und trank sie in einem Schluck aus. «Es geht um Ihr Referat heute Abend.»

«Ja?» Tara nippte stoisch an ihrem Tee. Jetzt konnte sie nichts mehr umhauen.

«Herr Fuchs, das wurde vorhin für Sie abgegeben. Es sei dringend.» Der Page reichte KGF ein Kuvert im DINA4-Format. «Ich wollte Sie nicht während des Essens stören.»

«Von wem?»

K.G. Fuchs stand in grünen Großbuchstaben auf der Vorderseite.

«Das weiß ich leider nicht.»

«Ja, ja. Vielen Dank.» KGF nickte dem Pagen zu, der sich nach einem Bückling verzog. «Bestimmt von diesen grünen Pussyhats[6]», murmelte er und betrachtete den Briefumschlag unschlüssig von beiden Seiten.

«Sie sollten ihn öffnen, dann kann ich mich gleich darum kümmern», versuchte Tara, ihre Neugier mit professioneller Anteilnahme zu kaschieren. War das nicht der Brief, den die Frau im hellen Pelzmantel an der Rezeption abgegeben hatte?

«Ja, Sie haben recht. Dann kann ich Ihnen diese leidige Angelegenheit gleich übergeben.» Er nahm das unbenützte Buttermesser, schlitzte den Umschlag auf, zog ein gefaltetes Papier hervor und schlug es auseinander.

Tara versuchte, in KGFs Gesicht zu lesen, das sich rot verfärbte. Dunkelrot. Seine Hände zitterten, dann wich alle Farbe aus seinem Antlitz.

«Das ... das ist ...» Rasch faltete er das Papier wieder zusammen und schob es in die Brusttasche seines Blazers. «Ungeheuerlich!»

«Modeaktivsten?»

«Nein, ich ...» Er fuhr sich übers Gesicht. «Eine Angelegenheit, die ich selbst erledigen muss. Frau Bernhard, danke für Ihr offenes Ohr, aber jetzt muss ich an die nächste ...» Er warf

---

[6] Die pinkfarbenen „Katzenmützen" symbolisierten mit ihren stilisierten Katzenohren Protest und Empörung gegen Trumps sexistische Äußerungen. Angela Missoni holte die Pussyhats auf den Laufsteg.

einen Blick auf seine Uhr. Dann erhob er sich ächzend, fasste sich an die Brust, taumelte.

Tara sprang auf und stützte ihn gerade noch rechtzeitig. «Alles ok?» Sie reichte ihm das Wasserglas.

«Danke, danke. Alles gut.» Er machte sich los und wedelte abwehrend mit den Händen. «Die Höhenluft, die Aufregung wegen heute Abend.»

«Wegen heute Abend?» Tara zögerte. «Sie wollten noch etwas sagen, wegen meines Vortrags?»

«Ach ja.» Er unterschrieb die Rechnung, die der Kellner gebracht hatte, und legte einen Geldschein dazu. «Könnten Sie das Referat etwas vereinfachen und kürzen?»

«Vereinfachen? Kürzen?», echote Tara. Ohne Laptop, heute Nachmittag? Unmöglich!

«Lassen Sie einfach die komplizierten Ausführungen weg.» Er lächelte, jetzt wieder ganz der jovial überlegene Patron. «Sie schaffen das, Frau Bernhard!»

BIRKIN

3. Sicherheitszone mit Fallgruben

Als Tara vier Stunden später aus Olivers Wohnung trat, schneite es bereits in dicken Flocken. Sie fröstelte nicht nur wegen des heftigen Windstoßes, der ihr eine Schneegischt ins Gesicht wehte. Wenigstens hatte sie den breitkrempigen Filzhut beim Gehen vom Haken genommen.

Auf der Promenade stauten sich Limousinen mit laufenden Motoren, nur um sich Minuten später im Schneckentempo die Hauptstraße entlang zu quälen. Sicherheitsleute in blauen Daunenjacken wiesen Journalisten mit Kamera-Ausrüstungen hinter die Schranken. Ein Akkreditierter im Maßanzug schlitterte armewedelnd auf dünnen Ledersohlen vorbei. Taras Füße steckten in feinen, nicht wirklich schneetauglichen Wildlederstiefeletten. Der Himmel hatte sich bereits am Nachmittag im Einklang mit ihren Gedanken verdüstert. Mit gemischten Gefühlen betrachtete die Anwältin das ungewohnte Straßenbild. Plakate in Schaufenstern und Neon-Leuchtschilder mit Firmenlogos an Häuserfassaden verwandelten den Bergkurort für die WEF-Woche in eine unwirkliche Filmkulisse. Und genauso erschien Tara ihr eigenes Leben. Hier stand sie nun, kurz vor einer Präsentation an einem international beachteten Mode-Event, und fühlte sich komplett fehl am Platz. Was war bloß in sie gefahren, dass sie die Geborgenheit des *Family Office* verlassen wollte, um ihr Glück in der schillernden Modewelt zu versuchen? War es Karl Gerold Fuchs, dem sie imponieren wollte wie ihrem Vater, den sie als Sechsjährige verloren hatte? Oder ging es ihr nur darum, den Willen ihrer Mutter zu erfüllen? Nichts Geringeres als dass auch die Tochter Chefjustiziarin eines

Großkonzerns wurde, hatte sich diese gewünscht. Natürlich ohne den Kapitalfehler zu begehen, der sie den Job gekostet hatte. Und vermutlich auch das Leben.

Tara schaute zu den Helikoptern auf, die über ihr kreisten und zusammen mit den Scharfschützen auf den Dächern für die Sicherheit sorgten. Widerstrebend machte sie sich auf den Weg zum Grandhotel Belvédère, wo der Green Fashion Summit stattfand. In dem Moment hörte sie das Quaken einer Ente aus ihrer Manteltasche.

«Tara, wo bist du?», schrillte Nadine Blumenthals Stimme an ihr Ohr.

«Vor dem Kongresszentrum.»

«Gut. Ich brauche dringend ein Mode-Foto mit WEF-Ambiente. Kannst du das für mich machen? Bitte!» Die Stimme der Freundin klang ernsthaft verzweifelt. Wie immer, wenn sie etwas wollte.

«Ich bin in Eile und ehrlich gesagt...» Tara betrachtete die in schwarzen Daunenjacken oder grauen Mänteln vorbeileilenden Menschen. «Davos ist nicht in Paris. Nicht einmal während des Weltwirtschaftsgipfels.»

«Es muss nicht wirklich modisch sein. Nur typisch für dieses Weltwirtschaftschilbi[7]. »

«Es schneit und ist saukalt», versuchte Tara die Freundin abzuwimmeln.

«Tara bitte, wenn nicht für mich, dann tu's für Karl Gerold!»

«Ok, aber ich verspreche nichts», gab Tara nach.

«Du bist die Beste», trällerte Nadine.

Tara warf einen Kontrollblick ins Schaufenster des bei Einheimischen wie Touristen beliebten Gourmet Käch. Das

---

[7] Chilbi ist die schweizerische Bezeichnung für Rummelplatz oder Jahrmarkt.

ovale Gesicht mit den dunklen Audrey-Hepburn-Augen, den ausgeprägten Wangenknochen, dem breiten Mund und einer feinen Nase unter dem Schlapphut wirkte weitaus selbstsicherer, als sie sich fühlte. Sie zog den Hut über ein Auge und lächelte ihrem Spiegelbild Mut zu.

Kurz vor dem Kirchnermuseum hörte sie laute Rufe. Grasgrün bemützte Köpfe blitzten wie sonnenhungrige Krokusse nach dem ersten Tauwetter hinter einem mannshohen Hügel aus zusammengekehrtem Schnee hervor. Ein Mann in dunkelgrüner Outdoorjacke und Sonnenbrille dirigierte zwei Grünmützen auf den Hügel. Er blickte sich prüfend um, bevor er mit zwei Skistöcken bewaffnet auch auf den Hügel kletterte. Tara beobachtete, wie die drei Demonstranten ein Plakat ausrollten und es an den Stöcken befestigten. Der Slogan in grünen Lettern sprang jedem ins Auge:

Grün ist die neue Modefarbe, nicht nur am WEF –

bekenne Farbe und trage Verantwortung!

Das perfekte Sujet für Nadine! Tara, hob ihr Smartphone, suchte den besten Ausschnitt und tippte auf den Fotoauslöser. Als die Modeaktivisten den Slogan im Sprechchor intonierten, tippte sie auf Video.

«Halt, keine Bewegung!»

Jemand schlug ihr das Smartphone aus der Hand. Als sie sich danach bückte, wurde sie unsanft weggeschubst.

«Liegen lassen!»

«Hey, was soll das?» Erschrocken richtete sie sich auf und blickte auf ein amtliches Abzeichen an einer dunkelblauen Daunenjacke.

«Sie sind verhaftet!»

«Wie bitte?» Sie musste den Kopf in den Nacken legen, um in das Gesicht sehen zu können.

«Sie sind verhaftet», wiederholte der Hüne in Uniform. Seine zusammengekniffenen Augen ließen keinen Zweifel am Ernst der Situation.

«Und mein Handy?» Sie bückte sich wieder nach ihrem smarten Gerät.

«Konfisziert.» Der Hüne war schneller.

«Und wieso, bitte schön?»

«Fotografieren in der Sicherheitszone ist verboten!»

«Es war doch nur ein einziges Foto.» So einfach gab eine Tara Bernhard nicht auf. «Und ich habe einen *Badge.*»

«Den geben Sie mir zusammen mit ihrer ID!»

Zögernd reichte sie dem Polizisten den Ausweis und ihren Sesam-öffne-Dich zum Weltwirtschaftsgipfel.

«Das ist keine Journalisten-Zulassung», stellte er nach einem kurzen Blick auf den braunen Plastik-*Badge* fest.

«Ich bin Rechtsanwältin.»

«Das allein gibt Ihnen noch keinen Zugang zu den Sicherheitszonen.» Der Beamte steckte Taras Smartphone samt Ausweisen in eine Plastiktüte. «Damit dürfen Sie nur in die Hotels.»

«Halt, das ist mein Arbeitsinstrument!» Tara streckte ihre Hand nach der Tüte aus.

«Und das ist das WEF.» Der Hüne machte eine ausladende Handbewegung.

«Sie können doch nicht… Ich muss…» Sie rang nach Luft und Worten. «… arbeiten!»

«Das können Sie sich erst mal abschminken.» Der Polizist wies auf einen Van am Straßenrand. «Sie kommen jetzt mit!»

Tara verschränkte die Arme und grub ihre Absätze in den Schnee. «Ich habe das Recht auf einen Anruf.»

«Aber sicher.» Der Blauwattierte nickte beruhigend. «Auf dem Polizeiposten gibt es ein Festnetztelefon.»

«Das ist zu spät!», protestierte die Anwältin, während sie entsetzt mitansehen musste, wie ihr digitales Berufsleben in einer weiteren Plastikhülle verschwand. «Woher soll ich überhaupt wissen, dass Fotografieren hier verboten ist?»

«Steht in den Allgemeinen Geschäftsbedingungen, die Sie mit dem *Badge* erhalten haben», gab er im Tonfall eines Märchenonkels zurück. «Und übrigens auch auf den Tafeln rund um die Sicherheitszone.»

«Die sind alle zugefroren!» Triumphierend wies Tara mit dem freien Arm auf eines der vielen Schilder, die mit einer dicken Schicht aus Schnee und Eis bedeckt waren. «Und es war ja nur ein ganz winzig kleiner Schnappschuss», verlegte sie sich aufs Betteln.

«Ja, von einem Polizeieinsatz.» Eine eisige Brise begleitete seine Worte.

«Davon sieht man aber nichts.» Sie wies mit dem Kopf auf die Menschentraube aus grasgrünen Ohrenmützen. «Das Foto ist doch bloß für den Mode-Blog einer Freundin.»

«Das da drüben ist eine unerlaubte Demonstration und kein, keine …», der Hüter des Rechts räusperte sich. «Keine Modeschau.»

«Für genau das hielt ich es!» Sie gewann wieder Terrain. «Das Thema Mode wird dieses Jahr nämlich zum ersten Mal am Weltwirtschaftsforum diskutiert.»

«Das rechtfertigt keine unerlaubten Versammlungen.» Der Polizist zeigte auf den Grünmützenteppich, der gerade von zwei Uniformierten auseinandergetrieben wurde, packte Tara unsanft am Arm und schob sie zum Einsatzwagen.

«Aber ich habe einen wichtigen Termin!»

«Ja, ja das haben alle hier.» Er grinste ungerührt.

«Das ist Freiheitsberaubung!», keuchte sie.

«Das können Sie dem Haftrichter vortragen.»

«Ich halte gleich ein Referat am Green Fashion Summit!», ergriff sie das Stichwort. «Über Mode und Nachhaltigkeit.»

«Ach ja?» Der Beamte ließ seinen Blick von ihrem senfgelben Pullover über den grauen Wolltrenchcoat bis zu den Hosenbeinen ihres tannengrünen Nadelstreifenanzugs schweifen. «Und das ist alles aus nachhaltiger Produktion?»

«Natürlich!», log Tara. Den Mantel hatte sie letztes Jahr bei Uptodate gekauft, als faire Mode für sie noch ein Fremdwort war. Der Anzug aus dem Hause ihres Lieblingsklienten stammte wohl aus einer Zeit, als Nachhaltigkeit für ihn noch kein Thema war. Wenigstens der Pulli trug ein Gütesiegel für biologisch und fair produzierte Baumwolle. Sensibilisiert durch ihre Weiterbildung in Sachen Nachhaltigkeit achtete Tara erst seit Kurzem auf die Herkunftshinweise. Das «Made in China»-Etikett in ihrem Mantel hatte sie jedenfalls entfernt. Das schlechte Gewissen hingegen konnte sie nicht abschneiden.

«Los jetzt!», gab sich der Ordnungshüter unbeeindruckt. «Sie werden in Ihrem Leben noch viele Vorträge halten.»

«Nicht, wenn ich diesen vermassle. Die wichtigsten Vertreter aus der internationalen Modeszene warten auf mich», wehrte sie sich halbherzig. War das ein Zeichen und dieser sture Beamte womöglich ihre Rettung? Vielleicht war es besser, in einer Gefängniszelle zu schmoren, als sich vor zweihundert Menschen zu blamieren. Nein! Entschlossen schüttelte sie seine Hand ab, riss ihm den Plastikbeutel aus der Hand und rannte, so rasch es ihre Absätze zuließen, davon.

«Halt!», hörte sie den Hünen rufen, als sie an den Grünbemützten vorbeirannte. «Jakob, halte die Frau fest, Fluchtgefahr!»

Einer der Aktivisten löste sich aus der Gruppe und stellte sich Tara in den Weg. Mit einem raschen Griff drehte er ihr die Arme auf den Rücken. Der Beutel fiel zu Boden. Sie spürte etwas Kaltes an ihren Handgelenken. Handschellen klickten.

«Sie sieht nicht aus wie eine Demonstrantin.» Die Stimme kam ihr bekannt vor.

«Sicherheitszone überschritten und den Einsatz fotografiert.» Der Hüne hatte sie keuchend eingeholt.

«Doch nicht absichtlich!», wehrte sich Tara.

Der Mann mit der dunkelgrünen Wachsjacke hob den Beutel auf. Seine fein geschwungenen Lippen unter dem Dreitagebart öffneten und schlossen sich lautlos, während er den Beutelinhalt begutachtete. «Schlechtes Timing für ein Souvenirfoto», sagte er schließlich mit einem Kaugummi-Akzent.

«Geben Sie mir mein Handy zurück!» Was mischte sich dieser Aktivist überhaupt ein?

«Nur, wenn Sie das Foto löschen.» Seine Mundwinkel zuckten. «Einen undercover-Polizisten im Einsatz zu fotografieren ist wirklich keine gute Idee, Frau Bernhard.»

«Woher...?» Tara erstarrte. Die weiche Stimme, der Akzent, dieser schöne Mund. James Kuhl? Nein! Vielleicht war der amerikanische Geheimagent in seiner Funktion als Vertreter von KGFs stillem Teilhaber am WEF. Aber sicher nicht als Aktivist verkleidet in einer undercover Polizeiaktion. Obwohl ihm auch das zuzutrauen wäre. Gefühle, die sie über ein Jahr lang erfolgreich verdrängt hatte, überwältigten sie.

«Her mit dem Handy und hilf mir, die störrische Zicke in den Wagen zu bugsieren!», fuhr der Hüne dazwischen.

«Lass die Frau laufen!» In der Sonnenbrille des undercover-Polizisten spiegelte sich ein Sonnenstrahl, der durch die Wolkendecke drängte. «Hilf mir lieber, die Demonstranten unter Kontrolle zu halten.»

«Du hast mir nichts zu sagen!» Der Hüne riss seinem undercover-Kollegen den Beutel aus der Hand. «Zuerst will ich das Foto löschen.» Er wandte sich an Tara. «Ihr Code?»

Tara nannte ihm den Code und beobachtete, wie er die Zahlenkombination eintippte und dann entsetzt innehielt.

«Ein Video?» Aus dem Gerät drang deutlich die Stimme des Hünen. «Das geht zu weit!», stieß der wütend aus. «Sie kommen jetzt mit!»

«Gut, aber dann ...» Sie fixierte den Mann mit der Sonnenbrille. Spätestens jetzt müsste James alias Jakob doch etwas tun. «Dann werde ich anstelle des Fotos publik machen, dass Ihre Uniformen von rumänischen Mädchen genäht wurden! Das wird Ihren Chef nicht freuen.»

«Woher wollen Sie das wissen?» Der Hüne klang plötzlich verunsichert.

«Recherchen für mein Referat, das ich für den Schweizer Modekönig ...» Sie hielt inne, senkte den Kopf. «Herr Fuchs wird sehr enttäuscht sein, wenn ich nicht erscheine.» Sie trat von einem Bein aufs andere. Schnee drang durch das dünne Wildleder. Die durchfrorenen Füße spürte sie kaum noch.

«Sie haben eine Einladung von Karl Gerold Fuchs persönlich?» Der Tonfall des Riesen wurde um einige Grade wärmer.

«Ähm, ja.» Tara schaute irritierte zum Gesetzeshüter auf, der sie mit offenem Mund anstarrte.

«Warum haben Sie das nicht gleich gesagt?» Der Uniformierte löste die Handschellen.

«Sie haben nicht gefragt.» Tara rieb sich die Handgelenke.

«Haben Sie die Einladung dabei?»

Tara nickte, zog die Hochglanzkarte mit ihrem Namen aus der Tasche.

Der Hüne in Uniform hob den Beutel mit ihren Ausweisen und dem Smartphone hoch. «Sie geben mir Ihre Einladung, dann erhalten Sie das zurück.» Mit einem Glitzern in den Augen streckte er die freie Hand aus.

«Klar.» Als Gast des Modekönigs brauchte sie bestimmt keine

Einladung. Hauptsache man ließ sie laufen.

«Für meine Frau. Sie ist ein Fan von Finny-Mode», nuschelte der Polizist. «Viel Spaß und nichts für ungut.»

«Good luck!» sagte der undercover-Beamte leise.

«Halt! Sicherheitszone. Kein Zutritt.»

Nicht schon wieder, dachte Tara und blieb vor der Zufahrt zum Hotel stehen. Ein Krankenwagen parkte in der Einfahrt. Der frostige Blick des Zerberus erstickte ihren Versuch im Keim, sich an der Absperrung vorbeidrücken, und so folgte sie brav der Menschentraube, die über eine schmale Treppe zum Haupteingang hinaufdrängte.

Endlich an der Wärme, wähnte sie sich im falschen Film. Die gediegene Hotelhalle des Grandhotels war nicht mehr zu erkennen. Es herrschte ein Gedränge wie am Flughafen und ein Ambiente wie an einer Messe. Die Begriffe Hightech, Nanotech & Sustainability prangten auf Werbebannern. Vor dem Security Check staute sich eine Ansammlung an Kaschmir- und Pelzmänteln. Dezentes Gemurmel, die Stimmung erwartungsvoll wie im Theater vor dem Vorstellungsbeginn. Während Tara darauf wartete, ihre Handtasche durchleuchten zu lassen, schickte sie Nadine das vor dem Polizeizugriff gerettete Foto. Neugierig zoomte sie die Grünmützen heran. Alles junge Leute bis auf den Mann mit Sonnenbrille und Landadelsjacke. Hatte der undercover-Polizist ihren Namen bloß vom *Badge* abgelesen oder versteckte sich hinter der Sonnerbrille wirklich James Kuhl? Als sie dem Geheimagenten zum ersten Mal begegnete, hatte er sich als Double eines berühmten Schauspielers verdingt, um ihn vor einem Attentat zu schützen. Bei der letzten Begegnung... Sie schloss die Augen. Nein, daran wollte sie jetzt nicht denken!

4. Weltwirtschaft am Seidenfaden

Tara blieb stehen und versuchte sich zu orientieren. Jeder schickte sie in eine andere Richtung. Nun stand sie zum gefühlt dritten Mal vor den mit Plakaten von Ökolabels und Hightech-Textilien zugekleisterten Wänden und wusste noch immer nicht, wo der Scaletta-Saal war, der Austragungsort des Green Fashion Summit.

Plötzlich versetzte ihr jemand einen Stoß, sie schwankte, konnte sich gerade noch an der Theke eines Standes abstützen.

«Pass doch auf, blöde Tussi!» Ein Mann in schwarzer Lammfelljacke, roten Hosen und einer russischen Pelzmütze auf dem Kopf drängelte sich an ihr vorbei.

Sekunden später kam ein Tross schwarzer Anzüge im Stechschritt auf Tara zu. «Step aside, please! VIP is passing», sagte ein Mann mit Roboterstimme und Knopf im Ohr.

Sie wollte gerade umkehren, als spitze Finger ihren Arm umklammerten. «Hey, bleib stehen! Hier bin ich die einzige VIP.»

Tara drehte sich um und blickte in das stark geschminkte Gesicht einer kleinen dünnen Frau. Die mit Mascara verklebten Wimpern flatterten aufgeregt über den babyblauen Kulleraugen.

«Nadine, du bist meine Rettung! Ich habe mich in diesem Labyrinth verlaufen.»

«Du hattest noch nie Orientierungssinn.» Die Nichte des Modekönigs hauchte ihr zwei Küsschen über die Schultern. «Hast du das Foto?»

«Hab ich dir schon geschickt. Und mein Leben dafür riskiert.»

«Ha, ha.» Nadine zückte ihr Smartphone. «Cooles Bild!» Sie hob den Daumen.

«Gern geschehen.» Tara verschränkte die Arme über der Brust. «Hey, im Ernst. Ich wurde verhaftet deswegen!»

«Was?» Entsetzt schaute Nadine auf.

«Der Name deines Onkels hat mich gerettet.»

«Ich wusste, du schaffst das. Du bist Anwältin. Ich würde mich niemals trauen, am WEF ein Foto zu schießen.» Nadine verzog die Ferrari-roten Lippen zu einem Kussmund und hob ihr Handy vors Gesicht. «Außer von mir selbst.»

«Du wusstest, dass Fotografieren hier verboten ist?» Wütend starrte Tara ihre Freundin an. Freundin? Sie hatte sich wieder einmal mehr von Nadine an der Nase herumführen lassen!

«Nicht böse sein.» Nadine schenkte ihr einen seelenvollen Augenaufschlag. «Komm, ich muss mich noch stylen für die Show.»

«Bist du doch schon.» Taras Blick wanderte von der Lederjacke im Ton des Lippenstifts, über die großkarierte Culotte in Schwarz und Grasfroschgrün bis zu den hochhackigen Lackstiefeln. Nadines Augen weiteten sich. «Schau mal, wer da kommt!» Sie packte Tara am Arm. «Wir bleiben!»

Ehrfürchtig wichen die Leute aus, als ein untersetzter Mann mit breitem Kopf, feurigen Augen, schulterlangen dunklen Locken und Zahnpasta-Lächeln, flankiert von markig dreinblickenden Robotermännern mit Kabel am Hinterkopf durch die Gasse schritt. Ein Raunen ging durch den Gang. Das weiß schimmernde Hologramm an seinem *Badge* zeichnete seinen Träger als Staatsoberhaupt oder Wirtschaftshäuptling aus.

«Wer ist das?», wollte Tara wissen, nachdem der Tross vorbeigezogen war. Doch Nadine redete bereits auf einen Radio-Reporter ein, der mit seinem Mikrophon gestikulierte. Der hitzigen Diskussion konnte sie nur entnehmen, dass die beiden sich darüber stritten, ob es sich um den frisch aus dem Gefängnis entlassenen russischen Politiker handelte oder um den Oligarchen, der ihn hinter Gitter gebracht hatte.

«Was ist eigentlich mit deiner Präsentationsphobie?», wandte sich Nadine wieder an Tara, nachdem sie dem Reporter eine Visitenkarte in die Hand gedrückt hatte.

«Längst überwunden.» Eine fette Lüge. Und die Frage nach dem Promi war vergessen.

«Na hoffen wir es.» Nadine fuhr sich über die Stirn. «Hab schon genug Probleme.»

«Was ist denn los?»

«Ach, nur dieses Hightech-Kleid.»

«Trägst du etwa Smarty?»

«Ich? Gott bewahre, das wäre mir nicht geheuer. Nein, das Kleid und das Risiko soll die Textilingenieurin selbst tragen.»

«Cheru?»

«Du kennst Olivers Partnerin, das Ex-Model mit Traumfigur und Superhirn?» Nadine schlug sich an die Stirn. «Klar, das kann dir egal sein, dein Freund ist ja immun gegen schöne Frauen.»

«Danke, lieb von dir», gab sich Tara cool. «Ich habe von Cheru gehört.» Tausend Fragen brannten ihr auf der Zunge, doch lieber hätte sie sich diese abgebissen, als sich vor Nadine eine Blöße zu geben.

«Also ich hätte meinen Freund schon längst ausgequetscht», legte Nadine nach.

«Wieso sollte ich, wenn ich eine Freundin habe, die nur darauf brennt, mir alles über Smarty zu erzählen?», konterte Tara.

«Das frag besser meinen Onkel.» Nadines Stirn zuckte. Botox verhinderte offenbar das Runzeln. «Smarty ist seine große Hoffnung, mit der er das Familienunternehmen in eine nachhaltige Zukunft führen will. Ein Kleid aus BiSSS.»

«Mit Biss?»

«Nein, aus B-i-S-S-S mit dreifachem S: Bio-Synthetische-Spinnen-Seide.»

«Spinnenseide?» Tara schauderte.

«Wir sind nicht die einzigen, die mit diesem Material experimentieren. Stella McCartney hat ein Kleid aus synthetischer Spinnenseide kreiert und Adidas arbeitet an einem ultraleichten Laufschuh. BiSSS soll der Renner für die mode- und umweltbewusste Frau werden», verkündete Nadine, nun ganz Pressesprecherin. «Ein zukunftsträchtiges Gewebe: Biologisch abbaubar, vielseitig einsetzbar und absolut reißfest.»

«Perfekt für Strümpfe.» Tara grinste.

«Vielleicht... Aber Klamotten aus diesem Material? Frag mal unsere Designer.» Nadine verzog das Gesicht. «Die können damit überhaupt nichts anfangen. Keine Konturen, keine klaren Linien, alles fließt.» Sie flatterte hilflos mit den Händen.

«Klassisch schlichter Chic ist doch euer Markenzeichen», wunderte sich Tara.

«Schlicht allein ist schlicht zu schlicht.» Nadine wich einer Gruppe schnatternder Fashionistas aus. «Wie soll ich etwas verkaufen, das ich selbst nie tragen würde?»

«Sprich mit deinem Onkel.»

«Bist du wahnsinnig?» Nadine umklammerte wieder Taras Arm. «Ich setz doch nicht meinen neuen Job aufs Spiel!» Sie wies auf die sich nur langsam fortbewegende Menschentraube. «So kommen wir ja nie vorwärts.» Entschlossen fasste sie Tara an der Hand und drehte ihr Stimmchen auf Alarmmodus: «Move on! VIP passing!»

Vor dem Saal Scaletta lungerten zwei junge Frauen in grünen Mützen herum. Auf dem T-Shirt der einen prangte in leuch-

tend grünen Buchstaben der Satz «Grün tragen, reicht nicht!»
«Modisches oder politisches Statement?», wollte Tara wissen.
«Beides! Politik ist längst in der Mode angekommen.»
«Models als politische Litfaßsäulen?»
«Nicht nur Models» Nadine musterte Tara mit zusammengekniffenen Augen. «Auch dein Anzug ist eine textile Botschaft.
Mit dem Tannengrün, das vor zwei Jahren mal Mode war,
verweigerst du dich dem bösen, bösen Konsumzwang.»
«Ich bin ja auch keine dem Konsum verpflichtete Modeblog-
gerin.» Tara zupfte an Nadines Lederjacke mit dem unüber-
sehbaren Logo. «Die ist aber nicht wirklich aus fairer Pro-
duktion.»
«Na und? Ich predige, wofür man mich bezahlt, und trage,
was mir und meinen Fans gefällt.» Nadine winkte einer Horde Bloggerinnen zu, die auf dicken Sohlen vorbeipolterte.
«Instagram ist meine modische Flaniermeile und ohne Uptodate könnte ich es mir gar nicht leisten, up to date zu bleiben.»
«Was sagt dein Onkel dazu, dass du dich beim Fast-Fashion-
Zaren einkleidest?»
«So wie ich die Teile kombiniere, merkt er das nicht.»
«Nicht sehr konsequent», gab Tara halbherzig zurück. Sie
war es ja selbst nicht. «Du bist immerhin das kommunikative
Aushängeschild einer Firma, die sich als nachhaltige Vorzei-
gefirma profilieren will.»
«Seit wann ist Mode konsequent?» Die Pressesprecherin
seufzte theatralisch. «So, hier trennen sich unsere Wege.»

Sphärische Lounge-Klänge drangen aus dem Saal. Die Anwältin schloss ihre Augen und holte tief Luft, bevor sie mit
dem Mut eines Hasen auf Futtersuche im Winter eine der riesigen Flügeltüren einen Spalt öffnete. Und am liebsten gleich

wieder geschlossen hätte. Entsetzt hielt sie die Luft an. Zweihundert Augenpaare waren auf sie gerichtet. Applaus ertönte. Dann glitt der Scheinwerfer weiter, der einem Model auf dem Laufsteg folgte. Tara atmete erleichtert aus. Eine Duftmischung aus Sandelholz und Amber waberte ihr entgegen. Dunkelrot kroch die schummerige Beleuchtung aus gedimmten Bodenspots die Wände hoch. Irisierende Lichtkegel umsäumten den Laufsteg wie transparente Gräser, verwandelten den Raum in eine mystische Landschaft. Eine Delegation bleichgesichtiger Models in mausgrauen XXL-Klamotten verschwand gerade in einem grünen Kubus, hinter dem Tara die Schaltzentrale der Modeschau vermutete. Sie wurden abgelöst von sonnenbebrillten Wesen, die zu wummernder House-Musik in Glitzerumhängen wie futuristische Skulpturen über den Laufsteg wandelten. Influencer in übergroßen Pullis zu Hochwasser-Schlaghosen standen sich gegenseitig auf ihren klobigen Sneakern oder stilisierten Motorradstiefeln herum und reckten ihre Handys in die Höhe.

Tara wagte sich ein paar Schritte nach vorn, trat auf etwas Weiches und hörte einen Aufschrei.

«Hey, du kannst auch einfach fragen...», zischte eine Stimme.

«Sorry!» Tara spürte ein Stechen in ihrem Bein. «Autsch!» Spitze Strohhalme kratzten über ihren Handrücken.

«Lass das!» Ein dürres Mädchen mit kurzem Rotschopf und schwarz umrandeten Augen strich sich über ihr pinkfarbenes Tütü aus feinen Strohhalmen.

«Was?» Tara blickte an der Kindfrau hinab. «Du hast mich gepikst.»

Tara suchte die Sitzreihen nach ihrem Klienten ab und entdeckte ihn in einem leuchtend roten Sakko neben seiner Schwester direkt vor dem Laufsteg. Der Platz zu seiner Linken war frei. Tara wollte sich gerade auf den Weg dorthin machen, als die Musik leiser und der Raum dunkel wurde. Verfolgt von einem Schweinwerfer erschien ein ätherisches Wesen in einem golden schimmernden knöchellangen Kleid. Der Musseline-artige Stoff schmiegte sich bei jedem Schritt um ihre Beine. Die wilden Locken von einem Band desselben Stoffes gebändigt, das Gesicht kaum geschminkt, an den Füßen flache Espadrilles. Der Look passte so wenig zu Nadine wie ein Job, bei dem man den Vormittag nicht mit Yoga, Massagen oder Pedicure, sondern im Büro verbrachte.

Nachdem der Beifall verebbt war, hob die frischgebackene Pressesprecherin das Mikrophon an: «Mode gehört zu unserem Leben wie die Natur. Und sie ist ein bedeutender Wirtschaftsfaktor. Deshalb heißen wir Sie willkommen zur ersten grünen Modenschau am Weltwirtschaftsforum in Davos – einer Vermählung von Nachhaltigkeit, Mode und Hightech!» Sie hob ihre Arme, die umspielt vom wolkigen Stoff wie Flügel wirkten. «Alle Designer, die uns heute ihr Schaffen zeigen, produzieren ausschließlich mit nachhaltigen Materialien und Technologien.» Sie warf einen nervösen Blick zum Eingang. «Sie sahen leuchtend-transparente Anzüge, mit LED-Perlen bestickte Abendkleider und musizierende Röcke.» Einen Finger auf die Lippen gelegt, winkte Nadine ein Model in einem Bastrock-Tütü herbei, aus dessen Strohfransen eine bekannte Melodie strömte.

«Kann dein Tütü auch musizieren?», flüsterte Tara dem Rotschopf neben sich zu.

«Ist doch nur eine Kopie», sagte die Kleine schnippisch. «Von Uptodate. Durfte ich behalten nach der Modeschau gestern.»

«Eine Fast-Fashion-Modeschau am Nachhaltigkeitsgipfel?»

«Ein privates Event meines Agenten.» Girlies Augen leuchteten. «Nächstes Jahr stehe ich hier auf dem Laufsteg, das hat er mir versprochen.»

«Mode soll inspirieren, nicht diktieren», tönte Nadines Stimme aus den Lautsprechern, während der Bastrock davon schwebte. «Stil zu haben, heißt Verantwortung tragen. BiSSS ist die erste, zu einhundert Prozent nachhaltige Prèt-à-porter Kollektion aus dem Hause Finny-Mode, und verbindet beides.» Erneut blickte sie nervös zuerst zum grünen Kubus, dann zu KGF. Der schüttelte kaum merklich den Kopf. «Nach der Eröffnung des Green Fashion Summits durch die bekannte Modeaktivistin Gar Beau werden wir Sie mit Smarty, unserem Wunderwerk aus Natur und Technik, überraschen. Danach spricht Rechtsanwältin Tara Bernhard zum topaktuellen Thema *Fashion Compliance*. Und zum Abschluss dieses Summits können Sie die Podiumsdiskussion unter der Leitung von Karl Gerold Fuchs mitverfolgen.» Sie drehte sich einmal um die eigene Achse, bevor sie hinter dem grünen Vorhang verschwand.

Tara wünschte der Kindfrau im Bastrock einen schönen Abend und drückte sich an feinbestrumpften oder von edlem Anzugsstoff bedeckten Knien vorbei zu ihrem Platz.

«Diese New-Tech-Öko-Mode würde ich nie tragen», schimpfte Madam Blumenthal gerade, als Tara vor dem freien Stuhl neben dem Klienten stehen blieb.

«Das ist Avantgarde, meine Liebe.»

«Ein anderes Wort für hässlich.»

«Haute Couture ist auch nicht immer allgemeinverträglich», gab KGF zurück und erhob sich, ohne den Kopf zu drehen. «High Tech Fashion will auf-, nicht gefallen. Deine abstrakten Expressionisten zeichnen sich ja auch nicht gerade durch liebliche Ästhetik aus.»

«Ja, aber das ist Kunst.»

«Meine Mode ist auch Kunst!», redete sich der Modekönig in Rage. «Smarty wird die Mode revolutionieren.»

«Ich würde gern mehr über dieses technische Wunderwerk erfahren», machte Tara sich bemerkbar.

«Frau Bernhard, endlich!» KGF wandte sich strahlend an seine Schwester. «Kennst du meine Lieblingsanwältin?»

«Hast du noch eine andere?» Madam Blumenthal zwinkerte Tara zu. Sie hatte Valerie von Felsenkirch nach einem gesellschaftlichen Fauxpas – Valerie hatte sich vor einem wichtigen Event mit einer List den für Madam Blumenthal reservierten Termin beim begehrtesten Starfrisör ergattert – von sämtlichen gesellschaftlich relevanten Einladungslisten gestrichen.

«Frau Kronenberg lässt sich entschuldigen. Es tut ihr sehr leid, dass sie unpässlich ist», log Tara.

«Ach ja, der Ski-Yoga-Unfall.» KGFs Schwester hob die Augenbrauen. «Annabelles Ausreden werden immer besser.»

«Was kann es Wichtigeres geben als den Green Fashion Summit?» KGF schüttelte den Kopf.

«Für mich ist Ihre Show das Allerwichtigste», tauchte Tara ihren Charmelöffel ganz tief in den Honigtopf. «Und ich bin sehr geehrt, die Geburt von Smarty gemeinsam mit Ihnen erleben zu dürfen.»

«Setzen Sie sich doch endlich, Kindchen.» Mama Blumenthal wies ungeduldig auf den freien Stuhl. «Sie versperren ja allen die Sicht.»

«Konnten Sie das Problem mit dem Hightech-Kleid lösen?» Tara strahlte ihren Klienten an.

«Nicht hier, sie weiß nichts davon», zischte der und linste zu seiner Schwester. «Danke, alles bestens», fuhr er mit lauter Stimme fort. «Obwohl ich zugegebenermaßen etwas nervös bin. Die Teilnahme am Green Fashion Summit ist für mich wertvoller als eine Mitgliedschaft in der Fédération de la Haute Couture et de la Mode[8].»

«Tja, mein Lieber, davon kannst du nur träumen. Das hat bisher nur ein einziger Schweizer geschafft», mischte sich Madam Blumenthal ein. «Und der ist für mich der einzig wahre Modekönig. Stilvoll, diskret und zurückhaltend wie seine Kreationen.» Sie lächelte verzückt.

«Was kann ich dafür, dass die Klatschspalten mich lieben? Hat dem Geschäft bis jetzt nicht geschadet.» KGF lehnte sich in seinem Stuhl zurück, bis dieser knarzend protestierte. «Smarty hat natürlich Haute-Couture-Potenzial, aber seine Schlagzeilen sind mir wichtiger.» Er reichte Tara einen Hochglanzprospekt, mit dem sich Madam Blumenthal gerade noch Luft zugefächelt hatte. «Hier steht alles Wissenswerte über mein Baby.»

Tara schlug die erste Seite auf:

Optisch wie haptisch ein Phänomen ist BiSSS das Material, aus dem die Träume der modernen Frau gewoben sind. Federleicht, hauchdünn und doch blickdicht. Die feinen Schichten legen sich durch die Bewegung der Trägerin wie eine Wolke übereinander. Kleidsam für jedes Alter und jede Figur, auf der Haut kaum spürbar, ein Hauch von Nichts und dennoch kaschiert es alles, was frau nicht zeigen will.

Weder die Nahaufnahmen von Operationen am offenen Herz noch die Bilder von ameisenähnlichen Tierchen und langbeinigen goldgelben Spinnen in Großformat waren besonders hübsch anzusehen. Erst die wolkig-wallenden Roben und mit Tautropfen geschmückte Spinnennetze am Ende der

---

[8] Exklusivste und älteste Schneiderzunft der Welt, welche einige wenige auserwählte Modehäuser unter Einhaltung bestimmter Kriterien offiziell berechtigt, ihre aufwendigen Kreationen als Haute Couture zu bezeichnen. Eine Aufnahme in diese Gilde gilt als Ritterschlag für jeden Modeschöpfer.

Broschüre versöhnten das Auge. «Ameisen oder Spinnen?» Sie wies auf ein Foto der Gliederfüßler.

«Ameisenspinnen», antwortete KGF, als ob es das Normalste der Welt sei.

«Ameisen… was?» Tara kam sich dumm vor. «Entschuldigen Sie meine Fragen, aber seit der Schule habe ich mich nicht mehr mit Biologie beschäftigt.»

«Sie sind wissbegierig, das gefällt mir.» Die Lachfältchen um seine Augen bildeten ein noch feineres Netz als seine Seidenfadenlieferanten. «Ameisenspinnen sind eine winzig kleine, überaus intelligente Spinnenart mit dem Aussehen von Ameisen.» Er grinste. «Ziemlich clever, die Tierchen. Oder vielmehr die Natur. Denn dank dieses Täuschungsmanövers, genannt Mimikry, werden sie nicht gefressen. Vögel und andere Tiere, die sich üblicherweise von Insekten ernähren, meiden Ameisen wie die Pest, da ihnen deren Säure den Magen verbrennen würde.»

«Und aus diesen Spinnennetzen gewinnen Sie den synthetischen Seidenfaden?»

«Nein, das sind Bilder über die Gewinnung echter Spinnenseide. Unsere biosynthetische Seide wird im Labor in einem komplexen Verfahren aus Genen der Ameisenspinne gewonnen.»

«Wieso verwenden Sie nicht echte Spinnenseide?», wollte Tara wissen.

«Viel zu aufwendig und zudem Tierquälerei.»

«Wieso das?»

«Die Tiere werden gemolken.» Er schüttelte sich angewidert. «Und wenn sie dabei nicht umkommen, fressen sie sich in der unnatürlichen Umgebung gegenseitig auf.»

«Und wozu die Bilder von Operationen am offenen Herzen?» Tara blätterte rasch weiter.

«Die keimtötende Spinnenseide wird seit Jahrhunderten zur Wundheilung eingesetzt. Heute verwendet man Spinnenfäden für künstliches Herzmuskelgewebe und die Reparatur von durchtrennten Nerven, zum Beispiel nach einem Unfall. Damit hat *synthetische Spinnenseide* auch in der Medizin eine große Zukunft. Mit ihrer Strapazierfähigkeit und antiseptischen Wirkung ist sie besonders für Implantate geeignet.» Der Klient wandte sich mit einem frechen Grinsen an seine Schwester. «Ich nehme an, das hat dich überzeugt, meine Liebe?»

Madam Blumenthals Pagenkopf wippte Zustimmung. «Die medizinische Verwertung finde ich weitaus sinnvoller als die modische.»

«Worin unterscheidet sich Smarty von einem BiSSS-Kleid?» Tara wollte nun endlich etwas über Olivers Arbeit erfahren.

«Für Smarty wurde BiSSS mit optischen Fasern, leitenden Metall- und leuchtenden LED-Fäden durchzogen.»

«Wozu soll das gut sein?»

«Das werden Sie gleich sehen.» KGF schaute nervös auf die Uhr und murmelte. «Wenn es überhaupt funktioniert.» Er wandte besorgt den Blick zum grünen Kubus. «Ich hoffe, Nadine hat alles im Griff.»

«Dafür wäre der technische Leiter zuständig», wandte sich Madam Blumenthal an ihren Bruder. «Wo ist er eigentlich, dein Oliver Weiss?»

«In Shanghai an einer Konferenz», platzte Tara heraus und legte sich erschrocken die Hand auf den Mund.

«Woher wissen Sie ...?» KGF runzelte irritiert die Stirn. «Hat Nadine mal wieder geplaudert?»

«Nein! Oliver ist mein ...» Tara suchte nach Worten. «Er ist mein Lebenspartner und forscht in Davos an neuen Textilien. In den letzten Monaten habe ich ihn kaum zu Gesicht bekommen, weil er an einem geheimen Projekt arbeitet. Er hat nie darüber gesprochen.» Sie schaute hilfesuchend zu Madam Blumenthal. «Aber als Sie ihn jetzt erwähnten, dachte ich …»

«Das ist ungeheuerlich!» KGF begann am ganzen Körper zu zittern, sein Gesicht lief rot an. «Hast du das gehört?» Er packte seine Schwester am Arm. «Mein Projektleiter schläft mit meiner Anwältin!»

«Aber Karli.» Madam Blumenthal legte beruhigend eine Hand auf seine. «Bei Oliver und Tara musst du dir keine Sorgen machen. Er ist verschwiegener als ein Pfarrer, selbst wenn er im Schlaf sprechen würde.» Sie lächelte Tara verschwörerisch zu. «Und wozu überhaupt die Geheimniskrämerei? Nicht mal Nadine weiß Genaueres. Dabei soll sie morgen eine Pressekonferenz leiten.»

«Wie hätte ich deiner Tochter nur halbwegs relevante Information geben können?», fuhr KGF seine Schwester an. «Sie kann nichts für sich behalten, und zudem würde sie es gar nicht begreifen.»

«Und was soll sie morgen den Medien über Smarty erzählen?»

«Klingende Schlagworte mit warmer Luft, wie immer. Wenn Smarty heute Abend nicht funktioniert, dürfen sowieso keinerlei Informationen raus!»

«Herr Fuchs, ich kann Sie beruhigen», tastete Tara sich vor. «Oliver und ich, wir respektieren unsere Berufsgeheimnispflicht. Er weiß nicht einmal, dass Sie mein Klient sind.»

«Dann ist ja gut.» Er bedachte Tara mit einem undefinierbaren Blick.

«War Smarty eigentlich Ihre Idee?», versuchte sie von Oliver abzulenken.

«Nein, es ist zwar mein Baby. Aber Idee und Knowhow kommen von meinem stillen Teilhaber.» Er lächelte versöhnlich.

«Ich war schon länger auf der Suche nach einem umwelt-schonenden Material, und das Genie aus Indien hatte einen Weg gefunden, Spinnenseide biosynthetisch herzustellen.» Er grinste breit. «Ein Hightech-Kleid erschien mir damals so abwegig wie vegane High Heels.»

«Haben Sie ihn schon einmal getroffen, ihren stillen Teilha-ber?»

«Leider nicht! Der indische Geschäftsmann tritt nie öffent-lich in Erscheinung. Er ist leider in jeder Hinsicht still.» Sei-ne hochgezogenen Brauen umrahmten die Augen wie eine verschneite Hecke zwei tiefschwarze Teiche. «Würde mich lieber mit diesem Technikgenie über unser Hightech Baby unterhalten als mit seinem pedantischen Vertreter, diesem James Kuhl, über die Zahlen streiten.»

«Ist James Kuhl auch hier?»

«Keine Ahnung, ob Mister Vielbeschäftigt kommt. Aber ein-laden musste ich ihn wohl oder übel.» KGF verdrehte die Au-gen.

Es wurde dunkel, die Pause war vorbei.

KGF hielt wohl nicht wohl nicht viel vom Strohmann seines stillen Teilhabers. Seit der peinlichsten Nacht ihres Lebens war Tara James Kuhl erfolgreich aus dem Weg gegangen. Ei-gentlich sollte sie froh sein, dass der Kelch des Firmenman-dats kurz darauf an Valerie von Felsenkirch weitergereicht wurde. So hatte sie dem Mann nicht mehr unter die Augen treten müssen.

Sie bückte sich und verstaute ihren *Wendeshopper* unter dem Stuhl. Als sie wieder aufschaute, steckte KGF ihr verstohlen einen zusammengefalteten Briefumschlag zu und sagte leise: «Geben Sie das Annabelle. Sie weiß, was damit zu tun ist.»

Tara steckte den Umschlag in die Handtasche im Einkaufs-format. «Die Botschaft von heute Mittag?»

Der Klient presste die Lippen zusammen und nickte.

Die Musik schwoll zu einer Lautstärke an, die jedes Gespräch unterband. In Kleidern, die wie flüssiges Gold über die Körper zu fließen schienen, defilierten die ersten Models über den Laufsteg.

Unter Applaus trat Gar Beau heraus, ebenfalls in einem Kleid aus Spinnenseide. Dazu die obligate grüne Mütze, unter der die aschblonden Zöpfe hervorlugten.

«Ich begrüße Sie zum ersten Green Fashion Summit, der Plattform für mutige Modemacher, die Sorge zu Menschen und Umwelt tragen. Allen voran der Schweizer Modekönig, Karl Gerold Fuchs.» Mit ihrem ernsten Spitzmausgesicht nickte sie KGF zu. «Bis vor Kurzem war ich ein Kind der schnellen Mode. Selbst mit meinem bescheidenen Taschengeld konnte ich mir jeden Tag was Neues kaufen. Erst die Reise nach Kambodscha zur Besichtigung von Textilfabriken hat mir die Augen geöffnet. Ich musste etwas dagegen tun. Teenager aus aller Welt folgten meinem Beispiel. Dass ich heute das erste Modegipfeltreffen am Weltwirtschaftsforum eröffnen darf, hätte ich mir letztes Jahr während meines Sitzstreiks vor dem Kongresszentrum nicht im Traum vorstellen können.» Bescheiden senkte sie den Kopf. «Und erst noch in diesem zauberhaften Kleid, in dem ich mich wie Titania im Sommernachtstraum fühle.» Sie drehte sich ein paar Mal im Kreis, bis der Stoff wie eine goldene Wolke um sie herumschwebte. «Dass sich das WEF dieses Jahr den Themen Nachhaltigkeit, Technologie und Mode widmet, ist ein großer Schritt für die Modebranche und ein kleiner für die Konsumenten.»

Es wurde dunkel im Saal. Ein Model im Astronautenanzug schritt in einem bläulichen Lichtkegel über den Laufsteg, eine riesige Flagge mit der Aufschrift Fair Fashion in beiden Händen.

«Mode bedeutet nicht nur Lebensfreude», fuhr Gar Beau fort, als es wieder hell wurde. «Die Natur leidet ebenso unter ihr wie viele Menschen. Kleider machen Leute. Das wissen wir seit Gottfried Kellers Novelle. Aber wir vergessen, dass auch Leute Kleider machen. Textilarbeiter werden wie Sklaven gehalten, giftigen Dämpfen ausgesetzt. Mode kann auch Konsumenten krank machen. Gesundheitsschäden durch Chemikalien in Kleidern oder Shopping-Bulimie dank Billigmode-Ketten.» Gar Beau trat an den Rand des Laufstegs und fixierte das Publikum. «Mode soll ein Ausdruck von Lebensfreude bleiben. Aber dazu braucht ihr nicht den neuesten Trend, weder in echt noch als billige Kopie. Mit etwas Fantasie und Stil könnt ihr eure Klamotten mehr als einmal tragen, ohne dass es jemand merkt! Mit BiSSS könnt ihr Abwechslung in eure Garderobe bringen. Sei es farblich oder...» Sie bückte sich, packte den Saum und drapierte den Stoff so um ihre Hüften, dass aus dem langen, ihre Silhouette betonenden Kleid ein kurzer bauschiger Rock wurde. «Oder funktional.» Provokativ ließ sie ihren Blick übers Publikum schweifen. «Wieso etwas ändern am bewährten Geschäftsmodell, mag sich der eine oder andere Modemacher jetzt fragen. Weil eine neue Generation von kritischen KonsumentInnen heranwächst!» Sie betonte das Wort genderkorrekt. «Die wollen wissen, woher der Stoff kommt, aus dem ihr Kleid gewoben ist. Und was geschieht, wenn sie es entsorgen. Sie kaufen weniger, aber bewusster. Die Konsumenten sitzen im Driver Seat! Modemacher müssen sich anpassen. Nehmen Sie sich ein Beispiel an Karl Gerold Fuchs, dem Mann der Stunde!» Die Scheinwerfer richteten sich auf KGF, der sich unter Beifall erhob und in alle Richtungen nickte.

Gar Beau hob die Arme. «Bühne frei für Smarty, präsentiert von Cheru Wüstenhagen.»

Es wurde dunkel. Harfenklänge brachen die angespannte Stille. Leise flappende Schritte von nackten Füssen. Ein Lichtkegel richtete sich auf eine Gestalt am Rande der Bühne. Geblendet hob Tara eine Hand vor die Augen, sah nur Beine. Unendlich lange Beine, die bei jeder Frau Neid, Bewunderung oder ein schlechtes Gewissen auslösten. Beine, die jedem Mann den Atem oder den Schlaf raubten. Oder beides. Die Haut glatt wie von einem Bildhauer in Stein gemeißelt, darunter von Ballett und Poweryoga definierte, langgezogene Muskelstränge ohne eine einzige Fettzelle, umspielt von einem Musseline-artigen Gewebe. Die Beine bewegten sich zuerst langsam, dann immer schneller über den Laufsteg. Das halbtransparente, silber-blau irisierende Kleid verlieh den Bewegungen etwas Elfenhaftes. Der in Aquamarin schimmernde Schal flatterte wie zarte Flügel um Cherus Arme und Schultern. Als das Topmodell in einer Reihe von Grand-Jetés, einem Spagat-Sprung aus dem klassischen Ballett, mit ausgebreiteten Armen wie ein Adler über den Laufsteg jagte, veränderte das hauchdünne Gewebe plötzlich seine Farbe von Blau über Hellgrün in ein sattes Gelb, schließlich in ein leuchtendes Orangerot. Nach einem letzten Pirouetten-Wirbel sank die Textilingenieurin mit einem leisen Keuchen auf ein Knie und bog sich mit gekreuzten Händen über das andere Bein. Ihr Brustkorb hob und senkte sich kaum merklich. Wie eine Wolke auf einen Berggipfel im Abendrot legte sich der nun feuerrote Stoff über sie. Nur ihre Hände mit überlangen, glitzernden Fingernägeln lugten unter dem Stoff hervor. Der letzte Ton war verklungen. Stille. Dann setzte tosender Applaus ein. Taras Herz krampfte sich zusammen bei dem Anblick des menschlichen Wunderwesens. Hyperintelligent, bildschön, eine fantastische Tänzerin und – Olivers Kollegin! KGF war auf seinem Stuhl ganz nach vorne gerutscht. Die

Ellenbogen auf den Knien, die Hände gefaltet, den Kopf auf die Daumen gestützt, schien er wie hypnotisiert. Eine Träne, vielleicht auch nur ein kleiner Schweißtropfen rann ihm über die Wange.

Geschmeidig wie eine Katze richtete Cheru sich auf und streckte ihre Hände mit den flirrenden Fingerspitzen zu KGF hinunter. Der Modekönig kletterte unter anschwellendem Applaus auf den Laufsteg.

Mit der Geste eines Dirigenten bedeutete er dem Publikum, innezuhalten. «Danke, danke!» Seine Stimme füllte auch ohne Mikrophon den Saal. «Mein besonderer Dank gilt Cheru Wüstenhagen, unserer Textilingenieurin, die maßgeblich an der Entwicklung unseres emotional intelligenten Hightech-Kleids beteiligt ist.»

Die Textilingenieurin nahm den inzwischen wieder blaugrün glänzenden Schal von ihren Schultern und legte ihn KGF um den Hals. Innerhalb von Sekunden verfärbte sich der Stoff in ein leuchtendes Rot.

Der Modekönig griff sich erschrocken an die Kehle. Sein Gesicht nahm die Farbe des Schals an. «Ist das heiß!», keuchte er, kurz bevor er zusammenbrach wie eine Gliederpuppe, deren Seidenfaden gerissen war.

5. Der heiße Schal

Nach der ersten Schockstarre hörte Tara Rufe aus dem Publikum, Stimmengewirr schwallte auf, Medienleute drängten sich mit Kameras und gezückten Handys vor dem Laufsteg.

«Ein Arzt!» Cheru riss den Schal von KGFs Hals, kniete sich neben den Ohnmächtigen, drehte ihn in Seitenlage und legte seinen Kopf auf ihren Schoss. «Er braucht einen Arzt!»

Tara wählte die Nummer des Notrufs.

«Cheru, was haben Sie mit meinem Bruder gemacht?» Resolut schob Madam Blumenthal Tara beiseite und herrschte die Textilingenieurin an. «Es war der Schal, geben Sie es zu!» Sie zeigte auf das nun wieder in hellen Blautönen schimmernde Gewebe. «Ich wusste, auf diese Technik ist kein Verlass. Auf Sie ist kein Verlass, Sie...»

«Der Notarzt ist da!», rief jemand vom Saaleingang. «Treten Sie zur Seite! Machen Sie Platz!»

Das ging aber schnell, dachte Tara überrascht.

Zwei Sanitäter mit einer Bahre und ein Mann mit einem Köfferchen eilten durch die Gasse der Schaulustigen. Der Arzt kletterte auf den Laufsteg, fasste an KGFs Hals, nickte und sagte leise etwas zu Cheru. Dann gab er den jungen Sanitätern ein Zeichen. Die hoben den leblosen Körper auf die Bahre und schnallten ihn an. Der Arzt legte eine Infusion. Dann eilten die Rettungskräfte, flankiert von Cheru und Bloggern, mit dem ohnmächtigen Modekönig davon.

«Cheru, warte!» Nadine rannte hinterher. «Ich komme mit.»

«Du bleibst gefälligst hier!» Mama Blumenthal hielt ihre Tochter am Zipfel ihres Kleids zurück. Der Stoff dehnte sich wie ein Gummiband fast um das Doppelte, bis er Nadine wie an einer Hundeleine sanft zurückhielt.

«Mammmaaa, lass mich!» Nadine wurde herumgewirbelt, in den Stoff eingewickelt und zurückgezogen, bis sie vor ihrer Mutter stand. «Was soll das?» Erstaunt sah sie an sich herunter. «Was für ein Material!» Gedankenverloren nahm sie den Stoff in beide Hände, dehnte und knetete ihn, schien alles um sich herum zu vergessen.

«Kann mir bitte jemand diese Meute vom Hals halten!» Cheru baute sich breitbeinig vor dem grünen Vorhang auf, hinter dem die Sanitäter mit KGF verschwunden waren. «Weg da! Zutritt verboten!», brüllte sie der Bloggerbande zu und winkte Tara heran. «Du musst Tara Bernhard sein, Karl Gerolds schlaue Anwältin.» Schrägstehende bernsteinfarbene Augen blitzten komplizenhaft unter einem dichten Wimpernkranz. «*Gopfridstutz*, jetzt reicht es aber. Haut endlich ab!», schrie sie zwei Fans an, die sich an den Kubus herangewagt hatten. Dann wandte sie sich um und zog den Vorhang auf. «Warten Sie gefälligst auf mich!», rief sie KGFs Rettungstrupp zu, der auf einen der Notausgänge zusteuerte.

«Hey Tara, halte mir bitte die beiden Blumenthal-Nervensägen vom Hals. Sag ihnen, dass ich Karl Gerold ins Krankenhaus begleite. Sie sollen hier die Stellung halten.» Cheru legte sich den Schal um die Schultern. «Der Stoff könnte einen anaphylaktischen Schock ausgelöst haben. Das muss ich den Ärzten erklären.»

«Was hat es mit diesem Hightech-Stoff auf sich? Wieso wechselt der andauernd die Farbe?»

«Das ist gerade ein schlechter Zeitpunkt für wissenschaftlichen Nachhilfeunterricht», sagte Cheru und schaute hektisch über die Schultern. «Zudem wüsste ich selbst gerne, was da gerade geschehen ist.»

«Vielleicht hatte er einen Herzinfarkt. Er wirkte heute ziemlich gestresst», versuchte Tara etwas Hilfreiches beizusteuern, statt der patzigen Antwort, die ihr auf der Zunge gelegen hatte.

«Möglich, aber Hauptsache…» Cheru fuhr ungeduldig durchs kurze weißblonde Haar, das im Kontrast zu ihren dunklen, buschigen Augenbrauen stand. «Hauptsache, er wird so schnell wie möglich behandelt.» Auf ihren Fingernägeln schienen sich kleine schwarze Punkte zu bewegen.

«Klar, dann gehst du besser mit.» Tara konnte den Blick nicht von Cherus Händen lösen. Etwas krabbelte auf, nein in ihren Nägeln. Ameisen? «Soll ich dich begleiten?»

«Nein», gab Cheru barsch zurück und fixierte Tara, während sie in ein paar klobige Stiefel schlüpfte. «Du kennst doch Oliver Weiss, meinen Projektpartner?»

«Ja natürlich, er ist…» Tara spürte, wie ihr das Blut in den Kopf schoss.

«Richte ihm bitte aus, ich hätte alles im Griff. Er wird sich schwere Vorwürfe machen, so wie ich ihn kenne.»

Tara holte Luft. So, wie du ihn kennst… Ha! Sie atmete langsam durch die zusammengepressten Zähne aus und nickte. «Klar.»

«Wir müssen los!», rief einer der jungen Rettungshelfer und winkte hektisch.

«Danke, Tara. Ich melde mich.» Und weg war Olivers schöne Partnerin.

Tara schaute ihr nach. Gerade als sie sich abwenden wollte, bemerkte sie eine Bewegung hinter den Kulissen. Zwei Gestalten lösten sich aus dem Schatten. Ein Klatscher, ein Schrei. Ein pinkfarbenes Stroh-Tütü auf langen dürren Beinen rannte davon. Die zweite Gestalt trat hinter dem Kleiderständer hervor, schaute hektisch um sich, während sie an ihren roten Hosen nestelte. Dann eilte der Mann in der Lammfelljacke davon, die Pelzmütze tief ins Gesicht gezogen. Der Rempler! Er schien sich auch gegenüber dem frechen Rotschopf mit dem pinkfarbenen Stroh-Tütü daneben benommen zu haben.

Taras Kopf schwirrte. KGFs Kollaps. Cheru und ihre mysteriösen Fingernägel. Oliver und seine Heimlichtuerei! Und der Vortrag. Dieser verdammte Vortrag! Sie begann zu zittern, während sie langsam auf Nadine zuging, die in einem Teich aus erhobenen Handys, Kameras und Mikrophonen zu baden schien.

Dezenter Ambient-Sound durchzogen von Jazz-Pianoklängen, Stimmengewirr, Lachen und Gläserklirren drangen an Taras Ohr, als sie sich eine halbe Stunde, einige Telefonate und E-Mails später mit Mama Blumenthal dem Ballsaal näherte, in dem die Party des berühmtberüchtigten Fast-Fashion-Zaren stieg. Er hatte den Abend gerettet und alle Gäste des Green Fashion Summit zu seiner Cocktail-Party eingeladen. Tara war überhaupt nicht nach Feiern zumute und schon gar nicht bei einem, der mit Fast Fashion[9] ein Vermögen verdiente.

«Du musst nur seinen Champagner trinken, nicht seine Klamotten tragen», hatte Nadine sie schließlich überredet. Sie hatte die Podiumsdiskussion und zu Taras Erleichterung auch den Vortrag abgeblasen.

Während Nadine Blogger und Journalisten abspeiste, sollten Mama B. und Tara vorgehen. Nadine wirkte noch überdrehter als sonst. Aus Sorge um ihren Onkel oder hatte die Nichte des Slow-Fashion-Königs ein Flair für den Fast-Fashion-Zaren?

---

[9] Das textile Pendant zu Fast Food, aber weitaus schädlicher für Mensch und Umwelt.

«Ich mache mir solche Sorgen», unterbrach Mama Blumenthal Taras Gedanken und hakte Tara vertraulich unter. «Manchmal glaube ich, mein Bruder wird langsam alt. Er vergisst Dinge und manchmal auch sich selbst. Wenn er jetzt auch noch einen Herzinfarkt hat, verliert er jegliche Glaubwürdigkeit.»

«Wie kommen Sie denn darauf?», wehrte sich Tara gegen den Kratzer an ihrem persönlichen Reiterstandbild.

«Ich erkenne die Zeichen der Zeit.» Mama Blumenthal seufzte. «Wenn Karl Gerold nur endlich vorsorgen würde für den Fall, dass er die Geschäfte nicht mehr allein führen kann. Ich habe ihm schon oft angeboten, mich einzubringen, aber er bleibt stur.»

«Haben Sie mit Annabelle darüber gesprochen?» Tara dachte an das Dokument, das KGF morgen vor dem Notar unterzeichnen sollte. Um genau solche Situationen zu regeln. Dachte an seinen Spruch, er werde schon nicht umfallen über Nacht.

«Annabelle ist diskret. Sie spricht nicht über meinen Bruder.» Mama B. seufzte. «Nun, da Nadine für ihn arbeitet, kann sie ihn vielleicht überreden, endlich etwas zu unternehmen. Wo bleibt sie eigentlich, meine Tochter?» Sie machte ein paar Schritte auf die Quelle der Partygeräusche zu. «Ich brauche jetzt dringend einen Beruhigungs-Champagner.»

«Hier bin ich! Alles gut, ein Funktionsfehler von Smarty ist vom Tisch ebenso wie ein Herzinfarkt von Karl Gerold», verkündete Nadine fröhlich, als sie um die Ecke bog. «Hab die Pressemeute mit Karl Gerolds Pilzunverträglichkeit gefüttert. Danach drehte sich alles nur noch um Smarty.» Sie strahlte. «Ist das nicht toll? KGFs Baby ist in aller Munde!» Sie hob den Daumen. «Sorry Tara wegen deines Vortrags. Aber das war erst der Anfang unseres Siegeszugs durch die Modewelt.»

«Der Vortrag ist doch egal. Ich sorge mich mehr um deinen Onkel.» Tara musterte die Freundin. «Im Gegensatz zu dir.» «Ach was, der ist in besten Händen.» Nadine lachte. «Hat bestimmt nur zu viel gegessen und dann die Aufregung. Unkraut verdirbt nicht.» Verschwörerisch fügte sie hinzu: «Ich muss dir unbedingt Boris Garcholigoff, den Gastgeber dieser Party vorstellen. Ich will ihn als unseren Sponsor für den Green Fashion Award gewi...»

Eine rostige Hupe übertönte den Rest des Satzes.

«Oh je, das ist Annabelle.» Tara grub in ihrer Handtatsche nach der Geräuschbombe. «Geht schon vor.» Nadine zog mit ihrer Mutter ab, und Tara hatte die harsche Stimme am Ohr. «Was ist mit KGF?»

Anscheinend war bis und mit Zusammenbruch des Modekönigs alles am Fernseher live übertragen worden.

«Selber schuld, ich habe ihm schon lange eine Detox-Kur empfohlen», kommentierte Annabelle Taras Bericht. «KGF ist zäh. Genießen Sie die Party und charmieren Sie den Gastgeber», befahl die Chefin. «Der fehlt mir noch in meinem Kundenportfolio.»

«Ein russischer Oligarch?», staunte Tara. Die Chefin hatte ihr doch eingeschärft, dass Schwervermögende aus gewissen Ländern für Banken und Vermögensverwalter zu Gesichts- und gar Lizenzverlust führen können. «Im Ernst?»

«Seit wann verstehe ich Spaß?», knurrte Annabelle wie ein schlechtgelaunter Terrier. «Das ist eine gute Gelegenheit, Ihr Knowhow als Finanzdetektivin anzuwenden. Nicht alle Russen sind kriminell oder politisch exponiert. Los, gehen Sie akquirieren!» Damit legte sie auf.

«Na dann, let's party!», sagte Tara zu sich, streckte den Rücken durch und marschierte zum Ballsaal. Wie auf ihr Stichwort dröhnte statt Jazzpiano nun ein von Technobeats durchzogener Party-Dance-Mix aus dem Saal.

Eine Hostess in weißem Hosenanzug bewachte wie ein Erzengel den Zutritt, flankiert von zwei Sicherheitsleuten.

«Name?»

«Annabelle Kronenberg.»

«Die Einladung, bitteschön.»

Tara durchsuchte ihre Tasche. Mist, mit der hatte sie sich beim Polizisten ihre Freiheit erkauft. Sie zog ihren *Badge* hervor.

Die Hüterin des Tors zur Party scannte kopfschüttelnd die Liste.

«Keine Tara Bernhard.»

«Ich bin die Anwältin des ...» Tara biss sich auf die Lippen. Sich mit dem Namen ihres Klienten, der sich im Krankenhaus befand, Zutritt zu einer Party zu verschaffen, verbot ihr nicht nur das Anwaltsgeheimnis. «Ich vertrete meine Chefin, Annabelle Kronenberg. Sie muss auf der Liste sein.»

«Zutritt nur mit persönlicher Einladung.»

«Ich hatte Frau Kronenberg soeben am Telefon.» Tara wählte Annabelles Nummer. «Ich soll sie vertreten.» Die Stimme der Mailbox meldete sich.

«Ihre Chefin?» Die Hostess kräuselte ihr chirurgisch verkürztes Näschen. «Herr Garcholigoff empfängt nur die Crème de la Crème der internationalen Wirtschafts- und Modeszene. Führungskräfte, keine unteren Chargen.» Sie nickte dem Sicherheitsmann zu. «Ich muss Sie jetzt leider bitten.»

Tara zog eine Visitenkarte aus der Jackentasche und hielt sie Erzengel unter die Nase. «Ich bin Chefjuristin im *Family Office* von Frau ...» Sie stockte und ließ unter dem angewiderten Blick die Hand samt Visitenkarte sinken.

«Gibt äs ein Probläm?», kratzte eine gutturale Stimme an ihr Ohr.

Tara drehte sich um und blickte in ein neugierig funkelndes

Augenpaar. Der VIP mit seinem Tross, über dessen Namen sich Nadine mit dem Reporter gestritten hatte!

Der Mann deutete eine Verneigung an. «*How can I help you, young lady?*» Sein akzentfreies Englisch war geradezu wohltuend.

«Das ist aber nett von Ihnen. Leider habe ich meine Einladungskarte verloren.» Sie reichte ihm die vom Erzengel im Hosenanzug verschmähte Visitenkarte. «Sie hält mich wohl für eine gefährliche Aktivistin oder noch schlimmer, für eine Assistentin.»

«Tara Bernhard», der Mann im fliederfarbenen Seidenanzug musste Mitte Fünfzig oder älter sein. Das faltenfreie Gesicht, die gestrafften Augenlider und die muskulöse Figur ließen ihn jünger erscheinen. Aber die schrumpeligen, von dunklen Flecken übersäten Hände zeugten von einer gewissen Reife. Er bedachte zuerst die Karte und dann Tara mit einem langen Blick. «*An artists name. Beautiful like the woman.*»

Mit den dunklen Locken, die ihm über die Schultern fielen, erinnerte er sie an jemanden aus ihrer Kindheit.

«*After you.* Nach Ihnen.» Er wies auf die Flügeltüren und sagte zu den Torhütern des Partyhimmels: «*The Lady is my guest.*»

Er musste eine Berühmtheit sein, denn die Sicherheitsleute traten zur Seite wie vom Donner gerührt.

«*Oh, thank you so much. This is very kind of you*», flötete Tara dankbar und versuchte, sich in dem grün-blauen Schummerlicht einen Überblick zu verschaffen. «Hier ist aber viel los.» Sie hielt sich die Hände an die Ohren. «Und laut.»

«*Yeah, this is THE party at the WEF!*» Er strahlte sie mit feurigem Blick an. «*Your first time here?*»

Tara nickte und spähte unauffällig über seine Schulter. Wo war Nadine? Und wie sollte sie den Gastgeber finden?

77

«Let me get you a drink.» Der Mann legte ihr eine Hand auf den Rücken und schob sie sanft vorwärts.

Die Leute drehten sich nach ihnen um, Männer grinsten dümmlich oder hoben ihr Glas, Frauen lächelten verführerisch. Alle traten zur Seite, um Taras Türöffner Platz zu machen. Wer war der Mann, wunderte sich Tara. Wieder mal ein Schauspieler, den sie nicht erkannte? Wie damals am Filmfestival in Cannes, als sie die Absperrung einer Filmcrew übersehen, mitten in einen Dreh geplatzt, den Hauptdarsteller für einen Dieb gehalten und ihn in den Pool geworfen hatte.

Oder war ihr klebriger Begleiter etwa der Gastgeber höchstpersönlich? Sie musterte ihn verstohlen von der Seite. Nein, er sah nicht aus wie ein russischer Oligarch. Eher wie ein die Jahre gekommener griechischer Schnulzensänger. Sein Parfum war ebenso unangenehm wie die Hand auf ihrem Rücken.

Die Luft war stickig, als ob sie Suppe atmete. Die Sicht nicht besser als bei Nacht im Nebel. Plötzlich erhellten Blitzlichter den Raum sekundenlang und zogen ihre Aufmerksamkeit auf einen hochgewachsenen Mann mit dem Gesicht eines jüngeren Johnny Depp an der Seite einer atemberaubenden Frau. Die beiden wurden von Fotografen umzingelt. Eine Fontäne von schwarzem Haar fiel der Frau über die Schultern, schmiegte sich wie das smaragdgrüne Kleid an ihren Körper. Geheimnisvoll lächelnd drehte sie sich im Blitzlichtgewitter. Da war sie wieder. Die Schönheit im weißen Pelzmantel, die einen Briefumschlag an der Rezeption im Seehof abgegeben hatte. Denselben, den KGF Tara vor der Show später zugesteckt hatte. Was tat sie hier? Und wer war der Mann neben ihr? Gerade schenkte die Unbekannte ihrem Begleiter ein hinreißendes Lächeln. Der Anblick erinnerte Tara an ein

Foto, das sie kürzlich in einem von Annabelles Hochglanz-Klatschblättern gesehen hatte. Der Begleiter hatte keine Haare im Gesicht. Im Gegensatz zu dem hier. Sie stutzte. Das war doch... der undercover-Beamte von heute Nachmittag! Er schien Tara auch erkannt zu haben, winkte und kam auf sie zu. Der hatte ihr jetzt grade noch gefehlt. Sie musste ihn ignorieren und ihren Party-Türöffner in ein Gespräch verwickeln.

«Was machen Sie beruflich?», schrie Tara dem Schnulzensänger ins Ohr.

«*Sorry?*» Er schaute sie irritiert an.

«*What is your profession?*», wiederholte sie auf Englisch.

«*I like your sense of humour*», lobte er ihren Sinn für Humor und zwickte sie in die Seite. «Ich bin der Partymann!», fügte er mit breitem Lächeln hinzu, als Tara sich seinem Griff entzog.

Der Partymann! Natürlich, das war einer der Lieblingssongs ihrer Mutter. Der Sänger war zwar etwas gealtert, trug aber noch immer dieses Strahlegrinsen, das ihm nicht einmal im Dschungelcamp abhandengekommen war. Für einmal hatte sie eine Berühmtheit erkannt. «Sie sind es!»

Er breitete erfreut die Arme aus.

«Costa Cordalis!» Tara strahlte ihn an. «Mit Ihren Songs bin ich aufgewachsen. Meine Mutter verehrte Sie und hinterließ mir eine riesige Plattensammlung.»

«*Honestly?*» Eine dunkle Wolke legte sich über das Gesicht des griechischen Winnetous. «Ich kann nicht singen, aber Partys schmeißen. Ich bin där Gastgebär!» Mit beleidigtem Gesicht wandte sich der Fast-Fashion-Zar ab und rauschte davon.

Tara schaute ihm entgeistert nach.

«Autsch! Das muss wehtun.»

Etwas Hartes bohrte sich in Taras Rücken. «Hey, was soll das?» Aus dem Augenwinkel nahm sie ein Nofretete-Profil wahr und drehte sich um. Am Ellenbogen der Frau baumelte eine riesige Handtasche, Modell Powerfrau beim Power Lunch.

«War das ein misslungener Flirt- oder ein Akquisitionsversuch?», hisste Nofretete an Taras Ohr. «Als juristische Schatzhüterin reicher Familien sollten Sie ein Auge für Prominenz haben, werte Frau Kollegin.»

«Valerie?» Wie von einem elektrischen Schlag getroffen, zuckte Tara zurück. «Seit wann hast du die?» Irritiert starrte sie die Ex-Kollegin an.

«Die ist ein Geschenk meiner Tante zur Partnerschaft.» Valerie drückte ihre Birkin Bag an sich wie ein Kleinkind. «Symbol meines Erfolgs.»

«Was? Deine neue Nase?»

«Quatsch, die habe ich mir selbst geschenkt.» Valerie warf in einer geschmeidigen Bewegung ihre honigblonden Haare zurück. «Und du? Wann unternimmst du etwas gegen deine Prosopagnosie? Kann man sicher therapieren.»

«Meine was…?»

«Gesichtsblindheit ist eine eingeschränkte oder nicht vorhandene Fähigkeit, Gesichter wiederzuerkennen», dozierte Valerie. «Du bist damit in bester Gesellschaft. Brad Pitt leidet anscheinend auch darunter.» Sie grinste. «Deshalb hatte Johnny Depp wohl auch Verständnis, dass du ihn in Cannes in den Pool geworfen hast.»

«Ich bin nicht Gesichts-, bloß Promiblind.» Tara schnappte sich ein Glas Champagner von einem Tablett, das ein Kellner vorbeibalancierte. «Ich mache mir Sorgen um KGF. Was denkst du, was mit ihm ist?»

«Ach, der hat wohl zu viel …» Valerie wurde samt ihrer Birkin von einem hochgewachsenen Mann beiseitegeschoben.

«Tara, kommen Sie mit! Wir haben ein Problem.»

Vor Schreck ließ Tara ihr Glas fallen.

«Wie peinlich.» Valerie schien die Situation zu genießen.

Während James Kuhl seelenruhig die Scherben mit den Füßen zusammenschob und einen Kellner rief, versuchte Tara
sich wieder zu fassen. «James? Sie? Mit Ihrer neuen Gesichts-
frisur habe ich Sie gar nicht erkannt.»

«Solange ich Sie damit nicht erschreckt habe …» Der undercover-Polizist und Begleiter der unbekannten Schönheit fuhr
sich grinsend über den Stoppelbart. Leise fügte er hinzu:
«KGF ist nie im Spital angekommen. Er ist verschwunden
und Cheru mit ihm!»

6. Der König ist weg!

Sie trat auf den Laufsteg hinaus. Scheinwerferlicht blendete sie. Hundegebell drang an ihr Ohr. Sie erschrak, stolperte, ruderte mit den Armen. Der Absatz verhakte sich in ihrem blauschimmernden Kleid. Nach einem letzten Blick ins lautlos lachende Publikum fiel sie der Länge nach hin. Brennender Schmerz, wie damals, als sie als Kind vom Baumhaus direkt in ein riesiges Ameisennest fiel. Eine Hand mit langen Fingernägeln streckte sich ihr entgegen. Winzige Ameisen tummelten sich in den Nägeln, purzelten heraus und krabbelten über das plötzlich feuerrot leuchtende Kleid. Die Hand gehörte James Kuhl!

Schweißgebadet wachte Tara auf. Sie tastete nach dem Mobiltelefon. Kurz nach sieben Uhr, und sie lag in Olivers Bett. Alleine. Das Bellen aus dem Handy war Oliver. Nicht nur die Zeitverschiebung erschwerte ihre Kommunikation. Auch seine Tüftelei. Tage- und nächtelang konnte er sich in seinem Labor verschanzen, die Zeit und seine Freundin vergessen. Jetzt musste halt auch er einmal warten. Sie drehte sich auf die andere Seite und versuchte sich den Traum zu erklären, ihre Gedanken zu sortieren.

Sie war um den Vortrag und damit um eine garantierte Blamage herumgekommen. Aber zu welchem Preis? Ihr Lieblingsklient war umgekippt. Einfach kollabiert nach der Präsentation seiner Innovation! War der Chamäleon-Schal schuld an seinem Zusammenbruch? Oder wurde KGF vergiftet?

Kurz nach KGFs Abtransport war eine zweite Ambulanz aufgetaucht, doch da hatte noch niemand Verdacht geschöpft. Erst als Nadine sich vergeblich zuerst im Spital Davos und

anschließend in allen größeren Krankenhäusern und Privat-
kliniken der Deutschschweiz nach ihrem Onkel erkundigte,
hatten sie die schreckliche Gewissheit: Karl Gerold Fuchs
war verschwunden samt Cheru und Smarty. Sogar James
Kuhl war ratlos.

Tara klickte zum wiederholten Mal den Grünmützen-
Schnappschuss auf dem Schneehügel an, den sie für Nadine
geschossen hatte. Der Mann, der gerade das Plakat ausrollte,
war eindeutig James Kuhl, Geheimagent im Nebenamt. Was
spielte er diesmal für eine Doppelrolle? Und wer wusste davon? Hatte Nadine das Foto schon gepostet? Tara öffnete den
neuesten Blogeintrag ihrer Freundin.

Nadine's Fashion & Society Blog
Freitag, 23. Januar 2015

Liebe Fashion- und Newsjunkies
Seit gestern hat die Modewelt einen neuen Star:
Smarty hat das Publikum umgehauen! Und seinen Schöpfer…
Ihr fragt euch bestimmt, wie es dem geistigen Vater des textilen
Wunderwerks geht. Entwarnung, liebe Finny-Mode-Fans: Karl
Gerold Fuchs hat die Trüffelpilz-Kugeln an einem Slow-food-Stand
mit Schokoladen-Truffes verwechselt. Keine gute Idee, wenn man
eine Pilzallergie hat… Es geht ihm gut bis auf die strenge Diät, die
der Arzt ihm verordnet hat :)
Das zweite Highlight des gestrigen Abends war die Party des Fast-
Fashion-Zaren Boris Garcholigoff. Mit seiner Uptodate befindet er
sich in Sachen Nachhaltigkeit am andern Ende der von Finny-Mo-
de angeführten Skala und sucht deshalb die Nähe von visionären
Unternehmern wie Karl Gerold Fuchs.
Tja, mit wem ich mich blendend unterhalten habe, das berichte
ich euch das nächste Mal. So viel sei euch verraten: Es gibt einen

neuen Mann – (noch) nicht in meinem Leben, aber in meiner
Nähe! Intelligent (ist er), charmant (weniger), geheimnisvoll (tut
er), umwerfend (sieht er aus). Er ist weder Model noch Schauspie-
ler – was denkt ihr, könnte er sein? Er ist kein Designer!

Kiss & Hug
Eure Nadine

Follow me to stay informed!

Wen hatte Nadine jetzt im Visier? Tara scrollte durch die Fotos. Das Grünmützenfoto war dabei, aber es war zu unscharf.
James war nicht zu erkennen.

Taras Blick fiel auf Olivers Wecker, und mit einem Schlag war
sie wach. KGFs Schwester hatte auf elf Uhr den Verwaltungsrat von Finny-Mode zu einer Notfallsitzung ins Posthotel Morosani einberufen. Annabelle hatte entschieden, dass Tara
als KGFs Anwältin dabei sein musste. Sie selbst würde sich
via Skype zuschalten.

Tara musste sich beeilen, wenn sie noch ihr morgendliches
Yoga-Pilates-Ballett-Aufwachtraining absolvieren, ihre E-
Mails checken, sich dem Anlass gebührend stylen, Zeitung
lesen und den obligaten Cappuccino im Café Klatsch trinken
wollte. Der bei Einheimischen wie Touristen gleichermaßen
beliebte Treffpunkt mit dem weltbesten Kaffee und einem
Ambiente wie in Omas guter Stube gehörte zu Taras Davos-
Ritualen, wie der Besuch im Käseladen, auf die sie nicht einmal in dieser tragischen Situation verzichten wollte.

Energisch schlug Tara die warme Decke auf, schwang sich
aus dem Bett und stolperte als Erstes über ihre noch immer
durchnässten Stiefeletten. Das wintertaugliche Schuhwerk
hatte sie zuhause vergessen. Nun musste sie sich wohl oder

übel bei Oliver bedienen. Sie schaute sich in der aufgeräumten Wohnung um. Keine Vorhänge. Viel Chrom und Glas. An die Wand gelehnte Gemälde zeigten, dass der Besitzer lieber im hochalpinen Labor nach kompostierbaren Stoffen forschte, als sich wohnlich einzurichten. Einzig der beheizte Parkettboden aus dunkler Eiche und die von Tara gekauften Zierkissen verströmten ein wenig rustikalen Alpenchic. Kaum hatte Tara Olivers Werben nachgegeben, wurde er als leitender Wissenschaftler nach Davos berufen. Das war vor eineinhalb Jahren. Aber erst jetzt für ihren Ausflug ans WEF hatte er ihr endlich einen Schlüssel zu seiner Wohnung gegeben. Und auch nur unter der Bedingung, keine bleibenden Spuren zu hinterlassen. Dass er sich in ihrer Wohnung in Tante Jos Jugendstilvilla eingenistet hatte, fand er hingegen ganz normal. Als Tara mit sechzehn Jahren zur Vollwaise wurde, nahm Josephine Bernhard, die Schwester ihres Vaters, sie unter ihre liebevollen aber strengen Fittiche. Tara sorgte ihrerseits für Haus und Kater, wenn die Tante auf einer ihrer geliebten Kreuzfahrten weilte. Seit Oliver sich in Tante Jos Herz geschlichen und ein eigenes Arbeitszimmer erhalten hatte, übernahm er einen Großteil der Garten- und Reparaturarbeiten. Eigentlich ein perfektes Arrangement: Am Wochenende kochte Oliver und tätigte die schweren Einkäufe für alle Hausbewohner inklusive Monster, Tante Jos schwarzen Kater. Unter der Woche konnte Tara ohne schlechtes Gewissen die Abende im Büro, an Fortbildungskursen oder mit Freundinnen verbringen.

Vor zwei Jahren hatte sie ihren Jugendfreund Oliver mit ihrer besten Freundin Liz verkuppelt, doch schon wenige Wochen später realisierten die beiden, dass sie jemanden andern liebten. Liz ihren heimlichen Liebhaber, der sich endlich zu ihr und ihrer gemeinsamen Tochter bekannte. Und Oliver ge-

stand Tara, dass sie seine einzige große Liebe war, und zwar schon seit ihrer gemeinsamen Internatszeit. Im Internat hatte Tara nur Augen für seinen in jeder Hinsicht ungleichen Zwillingsbruder Lucien gehabt. Selbst als Valerie ihn sich unter die gellackierten Nägel gerissen hatte, schlug Taras Herz weiterhin für den schillernden Don Juan. Während des Studiums entdeckte der endlich Taras Qualitäten und riss sie in einen Gefühlsstrudel, aus dem sie sich nach zwei Jahren knapp und mit gebrochenem Herzen retten konnte. Ein Jahr später hatte Lucien sich mit einem Sprung von einem Hoteldach aus seinem vielversprechenden Leben als preisgekrönter Wissenschaftler katapultiert. Weil er sich die Schmach ersparen wollte, von seinen erzkonservativen Eltern wegen seiner heimlich ausgelebten Homosexualität verstoßen zu werden. Danach war Tara einer ernsthaften Beziehung erfolgreich aus dem Weg gegangen. Sie flirtete gern, verliebte sich oft und mit sicherem Instinkt in die Falschen. Und wenn einer mal das Potenzial für Mister Right hatte, verscheuchte sie ihn garantiert mit einem Streit, einem Missverständnis oder indem sie sich total danebenbenahm. So wie an jenem Abend mit James Kuhl, in den sie sich während der Vertragsverhandlungen verliebt hatte. Wie dumm von ihr! Flugs hatte Tara dem Werben ihres Jugendfreundes Oliver nachgegeben, um sich den Geheimagenten aus Kopf und Herz zu schlagen. Oliver liebte ihre Schwächen und sie hatte seine Stärken schätzen gelernt. Er war zuverlässig, liebevoll und hatte die schönen Augen seines Bruders. Aber nicht dessen Leidenschaft. Olivers Passion galt ausschließlich der Wissenschaft. Nun war sie in seiner Wohnung und fand sich nicht zurecht. Seufzend tippte sie eine Nachricht:
Rufe später zurück. Wo sind deine Winterstiefel?
Auf der Suche nach der Puderdose in ihrer großformatigen

Handtasche, die sich eher für Wochenendeinkäufe als den täglichen Gebrauch eignete, hielt sie plötzlich KGFs Umschlag in der Hand. Auf der Vorderseite die Initialen «AK». Rückseitig Logo und Adresse des Hotels Seehof. Er war zugeklebt. Vielleicht enthielt er eine wichtige Botschaft im Zusammenhang mit KGFs Verschwinden? Bis sie Annabelle den Brief ins Hotel gebracht hätte – Tara wusste noch nicht einmal, wo sie logierte – wäre es vielleicht zu spät. Entschlossen riss sie den Briefumschlag auf und zog einen weißen Papierbogen heraus.

«UNSER BABY MUSSTE ICH WEGGEBEN.
HEUTE WIRST DU DEINES VERLIEREN!»

Keine Unterschrift, kein Name. Annabelle würde wissen, was zu tun sei, hatte KGF gesagt. Kalt wurde Tara nicht nur, weil sie barfuß über die Fliesen im Flur gegangen war. Langsam schob sie das Papier wieder zurück in den Umschlag.

Eine gute Stunde später stapfte sie mit Oliver im Ohr und seinem Schuhwerk an den Füßen durch den Schnee. «Glaubst du, Smarty ist schuld an seinem Zusammenbruch?» Von der anonymen Drohung hatte sie ihm nichts gesagt. Schlimm genug, dass sie KGFs Privatsphäre verletzt und den Brief geöffnet hatte.

«Smarty? Wie kommst du denn darauf?», fragte Oliver.

«Die Farbe des Schals wechselte von Tiefblau zu einem leuchtenden Rot, kaum hatte Cheru ihn um KGFs Hals gelegt!»

«Trug er einen roten Sakko?»

«Ja, aber was hat das damit zu tun?»

«Der Farbwechsel. Der Schal ist eine light Version des Hightech-Materials und reflektiert die Farben seiner nächsten Umgebung», erklärte Oliver. «Die im Kleid eingewobenen

Metallfäden können Körpertemperatur, Puls, Blutdruck und andere Funktionen messen, die über elektromagnetische Impulse als Farbe sichtbar werden.» Er machte eine Pause. «Nur das Kleid kann die Emotionen seiner Trägerin sichtbar machen. Aber nicht der Schal. Die kleine Showeinlage war geplant. Deshalb sollte er einen roten Sakko tragen.»

«Bevor er umkippte, sagte er noch, das sei heiß», ließ Tara nicht locker.

«So ein Mist!» Oliver stöhnte auf. «Ursprünglich waren Schal und Kleid vom selben Material. Aber nachdem eine meiner Mitarbeiterinnen bei einem Testlauf umkippte, beschlossen wir, für die Show kein Risiko einzugehen und haben einen zweiten Schal gemacht. Cheru hat womöglich die beiden Stoffbahnen verwechselt.»

«Sie hat etwas von einem anaphylaktischen Schock erwähnt», erinnerte sich Tara.

«Dann ist klar, was geschehen ist. Wir können nur hoffen, dass er irgendwo in ärztlicher Behandlung ist.»

«Soll ich dem Verwaltungsrat etwas sagen?»

«Auf keinen Fall! Ich will zuerst mit Cheru sprechen.»

Tara zögerte, bevor sie fragte: «Wieso hast du mir nichts von ihr erzählt?»

«Was?» Oliver schien ihre Frage nicht zu verstehen. «Ich habe immer wieder von Cheru gesprochen.»

«Du hast nie erwähnt, dass sie eine Frau ist.» Und eine so schöne noch dazu, fügte Tara in Gedanken hinzu.

«Ach, Tara, mach dich nicht lächerlich. Ich glaube, wir haben gerade andere Probleme.» Und weg war er.

Tara steckte das Mobiltelefon wieder in die Manteltasche und stapfte trotzig durch einen kniehohen Schneewall. Es hatte die ganze Nacht geschneit. Von Olivers Wohnung am Rosenhügel war man in wenigen Schritten an der Promenade, die sich durch ganz Davos schlängelte. Jedes noch so kleine Ladenlokal war zur mondänen Empfangslounge umgebaut, in der Vertreter der Finanz-, Technologie- und anderen einflussreichen Branchen für ein paar Tage Hof halten konnten. Das einheimische Gewerbe hatte diese Chance für einen Mietzins genutzt, der den Jahresumsatz oft um ein Mehrfaches überstieg. Nur der Käseladen zeugte davon, dass hier auch Menschen lebten, die ihr Essen selbst einkauften. Der «Gourmet Käch» gehörte wohl auch zur Kulisse, die man der Weltwirtschaftselite im Schweizer Bergkurort bieten wollte. Tara spähte durch die Glasscheibe und beschloss, sich zum Frühstück den lokalen Ziegenkäse zu genehmigen. Sie trat durch die Schiebetüre und sog den würzigen Duft ein. Man wähnte sich auf einer Alp inmitten einer frischgemähten Wiese neben einer Molkerei und einem Kräutergarten.

Hinter der Theke erklärte die Ladenbesitzerin in ihrer weißrot karierten Schürze einer Gruppe von Asiaten das Sortiment. Jeder Käse in der Auslage hatte seine Geschichte, war aus einem bestimmten Grund auserwählt worden, Teil dieses Molkerei-Kunstwerkes aus kulinarischen Skulpturen zu sein. Eine junge Frau mit Heidi-Zopffrisur reichte einer Dame im wollweißen Pelzmantel geduldig ein Stück nach dem andern zum Probieren. Neben der Dame scharrte ein Mann mit schütterem rotblondem Haar, schwarzer Lammfelljacke und roten Hosen ungeduldig mit den Füßen. Hinter einem riesigen Kühlschrank trat ein Mann hervor, die Ärmel seines Holzfällerhemdes hochgekrempelt, mit einem Lachen im jungenhaften Gesicht und einem riesigen Laib Käse auf den Armen.

«Na los, entscheiden Sie sich endlich gute Frau! Oder haben Sie noch nichts gefrühstückt?», fuhr der Mann in den roten

Hosen die bepelzte Dame an und raunzte dann in Richtung Theke: «Ich krieg zwei Käsebrötchen!»

«Wir sind hier nicht im großen Kanton[10]», mischte Tara sich ein, abrupt aus der Idylle geholt. «Hier sagt man Bitte, und zudem glaube ich nicht, dass Sie an der Reihe sind.»

«Ich bin nicht zum Vergnügen hier!», knurrte der Mann.

«Das merkt man», sagte Tara und lächelte der irritiert dreinblickenden Kundin aufmunternd zu. «Lassen Sie sich von dem unhöflichen Menschen nicht beeindrucken.»

«Hey, was mischen Sie sich ein?» Der Mann drehte sich um. «Kennen wir uns nicht? Klar doch, die Tussi-Guck-in-die-Luft!» Er hob die Hand, in der er die Fellmütze hielt. «Keine Angst, ich schlage keine Frauen», fügte er hinzu, die fleischigen Lippen zu einem Grinsen verzerrt, als sich Tara instinktiv duckte.

«*Please, go ahead.*» Die Pelzmanteldame trat mit erhobenen Augenbrauen einen Schritt zurück. «*I am not in a hurry.*»

«*And for sure not a furry…* Und bestimmt kein Pelztier», nuschelte der Mann. «Mutig, sich am Nachhaltigkeitsgipfel in einem geschorenen Nerz zu zeigen, Madam», fuhr er in holprigem Englisch fort, während Heidi mit stoischer Ruhe die belegten Brötchen in eine Papiertüte packte.

«*Oh thank you, I really appreciate your compliment for my fauxfur.*» Die Dame wandte sich mit einem hochmütigen Lächeln um. «Ich schätze ihr Kompliment für meinen falschen Pelz.»

Tara stockte der Atem. Die schöne Unbekannte mit dem Kuvert! Die an der Seite von James Kuhl aufgetaucht war und sie an die Königin von Jordanien erinnerte.

«Kunstpelz ist weitaus schädlicher für die Umwelt als echter Pelz!», fuhr Rüpel-Schütterhaar dazwischen.

---

[10] Schweizer Kosename für Deutschland

«Nicht mein Pelz. Denn der ist aus organischem, voll kompostierbarem Material», entgegnete die Frau unbeirrt und streckte ihren Arm aus. «Ein Prototyp, doch er wird bald im Handel erhältlich sein.»

«Darf ich?» Tara trat näher und strich, als die Dame nickte, andächtig über das seidenweiche Fell. «Produzieren sie den selbst?»

Die geheimnisvolle Lady nickte. «Zusammen mit meinem Forscherteam.»

«Sie waren doch auch am Green Fashion Summit?», fasste sich Tara ein Herz. «Schrecklich, wie der Anlass endete.» Sie machte eine Pause, suchte vergeblich nach einer Reaktion im Gesicht der Frau. «Kennen Sie Karl Gerold Fuchs?»

«Wer kennt ihn nicht, den Schweizer Modekönig?» Ihre Mundwinkel verzogen sich spöttisch. «Wir sind uns vor ein paar Jahren begegnet. Aber er hatte keine ernsten...» Sie senkte gedankenverloren den Blick, nur um ihn Sekunden später wieder auf Tara zu richten. «Er hatte damals keine ernsten Absichten, seine Firma auf Nachhaltigkeit umzurüsten. Mit seiner Spinnenseide scheint sich etwas geändert zu haben.»

«Was halten Sie von Smarty? Kann ein Hightech-Kleid überhaupt nachhaltig sein?»

«Smarty könnte die Modewelt durchaus nachhaltig verändern.» Die Frau wiegte den Kopf. «Wenn es funktioniert.» Mit einem Anflug von Ungeduld in den Augen fügte sie hinzu: «Nett, mit Ihnen zu plaudern, aber ich muss leider weiter.»

«*Please, may I have your card?*», hörte Tara sich fragen.

James' geheimnisvolle Begleiterin verneinte freundlich.

Die Verkäuferin mit den Heidi-Zöpfen reichte der Fellmütze seine Sandwiches, bevor sie sich strahlend wieder der schönen Kundin zuwandte.

«Hey, ich brauch aber zwei Tüten!», reklamierte Schütterhaar. Als Heidi die Sandwiches in zwei Papierbeutel gesteckt hatte, legte er eine Banknote auf den Tresen, wartete das Rückgeld nicht ab und verließ mit seinem Einkauf den Laden, ohne jemanden eines weiteren Blickes zu würdigen. Durch die Glasscheibe beobachtete Tara, wie er sich hastig umsah, in seine Jackentasche griff und ein Notenbündel in eine der beiden Papiertüten steckte.

Kurz darauf war Tara mit einem würzigen Stück Ziegenweichkäse wieder auf ihrem Fußmarsch zum Café Klatsch. Sie kam weitaus rascher voran als die im gleißenden Sonnenlicht glänzende Schlange von schwarzen Limousinen. Über zweitausend registrierte Fahrer seien dieses Jahr mit ihren Wagen unterwegs, Privatautos und Einheimische nicht miteingerechnet, hatte die Käsespezialistin zu berichten gewusst. Auch auf den Gehsteigen herrschte ein reges Gedränge. Modisch unterbelichtete Bodyguards lungerten vor den Lounges herum. Menschen in dunklen Anzügen hasteten an Tara vorbei. Einige schienen sich mit den Modeaktivisten zu solidarisieren und trugen die knallgrünen Mützen zum Business-Outfit. Und überall Uniformierte, die mit markigem Blick die Ordnung hüteten. Vor dem Café Klatsch schien sich einer gerade auf sein Frühstück zu freuen. Tara stand am Fußgängerstreifen auf der anderen Straßenseite und wartete vergeblich, dass eine der Limousinen anhielt. Amüsiert beobachtete sie, wie der hochgewachsene Polizist gierig in eine Papiertüte starrte. Weißer Hauch waberte aus seinem Mund. Dann zog er etwas heraus. Tara stutzte. Das war kein Brötchen, sondern ein Bündel Geldscheine. Verstohlen blickte der Uniformierte um sich, steckte die Scheine rasch wieder in die Tüte und eilte davon. Als er sich noch einmal hektisch umwandte, erkannte Tara den Hünen, der sie gestern verhaften wollte und im Tausch gegen die exklusive Einladung laufen ließ. Ein Polizist, der Geldscheine zum Frühstück verzehrte und das auf offener Straße?

Endlich hielt ein Lieferwagen und Tara überquerte die Straße. Kaum trat sie durch die Schiebetür des Café Klatsch, sah sie sich einem bekannten Gesicht gegenüber.

«Nicht schon wieder diese Tussi!» Der übelgelaunte Rüpel mit Fellmütze in der einen und einem Kaffeebecher in der anderen Hand musterte sie mit zusammengekniffenen Augen. «Stalken Sie mich etwa?», nuschelte er, bevor er an ihr vorbei ins Freie trat.

Tara schaute ihm neugierig nach. Die beiden Sandwichtüten war er ja schnell losgeworden. War womöglich eine der beiden Tüten die für den Polizisten? Welchen Gefallen hatte der ihm wohl erwiesen, dass er mit einem so reichhaltigen Frühstückspaket beglückt wurde?

Während Tara auf ihren Cappuccino wartete, checkte sie ihre E-Mails. Entsetzt starrte sie auf den Betreff einer E-Mail:

«Hightech-Projekt des Schweizer Modekönigs gescheitert! Finny-Mode vor dem Aus?»

Die E-Mail war von Annabelle, die wissen wollte, wie die Presse auf diesen Blödsinn kam. Eine Boulevardzeitung habe die Schlagzeile gebracht und alle andern kopierten sie: Das hoch gelobte Hightech-Kleid sei defekt, was der Modekönig nach einem anaphylaktischen Schock am eigenen Leib zu spüren bekommen habe. Vermutlich liege er im Koma.

Noch während Tara diese Meldungen las, meldete sich Annabelle: «Das ist eine Katastrophe! Statt ihren Blog zu bedienen, hätte Nadine eine Pressemitteilung verfassen oder wenigstens mit den Leuten reden müssen!»

Tara erinnert die Chefin daran, dass sie selbst nach KGFs Verschwinden Stillschweigen angeordnet hatte. Die Kommunikation inklusive Medienmitteilung könne man doch gleich in der Notfallsitzung besprechen.

«Gut, aber machen Sie schon mal einen Entwurf!»

Während Tara ihren Cappuccino trank und sich überlegte, wie man rechtlich korrekt mit der Kommunikationspanne umgehen sollte, dachte sie an ihren Lieblingsklienten. Was war wirklich mit ihm geschehen?

7. Wo ist der König?

Zwanzig Minuten und zwei Cappuccinos später betrat Tara das «Pöstli», wie Einheimische das Posthotel Morosani nannten.

«Tara, schon wieder zu spät!»

Die Anwältin sah sich irritiert nach der sirenenähnlichen Stimme um.

Eine elegante Erscheinung saß auf einem der wenigen Stühle und versuchte genervt, mit ihren Krücken einen Concierge auf sich aufmerksam zu machen.

«Was staunen Sie? Los! Helfen Sie mir mit meinen Sachen!» Die Erscheinung hämmerte die Krücke wie einen Regentenstab auf den Boden. Neben ihrem Stuhl befanden sich eine riesige Handtasche, zwei kleinere Reisetaschen und ein Aktenkoffer. Das aschblonde Haar war zu einem unordentlichen Dutt verknotet, der ebenso wenig wie der voluminöse Pelzmantel auf ihren Knien zum strengen Outfit – beiger Hosenanzug mit Ferrari-rotem Rollkragenpullover – passen wollte.

«Annabelle, wie geht es Ihnen?» Tara blieb mit einem kleinen Abstand stehen, sodass die Chefin nicht zu ihr aufsehen musste. In deren Büro musste man sich in einen tiefen Besuchersessel setzen, wenn man nicht in gebührendem Abstand vor dem wuchtigen Schreibtisch stehen wollte. «Ich dachte, Sie müssten ein paar Tage liegen?»

«So ein Quatsch!» Die lange Oberlippe mit den immer leicht herabgezogenen Mundwinkeln verliehen ihren ebenmäßigen Gesichtszügen einen harten Ausdruck. «Ich lasse Sie doch nicht alleine in dieser Situation.» Begrüßungsfloskeln oder lange Erklärungen waren für eine vielbeschäftigte Frau wie Annabelle Kronenberg reine Zeitverschwendung. Zumindest gegenüber Personal, und dazu zählte Tara nun seit bald eineinhalb Jahren. Davor hatte sich Annabelle Kronenberg als Klientin der Kanzlei Guth & Brecht nur von ihrer Schokoladenseite gezeigt. Und diese gehörte zwar zur hochprozentig gehaltvollen, aber auch ein wenig bitteren Sorte, die mit Vorsicht und nur in kleinen Portionen zu genießen war. «Was haben Sie an ihren Füßen?»

«Mit High Heels erntet man am WEF nur unseriöse Angebote oder ein mitleidiges Lächeln», sagte Tara.

«Ich hoffe, Sie haben was Schickeres zum Wechseln dabei.» Die Chefin betrachtete Olivers Schneestiefel mit Abscheu. «Die sind ja noch hässlicher als meine Orthopädiestiefel.»

Tara zeigte auf eine Gruppe Bloggerinnen in schweren Biker Boots mit dicken Plateausohlen. «Das sind die neuen High Heels.»

«Für junge Mädchen vielleicht, aber nicht für Anwältinnen!» Der Blick ihrer Chefin sprach Bände. «Egal, wir haben andere Probleme. Haben Sie etwas von Karl Gerold gehört?»

«Nein. Nadine hat gestern bis spät abends...»

«... für ein mediales Schlamassel gesorgt!», vervollständigte die Chefin den Satz und kniff die schmalen Lippen zusammen. «Ich hoffte, Sie würden das zurechtbiegen. Haben Sie wenigstens die Medienmitteilung geschrieben?»

«Nein, ich musste mich zuerst informieren und durch all die News arbeiten.»

«Ach was, die schreiben ja alles dasselbe. Womit haben Sie denn den ganzen Vormittag vertrödelt?» Trotz dem strengen Mund und dem eckigen Kinn war die Chefin mit ihren hohen Wangenknochen und der Figur eines Models eine klassische Schönheit, der auch die wenigen nicht weg gebotoxten Falten nichts anhaben konnten. «In einer Krisensituation?»

«Nein, ich habe schon... Ich meine ...» Tara biss sich auf die Lippen. «Ich habe Oliver angerufen, um zu hören, ob er vielleicht etwas ...»

«Und was meint er?»

«KGFs Aufregung über die ungelösten Probleme hätten einen Herzinfarkt ausgelöst», improvisierte Tara. «Er habe KGF abgeraten, Smarty jetzt schon zu präsentieren.»

«Ja, was hätte er denn machen sollen?» Annabelles Gesichtszüge wurden ungewohnt weich. «Er ist doch so stolz auf sein Baby und wollte der ganzen Welt zeigen, was er erreicht hat.» Ihre Mundwinkel verhärteten sich jedoch gleich wieder. «Wer wusste von diesem Problem?»

«Nadine, Cheru, Oliver und KGF.»

«Gut, dann also kein Wort dazu im Meeting! Das wäre für diese Brecht-Hyäne eine fette Beute, deren Eingeweide sie einmal mehr gegen den stillen Teilhaber werfen kann! Sie war schon immer gegen ihn und das Hightech-Projekt. Nur weil der Kontakt aus meiner Ecke kam.»

«Hyäne?», wunderte sich Tara. Die gedrungenen Beine, die quakenden Stimme und die Glupschaugen über den Hamsterbacken hatten Professorin Bernadette Brecht den treffenden Spitznamen «Ochsenfrosch» eingetragen. Sie konnte laut und durchaus unangenehm werden. Aber ein aasfressendes Raubtier? Wobei auch der Ochsenfrosch ein unersättlicher Allesfresser war, der alles verschlang, was er überwältigen konnte. Sogar Vögel, Fische, Eidechsen und andere Kleintiere. Oder junge Anwältinnen... Aber eine Löwin wie eine Annabelle Kronenberg? «Ich dachte, Sie und die Professorin sind geschäftsfreundschaftlich verbunden?»

«Sie nimmt es wohl persönlich, dass mir alle Privatkunden gefolgt sind, als ich Brecht & Partner den Rücken kehrte. Ist doch nicht mein Fehler, dass sie die anspruchsvolle Kundschaft mit ihrer unsensiblen Art vergrault hat!» Die Kronenberg schüttelte so heftig den Kopf, dass sich ein paar Strähnen aus ihrem Dutt lösten. «Und dass ich sie in den Verwaltungsrat von Finny-Mode gehievt habe, scheint sie auch vergessen zu haben.» Der Dutt neigte sich gefährlich zur Seite. «Sie verdankt mir mehr als ein lukratives Mandat, diese undankbare Kuh!»

«Wieso undankbar?»

«Ach, darüber will ich jetzt nicht reden. Holen Sie mir lieber einen Kofferträger her!»

Während sich Tara auf die Suche machte, fragte sie sich, wie Annabelle sich über die Professorin echauffieren konnte, während sie das Verschwinden von Karl Gerold Fuchs überhaupt nicht zu berühren schien. Wusste sie etwas?

An der Rezeption überließ ihr ein gestresster Portier seinen Gepäckwagen, mit dem sperrigen Gefährt kam sie jedoch kaum vorwärts. So folgte sie einem hochgewachsenen Mann, der ihr mit seinen breiten Schultern unter der dunkelgrünen Barbour-Jacke einen Weg durch das Gewühl bahnte. Bis er abrupt stehen blieb.

«Hoppla!» Der Mann rieb sich den Fuß und musterte Tara grinsend. «Tara? Haben Sie ins Hotelfach gewechselt?»

«Oh, hi James!» Sie unterdrückte ihr volldebiles Lächeln, das sein freches Grinsen ihr jedes Mal entlockte. «Habe ich Sie angefahren?»

«Halb so wild. Haben Sie so viele Akten für das Meeting dabei?» Mit seiner lässig-geschmeidigen Haltung, den strahlend blauen Augen, dem unverschämten Lächeln und dem kantigen, heute wieder bartfreien Kinn hätte er jedem Bond-Darsteller die Show gestohlen.

«Annabelle ist mit ihrer üblichen Taschenarmada angereist.»

«Dann wollen wir Madame mal nicht warten lassen.» Er nahm Tara mit einer selbstverständlichen Geste den Gepäckwagen ab. «Will sie sich für die nächsten Wochen hier einquartieren?»

«Für jede klimatische und gesellschaftliche Situation gewappnet, lautet Annabelles Motto.» Tara grinste.

«Na, da haben Sie sich ja einen hübschen Concierge angelacht, Tara», gurrte Annabelle verzückt, als er den Wagen auf ihrer Höhe zum Stehen brachte. «Kann ich Sie einstellen, James?»

«Übernachten Sie hier?», fragte er mit einem Blick auf die über- und nebeneinander gestapelten Reisetaschen.

«Mit so wenig Gepäck?» Sie legte lasziv den Kopf in den Nacken. «Damit käme ich nicht mal aus, wenn Sie das Zimmer mit mir teilen würden ...»

Tara wunderte sich immer wieder, was die Gegenwart eines attraktiven Mitglieds des anderen Geschlechts bei der sonst so beherrschten Norddeutschen bewirken konnte.

«Gut, dass ich Sie vor den andern antreffe, James. Wir brauchen eine vernünftige Interimslösung, bis KGF wieder auftaucht, und die darf auf gar keinen Fall Adalbert Ferdinand heißen», sagte Annabelle wieder in geschäftlicher Zurückhaltung.

James lud vorsichtig, als ob sie Porzellan enthielten, eine Tasche nach der andern auf den Wagen. «Und an wen haben Sie gedacht?»

«An Sie, James.»

«Damit werden nicht alle einverstanden sein.» Der Amerikaner lächelte bescheiden.

«Natürlich nicht, aber ich kann das seit gestern ganz alleine entscheiden.» Sie wandte sich an Tara. «Sie haben doch eine Kopie der Urkunde mitgebracht?»

Der Vorsorgeauftrag! Den hatte Tara komplett vergessen.

«Herr Fuchs hat den Termin auf heute verschoben.»

«Was?» Annabelle erhob sich halb von ihrem Stuhl, nur um sich mit schmerzverzerrtem Gesicht wieder fallen zu lassen. «Sie waren nicht beim Notar?»

«Na ja, Herr Fuchs hatte gestern keine Zeit und...»

«Eine Anwältin muss die Interessen des Klienten auch mal gegen seinen Willen durchsetzen, wenn es die Situation erfordert», zischte die Chefin.

«Was ist denn los?» James schaute ratlos von einer zur anderen.

«Wir haben Karl Gerold endlich von einem Vorsorgeauftrag überzeugt, und dann verbockt meine Mitarbeiterin die Beurkundung!» Die Chefin schob eine Strähne unter den Dutt. «Mit dem Vorsorgeauftrag hätte ich für den Fall seiner Urteilsunfähigkeit eine Generalvollmacht über sein privates wie geschäftliches Vermögen erhalten.»

«Und wo liegt jetzt das Problem?» James streckte die Hand nach dem metallbeschlagenen Aktenkoffer neben ihrem Stuhl aus. «Darf ich?»

«Ich könnte in einer Notsituation wie dieser seine Geschäfte weiterführen und an jemanden meines Vertrauens übertragen.» Annabelle wandte sich an Tara. «Das war verantwortungslos, nicht auf dem Termin mit dem Notar zu pochen!»

«Ich habe ja nicht damit gerechnet, dass er...», versuchte sich Tara herauszureden.

«Deshalb, predigen wir unseren Kunden, es kann immer und...»

«Und jederzeit etwas passieren», beendete Tara gehorsam Annabelles Leitsatz und reichte James den Aktenkoffer. «KGF hat die Lektion jetzt bestimmt gelernt. Hoffentlich nicht zu...» Seine Finger berührten ihre. Es knisterte, kleine

Funken sprühten. Erschrocken zog sie die Hand zurück. Der Koffer fiel der Chefin auf den Fuß.

«Passen Sie doch auf!», schrie diese. «Was war denn das?»

«Ihre Mitarbeiterin hat eine funkensprühende Energie.» James rieb sich grinsend die Finger, bevor er den Koffer aufhob.

«Haha, solange es nicht zwischen euch beiden knistert.» Die Chefin lachte schrill und streckte die Hand nach ihren Krücken aus.

«Keine Gefahr.» Rasch bückte sich Tara nach den Gehhilfen.

«Eine elektrostatische Entladung», sagte James mit einem scheelen Blick auf Taras Stiefel. «Gummisohlen auf Kunststoffteppich.»

«Na, dann ... Was mich wirklich beunruhigt ist, dass Adalbert Ferdinand nun freie Hand hat.» Annabelle hielt Tara auffordernd ihren Pelzmantel hin und warf einen Giftpfeil hinterher. «Ich habe den alten Fuchs schon so oft gewarnt, dass er vorsorgen muss, wenn er das verhindern will. Aber er war ja auf beiden Ohren taub.» Sie stützte sich mit der einen Hand auf eine Krücke und mit der andern auf James Arm. «Wenn ich vielleicht mal einen schlauen Enkel habe ...», äffte sie KGF nach. «Bis dahin, liebe Annabelle, lass deine Regulierungswut woanders aus!»

Aha, deshalb hatte Annabelle das Thema an Tara delegiert. Und sie wohlwissend ins offene Messer laufen lassen!

«Adalbert Ferdinand hat noch nicht mal eine vernünftige Frau», schimpfte Annabelle weiter.

«Sie scheinen mehr in Sorge um seine Nachfolge zu sein als um ihren Klienten selbst», wunderte sich James.

«Um den alten Fuchs mach ich mir tatsächlich weniger Sorgen als um die Firma», gab Annabelle zu. «Er verschwindet manchmal, wenn ihm alles zu viel wird. Nach ein paar Tagen oder Wochen erhalte ich einen selbst erlegten Lachs aus Norwegen, Büffelhornschmuck aus Südafrika oder ein kitschiges Aquarell von einem Malkurs auf Ibiza. Ich darf dann die Familie beruhigen, etwas von ärztlich verordnetem time out zur Verhinderung eines burn out erklären.» Sie verdrehte die Augen. «Dann kommt er zurück wie neugeboren und reißt ein neues Projekt an.»

«Und wer sorgt in der Zeit für die Geschäfte?» Tara sah sich in ihrer Vermutung bestärkt, dass die Chefin etwas über KGFs Verbleib wusste.

«Er selbst natürlich.» Annabelles Augenbrauen schossen in die Höhe. «Ein Karl Gerold Fuchs regiert auch vom andern Ende der Welt.»

«Wieso taucht er dann ausgerechnet jetzt ab?», hakte Tara nach.

«Ach, was weiß ich. Der Erfolgsdruck mit Smarty oder eine neue Frau.» Annabelle blieb schwer atmend stehen und blickte verärgert auf ihren eingebundenen Fuß. «Dieser Klotz macht mich noch wahnsinnig.»

«Und sein Kollaps?», wandte James ein.

«Den kann er auch gespielt haben. Für ein paar schöne Tage im Quellenhof.» Gehässig fügte sie hinzu. «Mit der schönen Ingenieurin!»

«Wie kommen Sie denn darauf?» Hatte die Chefin etwa ein Auge auf ihren Kunden geworfen?

«Ach, vergessen Sie's.» Annabelle schüttelte unwirsch den Kopf. «Wo ist eigentlich unser Sitzungszimmer?»

«Gleich da vorn.» James zeigte auf eine angelehnte Tür. Während er den Wagen mit Annabelles Taschensammelsurium in den Raum rollte, flüsterte die Chefin: «Ziehen Sie sich warm an, Tara. Valerie ist auch da.»

«Na und?» Tara drückte mit der einen Hand ihre Mappe an

die Brust, umklammerte mit der anderen den Pelz, der ständig abzurutschen drohte, und betrat den sonnendurchfluteten Raum.

8. Kampf der Titaninnen

Vier Frauen und diverse Aktenberge hatten sich auf und um den langen Tisch verteilt. Nadine saß bleistiftkauend in ihr iPad vertieft auf der Tischkante, ihre Mutter stand mit Professorin Bernadette Brecht daneben, und Valerie sichtete ihre Unterlagen. Als James «Good Morning, Ladies» in den Raum rief, schien eine Stoßwelle drei der vier Frauen zu erfassen. Nadines iPad fiel scheppernd zu Boden. Sie stieß sich vom Tisch ab, griff sich in den Ausschnitt ihres Pullis, um dann mit beiden Händen ihre Wuschellocken zu bändigen. Mama B. starrte ihn mit einem gehauchten «Oh, James» an. Valerie zeigte mit einem auffordernden Lächeln auf den freien Stuhl neben sich. Nur die Professorin redete weiter, ohne von ihm Notiz zu nehmen.

Mit einem kühlen «Guten Morgen» trat Annabelle ein und stakste, so würdevoll sie mit den Krücken konnte, ans Kopfende des Tischs. Kaum hatte James ihr einen zweiten Stuhl für den verletzten Fuß zurechtgeschoben, ließ Madam Blumenthal die Professorin stehen und erkundigte sich nach Annabelles Befinden. Auch Nadine wuselte Anteilnahme heuchelnd herbei, bevor sie sich James theatralisch an die Brust warf. «Ach James, du bist unsere Rettung!»

James machte sich mit einem betretenen Lächeln los.

«Wieso bricht ein rüstiger Mann wie Karl Gerold Fuchs einfach so zusammen?», fragte Annabelle, nachdem sie die Blumenthalschen Huldigungen entgegengenommen hatte. «Nadine, erzähl uns bitte, was du in der Zwischenzeit herausgefunden hast.»

«Annabelle, Ihr heroisches Erscheinen trotz des schweren

Unfalls in allen Ehren.» Die Vizepräsidentin des Verwaltungsrats knallte ihre Handtasche auf den Tisch. «Hier stelle ich die Fragen!» Sie hielt das lukrative Modemandat so fest in den Händen wie ihre altmodischen Handtaschen, mit denen sie unwillige Verhandlungspartner einschüchterte und die Kanzlei seit über dreißig Jahren regierte. «Und Frau Kollegin Bernhard hat hier nichts zu suchen!»

«Es reicht, Bernadette!» Annabelle duckte sich mit gekrümmtem Rücken wie eine Raubkatze vor dem Angriff. «Das hier ist meine Domäne!»

«Es geht jetzt nicht um eine Privatangelegenheit von Herrn Fuchs.» Ochsenfrosch kniff die Lippen zusammen. «Sondern um die Weiterführung eines führungslosen Unternehmens.»

«Dieses Verwaltungsratsmandat verdanken Sie mir!» Annabelle warf den Kopf nach hinten gleich einer wütenden Kobra. «Und zum Dank haben Sie mich aus dem Panel geworfen.»

«Ich weiß nicht, von was sie ...» Brechts Oberlippe zitterte.

«Ach nein?», fauchte Annabelle. «Die Juristen-Konferenz zum Thema *Family Governance*?» Sie streifte Valerie mit einem bösen Blick.

«Das habe nicht ich allein entschieden.» Ochsenfrosch zog die Handtasche zu sich heran. «Das Organisationskomitee legt Wert auf Aktualität und Kompetenz. Valerie hat eben mit beidem gepunktet. Sorry.» Mit einem feisten Grinsen schob sie ihre Glupschaugen über den Taschenrand. «Wollen Sie mich jetzt auffressen?»

«Keine Angst, ich bin ein Gourmet», konterte Annabelle.

«Meine Damen, ich bitte Sie.» James Kuhl klatschte in seine Hände. «Die Handhabung von KGFs Angelegenheiten in einer solch delikaten Situation ist primär eine private Angelegenheit, weshalb ich um die Anwesenheit seiner Vertrauensanwältin gebeten habe. Sie kann sich auch um die geschäftlich notwendigen Schritte kümmern.»

Tara staunte über die unverhoffte Unterstützung. Dass Valerie überhaupt hier saß, war schließlich seine Schuld.

«Wir wollen Frau Felsenkirch nicht aufhalten.» James nickte in Valeries Richtung. «Ich möchte nicht unnötige Kosten verursachen.»

Valerie, die geschäftig auf ihrem Smartphone herumhackte, schaute erschrocken auf. «Sorry, ich kümmere mich ohnehin gerade um Finny-Mode. Ein dringendes Anliegen des Designteams. Probleme mit einer Materiallieferung und schon wieder eine Markenrechtsverletzung in China.» Sie blickte kurz zu ihrer Tante. «Ich werde meine Anwesenheit hier nicht zusätzlich verrechnen.»

«Wir brauchen Sie überhaupt nicht, Valerie», fauchte Annabelle. «Tara hat sich weitergebildet in Fashion…»

«Valerie bleibt!», brauste die Professorin auf. «Die Mandatierung meiner Kanzlei war damals eine Vertragsbedingung.»

Tara verfolgte gespannt den Kampf der Titaninnen: Annabelle Kronenberg gegen Professorin Bernadette Brecht. Ein Kampf um ein lukratives Mandat, um Macht und Einfluss, den Ochsenfrosch und Valerie schon längst für sich entschieden hatten: Damals vor über einem Jahr, als ein indischer Tech-Millionär Finny-Mode als Plattform für seine textilen Hightech-Innovationen kaufen wollte. James Kuhl war in dessen Auftrag an KGF herangetretten. Dieser war zwar nicht an einem Verkauf aber am Geld und textiltechnischen Knowhow des Inders interessiert. KGF beauftragte Annabelle Kronenberg mit den Verhandlungen. Da der öffentlichkeitsscheue Investor im Hintergrund bleiben wollte, wurde James Kuhl als dessen Vertreter in den Verwaltungsrat gewählt. Die Ausarbeitung des Zusammenarbeitsvertrags wurde Tara übertragen und James hatte sich in den Diskussionen als lösungsorientierter Verhandlungspartner erwiesen. Tara hatte bereits auf das Finny-Mode-Mandat spekuliert. Doch kaum war der Vertrag unterzeichnet, hieß es, Valerie sei zuständig für die rechtlichen Belange von KGFs Modeunternehmen.

Tara erhob sich. «Ich gehe!» Sie wollte nicht Spielball der Titaninnen sein.

«Jemand muss das Protokoll führen», hörte sie Valeries hämische Stimme. «Aber bei meinem Stundenansatz?» Sie hob gespielt ratlos die Schultern.

«Gute Idee, Valerie», trötete Ochsenfrosch. «Das soll die Bernhard machen.»

Tara hob abwehrend die Hände. Protokoll schreiben war mehr als eine Strafe. Doch Annabelles flehender und James durchdringender Blick bezwangen sie.

«Aber mit Vergnügen», heuchelte sie und setzte sich wieder. «Sind Sie einverstanden, wenn ich das aufnehme?» Sie drückte die Sprachaufnahmetaste ihres iPhones und legte das Gerät auf den Tisch.

Die Professorin nickte und brachte ihre Handtasche wie ein überdimensioniertes Namensschild in Stellung. «Als Vizepräsidentin habe ich den Vorsitz. Wir beginnen, sobald wir vollzählig sind.»

Tara notierte Ort und Datum, die Namen aller Anwesenden. Zu den Mitgliedern des Verwaltungsrats zählten die Professorin als juristisches Gewissen, Annabelle Kronenberg als enge Vertraute und Beraterin des Patrons, James Kuhl für den stillen Teilhaber und schließlich Madam Blumenthal als Aktionärin und Familienmitglied. KGFs Sohn, Adalbert Ferdinand Fuchs, fehlte.

«Frau Brecht, lassen Sie uns anfangen. Herr Fuchs Junior kann sich telefonisch dazu schalten, wenn er es nicht rechtzeitig schafft», eröffnete James die Sitzung.

«Wo ist denn der Herr überhaupt?», wollte Annabelle wissen.

«An der Berlin Fashion Week», sagte Nadine genervt. «Er sollte gestern Abend den letzten Flieger nehmen.»

«Dann fangen wir eben ohne ihn an», knurrte die Professorin.

Nadine fasste die Ereignisse zusammen.

«Er ist also weder im Spital noch in einer der umliegenden Kliniken aufgetaucht. Die Textilingenieurin ist auch nicht erreichbar, und gesundheitlich hatte KGF keine nennenswerten Probleme», rekapitulierte die Professorin. «Was können wir daraus schließen?»

«Ein Materialfehler, der vertuscht werden soll?» Madam Blumenthals Pagenkopf wippte aufgeregt. «Denkt doch an den Farbwechsel des Schals und Karl Gerolds ...»

«Ist doch klar», fuhr Nadine ihrer Mutter über den Mund. «Der Schal reflektierte die Farbe seines Sakkos.»

«Vielleicht doch ein Herzinfarkt», versuchte Tara vom heißen Schal abzulenken.

«Wir sollten aufhören zu spekulieren und die Polizei einschalten», forderte James.

«Auf keinen Fall!», fiel Annabelle ihr ins Wort. «Das gibt nur noch mehr negative Presse.»

«Da muss ich Annabelle ausnahmsweise Recht geben. Die heutigen Schlagzeilen sind schlimm genug.» Ochsenfrosch hob ihre Handtasche hoch. «Dank dem eigenmächtigen Vorstoß unserer Kommunikationsexpertin ...» Ihr Kopf drehte sich mit der Tasche im Anschlag ruckartig zu Nadine.

Die nagte an ihrem Bleistift.

«Valerie arbeitet bereits am Entwurf einer Pressemitteilung zur Korrektur dieser Fake News, und Sie, meine Liebe, werden nichts mehr ohne meine schriftliche Zustimmung kommunizieren! IST DAS KLAR?» Mit jedem der drei letzten Worte knallte sie ihre Handtasche auf den Tisch.

Nadine hauchte ein klägliches «Ja» und zog ihren Notizblock heran, den zerkauten Bleistift im Anschlag. «Also bleibt es bei der Pilzvergiftung?»

«Selbstverständlich!», knurrte die Professorin. «Eine Pilzvergiftung ist eine feine Sache.»

«Besser als ein Herzinfarkt», bemerkte Madam Blumenthal erstaunlich gefasst. «Damit hätten wir die Kommunikation geklärt. Keine Polizei, und KGF erholt sich für unbestimmte Zeit von einer Pilzvergiftung. Aber wer übernimmt in der Zwischenzeit die Leitung? Ich möchte mich...»

In dem Moment flog die Tür auf.

«Sorry, Leute!» Ein Mann in roter Cordhose mit einem Pappbecher in der einen und einer Pelzmütze in der anderen Hand füllte den Raum mit seiner nach Kaffee duftenden Präsenz. «Mann, Mann, Mannomann, war das anstrengend!» Mit der Energie einer schwangeren Bergente schlurfte er zu den freien Stühlen zwischen Ochsenfrosch und Nadine. «Eine Show nach der andern, ein Girl nach dem...» Mit anzüglichem Grinsen stellte er seinen Kaffeebecher achtlos auf Nadines ausgebreitete Notizen, entledigte sich seiner schwarzen Lammfelljacke und ließ sich auf den Stuhl neben der Professorin fallen. «*Berlin Fashion Week at its best!*» Er fuhr sich durch das schüttere rotblonde Haar. «Bis zu diesen schrecklichen News! Gestern grade noch den letzten Flieger erwischt und heute den Wecker verschlafen.»

Tara staunte nicht schlecht, das war doch der schlechtgelaunte Rüpel aus dem Käseladen!

«Habe ich was verpasst?» Seine wässerigen hellblauen Augen schweiften ziellos durch den Raum, verharrten sekundenlang auf Tara mit einer Mischung aus Begehrlichkeit und Entgeisterung, wie ein Kind, dem man einen Eisbecher vorsetzt und ihn dann mit Ketchup übergießt. «Ein neues Gesicht?» Seine fleischigen Lippen verzogen sich zu einem Grinsen, während er sich über den Tisch beugte und den Teller mit Sandwiches zu sich heranzog. Dabei rutschte sein Pulli samt Hemd über den Hosenbund und legte ein Stück behaarte Haut frei.

Das also war Adalbert Ferdinand Fuchs, der Sohn, von dessen Arbeitsmoral der Modekönig nicht viel hielt.

«Du kommst gerade rechtzeitig.» Valerie reichte ihm Nadines Zusammenfassung. «Es geht um die Weiterführung von Finny-Mode.»

«Na wunderbar, dann schreiten wir doch zu meiner Wahl.» AFF biss genüsslich in sein Sandwich. «Und wen haben wir denn hier?» Er fixierte Tara mit zusammengekniffenen Augen. «Wir wurden uns noch nicht vorgestellt.»

«Herr Fuchs.» Sie nickte knapp und schob ihre Visitenkarte über den Tisch. «Tara Bernhard, ich leite die Rechtsabteilung von La Couronne des Bergues und vertrete Ihren Vater. Ich glaube, wir sind uns bereits...»

«Erstaunlich, dass wir uns noch nie begegnet sind, Frau Bernhard, nicht wahr?», unterbrach er sie mit vollem Mund. Er hustete. Brotkrümel flogen über den Tisch. Valerie reichte ihm ein Glas Wasser. Er trank, kaute und schluckte, während er Tara anglotzte. «Die Anwältin meines Vaters, soso.» Seine Lippen verzogen sich zu einem Grinsen, das die Augen nicht erreichte. «Schon klar, dass er eine so hübsche Frau für sich allein behalten will.»

Tara schenkte ihm einen vernichtenden Blick.

«Also Leute, was steht an?» Adalbert Ferdinand Fuchs legte das angebissene Sandwich auf den Tisch und wischte sich die Hände an seiner roten Hose ab. «Ich soll ja hier meinen Papa mit Würde vertreten.»

«Halt, soweit sind wir noch nicht!», tönte es neben Tara.

«Sind wir doch, Annabelle!», widersprach Madam Blumenthal. «Es stehen wichtige Entscheidungen an.»

«Sie scheinen sich ja alle damit abgefunden zu haben, dass KGF etwas zugestoßen ist», stellte James kopfschüttelnd fest. «Bevor wir uns um die Leitung der Firma kümmern, sollten wir unsere Kräfte darauf verwenden, den Patron zu finden.» Er schaute besorgt in die Runde. «Das Unternehmen braucht gerade jetzt seinen Repräsentanten. Die Lancierung von Smarty steht auf dem Spiel. Es wird Nachahmer und Trittbrettfahrer geben. Wir müssen schneller sein.»

«Das schaffen wir auch ohne meinen Papa. Wir müssen jetzt in die Produktion, und das ist meine Domäne.» AFF schlürfte geräuschvoll den letzten Schluck aus seinem Becher. «Sobald die Finanzierung steht. James, wie sieht es damit aus?»

«Vom letzten Darlehen meines Auftraggebers sollte noch etwas übrig sein. Ihr Vater hat mir nach dem WEF eine Abrechnung versprochen.» James schaute stirnrunzelnd zu AFF. «Was ist damit?»

«Schon gut, Mann.» AFF hob beschwichtigend die Hände. «Die Finalisierung des Prototyps war ziemlich kostenintensiv. So eine Nano-Biotech-Geschichte ist keine Kaffeemaschine.»

«Ich hab's immer gesagt, das Projekt ist unsinnig und verschlingt nur Geld!» Madam Blumenthal legte ihre Hände auf den Tisch. «Von mir bekommt ihr nix mehr! Seit unser Vater gestorben und Karl Gerold am Ruder ist, habe ich auf Dividenden verzichtet und immer wieder nachgeschossen.»

«Du hast dafür Aktien erhalten», wandte Annabelle ein.

«Die jetzt vielleicht wertlos sind», zischte Madam Blumenthal.

«Verkauf mir deine Aktien, Tantchen.» AFF grinste.

«Damit du sie dem Meistbietenden andienen kannst?» Madam Blumenthal funkelte ihren Neffen an. «Nur über meine Leiche!»

«Wir drehen uns im Kreis», meldete sich James mit scharfer Stimme. «Jemand muss den Lead übernehmen, Entscheidungen fällen, die Investoren kontaktieren und einiges mehr.»

«Meine Worte!» Annabelle winkte mit einem mehrseitigen Dokument. «Deshalb ernenne ich hiermit James Kuhl zum interimistischen Geschäftsführer. Er vertritt den Geldgeber und Erfinder dieser für Finny-Mode überlebenswichtigen Technologie. Und als Finanzfachmann ist er am besten geeignet, weiteres Geld aufzutreiben.»

«Soso, das wollen Sie alles eigenmächtig bestimmen, Frau Kronenberg?» Die Stimme der Professorin war gefährlich leise, fast freundlich. «Gestützt worauf?»

«Darauf.» Ungerührt legte Annabelle das Mäppchen auf den Tisch und schob es in Valeries Richtung. «Ihre Mitarbeiterin hat KGF vor geraumer Zeit etwas Ähnliches vorgeschlagen. Aber Tara hat ihn erfolgreich überzeugt.» Sie lächelte ihr anerkennend zu.

Valerie blätterte durch das Dokument. «Hm... Interessant. Ein Vorsorgeauftrag mit Generalvollmacht.» Sie lächelte süffisant. «Eine Vollmacht, die sich auf alle privaten und geschäftlichen Angelegenheiten beziehen soll?» Mit schmalen Augen fixierte sie Tara. «Nette Idee, funktioniert aber nicht ohne Aktionärbindungsvertrag oder Familienkodex. Hast du sowas in deiner Wundertüte?»

«Allerdings, das ist der nächste Schritt im *Family-Governance*-Programm, das wir für die Familie Fuchs entwickeln dürfen», warf Tara der Ex-Kollegin den Köder vor die High Heels. Dass die Blumenthals im Duett schnappatmeten und AFF blau an-

112

lief, zeigte immerhin, wie brandaktuell das Thema war. Mit Betonung auf Brand.

«Davon weiß ich ja gar nichts!», japste Madam Blumenthal.

«Da hast du es, liebste Tara», nahm Valerie schadenfroh den Faden auf. «Was nützt dir das schönste Programm, wenn die Familie nicht eingebunden ist?» Sie lächelte den Blumenthals und AFF aufmunternd zu. «Über die Nachfolge, auch eine interimistische, kann gemäß Gesetz und Statuten nur der Verwaltungsrat entscheiden.»

«Ein vorausschauender Patron kann mittels Vollmacht jemanden ermächtigen, für den Fall, dass er dazu selbst nicht in der Lage ist», konterte Tara. «Wir haben es hier nicht mit einem börsennotierten Großkonzern zu tun, sondern mit einem überschaubaren Familienunternehmen.»

«Du gehst also davon aus, dass Karl Gerold Fuchs geistiger Umnachtung anheimgefallen ist.» Valerie hob die Augenbrauen. «Nur dann käme der Vorsorgeauftrag nämlich zum Tragen.»

«Richtig, und auch das nur mit Genehmigung der betreffenden Behörde. Für den Fall, dass KGF im Vollbesitz seiner geistigen Kräfte ist, von dem wir ausgehen, haben wir hier eine Generalvollmacht.» Triumphierend zog Tara das Dokument zu sich und hob es in die Höhe.

«KGF hatte bis anhin im Alleingang entschieden.» Annabelle schaute auffordernd in die Runde. «Oder hat ihm jemals jemand widersprochen?»

«Bringt ja nix.» AFF winkte müde ab.

Madam Blumenthal murmelte etwas Unverständliches und wischte sich ein unsichtbares Stäubchen vom Ärmel ihrer Kostümjacke.

«Also, wieso sollten wir jetzt etwas daran ändern?» Annabelle nickte zufrieden. «Gestützt auf diese Vollmacht, setze ich hiermit im Auftrag und Namen von Karl Gerold Fuchs Herrn James Kuhl als interimistischen CEO von Finny-Mode ein.»

«Danke, es ist mir eine Ehre.» James räusperte sich, «Gerne übernehme ich die Verantwortung, bis Karl Gerold wieder...»

«Moment!», unterbrach Ochsenfrosch. «Darf ich mal die notarielle Beurkundung sehen.»

Annabelles Kopf flog herum, und Tara glaubte, die brennenden Pfeile, die aus ihren Augen schossen, physisch zu spüren. Mistmistmist! Tara rieb sich die Nase. «Die hätte heute erfolgen sollen», gab sie kleinlaut zu. «Eine Generalvollmacht kann auch mündlich erteilt werden. Jeder einzelne Punkt der Vollmacht war mit Herrn Fuchs abgesprochen. Ich habe E-Mail-Korrespondenz dazu hier.» Tara öffnete ihren *Wendeshopper* und holte das Dossier heraus. Ihr Blick fiel auf den Briefumschlag, den KGF Ihr zugesteckt hatte.

Während die Professorin die E-Mails und den Ausdruck der Vollmacht sichtete, reichte Tara der Chefin den Kuvert. «Das hat mir Herr Fuchs gestern für Sie gegeben», sagte sie leise. «Vertraulich.»

Annabelle verstaute den Umschlag, ohne einen Blick darauf zu werfen.

Ochsenfrosch schob die Papiere Valerie zu. «Mag ja sein, dass das die von KGF genehmigte Fassung ist, aber ohne Stempel des Notars ist sie nicht gültig.»

«KGF ist nicht einfach abwesend», bestätigte Valerie, während sie auf ihrem iPad herumtippte. «Solange wir nichts Genaues über seinen Verbleib und seinen Gesundheitszustand wissen, müssen wir mit dem Schlimmsten rechnen. Er könnte einen Schlaganfall erlitten haben oder im Koma liegen. Wenn KGF nicht im Vollbesitz seiner Geisteskräfte ist, wäre ein Entscheid gestützt auf die Generalvollmacht sowieso nicht gültig.» Sie schenkte AFF ein gewinnendes Lächeln und hob triumphierend ihr Tablet hoch. «Ich habe gerade einen Gerichtsentscheid gefunden, der das bestätigt.»

«Und deshalb schlage ich vor, dass Adalbert Ferdinand Fuchs die Leitung übernimmt, bis sein Vater zurück ist.» Ochsenfrosch schlug ihre Tasche auf den Tisch. «Er kennt das Geschäft länger als wir alle. James Kuhl kann ihn von mir aus als Finanzchef ad interim unterstützen.»

«Ich weiß nicht», verunsichert schaute Mama Blumenthal von einem zum andern. «Adalbert Ferdinand in einer Führungsfunktion?»

«Auf gar keinen Fall!» Annabelle klopfte zornig mit einer Krücke auf den Boden. «Damit wäre unser Klient ganz und gar nicht einverstanden.»

«Er ist auch mein Klient», gab die Professorin trocken zurück.

«Finny-Mode ist ihre Klientin», korrigierte Tara. «Wir vertreten die Interessen der Privatperson, Karl Gerold Fuchs.»

«Mag sein, aber wie wir ja festgestellt haben, wählt der Verwaltungsrat den Geschäftsführer.» Brecht blickte in die Runde. «Wir sind fünf Mitglieder, wobei die beiden zur Wahl stehenden Herren in den Ausstand treten. Das heißt, du musst dich entscheiden.» Ihr Blick wanderte zu Madam Blumenthal. «Ich bin für Adalbert Ferdinand und Annabelle ist für James. Für wen entscheidest du dich? Familie oder Teilhaber?»

«Für James natürlich.» Nadine legte ihrer Mutter eine Hand auf den Arm und strahlte den Amerikaner mit Kulleraugen an.

«Danke für dein Vertrauen, Kusinchen.» AFF stierte schlecht gelaunt in seinen Pappbecher.

«Dein Vater macht es dir nicht immer einfach.» Mama Blumenthal schaute AFF in die Augen. «Willst du ihm beweisen, dass du mehr kannst, als er dir zutraut?»

«Das ist nicht schwer.» AFFs Blick hellte sich auf. «Er traut mir nämlich gar nix zu.»

«Und du?», fragte seine Tante streng. «Traust du dir das überhaupt zu?»

«Sicher schon.» Er hob seinen Becher in ihre Richtung. «Als Leiter Marketing, Vertrieb und Produktion kenne ich die wichtigsten Kanäle.»

«Faktisch bestimmt dein Vater, wo es lang geht», wandte Madam Blumenthal ein. «Auch in diesen Bereichen.»

Tara erinnerte sich an eine von KGFs Bemerkungen. Er habe seinen Sohn pro Forma in eine leitende Funktion gehoben, würde ihm aber sämtliche Entscheide abnehmen.

«Ich werde dich in alle Entscheide miteinbeziehen, meine Liebe.» AFFs Nasenflügel zitterten wie bei einem Hund, der Witterung aufgenommen hatte. «Du scheinst ja auch nicht mit all seinen Entscheiden einverstanden zu sein.»

Nachdenklich drehte Mama Blumenthal ihr Wasserglas in den Händen. «Also gut, Adalbert Ferdinand soll eine Chance haben», sagte sie schließlich. «Aber nur, wenn James ihn in Finanzfragen unterstützt.»

«Gut, damit sind die beiden Herren gewählt.» Die professorale Handtasche krachte dreimal auf die Tischplatte. «Adalbert Ferdinand ist für das operative Tagesgeschäft und James Kuhl für die Finanzen zuständig. Im Zweifelsfall entscheide ich. Dringend notwendige strategische Entscheide fällt der Verwaltungsrat. Und sämtliche Verträge bedürfen zweier Unterschriften. Ist das klar, Herr Fuchs?», bellte die Professorin.

AFF schob sein Kinn nach vorne. «Ich brauche niemanden, der mir die Zahlen erklärt, und schon gar keinen Finanzchef.»

«Der VR hat entschieden», knurrte Ochsenfrosch und ließ ihren Worten den endgültigen Knall der Handtasche folgen.

«Ist ja gut.» AFF hob beschwichtigend die Hände.

«Danke vielmals für das Vertrauen.» Der frischgekürte Interimsjuniorchef nickte der Professorin und seiner Tante zu. «Ich werde Sie nicht enttäuschen.» Er wischte sich kurz über die Augen. «Papa soll stolz auf mich sein.»

«Schleimer», murmelte Annabelle nur für Tara hörbar.

«Auch ich danke für das Vertrauen.» James erhob sich und schüttelte Brecht förmlich die Hand.

«Das gibt's doch nicht!», Nadine hielt ihr Smartphone in die Luft. «Eine Nachricht vom Spital: Ein Krankenwagen mit einem jungen Arzt ist verschwunden. Der Fahrer und zwei Sanitäter sind heute Morgen verwirrt und mit Kopfschmerzen in einem Abstellraum aufgewacht. Vom Arzt fehlt jede Spur.»

In diesem Moment klopfte es an die Tür, und zwei junge Frauen mit grünen Mützen traten ein. Die eine zog ungerührt ein Blatt Papier aus ihrer Umhängetasche und hielt es in die Luft. «Wir haben eine Botschaft an Finny-Mode.»

Nadine sprang hoch, nahm den Briefbogen entgegen und begann zu lesen. «Nein, nein, nein!» Am ganzen Körper zitternd, ließ sie sich auf den Stuhl fallen. «Das ist ja furchtbar. Ein ...» Sie schaute kurz auf. «Ein Bekennerschreiben.» Kopfschüttelnd las sie weiter, wurde blass und legte das mit Großbuchstaben dicht beschriftete Papier auf den Tisch. «KGF und Cheru wurden entführt! Von diesen Modeaktivisten!»

9. Reich ohne König

Die Aussicht auf die Kurfirsten war atemberaubend. Wie sich die Gipfel im grünschwarzen Walensee spiegelten! Die im Sonnenlicht funkelnden Eiskristalle erzeugten kleine Feuerwerke in Taras Kopf, wie nach der bestandenen Anwaltsprüfung. Und als sie James Kuhl das erste Mal begegnete.

Tara wandte sich von diesem Ausblick ab und betrachtete den modern möblierten, hellen Raum von der Größe eines Ballettsaals. Das also war ihr Arbeitsplatz für die nächsten Wochen mitten in der Schaltzentrale des Königreichs Finny-Mode, untergebracht in einer stillgelegten Spinnerei in Murg, die sich in den letzten Jahren zum Schweizer Mode- und Designzentrum entwickelt hatte. Neben dem Firmensitz mit der Schneiderei und einer kleinen Fabrikanlage gab es ein Textil- und Modemuseum, Galerien, coole Co-Working-Spaces, Boutiquen und Kleingewerbe. Hier schlug das Herz der Mode und jedes Mode-Herz höher.

Sie war unverhofft angekommen am Ziel ihrer Träume, aber nicht so, wie sie sich das vorgestellt hatte. Der Gedanke an die Entführung ihres Klienten dämpfte die Begeisterung wie die vorbeiziehende Wolkendecke das freundliche Sonnenlicht. Und die Drohung des neuen Juniorchefs. Nach der Notfallsitzung hatte AFF sie vor der Toilette abgefangen und erklärt, ihre Mission als Spezialistin für Nachhaltigkeit scheitern zu lassen, wenn sie jemandem verrate, dass sie ihn vor der Show im Belvédère gesehen hatte.

Es war jetzt Montagvormittag und drei Tage waren vergangen seit dieser Notfallsitzung, in die das Bekennerschreiben wie eine Bombe eingeschlagen hatte.

Die Entführer gehörten zu den Grünen Löwen, einer Gruppe extremistischer Modeaktivisten, die bekannt war für ihre Attacken gegen gewisse Modebrands. Mit Sitzstreiks und Farbbomben in Ladenlokalen, Verunstaltung von Plakaten und anderen medienwirksamen Aktionen forderten sie die konsequente Umsetzung der werbewirksam präsentierten Nachhaltigkeits-Strategien. Wie so viele, predige auch Finny-Mode Nachhaltigkeit, ohne diese wirklich zu leben. Sie hätten den Schweizer Modekönig mehrfach gewarnt, ihn gebeten, seinen schmallippigen Worten Taten folgen zu lassen. Doch er habe sie nicht ernst genommen, sie nicht einmal angehört. Deshalb hätten sie ein Zeichen gesetzt, seinen Kollaps ausgenützt und ihn mitsamt seiner Textiltechnikerin und dem Hightech-Kleid entführt. Sie würden die beiden freilassen, sobald die Firma den Nachweis erbringe, dass sie wirklich nachhaltig produziere, Menschen- und Umweltrechte respektiere. Für die medizinische Betreuung des Modekönigs sei gesorgt.

Nachdem Nadine das Bekennerschreiben vorgelesen hatte, wurde in einer heftigen Diskussion und gegen den Willen des selbsternannten Juniorchefs eine Entscheidung gefällt, die Taras Leben auf einen Schlag veränderte.

Ein Bellen holte sie in die Gegenwart zurück.

«Ist das ein Witz?», meldete sich Oliver ohne Begrüßung.

«Was?» Irritiert betrachtete Tara das Herzstück ihres mobilen Büros und schaltete den Lautsprecher ein.

«Deine Message. Die Entführung.» Seine Stimme hallte abgehackt durch den Raum. «Und ausgerechnet du im Auge des Sturms?» Sein trockenes Lachen schnitt Tara ins Herz.

«Damit macht man keine Witze!», gab sie zurück.

Stille.

«Oliver? Bist du noch da?» Der Verwaltungsrat hatte beschlossen, nur einen kleinen Kreis von Personen über die Entführung zu informieren. Oliver gehörte dazu, da er mit dem Verschwinden von Smarty samt Schal direkt betroffen war.

«Ich fass es nicht. Wo sind die beiden?»

«Im Quellenhof beim Wellness.»

«Hä?»

«Oliver, sie wurden entführt!»

«Und Cheru?» Seine Stimme klang so besorgt wie sonst nur, wenn Tante Jos Kater nicht fressen wollte. «Wieso wurde sie entführt?»

«Selber schuld.» Das war unfair. Aber wahr. «Sie wollte KGF unbedingt begleiten.»

«Sie hat sich also als einzige um ihn gekümmert?», fragte er vorwurfsvoll.

«Nein! Nadine und ihre Mama wollten auch mitfahren und auch ich hatte mich anerboten, aber Cheru hat sich vorge...» Sie wollte sich nicht mit ihm streiten. Nicht am Telefon. «Sie wollte mit wegen des Schals. Offenbar, dachte sie ...»

«Dachte sie, dachte sie ... Cheru wusste ganz genau, dass der verdammte Schal ihn umgehauen hat. »

«Die Entführer werden Cheru freizulassen, sobald sie überzeugt sind, dass Finny-Mode kooperiert.»

«Da steckt mehr dahinter. Jemand hat es auf Smarty abgesehen. Und auf Cherus Know-how.»

«Glaube ich nicht.» Seine Sorge galt nicht nur Cheru, stellte Tara erleichtert fest. Dann kam ihr plötzlich die anonyme Drohung in den Sinn. Smarty war KGFs Baby. Sie hatte noch keine Gelegenheit gehabt, Annabelle danach zu fragen. Aber die hätte ja von sich aus etwas sagen können. Vermutlich war es nur eine private Angelegenheit, die nichts mit der Entführung zu tun hatte. «Das sind bloß harmlose Umweltfanatiker», versuchte sie Oliver und sich selbst zu beruhigen. «Hat James zumindest gesagt.»

«Harmlos? Militante Modeaktivisten, die minutiös eine Entführung planen?»

«Das war keine geplante Aktion», gab Tara die Schlussfolge-
rung des Verwaltungsrats wieder. «Die Aktivistenkids haben
KGFs Zusammenbruch ausgenutzt.»

«Ach, und wie haben sie vom Zusammenbruch erfahren, und
wie sind sie so rasch an eine Ambulanz gekommen?»

«James meint, die hätten schon den ganzen Tag vor dem Hotel demonstriert und dann wohl spontan die Sanitäter samt
dem Fahrer überwältigt.»

«Bestimmt.» Oliver lachte trocken. «Im Ernst, was sind jetzt
eure Pläne?»

Tara berichtete, wie es zum Entscheid kam, der sie nach
Murg ins Herz des Modeunternehmens versetzt hatte.

«Und nun arbeitest du bei Finny-Mode?» Oliver klang nicht
begeistert. «Ausgerechnet jetzt, wo auch ich meine Arbeits-
zelte in Murg aufschlagen werde.»

«Cool, dann sehen wir uns öfters», freute sich Tara.

«Na toll», tönte Oliver wenig begeistert. «Du weißt genau,
was ich von Beziehungen am Arbeitsplatz halte.»

«Was ist mit deiner Arbeit am Institut?», ignorierte Tara seinen abweisenden Unterton.

«Die muss warten, bis wir die Produktionsanlage für Smarty
eingerichtet haben.»

«Smarty wird hier am Hauptsitz produziert?»

«Was glaubst du denn? Dass man die Produktion eines High-
tech-Kleides durch Roboter, überwacht von Wissenschaftlern und hochspezialisierten Technikern, in ein Billiglohn-
land auslagern kann?» Er seufzte. «Wenn Cheru nicht bald
auftaucht, haben wir ein Problem. Keiner im Team hat ihre
technische Expertise.»

«Wir arbeiten dran, dass die beiden bald freikommen.» Immer diese Cheru! «Du solltest mein Büro sehen», wechselte Tara das Thema. «Es ist riesig! Und erst diese Aussicht, die ist einfach…»

«Ja, ja, alles aus Glas wie in einem Aquarium. Viel Vergnügen im Haifischbecken!»

«Haifischflossen sollen gesund sein», gab Tara patzig zurück. Sie dachte an KGFs Worte und schlug sie mitsamt Olivers Warnung in den Wind. Sie würde KGF und Oliver beweisen, dass sie mit großen Fischen durchaus mithalten konnte.

«Ja, so gesund, dass sie deiner Mutter das Leben gekostet haben.»

Das war fies! Ihre Mutter kam als Chefjuristin einem Haifisch im Konzern in die Quere und wurde von dessen Flosse erschlagen. «Lass bitte meine Mutter aus dem Spiel! Sie war in einer ganz anderen Situation. Eine Situation, in die ich nie geraten würde!»

«Sag niemals nie!» Oliver lachte bitter. «Wie war das genau mit dem Juniorpartner?»

«Das kannst du nun wirklich nicht vergleichen mit der Ungeheuerlichkeit, die meine Mama erleben musste.» Tara kämpfte mit den Tränen.

«Ist ja gut.» Oliver schien zu spüren, dass er zu weit gegangen war. «Trotzdem, wie kommt der Verwaltungsrat ausgerechnet auf dich? Valerie ist doch fürs Geschäft zuständig?»

«Dank meiner Ausbildung in *Fashion Compliance*», gab Tara ruhig zurück und biss auf die Unterlippe, bis sie blutete. «Die Entführer verlangten, dass Finny-Mode per sofort einen auf Mode spezialisierten Juristen einstellt.» Tara zwang sich zu einem Lachen und verdrängte die Gedanken an ihre Mutter.

«Du hättest Valeries Gesicht sehen sollen.» Das Pokerface der Ex-Kollegin war nach der Wahl von Tara in die wenigen Botox resistenten Falten zerfallen. «Es ist ja nur vorübergehend, bis

KGF zurück ist und einen Hausjuristen gefunden hat.» Dass Tara nach dem hoffentlich glimpflichen Ausgang der Entführung ihren Klienten überzeugen wollte, die einzige Richtige für diesen Job zu sein, brauchte Oliver nicht zu wissen.

«Und was sagt Annabelle dazu?»

«Es war ihre Idee.» Tara drapierte bunte Post-it, Leuchtstifte sowie einige Fachbücher und Gesetzestexte um ihre Schreibmappe.

«Und deine übrigen Klienten?»

«Alles eine Frage der Organisation.» Sie hatte übers Wochenende die aktuellen Fälle aufgearbeitet und einem Kollegen übergeben. Um die wichtigsten Kunden würde sie sich weiterhin kümmern.

«Du bist wohl unterbeschäftigt, wenn du glaubst, beide Jobs machen zu können.»

«Ich lasse meine Auftraggeber wenigstens nicht hängen.» Tara knallte wütend einen Ordner auf die Tischplatte. «KGF und auch Cheru waren ziemlich sauer, dass du nicht am WEF warst.»

Das saß. Oliver hatte aufgelegt.

Tara schüttelte den Kopf. So hatte sie ihn noch nie erlebt. Vielleicht war sein Vortrag schlecht gelaufen.

Ihr Blick fiel auf das Etikett ihrer Anzugsjacke. Sie hob die Jacke hoch und studierte den Inhalt auf dem winzigen Stück Stoff.

«Made in Romania, managed by Finny-Mode» stand da nebst den Materialangaben. In Rumänien genäht, aber gemanagt durch Finny-Mode? Was sollte das heißen? Finny-Mode produzierte doch in der Schweiz? Und wenn schon im Ausland, dann vielleicht in Italien aber sicher nicht in Osteuropa! Sie erinnerte sich an einen der vielen Artikel, die sie für die Recherchen zum Vortrag gesammelt hatte. Es ging um die Ausbeutung unterbezahlter Arbeiterinnen in bulgarischen und rumänischen Textilfabriken. Aber das musste ja nicht für alle gelten. *Managed by* Finny-Mode bedeutete wohl, dass KGF und seine Manager für die Produktion verantwortlich zeichneten, diese also vor Ort kontrollieren und anständige Löhne bezahlen mussten. Sie würde dem nachgehen und den Entführern beweisen, dass der Modekönig es ernst meinte mit seinem Bekenntnis zur Nachhaltigkeit. Und wenn sie dafür selbst nach Rumänien reisen musste!

Als Erstes wollte sie sich die Lieferantenverträge vorknöpfen und den Verhaltenskodex aktualisieren. Und dann musste sie die Belegschaft davon überzeugen, ihre Vorgaben auch umzusetzen. Würde ihr das mit der Mitarbeiterschulung gelingen? Mit einem Juniorchef, der nichts von der Strategie seines Vaters zu halten schien? Und würde sie die Entführer damit zufriedenstellen können? Auf Papier und in Theorie klang *Fashion Compliance* sehr überzeugend. Aber die Realität sah anders aus.

Dieser Job sei kein Sonntagsspaziergang, hatte ihr KGFs Assistentin prophezeit, als sie Tara heute Morgen zwischen zwei Telefonaten begrüßt, ihr den Weg zum Büro gezeigt, eine elektronische Zutrittskarte und den Code für den Computer ausgehändigt hatte. Ines Grossweiler, Chefassistentin, Office Managerin und Personalverantwortliche in einem, eine hagere Frau undefinierbaren Alters mit Adlernase und stechendem Blick, schien es mit ihrem perfekt sitzenden Kostüm zu beängstigend hochhackigen Pumps und einem Ballerina-Dutt darauf angelegt zu haben, jeden, der einen Fuß in ihr Revier setzte, einzuschüchtern.

10. Duft der Mode

Es roch nach frisch gewaschener Wäsche, Maiglöckchen und einem Hauch von Tannenzweigen. Nicht nur die Architektur, auch der durch den Raum wabernde Duft schien von exklusiver Designerhand kreiert. Erwartungsvoll schaute Tara sich um im «Fashion Laboratorium» oder «Lab», wie die zum Showroom und Treffpunkt ausgebaute Lagerhalle der ehemaligen Spinnerei hieß. Der hellgraue Steinboden, die tragenden Wände aus Sichtbeton, viele aus Glas, Sofabezüge in Erdtönen – alles passte zum unterkühlten Finny-Mode Stil. Hier befanden sich das Bistro mit Kaffeebar und die «Creative Lounge». Letztere wurde mit ihren akustisch abgeschirmten Glasnischen für diskrete Besprechungen und kreative Meetings genutzt. Am Rande des Lab unter einem riesigen Deckenfenster befand sich das «Aquarium» genannte große Sitzungszimmer, dessen Wände ebenfalls aus Glas waren. Quer durch den Raum zog sich ein Laufsteg aus Plexiglas, auf dem zweimal jährlich die neue Kollektion vorgeführt wurde. In der übrigen Zeit war er von Mannequinpuppen bevölkert, deren Outfit laut Nadine mit größerer Sorgfalt ausgewechselt wurde als dasjenige der Belegschaft. Übergroße Plakate an den Wänden zeigten alterslose Frauen vor einer Wasserkaraffe an Schreibtischen vor Beton- und Glasfronten oder vor einer Tasse Kaffee in schicken Straßencafés oder lustwandelnd mit einem Buch in der Hand unter einem schattigen Baum. Sie trugen ebenso zeit- und alterslose Kleider, Mäntel, Anzüge und Tops in Pastell, je nach Jahreszeit Karamell, Winterweiß, Wollweiß, Schwarz-weiß, Greige, Neige, Taupe, Graublau, Altrosa oder Steingrau. Der Slogan war auf allen Plakaten derselbe:

«Finny-Mode – nachhaltig zeitlose Qualität, für die Frau,
die ihrem Stil und sich selbst treu bleibt.»

Nach der Mittagszeit herrschte hier eine institutionalisierte Ruhe wie in der Schalterhalle einer Bank. Die kreativen Denker und Designer saßen nach ihrem ökologisch korrekten Lunch bereits wieder in ihren gläsernen Büros.

«Tara, hierher!»

Ein paar Köpfe am einzigen besetzten Tisch der Lounge wandten sich neugierig um. Sie war mit Nadine verabredet, die sie durch ihr neues Tummelfeld führen wollte.

«Hey, hier bin ich!» Nadine stand auf dem Laufsteg und posierte mit einem Handy im ausgestreckten Arm neben einer Mannequinpuppe. «Wo warst du so lange?», fuhr sie Tara an, als sie in Hörweite war. «Wir haben nicht mehr viel Zeit bis zur Krisensitzung.»

«Wollte bei KGFs Assistentin die Lieferantenliste mit den Verträgen zur Überarbeitung abholen.» Tara blieb vor dem Laufsteg stehen. «Sie hat keinen einzigen Vertrag herausgesucht und mich auf morgen vertröstet.»«

«Vergiss Ines Grossweiler, wenn du etwas brauchst.» Nadine hielt Tara ihr Handy hin. «Kannst du bitte ein paar Fotos von mir und den Puppen machen? Das Sujet ist perfekt.» Im schwarzen Rolli mit beiger Fellweste zu weißen Jeans und cognacfarbenen Sneakern mit dicken Sohlen war sie zwar dezenter gekleidet als üblich. Aber neben den weich fließenden Kleidern in ecru, weiß und blauen Pastelltönen, überzogen von einem goldenen Schimmer, hob sie sich ab wie ein Papagei unter Schwänen. «Die Schaufenstermannequins bewerben die neue Kollektion, und ich muss mich nicht verkleiden.» Nadine platzierte sich dekorativ zwischen zwei Puppen. «Die Verträge findest du übrigens im Intranet.»

«Euer Ablagesystem ist genauso übersichtlich wie dieses Gebäude.» Auf der Suche nach Ines Gossweilers Büro war Tara in einem Labyrinth aus Ateliers, Werkstätten und Großraumbüros herumgeirrt, das sich hinter der ehemaligen Fabrikhalle erstreckte. «Inmitten all der Glaswände und -gänge kann man sich leicht verlieren.»

«Transparenz als Symbol für das neue Bekenntnis zur Nachhaltigkeit», dozierte Nadine, während sie sich in immer wieder neue Posen warf. «KGFs Credo.»

«Das gilt leider nicht für eure Organisation. Ich habe weder Lieferantenverträge noch ein Organigramm, geschweige denn eine Liste aller Produktionsstätten gefunden. Weißt du, wo Finny-Mode überall produziert?» Tara hielt inne und fixierte Nadine. «Nebst Rumänien?»

«Wie kommst du auf Rumänien?» Nadine holte einen Stift aus ihrer Jackentasche und zog sich die Lippen nach. «Frag Adalbert Ferdinand, wenn du es genau wissen willst.»

«Lieber nicht.» Die Erwähnung des Juniorchefs war wie ein Schlag in die Magengrube. «Er findet meine Anwesenheit überflüssig.» Das hatte er nach ihrer Wahl lauthals kundgetan.

«Ach, der war bloß schlecht gelaunt. Den darfst du nicht ernst nehmen. Adalbert kommt mir manchmal vor, wie ein überzüchteter Rassenhund, der in einem schlechten Tierheim aufgewachsen ist. Aber kein Vergleich zu KGFs Vorzimmer-Rottweiler. Die ist mein wahrgewordener Albtraum!»

«Rottweiler?» Tara grinste und reichte Nadine ihr iPad.

«Ja, diese Frau ist gefährlicher als ein von inkompetenten Händen groß gezogener Kampfhund.» Nadine betrachtete die von Tara geschossenen Fotos und hob zufrieden den Daumen. «Komm, ich klär dich auf. Wir haben noch eine halbe Stunde Zeit bis zum Meeting.» Sie wies auf eine der akustisch abgeschirmten Glasnischen.

«Okay, ich hol mir nur schnell einen Kaffee. Willst du auch etwas?»

«Danke, ich bin eingedeckt.»

Zwei Minuten später setzte sich Tara mit einem Mandel-milch-Cappuccino zu ihrer Freundin. «Ein Glas Champagner wäre jetzt besser für meine Nerven.» Ihr graute vor der ersten Sitzung des Krisenteams, ihrem offiziellen Auftakt bei Finny-Mode mit einem abwesenden Chef und einem Stellvertreter, der sie für eine lästige Plage hielt.

«Fürchtest du dich etwa vor meinem Cousin?» Nadine ließ ihr Handy sinken und legte den Kopf schief.

«Keineswegs.» Fürchten war nicht der treffende Ausdruck.

«Hat er denn niemanden, der ihn wenigstens bei der Kleiderwahl berät?», wechselte Tara das Thema mit einem Blick zur Kaffeebar, wo der neue Juniorchef in einem violetten Anzug mit Hochwasserhosen zu gelben Socken gerade einen Milchkaffee entgegennahm. «Auf dich als seine Kusine und Modeexpertin sollte er doch hören.»

«Keine Chance! Als Kinder waren wir wie Geschwister. Nachdem seine Mama sich aus Kummer über KGFs Untreue mit einem Cocktail aus Alkohol und Medikamenten aus dem Leben verabschiedet hatte, war er oft bei uns zu Hause.» Sie senkte die Stimme. «Er behauptete, der Butler stelle ihm nach. Natürlich glaubte ihm keiner, außer ich. Aber was sollte ich tun?» Sie streckte sich. «Später, als ich auf dieselbe Schule kam wie er, wollte er nichts mehr davon wissen und distanzierte sich von mir. Die Kusine, das kleine Pummelchen, war ihm peinlich.»

«Du ein Pummelchen?», wunderte sich Tara.

«Was meinst du, wieso ich lieber hungere, als ein Gramm zuzunehmen? Als der Kinderarzt mir eine Diät verschrieb, schwor ich mir, es nie wieder so weit kommen zu lassen.»

«Deshalb dein frugaler Lunch?» Tara zeigte auf ein halbvolles Glas mit blau-violettem Inhalt und ein angebrochenes Croissant.

«Blueberry-Karotten-Limetten-Ingwer-Smoothie.» Nadine nahm einen großen Schluck von der bläulichen Flüssigkeit. «Lunch dient der Informations- und nicht der Nahrungsaufnahme. Wollte wissen, was ich während des WEF verpasst habe und ...», sie senkte ihre Stimme, «... was über KGFs Abwesenheit durchgesickert ist.»

«Und?»

«Er war in letzter Zeit so oft unterwegs, dass ihn niemand vermisst. Aber mir fehlt er.» Nadine nippte an dem Glas. «Ohne seine Rückendeckung habe ich hier einen schweren Stand. Hätte ich gewusst, was mich hier erwartet, dann ...»

«Dann hättest du diesen Job nicht angenommen?»

«Tara, ich hätte jeden Job angenommen, nachdem Pinky-Boy aufs falsche Pferd und seine Firma in den Sand gesetzt hat.» Pinky-Boy war Nadines Ex-Mann Nummer drei und als Vater von Zwillingen offenbar so überfordert, dass er mit seinem Golflehrer durchbrannte. «Mama hat den Geldhahn zugedreht und mir diesen Job vermittelt, damit ich meinem Onkel über die Schultern schaue.»

«Wieso das?»

«Sie glaubt, er habe das Geschäft nicht mehr im Griff. Er habe sie in letzter Zeit immer wieder angepumpt, angeblich wegen Liquiditätsengpässen.»

«Dann soll sie ihn doch selbst fragen», stellte sich Tara schützend vor ihr persönliches Reiterstandbild. «Als Mitglied des Verwaltungsrates hat sie immerhin ein Mitspracherecht.»

«Keine Chance neben Ochsenfrosch, die nichts von Mode versteht, und Annabelle, die sich nicht mit ihm anlegen will.» Nadine musterte Tara abschätzig. «Apropos Verständnis für Mode. Ist das eigentlich dein einziges Teil von uns?»

«Der Anzug lässt sich super kombinieren.» Tara strich über ihr tannengrünes Nadelstreifen-Jackett, das sie heute mit einem hellgrauen Bleistiftrock, einer weißen Bluse und schlichten schwarzen High Heels kombinierte.

«Und diese biederen Pumps.» Nadine schüttelte in gespielter Verzweiflung den Kopf. «Das ist ein Look fürs *Family Office*. Du arbeitest jetzt in der Modebranche und musst auch mal einen Stilbruch wagen. Zum Rock trägt man heute Stricksocken und Chelsea Boots mit dicker Gummisohle. Oder Biker-Stiefel mit hohem Schaft. Oder von mir aus Sneaker, wenn man wie ich den ganzen Tag herumrennt.» Sie betrachtete Tara unter halb geschlossenen Lidern. «Und du musst unsere aktuelle Kollektion tragen, nicht alte Ware.»

«So wie die da?» Tara wies auf ein paar junge Leute in schwarzen Jeans, Laufschuhen und T-Shirt, die sich an der Bar tummelten.

«Das ist was anderes. Das sind Designer.»

«Aha?»

«Schwarz ist die Uniform der Kreativen, und bei Finny-Mode zählen sich eben alle dazu. Sogar die Finanzer.» Eine winzige Sorgenfalte zeigte sich auf Nadines Stirn. «Die mussten allerdings besonders kreativ sein in letzter Zeit.»

«Schwarze Textilien sind nicht gerade umweltfreundlich.»

«Ja, ja, daran arbeiten wir. Noch ist auch bei uns nicht alles grün, was im Frühling blüht. Aber wir beide, Tara, wir stehen in der Öffentlichkeit. Wir repräsentieren die Firma!»

«Du als Firmen-Posaune sicher.» Tara hob abwehrend die Hände. «Ich sorge bloß in meinem stillen Kämmerlein für Nachhaltigkeit und Ordnung.»

«Nix da! Morgen kleide ich dich in Leos *Sample Sale* neu ein.»

«Ich brauche keine neuen Kleider.» Tara hob abwehrend die Hände.

«Wir machen Mode, keine Kleider!», erklärte Nadine würdevoll. «Im *Sample Sale* gibts die aktuelle Musterkollektion zum Bruchteil des Ladenpreises.»

«Na dann ...» Tara lehnte sich mit verschränkten Armen zurück.

«Und was willst du dafür?»

«Wie meinst du das?», gab Nadine unschuldig zurück.

«Ich kenne dich.»

«Also gut, nur eine klitzekleine juristische Hilfe.»

«Wie klein?»

«Du musst mir helfen, meine Mama zu beruhigen.» Nadine lehnte sich über den Tisch und flüsterte: «Als Anwältin hast du Zugang zu Verträgen, Kundenlisten, vielleicht auch Zahlungsflüssen und anderen Dingen, von denen ich keine Ahnung habe. Bitte halte die Augen offen und berichte mir, wenn du etwas Verdächtiges entdeckst.»

«Das kann ich dir nicht versprechen.»

«Ich kenne dich auch.» Nadine grinste. «Du bist eine gute Freundin.»

«Ich bin in erster Linie eine gute Anwältin, und die hält sich an ihre Geheimhaltungspflicht.»

«Ach, komm.» Nadine griff sich Taras Löffel und angelte den letzten Rest Beerendicksaft aus dem Glas. «Wir zwei Quereinsteiger müssen doch zusammenhalten!» Sie senkte ihre Stimme und lächelte jemandem zu. «Nicht umdrehen! Da kommen Bohnenstange und Gartenzwerg.»

«Wer?» Im Augenwinkel nahm Tara einen rotschwarzen Schatten und eine gelbe Kugel wahr.

«Unser Chefdesigner mit seinem Assistenten. Tu so, als ob wir über meinen Notizen brüten.» Nadine zog ihren Notizblock heran. «Nimm dich in Acht, besonders vor Theobald», sagte sie leise. «Er ist zuckersüß, bis du ihm den Rücken zukehrst.» Nadine verdrehte die Augen. «Und nenne ihn niemals Theo!»

«Apropos Designer. Wer ist der neue Mann in deinem Leben?»

«Hä?» Nadines Gesicht war ein einziges Fragezeichen.

«Na, dein letzter Blogeintrag? Nach der Party dieses Garcholigoff. Ist er es, der Fast-Fashion-Zar?»

«Aber nein. Der ist nicht mein Typ.» Nadine schnippt ein paar Krümel vom Tisch. «Zumal er überhaupt kein offenes Ohr für mein Anliegen hatte. James Kuhl, natürlich!» Mit verklärtem Lächeln breitet sie die Arme aus. «Der einzige gutaussehende Mann in diesem Laden, der nicht schwul ist!»

«Er hat eine wunderschöne Freundin!», verteidigte Tara ihr Revier. «Und reich ist er auch nicht.»

«Woher willst du das wissen?» Nadine lächelte ungerührt. «Die Freundin gewöhne ich ihm schon noch ab. Die ist zu alt für ihn. Hast du ihre Hände gesehen?»

«Er steht offenbar auf ältere und schöne Frauen», schlug Tara ihrer Freundin verbal auf die Finger. «Erzähl mir lieber von KGFs Vorzimmerwachhund. Was ist mit ihr?»

«Frauen, die ins Revier des Rottweilers eindringen, zerfleischt sie ohne Gnade.»

«Nur Frauen?»

«Genau!» Nadine brach ihr Croissant in kleine Stücke. «Und ich bin ihr Lieblingsopfer.»

«Wieso du?»

«Bevor KGF mich geholt hat, war sie auch für Kommunikation zuständig.»

«Ja und? KGF wollte eben dich haben.»

«Weil sie von Social Media eben keine Ahnung hat.» Nadine

steckte sich einen abgezupften Croissantring in den Mund. «Und trotzdem muss ich Rottweiler Rechenschaft ablegen. Er delegiert alles an sie, auch mich. Die interne Kommunikation gibt sie nicht aus den Händen. Ich darf bloß die Fotos liefern.» In dem Moment brummte ihr Handy. «Wenn man vom Kampfhund spricht…» Sie verzog das Gesicht, hob das Handy ans Ohr und flötete: «Ines, meine Liebe. Ja, ich hab's gesehen. Bin leider noch nicht…»

«Subito!», krächzte die Stimme von KGFs Feldweibel aus dem Lautsprecher.

«Für die nächste Ausgabe?» Nadine rollte mit den Augen. «Das ist etwas kurzfrist… Ja, ja, schon gut, ich… Klar werde ich…» Einige Sekunden später knallte sie das Handy auf den Tisch. «Die kann mich mal, die alte Schachtel! Stell dir vor, sie gibt eine Hauszeitschrift heraus! Dafür habe ich nun wirklich keine Zeit.» Sie stöhnte. «Morgen kommen ein paar Journalisten, die Smarty sehen wollen und ich habe keine Ahnung, womit ich sie abspeisen oder wie ich sie abwimmeln soll.»

«Du könntest eines dieser Modelle in blaues Licht getaucht präsentieren.» Tara wies auf den Laufsteg mit den Mannequinpuppen in golden schimmernden Kleidern. «Smarty sieht doch aus wie ein Kleid aus der BiSSS-Collection.»

«Super Idee!» Nadine sprang auf. «Komm, das probieren wir gleich aus.» Das Handy am Ohr kletterte sie auf den Laufsteg und umkreiste kritisch eine der Puppen. «Hi, hier Nadine, schick mir bitte einen Techniker mit einem blauen Scheinwerfer ins LAB»

Tara folgte ihr und betrachtete ein knöchellanges Kleid aus der wie Insektenflügel schimmernden Seide. «Wird sich das gut verkaufen?»

«Das frage ich mich auch.» Nadine steckte das Smartphone in die Hosentasche und zupfte skeptisch an dem feinen Stoff.

«Für Ökofreaks ist es zu teuer, und Fashionistas reißen wir mit diesen Windfahnen nicht vom Hocker.»

«Windfahnen?», tönte eine wohlklingend Bass-Stimme. «Höre ich da Kritik?»

11. Haifischbecken

«Theobald?» Erschrocken drehte sich Nadine um. «Grade habe ich Tara vorgeschwärmt, was wir für tolle Designer haben.» Mit ihrem angeknipsten Strahlelächeln wies sie auf Tara. «Das ist unsere neue Hausanwältin, Tara Bernhard.»

«Und ihr seid das Designer-Duo, das Finny-Mode seine exquisite Handschrift verliehen hat?», hauchte Tara, geistesgegenwärtig der Schmeichelspur ihrer Freundin folgend. «Karl Gerold Fuchs war des Lobes voll, als er...» Sie täuschte einen Niesanfall vor. KGF hatte noch nie von dem ungleichen Designerpaar gesprochen.

«Gesundheit, Frau Anwältin. Haben Sie eine Allergie auf Spinnenseide?» Der lange dünne Mann mit Hornbrille, die Hände in den Taschen seiner rot-schwarz-karierten Hose, grinste.

«Nur eine lästige Erkältung.» Tara lächelte gewinnend. «Ich habe schon so viel von Ihnen beiden gehört.» Das wenigstens war nicht gelogen.

«Sie sind krank?» Der untersetzte Mann im kanariengelben Anzug mit der attraktiven Stimme hüpfte zur Seite wie ein übergewichtiger Teddybär und betrachtete sie aus lauernden Knopfaugen. «Ich habe ein sehr anfälliges Immunsystem.» Er wedelte mit den Händen vor ihrem Gesicht. «Gehen Sie weg!»

«Theobald, jetzt hab dich nicht so. Eine Erkältung ist nicht ansteckend.» Der Schlacks mit dem Gesicht des jungen Brad Pitt reichte Tara die Hand. «Hi Tara, ich bin Leopold, aber Leo ist mir lieber.»

«Eine Hausanwältin?» Der Gartenzwerg bedachte Tara mit einen feindseligen Blick. «Wozu?»

«Zur juristischen Unterstützung bei der Umsetzung von KGFs neuer Strategie», erklärte Nadine.

«Wir brauchen keine Unterstützung!» Theobald trat einen Schritt näher und betrachtete Tara eingehend. «Guck mal Leo, meine Lieblingskollektion mit den senfgelben Nadelstreifen!» Seine Augen glitten vom Kragen über ihren Rock bis zu den Pumps. «Die Frau hat Stil.» Er nickte Tara anerkennend zu. «Klassik gespickt mit pfiffigen Details – das trägt heute keine Fashionista mehr. Das gefällt mir.»

«Danke, Theobald, der Anzug ist mein Favorit.» Tara warf Nadine einen triumphierenden Blick zu. «Auch mit der neuen Kollektion ist euch ein großartiger Wurf gelungen.»

«Das ist eine glatte Lüge.» Theobald kniff seine Äuglein zusammen. «Spar dir das Herumgeschleime. Nadine hat Recht, das sind Windfahnen!»

«Na ja, Karl der Große hat uns diese Spinnenseide aufs Auge gedrückt mit klaren Vorgaben fürs Design.» Leo zog mit spitzen Fingern am Stoff eines der luftigen Kleider. «Schlicht sollte es sein, nichts figurbetontes, wenig Nähte und keine Knöpfe oder anderen Schnickschnack.»

«Sag ich ja!», herrschte Gartenzwerg die Bohnenstange an. «Diese Details sind mein Markenzeichen.» Er strich sich kokett über seinen Bauch und wandte sich an die beiden Frauen. «Ich bin halt etwas barock. Schlicht kann Leo besser, deshalb darf er sich mit BiSSS austoben. Der Hightech-Stoff für Smarty hingegen, der verlangt nach wahrer Schneiderkunst.» Seine dunklen Teddybär-Knopfaugen leuchteten auf. «Um die ganze Technik zu verstecken, braucht es metallene Nähte, dynamischen Schnallen und glänzende Knöpfe. Jedes Modell wird ein Unikat und auf Maß gefertigt und individuell dekoriert.»

«Smarty sieht aber aus wie ein gewöhnliches BiSSS-Kleid», warf Tara ein.

«Ist ja auch nur ein Prototyp», erklärte Theobald herablassend. «Meine Smarties werden echte Knaller!»

«Apropos Prototyp: Ich brauche euren Rat.» Nadine winkte einen Techniker herbei, der mit einem Scheinwerfer im Arm etwas verloren herumstand. «Tara hatte eine super Idee: Wenn wir dieses Kleid blau anstrahlen, sieht es aus wie Smarty.» Sie gab dem Techniker ein paar Anweisungen, und nach kurzer Zeit schimmerte der zarte Stoff bläulich. «Was meint ihr?»

«Ja, wie Smarty im Ruhezustand.» Gartenzwerg fuhr sich skeptisch übers Kinn. «Wozu?»

«Für die Journalisten.»

«Und wieso zeigst du Smarty nicht einfach?», wunderte sich Bohnenstange. «Wir haben uns schon gefragt, wieso es noch nicht hier ist.»

«Es ist im Labor. Technische Materialtests für die serielle Produktion», kam Tara ihrer Freundin zu Hilfe. «Kann ein paar Tage dauern.»

«Oder Wochen.» Nadine schenkte ihr einen dankbaren Blick. «Das geht die Journalisten nichts an. Wir haben behauptet, es stehe bereits zum Verkauf. Also bitte, behaltet das für euch.»

«Wir wissen nichts anderes.» Leo nickte zustimmend. «Die Leute warten auf das Kleid wie auf gewisse Uhren und Handtaschen.»

«Das ist Marketing», Nadine lächelte stolz.

«Und Mut zur Hässlichkeit ist das Motto der Stunde», murmelte der Gartenzwerg, als AFF mit seinem Kaffeebecher vorüberschlich. «Der soll jetzt das Sagen haben? Will KGF etwa abtreten?», fragte er, als der Juniorchef außer Hörweite war.

«Keineswegs», beeilte sich Nadine, die beiden zu beruhigen. «Nur eine vorübergehende Maßnahme, da wir nicht wissen, wie lange KGF zur Kur bleiben muss.»

«Der Junior als neuer Chef und eine Hausanwältin?» Theobald schüttelte den Kopf. «Da stimmt doch was nicht.»

«Wir sind jetzt eben ein nachhaltiges Unternehmen, mein Lieber», mischte sich Leo ein. «Das wird einiges ändern.»

«Ja, das befürchte ich», brummte Theobald und wandte sich an Nadine. «Wann erhalte ich das Hightech-Material? Ich muss erst mal damit arbeiten, bevor ich was designen kann.»

«Ich werde im Labor nachfragen, ob sie dir etwas zur Verfügung stellen können», versprach Nadine. «Aber jetzt müssen wir los. Der Juniorchef erwartet Tara und mich im Aquarium.»

«Na dann.» Theobald trat einen Schritt zurück und Tara konnte ihn grade noch daran hindern, vom Laufsteg zu fallen. «Oh danke, Frau Anwältin.» Erstaunlich flott hüpfte er auf den Boden und betrachtete das schimmernde Kunstwerk. «Stellt das Kleid hinter Plexiglas, dann sieht es wirklich echt aus. Gut Idee, für eine Juristin.» Er fixierte Tara streng. «Ich hoffe aber, es bleibt dabei. Wir brauchen keinen juristischen Wachhund, der uns die Arbeit noch schwerer macht.»

12. Mord in der Jeansbleiche

«Nachhaltig im Umgang mit allen Ressourcen.» Nadine legte den Kopf in den Nacken und hielt ihr Gesicht in die gleißende Sonne, deren Strahlen durch die Oberlichter in den gläsernen Raum fielen. «Lichtquelle und Heizung in einem.» Tara hielt sich eine Hand vor die Augen. «Gartenzwerg und Bohnenstange wirken übrigens recht sympathisch.» Zumindest Leo, die Bohnenstange.

«Lass dich bloß nicht täuschen.»

«Ruhe!» AFF warf missgelaunte Blicke vom Kopfende des ovalen Tischs, während er sich seinem Döner-Sandwich widmete. «Das ist kein Kaffeekränzchen.»

«Und auch kein Power Lunch.» James war als letzter hereingekommen. «*Good morning.* Ich begrüße das Krisen-Kernteam zur ersten Sitzung. Lasst uns anfangen, sobald...» Er entledigte sich seiner Wachstuchjacke mit Blick auf die geruchsintensive Zwischenverpflegung des Juniorchefs. «Sobald alle ihr zweites Frühstück beendet haben.»

«Wo sind die andern?», fragte Nadine.

«Annabelle, Valerie von Felsenkirch und Professorin Brecht stehen auf Abruf zur Verfügung.» James lächelte Tara aufmunternd zu. «Juristische Unterstützung haben wir ja nun im Haus.» Nach einem Blick auf seine Notizen fuhr er fort. «Ich begrüße Sie zur ersten Krisensitzung. Die Traktanden haben Sie alle erhalt...»

«He! Was fällt Ihnen ein! Das ist meine Aufgabe als Geschäftsführer und hmmm...», unterbrach AFF mit vollem Mund.

«Und als Vorsitzender.» Er schob seinen Stuhl zurück und erhob sich langsam. «Sonst kann ich ja gleich wieder gehen.»

Brotkrumen purzelten von seiner Hose.

«Wie Sie sich vielleicht erinnern, wurde entschieden, dass ich das Krisenteam leite.» Der Finanzspezialist wandte sich an Tara. «Das müsste doch im Protokoll stehen?»

Ein Hitzestoß ging durch Taras Körper. «Ähm... ich hab's nicht... hier...», stotterte sie. «Ich hatte nicht daran gedacht, dass...» Sie hatte es noch gar nicht geschrieben.

«Dann holen Sie es!» AFF ließ sich wieder auf seinen Stuhl plumpsen. «Ich erinnere mich nämlich nicht an diesen Entscheid.»

«Ich schon, und ich habe die gesamte Sitzung aufgezeichnet», erinnerte sich Tara und griff nach ihrem mobilen Büro. «Danke Tara, dann wäre das geklärt. Es reicht, wenn Sie uns das Protokoll in den nächsten Tagen schicken.» James nickte ihr zu. «Und nun zum Grund unseres Treffens: Die Befreiung der beiden Entführten!» Er machte eine Pause. «Was die Grünen Löwen verlangen, können wir nicht von heute auf morgen erfüllen. Und deshalb...»

«Dieser Nachhaltigkeitsquatsch, das ist doch nur ein Ablenkungsmanöver», unterbrach AFF. «Die haben es auf unsere Technologie abgesehen. Während wir uns mit dem grünen Gesülze abmühen, analysieren die Entführer in aller Ruhe Smarty und kopieren unsere Technik.»

«Das würde Cheru bestimmt nicht zulassen.» Nadine kaute nachdenklich an ihrem Bleistift. «Es sei denn, die Grünen Löwen üben genügend Druck aus. Vielleicht sind die doch nicht so harmlos.»

«Genau das ist auch Olivers Befürchtung», warf Tara ein.

«Oliver Weiss, diese Nullnummer?» AFF warf Tara einen finsteren Blick zu und wandte sich dann wieder an James. «Also wenn sogar der das sagt, sollten Sie das ernst nehmen, James. Wir müssen als allererste Aktion Smarty da herausholen!»

«Und wie wollen Sie das anstellen?», fragte James.

«Na, verhandeln. Bis jetzt gab es ja keine Lösegeldforderung. Wir sollten den Grünen Löwen etwas anbieten.»

«Smarty ist Ihnen also wichtiger, als ihr Vater?»

«Nein, natürlich nicht.» AFFs Zunge arbeitete sich über seine Zähne, als ob sie nach den Dönerresten suchte. «Aber er würde bestimmt auch wollen, dass wir uns zuerst um sein Baby kümmern.»

«Vielleicht hatten die nur geplant, Smarty zu entführen, und mit KGFs Zusammenbruch erhielten sie den Modekönig als Zugabe. Er wurde ja schon länger von diesen Modeaktivisten bedrängt», warf Tara ein.

«Ich persönlich glaube nicht, dass die Entführer es auf Smarty abgesehen haben. Die wollten den Modekönig entführen, und als Cheru in die Ambulanz stieg, wurde sie samt Smarty zum Kollateralschaden», erklärte James ruhig. «Die Befreiung von KGF und Cheru hat Priorität. Deshalb müssen wir zeigen, dass wir uns bemühen, die Forderungen umsetzen.»

«Und wie?» Tara starrte auf die Traktandenliste. «Glauben Sie wirklich, dass wir mit der Mitarbeiterschulung, einem griffigen Nachhaltigkeitskodex und strengeren Lieferantenverträgen die Entführer überzeugen können und Cheru und KGF freibekommen?»

«Nein, aber das sind die wichtigsten Sofortmaßnahmen, mit denen wir vielleicht erst einmal die Befreiung von Cheru samt Smarty erreichen.»

«Und wie erfahren die Löwen von unseren Bemühungen?», hakte Tara nach.

«Indem wir jeden unserer Schritte öffentlich kommunizieren und zwar so, dass die Grünen Löwen das mitbekommen», erklärte James geduldig.

«Den Kodex für die Website habe ich bereits überarbeitet.»

Taras Stimme zitterte plötzlich. Ein kalter Schauer fuhr ihr über den Rücken. Sie war mitverantwortlich für die Rettung von zwei Menschen, die möglicherweise in Lebensgefahr schwebten. «Eine erste Mitarbeiterschulung sollte in den nächsten Tagen erfolgen.» Doch wie sollte eine Rettungsaktion funktionieren, von der sie selbst nicht überzeugt war?

«Die Schulung könnten wir als Video auch ins Netz stellen», schlug Nadine vor.

«Gute Idee», James nickte. «Nadine, Sie steuern mit Ines Grossweiler die interne Kommunikation.»

«Niemals», wehrte sich Nadine. «Die Rottweilerin wird bestimmt nicht mit mir…»

James beschwörender Blick brachte sie zum Schweigen. «Adalbert, Sie werden die gesamte Produktionskette auf Einhaltung der neuen Richtlinien überprüfen.»

«Unmöglich!» AFF hob seine fleischigen Hände. «Bei den weltweit verstreuten Lieferanten.»

«Was heißt weltweit? Finny-Mode ist doch bekannt für den Schweizer Qualitätsstandard», wunderte sich Tara. «Mode- und Fachzeitschriften schwärmen von der heimischen Produktion.»

«Meine Marketingidee!» AFF gluckste vergnügt. «Ich habe ein paar Meinungsmacher durch unsere Schneiderei geführt, den Teil unserer schnuckeligen Fabrik gezeigt, der noch in Betrieb ist, und schon haben alle begeistert über unsere lokale Produktion geschrieben. Dem einen oder andern Hochglanzmagazin musste ich noch etwas nachhelfen mit einer doppelseitigen Anzeige.» Mit einem fiesen Grinsen wandte er sich an Nadine. «Das, meine liebe Kusine, ist wirksames Marketing.»

«Dann gibt es gar keine Schweizer Produktion?» Tara war fassungslos. Das war kein Kratzer mehr an ihrem Reiterstandbild. Das war eine richtige Delle!

«Es ist ein offenes Geheimnis, dass heute nur noch die Musterkollektionen und exklusiven Abendkleider in unserer Schneiderei angefertigt werden», erklärte Nadine. «Die Hauptproduktion wurde vor einigen Jahren nach Norditalien verlegt in einige sorgfältig ausgewählte Schneiderateliers. Das ging so lange gut, bis Adalbert eine Fabrik in Prato[11] beauftragte.» Sie schaute ihren Cousin auffordernd an. «Oder wie war das genau?»

«Ach diese Geschichte.» AFF winkte ab. «Interessiert doch keinen mehr.»

«Mich schon», mischte sich James ein. «Bitte, fahren Sie fort, Nadine.»

«Es war verlockend, alles aus einer Hand fertigen zu lassen. Unser Mann vor Ort gab grünes Licht. Der neue Produzent arbeitete schnell und zuverlässig.» Nadine schenkte sich Wasser nach. «Alles lief bestens, bis die Qualität nachließ und KGF selbst die Fabrik besichtigte. Bei einem unangemeldeten Besuch wurde er Zeuge einer Polizeirazzia. Vierzig Chinesen, offenbar ohne Arbeitsbewilligung, versteckten sich in einem menschenunwürdigen Verschlag auf dem Fabrikgelände.» Sie machte eine Pause und kostete die entsetzten Blicke aus. «Mit Hilfe von ein paar einflussreichen, uns wohlgesinnten Fashionbloggern konnte ich verhindern, dass Finny-Mode in diesem Skandal namentlich erwähnt wurde.»

«Kalter Kaffee.» AFF fuhr sich schniefend mit dem Ärmel über die Nase. «Auch andere Luxus Brands sind auf geschäftstüchtige Chinesen hereingefallen.»

---

[11] Dass viele Italiener ihre Leder- und Textilfabriken an Chinesen verkauft haben, wussten Insider bereits 2015 und Modeaktivisten prangerten die bedenklichen Zustände an. Doch erst mit dem Corona-Ausbruch 2020 wurde auch für eine größere Öffentlichkeit sichtbar, wie viele Textilarbeiter aus China sich illegal und für einen Hungerlohn in Italien aufhalten.

«Und was ist mit Rumänien?» Tara hob ihre Lieblingsjacke vom Stuhl und wies auf das Etikett. «Was bedeutet *Made in Romania, managed by* Finny-Mode?»

«Sind Sie immer so neugierig, Frau Rechtsanwältin?»

«Ich wurde eingestellt, um Fragen zu stellen.»

«Ich habe Sie nicht eingestellt», blaffte AFF sie an. «Fragen Sie Valerie, sie hat die Verträge gemacht.»

«Verträge können wir selber lesen, Herr Fuchs.» James legte die Hände aneinander. «Uns interessiert, was *managed by* Finny-Mode in der täglichen Umsetzung heißt. Was genau machen wir in Rumänien, Adalbert?»

«Ganz einfach. Wir haben uns an einer von Boris' Fabriken beteiligt und managen nun das Ganze.» Der Juniorchef biss herzhaft in seinen Döner. «Wir schauen regelmäßig vorbei und füttern sie mit unserem Know-how.»

«Boris? Doch nicht etwa Boris Garcholigoff?», fragte Tara entgeistert.

«Was haben Sie für ein Problem, Frau Anwältin?» Sauce tropfte auf Adalbert Ferdinands Unterlagen. «Garcholigoff produziert seit vielen Jahren unsere Basics und ist damit einer unserer wichtigsten Lieferanten. Das sollten Sie wissen, wenn Sie hier schon die Juristin spielen.»

«Ich habe noch keine Verträge gesehen, weil Rottweiler... Ich meine Frau Grossweiler sie mir noch nicht... Egal!» Tara schüttelte ungläubig den Kopf. «Wie passt ein Fast-Fashion-Zar zur Nachhaltigkeitsstrategie von Finny-Mode?»

«Grün ist die Farbe des Jahres und Moral das Gebot der Stunde. Ich kanns nicht mehr hören.» Der Juniorchef spülte den letzten Bissen Döner mit einem Schluck aus seinem Kaffeebecher hinunter und gab sich wenig Mühe, einen Rülpser zu unterdrücken. «Dieser Blödsinn war damals noch kein Thema. Messbare Faktoren wie Qualität und Zeit waren maß-

144

gebend, und Boris lieferte beides. Nachdem mein Vater vor etwa zwei Jahren auf den grünen Trip kam, setzte er ihn vor die Wahl: Entweder er spielt mit, oder er ist Geschichte. Boris war begeistert. Seine Uptodate-Filialen waren gerade ein beliebtes Graffiti-Ziel von Ökoaktivisten. Er musste also sein Image aufpolstern. Zertifizierte Ökotextilien für Uptodate und Berichte über unsere faire Produktionsstätte in Rumänien kamen ihm gerade recht.» AFF schob die Überreste seines zweiten Frühstücks zu krümeligen Häufchen zusammen.

«In der Folge schlossen wir einen Zusammenarbeitsvertrag mit Garcholigoffs Romania Fashion. Wir lieferten das Knowhow in Sachen Nachhaltigkeit, und Boris finanzierte die Umstellung der Produktion. Alleine hätten wir uns das gar nicht leisten können.»

«Auch nicht in Rumänien?» Tara hielt einen Artikel über Armutslöhne in die Höhe.

«Was glauben Sie denn?» AFF fegte die krümeligen Hügel zu Boden. «Umweltverträgliche Materialien, faire Löhne, kürzere Arbeitszeiten und die Weiterbildung von Mitarbeitern sind auch in Rumänien nicht gratis.»

«Dieser Boris bezahlt also die gesamte rumänische Produktion, während Finny-Mode für Ausbildung und Management zuständig ist?» James blätterte in seinem Notizheft. «Ich versuche nur, die Finanzbuchhaltung Ihres Vaters zu verstehen, und habe mich gewundert, wieso Finny-Mode regelmäßige Zahlungen aus Rumänien erhält.»

«Das ist unsere Umsatzbeteiligung. Die Romania Fashion arbeitet für viele Player. Wir profitieren von Boris' Finanzen, und er von unserem Knowhow und guten Ruf.» AFF rieb die Hände aneinander. «Sonst noch Fragen?»

«Wie sieht dieses Management konkret aus, und wer kontrolliert die Einhaltung unserer Bedingungen?», hakte Tara nach. «Zum Beispiel faire Arbeitszeiten und angemessene Löhne?»

«Wir haben geschultes Personal vor Ort und Reisetechniker, die unsere Qualitätsstandards bei all unseren Lieferanten prüfen», erklärte Nadine beflissen. «Zusätzlich sorgt die Grüne Nadel, eine unabhängige Organisation vor Ort, für die Einhaltung der sozialen und ökologischen Standards gemäß Oeko-Tex, GOTS und andereren offiziellen Gütesiegeln.»

«Wie stellt ihr sicher, dass die lokalen Organisationen nicht von Funktionären unterwandert werden?»

«Wollen Sie etwa behaupten, die von uns beauftragten Organisationen sind korrupt, Frau Bernhard?» Energisch presste AFF die Alufolie von seiner Zwischenverpflegung zu einem kleinen Bällchen zusammen.

«Nein, Herr Fuchs, ich stelle nur Fragen.» Tara legte einen weiteren Artikel auf den Tisch. «Fairtrade ist nicht immer fair. Ich kann Ihnen die einschlägigen Links dazu gerne schicken.»

«Ja, ja, wir kennen die Problematik. Mein Vater und ich sind alle paar Monate in Rumänien. Die Textilarbeiter haben eine Sprecherin, die mit uns alle ihre Anliegen diskutieren kann.»

«Ich würde gerne einen unangemeldeten Besuch in Rumänien machen und das mit einer Schulung verbinden», schlug Tara vor.

«Gute Idee», sagte James.

«Unterstehen Sie sich!», fuhr der Juniorchef Tara an. «Boris ist ein zuverlässiger Geschäftspartner. Das wäre eine Beleidigung!»

«Das werden wir ja sehen», gab sich James ungerührt.

«Die Romania Fashion ist für uns eine Goldgrube!» AFF fuhr sich mit dem Ärmel über die Nase. «Alle lassen bei uns produzieren. Luxus- wie Billiglabels. Auch letztere haben hochwertige Produkte, die ihren Preis haben dürfen. Ist gut fürs Image. Uptodate macht jetzt sogar eine eigene nachhaltige Linie in Kooperation mit einem italienischen Stardesigner.»

«Nachhaltige Mode finanziert durch Fast Fashion?» Tara fragte sich, wie ernst es dem Modekönig war mit seinem Strategiewechsel.

«Nachhaltigkeit muss man sich leisten können. Und solange Smarty uns keine Lizenzeinnahmen in die Kasse spült...» AFF warf das Alubällchen gelangweilt von einer Hand in die andere. «Mit seiner Kinderkrankheit dürfte das noch eine Weile dauern.»

«Wovon sprichst du?», fragte Nadine.

«Hey, nur mit der Ruhe, Kusinchen. Ich habe da etwas aufgeschnappt vor dem Green Fashion Summit.» Er öffnete die Faust und schleuderte das Alubällchen in Taras Richtung.

«Du warst beim Summit?» Nadine starrte ihren Cousin verwundert an. «Nicht an der Slow Fashion Week in Berlin?»

«Natürlich war ich in Berlin. Aber mein Vater hat da am Telefon ein Problem erwähnt.» AFF fixierte Tara mit einem gefährlichen Flackern in den Augen. «Smarty wurde mitten in der Testphase präsentiert. Das ist, als ob man eine Impfung während der ersten klinischen Studienphase auf den Markt werfen würde.» Er wandte sich an James. «Und nun hat mein Vater auf diesen verdammten Smarty-Schal reagiert. Geschieht ihm Recht!»

«Es war nicht der Schal», warf Tara ein und berichtete, was Oliver ihr erklärt hatte. Natürlich ohne den Hinweis auf die mögliche Verwechslung mit dem Experimentier-Schal und den Zusammenbruch einer Mitarbeiterin.

«Um auf Taras kritische Fragen zurückzukommen...» James räusperte sich. «Die sind durchaus berechtigt.» Er verteilte Kopien eines Zeitungsartikels. «Denn solche Schlagzeilen sind unserem Ruf nicht unbedingt förderlich.»

«Journalistenpack!», schimpfte AFF nach einem Blick auf den Artikel. «Null Ahnung von der Materie. Aber losplärren, ohne zu differenzieren. Wie kommen die überhaupt auf uns?»

«Vielleicht ein unzufriedener Lieferant?» Tara starrte entsetzt auf die Überschrift:

«Ausbeutung von Textilarbeitern auch in Europa:
Finny-Mode und andere hochwertige Marken produzieren
zu Hungerlöhnen in Rumänien, Bulgarien und anderen
osteuropäischen Ländern!»

«Adalbert Ferdinand, das ist eine Katastrophe – ausgerechnet jetzt!» Nadine hatte die Hände auf ihr Gesicht gepresst.

AFF rutschte bleich auf seinem Stuhl hin und her und nuschelte etwas von «Missverständnis».

«Sie sehen, wie wichtig eine aktive Überprüfung unserer Lieferanten ist, Adalbert.» James nahm Nadine und AFF ins Visier. «Ebenso wie eine aktive Kontrolle der Medien.»

Gemeinsam legten sie fest, mit welchen Aktionen die Grünen Löwen überzeugt werden sollten. James entschied, dass die Entführung auch innerhalb der Firma geheim bleiben sollte. Ines Grossweiler war als Einzige informiert. Gerade als James das Meeting schließen wollte, schrie Nadine auf.

«Eine neue E-Mail der Grünen Löwen.» Sie schob ihr iPad über den Tisch. «Oh, nein, schaut her! Was bedeute das?»

«Umberto Eccos neuer Bestseller?» AFF grinste. «Die kann man doch nicht ernst nehmen.»

Nadine vergrößerte die E-Mail, bis man sie lesen konnte. Die Betreffzeile lautete:

«Mord im Namen der Mode!»

Die bewusste Inkaufnahme von Giftstoffen in Kleidung und Umwelt sei nichts anderes als kaltblütiger Mord, verkündeten die Entführer. Finny-Mode müsse für eine faire und saubere Produktion sorgen und ihr Engagement mit einem Appell an sämtliche Textilunternehmen öffentlich publizieren. Ansonsten würden sie für noch schlechtere Presse sorgen. Dem Modekönig könnte es dann so ergehen, wie dem Mann im Video.

«Der Presseartikel geht wohl auch auf deren Konto», stellte James fest.

AFF winkte ab. «Wenigstens stehen wir überhaupt in der Presse.»

«Ja, als Grünwäscher», entgegnete James.

«Machen doch alle.» AFF erhob sich. «Die Geschäftsleitung geht jetzt das Geld verdienen, das ihr mit dem nachhaltigen Quatsch ausgeben wollt.»

Ein lautes Pling ertönte. «Schon wieder eine E-Mail. Diesmal mit einem Video im Anhang». Nadine wurde bleich. Ihr Finger hüpften über die Tastatur. «Das ist doch... ziemlich unheimlich...» Sie stutzte, dann drehte sie den Bildschirm wieder für alle sichtbar um. «Schaut euch das bitte an!»

Auf schwarzem Hintergrund flirrte ein Titel über den Bildschirm:

«MORD IN DER JEANSBLEICHE»

Das Video war verwackelt, als ob jemand heimlich filmen würde. Man erkannte zwei Männer, die vor einem Becken mit langen Stäben in einer bläulich glänzenden Flüssigkeit herumstocherten.

«Zwei Männer, die einen Pool reinigen?», spöttelte AFF. «Für
so was habe ich keine Zeit.»
Die beiden Männer schienen zu streiten, gestikulierten wild.
Der eine packte den andern an den Schultern und schüttelte ihn. Der Bedrängte wich zurück, taumelte und fiel ins Becken. Als er schreiend auftauchte, um sich schlug und blaue
Flüssigkeit ausspuckte, drückte sein Widersacher ihn mit
der Stange herunter. Es blubberte noch ein paar Sekunden,
dann war er verschwunden. Der andere Mann rührte wieder
seelenruhig im Becken. Dann zog er etwas heraus, schüttelte
es und hielt ein triefendes Stück Stoff vor die Kamera. Eine
Jeans[12].
«Das ist eine Morddrohung», keuchte Nadine.

[12] Als acht- und aufmerksame LeserInnen kennen Sie bestimmt die immense Schädigung von
Umwelt und Gesundheit durch den Herstellungsprozess konventioneller Bluejeans, insbesondere
beim Einsatz der für die Färbung notwendiger Chemikalien und dem Sandstrahlen für den used
look.

13. Strategie mit Stil...

Tara fröstelte, als sie am nächsten Morgen an die blubbernde Jeansbleiche und den verzweifelt plantschenden Mann dachte. Mode stand für Lebensfreude, nicht für Mord im Giftcocktail. Die Ampel stand noch immer auf Rot. Die Baustelle vor dem Hotel Sonne in Küsnacht war eine Geduldsprüfung für alle Verkehrsteilnehmer. Ein Velofahrer schenkte ihr ein mitleidiges Lächeln, bevor er sein Fahrrad auf den Gehsteig hievte und dort beinahe eine ältere Dame mit Pudel anfuhr. In dem Moment quakte Taras Smartphone und Nadines Foto erschien auf dem Bildschirm.

«Ich habe kein Auge zugetan letzte Nacht», stöhnte es aus dem Lautsprecher. «Dieses grässliche Video! Glaubst du, da ist was dran?»

«Ich hoffe nicht. Es könnte auch eine Botschaft sein. Über die Gefährlichkeit von Chemikalien in der Textilverarbeitung. Aber wieso diese Jeansbleiche?» Tara nahm den Kaffeebecher aus der Halterung. «Finny-Mode produziert doch gar keine Jeans.»

«Aber wir arbeiten mit Viskose.»

«Ist das nicht ein Naturprodukt?», wunderte sich Tara.

«Schon, ja, weil sie aus Holzfaser gewonnen wird. Aber bei der Verarbeitung werden Giftstoffe freigesetzt. Es gab kürzlich einen Skandal bei einem Lieferanten in Indien. KGF hat die Zusammenarbeit gestoppt.»

«Was für ein Skandal?»

«Erzähl ich dir ein anderes Mal. Jedenfalls verwenden wir seither für unsere nur noch *Modal* und *Lyocell*. Diese aus nachhaltigen Holzfasern gewonnenen Materialien sind eine umweltschonende Alternative zu Viskose.»

«Dieser Skandal, das wäre ein gutes Thema für die Schulung.»

Tara trank vorsichtig einen kleinen Schluck. Der Cappuccino von der Tankstelle schmeckte wenigstens nicht nach Karton.

«Bloß nicht! Haben wir schon zur Genüge kommuniziert. Damit nervst du die Leute nur. Zurück zu diesem Video. Was glaubst du, wollten die Grünen Löwen damit bezwecken?»

«Sie wollen ernstgenommen werden. Wir müssen jetzt etwas unternehmen, aber was? Die Umsetzung der gestern beschlossenen Maßnahmen braucht Zeit.»

«Ich schicke heute einen Appell zur Produktionsumstellung an alle Textil- und Modeverbände raus», sagte Nadine rasch.

«Ob das genügt? Wir müssen unsere Kommunikationsstrategie ändern. Aggressiver auftreten, Konsumenten ebenso wie Produzenten aufrütteln», schlug Tara vor.

«Das Video war ziemlich schlechter Stil.»

«Wir machen Strategie mit Stil!»

«Strategie mit Stil und Stilettos!» Nadine quiekte begeistert. «Danke, du hast mich gerade zum Titel meines heutigen Blogs inspiriert.»

«Mit deinem Blog alleine veränderst du nichts. Du könntest etwas über diesen Viskose-Skandal posten und dass ihr euch von dem Lieferanten getrennt habt.»

«Und damit weitere schlechte Schlagzeilen provozieren? Nein, das bleibt schön unter dem Deckel. Viel übler sind diese Fake News über unsere Romania Fashion.»

«Fake News?» Jemand hupte. Die Ampel stand auf Grün. Tara drückte aufs Gaspedal. Der Wagen schoss nach vorn und ihm gleich tat es ein hellbrauner Strahl aus der Trinköffnung des Kaffeebechers. «So ein Mist!»

«Halb so schlimm. Boris sagt, die hätten irrtümlich die Romania Fashion genannt. Ich habe eine Richtigstellung verlangt und ein paar Influencer nach Rumänien geschickt für ein Interview mit unseren Näherinnen. Das ist die beste Werbung! Zusammen mit dem Green Fashion Award.»

«So eine Scheiße!» Tara platzierte den Becher wieder in der Halterung und zupfte ein Kleenex vom Beifahrersitz.

«Hey, jetzt redest du schon wie mein Cousin! Dabei könnten wir mit der Teilnahme am Award Cheru und KGF frei bekommen.»

«Ich spreche vom Kaffee auf meiner weißen Cordhose.»

«Oh, wie ärgerlich!»

«Sieht wenigstens keiner. Heute ist Schreibtischtag.» Der Kaffeefleck war das Geringste ihrer Probleme. Auch sie hatte eine schlaflose Nacht hinter sich. Wie sollte sie wissen, ob sie das richtige tat? Die Grünen Löwen bauten Druck auf, ohne zu sagen, was sie denn genau wollten. Die waren auch grün hinter den Ohren.

«Guter Grund, dich heute bei Leo neu einzukleiden. Melde mich später. Küsschen tschüss.» Und weg war sie.

Tara versuchte, die Fahrt entlang des Zürichsees zu genießen. Doch weder die wie mit Puderzucker überzogene Schneelandschaft noch die Berggipfel, die sich wie Segelschiffe vom Horizont abhoben, konnten die düsteren Wolken vor Taras innerem Auge verdrängen. Würde es Nadine gelingen, die Grünen Löwen allein mit positiver Kommunikation milde zu stimmen?

Eine knappe Stunde später trat sie ins lichtdurchflutete Lab und fragte sich, wo die gestrige Euphorie geblieben war. Sie sog den Duft nach Blumenwiesen und Wildrosen ein und versuchte, sich am letzten Zipfel der Begeisterung für ihr neues Modetummelfeld festzuhalten.

«Was haben Sie denn für Arbeitszeiten?», kratzte sich eine

Stimme in ihre Gehörgänge. «Spezialregelung für Anwältinnen?»

«Einen wunderschönen guten Morgen, Frau Grossweiler.» Kampfhunde sollte man nicht ärgern. «Es gab ein paar Baustellen unterwegs.»

«Die Kaffeepause haben Sie ja schon hinter sich.» Ines Grossweiler musterte Taras Hose. «Lassen sie sich nicht vom lockeren Ambiente der Mode täuschen. Hier arbeiten nur Frühaufsteher.»

«Wunderbar, dann haben Sie mir bestimmt schon die Lieferantenverträge herausgesucht.» Tara nickte lächelnd und marschierte zu ihrem Büro.

Natürlich war das Pult noch so leer, wie sie es gestern spätabends verlassen hatte. Dann musste die Überarbeitung der Lieferverträge eben warten. Die Aufbereitung der Mitarbeiterschulung war eh dringender. Der erste Kurs «Nachhaltiges Verhalten für Modeunternehmen» war auf den morgigen Tag angesagt. Nadine sollte das filmen und als Nachweis ihres Engagements den Grünen Löwen schicken.

Als Erstes wollte sich Tara mit dem Unternehmen und seinen Gepflogenheiten vertraut machen. Sie surfte über die Website und studierte alle Info-Mails der letzten Wochen, die Nadine ihr weitergeleitet hatte. Nichts über den Viskose-Skandal. Die Google Suche nach den beiden Stichworten ergab auch nichts. Erst nach längerem Stöbern landete sie auf einer Seite, welche die Herstellung des angeblichen Naturstoffes aus Cellulose erklärte und auf die schweren Gesundheitsschäden für die Fabrikarbeiter hinwies. Die Problematik war offenbar bekannt, wurde aber totgeschwiegen. Zuerst skeptisch, dann mit wachsendem Entsetzen las Tara die wenigen, aber eindrücklichen Artikel. Das gehörte in die Mitarbeiterschulung, ob das Nadine nun passte oder nicht!

Ein Pling kündigte eine neue E-Mail an. Neugierig klickte sie auf die Überschrift «Freitagabend»:

«Grade in Kloten gelandet und fahre gleich weiter nach Davos. Lust auf Kerzenlicht, Rotwein, meine Koch- und anderen Künste am Freitagabend? Kuss O.»

«Lust auf dich – fast immer ;-) Könntest du auch einkaufen, ich schaff es diese Woche nicht und im Kühlschrank liegt nur Champagner...»

«Mehr brauchen wir nicht ;-) Miss U!»

«Me U 2»

Die Gehässigkeit des letzten Telefonats schien vergessen. Um Taras Herz wurde es warm. Es hüpfte zwar nicht mehr wie früher, als Olivers Zwillingsbruder Lucien sie mit einer eloquenten Charmeoffensive beglückte, aber es fühlte sich gut an. Nachhaltig eben, so wie es sein sollte. Sie lächelte und ergänzte die letzte Folie der PowerPoint-Präsentation mit diesem treffenden Vergleich. Ein hinkender zwar, denn Liebe war für Tara Bernhard bis anhin nicht wirklich nachhaltig gewesen.

Sie stand auf, streckte sich und trat ans Fenster. Das ungewohnte Tuten eines modernen Festnetztelefons schreckte sie aus ihren Gedanken. Sie drückte auf die Lausprechertaste.

«Sie müssen ins Aquarium. Sofort! Herr Fuchs erwartet Sie mit Besuch.»

«Aber so kann ich doch nicht...» Tara schaute an sich herunter. Der Fleck prangte an ihrem Beinkleid wie ein Graffiti an einer frisch gestrichenen Wand.

«Den größten Kunden lässt man nicht warten!»

«Und wie heißt der Herr?»

Der Vorzimmer-Rottweiler hatte aufgelegt. Der größte Kunde? Als ob sie den kennen sollte. Sie erinnerte sich, unter den Verkaufsstellen auf der Website einige Edel-Warenhäuser in Paris, London und New York gesehen zu haben. Und Nadine hatte handverlesene Retail-Partner erwähnt. Lass ich mich halt überraschen, dachte sie, schlang sich einen Kaschmirschal um die Hüfte, schnappte sich die Schreibmappe und machte sich auf den Weg. Vor dem Sekretariat blieb sie entsetzt stehen. Eine dichte Rauchwolke umhüllte Ines Grossweilers Gestalt, die kaum mehr erkennbar war. Ein Brand! Die Frau hustete bereits zum Herzerweichen.

«Hilfe, ein Feuer!» schrie Tara, packte eine Gießkanne, die sie neben einer Zimmerpflanze entdeckte und schüttete sie geistesgegenwärtig über den Schreibtisch, wo sie den Brandherd vermutete. «Ich rufe die Feuerwehr!» Ohne aufzuschauen, zog sie ihr Smartphone aus der Tasche. Sie hörte einen Schrei und ein Krachen.

«Sind Sie wahnsinnig?», krächzte es unter dem Schreibtisch hervor. «Was fällt Ihnen ein?»

Rottweilers Stuhl war umgefallen. Ein Aschenbecher lag in einer gräulichen Brühe voll Zigarettenstummel am Boden.

«Gott sei Dank, Sie sind unversehrt.» Tara spähte über den Schreibtisch mit den in Wasserlachen schwimmenden Unterlagen. Langsam schob sich ein Kopf unter dem Tisch hervor.

«Das wird ein Nachspiel haben.» Durchnässte Extensions schlangen sich wie Algen um das Make-up-verschmierte, Gesicht.

«Ich habe Ihnen das Leben gerettet», verteidigte sich Tara und trat zwei Schritte zurück. «Ihr Schreibtisch brannte.»

«Das Einzige, was brannte, war meine Zigarette.» Ines Grossweiler schob sich die nassen Strähnen aus dem Gesicht. «Retten Sie lieber Ihre eigene Haut! Herr Fuchs wartet nicht gern.» Sie griff mit zwei Fingern nach der tropfenden PC-Tastatur. «Los, jetzt!»

«Bin schon weg.» Tara drehte sich auf dem hohen Absatz um und rannte zum Aquarium.

Die Vorhänge des gläsernen Besprechungszimmers waren zugezogen. Tara klopfte an die Tür und bereute sofort, Puls und Puste nicht die nötige Beruhigungspause gegönnt zu haben.

«Da sind Sie ja endlich!», näselte Adalbert Ferdinand Fuchs, heute im tomatenroten Hemd zum olivgrünen Jackett.

«Atämlos und atämperaubend!» Der Mann bleckte seine ultraweißen Zähne. «So sieht man sich wieder, Frau Bernhard.»

Tara nickte AFF wortlos zu, als sie um den Tisch herumging, um den Gast zu begrüßen. «Herr Garcholigoff! Nett, Sie wieder zu sehen», log sie. «Was für eine Überraschung!» Aber keine schöne. Der Fast-Fashion-Zar war nicht nur Lieferant und Produktionspartner, sondern auch noch der größte Kunde?

«Schön, dass Sie mich heute erkennen», fuhr er in akzentfreierem Englisch fort. Mit einem zähnefletschenden Lächeln wandte er sich an AFF. «Deine Anwältin hielt mich für einen Sänger. Auf meiner eigenen Party!» Er kicherte.

«Das ist nicht meine Anwältin.» AFF kniff verärgert die Augen zusammen.

«Der würde das nicht passieren.»

«Schwamm drüber. Ist ja eigentlich ein Kompliment.» Garcholigoff schenkt ihr ein nachsichtiges Lächeln. «Immerhin ein heißblütiger Grieche, dieser Costa Cordalis [13].» Er strich

---

[13] Costa Cordalis verstarb am 2. Juli 2019. Der Roman spielt, wie eingangs erwähnt, im Jahr 2015.

sich kokett eine Locke hinters Ohr.

«War jedenfalls eine tolle Party, vielen Dank», gab sich Tara unbeeindruckt. «Womit kann ich dienen? Geht es um die Schlagzeilen über unsere Rumänien-Beteiligung?»

«Was für Schlagzeilen?», fuhr AFF sie an.

«Was für Schlagzeilen?», echote der Russe.

Tara schaute erstaunt zwischen den beiden hin und her. «Die Hungerlöhne in Rumänien?» Von wegen, Boris hatte Nadine beruhigt! Ganz offensichtlich hatte AFF ihn nicht wie versprochen auf den Artikel angesprochen.

«Ein Missverständnis», nuschelte AFF und schob Tara ein knapp zur Hälfte beschriebenes A4-Blatt über den Tisch. «Deswegen sind wir nicht hier. Prüfen Sie bitte diesen Vertrag.» Er schaute Tara konsterniert an, als sie sich setzte. «Doch nicht hier. Los, los, wir haben noch anderes zu tun.»

Tara überflog den kurzen Text mit dem Titel «*Lagerabverkauf für nach Kasachstan und in die Mongolei*». Das Papier zeugte weder von grammatikalischem noch von juristischem Gespür des Verfassers. «Darf ich fragen, worum es hier geht?»

«Na das ist doch klar.» AFF spielte nervös mit seinem Kugelschreiber. «Herr Garcholigoff hat sich freundlicherweise anerboten, unser Restpostenproblem zu lösen.»

«Die Mongolei und Kasachstan gehören nicht zu unseren Kernmärkten», wagte sie sich auf das unbekannte Territorium des Modevertriebs. «Hat Finny-Mode etwa vor, zu expandieren?»

Ein wieherndes Lachen quoll aus AFFs Mund und ebbte mit einem Gekicher ab, als der Russe mit ernstem Gesicht erklärte: «*Not a bad idea*. Diese Märkte haben Potenzial. In Ulanbataar gibt es bereits einen Louis Vuitton. Warum nicht auch einen Finny-Mode Store? Wir können gerne mal über einen *Franchisevertrag* sprechen.»

«Klar und mit der Altware zum Schnäppchenpreis fixen wir sie an.» AFFs Kichern war einem devoten Grinsen gewichen. «Ein Finny-Mode-Kleid aus der vor-vorletzten Kollektion zum Preis eines Uptodate-Fähnchens ist doch toll.»

«Natürlich nicht mit billiger Altware.» Garcholigoff hob würdevoll das Kinn. «Meine Kundinnen lesen die Vogue und kennen die aktuellen Kollektionen. Und in meinen Boutiquen bestimmt der Preis die Qualität. Billig kann nicht gut sein. Deshalb findest du weder in Russland noch in Dubai eine Filiale von Uptodate.»

«Na, wenn das so ist, verkauf ich dir die Lagerware ohne Discount, und du verhökerst sie mit der doppelten Marge in deinen Luxusboutiquen.»

«Willst du mich beleidigen, mein Lieber?» Garcholigoff erhob sich langsam. «Wir können den Deal auch sein lassen.»

«Nein, nein, alles gut.» AFF hob beschwichtigend die Hände. «Unser Vertriebssystem lebt vom Brand-Image, und Altware macht das ganze Brand-Building zunichte.»

«Eben. Du willst ja auch nicht, dass veraltete Kollektionen neben eurem Flagshipstore an der Bahnhofstraße verkauft werden.» Garcholigoff lächelte süffisant.

«Gott bewahre, das wäre eine Katastrophe!» AFF schüttelte vehement den Kopf.

Tara versuchte, die Mechanismen des Modevertriebs zu verstehen: Garcholigoff fütterte nicht nur modesüchtige Kids mit Fast Fashion. In seinen Luxusboutiquen kredenzte er auch einer verwöhnten Kundschaft die Modedelikatessen internationaler Luxusbrands. «Sie wollen also über Herrn Garcholigoff veraltete Kollektionen nach Kasachstan und in die Mongolei verkaufen, weil Finny-Mode als Marke dort nicht präsent ist und es somit auch keinen Imageschaden geben kann?»

«Richtig.» AFF nickte gelangweilt.

«Und die Ware darf in keinen Kernmärkten von Finny-Mode auftauchen?»

«Sie haben offensichtlich zugehört.» AFF gähnte.

«Das steht hier aber nicht!» Tara wies auf das Papier. «Das ist nicht einmal ein Vertrag.»

«Werden Sie nicht frech, Frau Anwältin!» AFFs Stimme überschlug sich. «Damit habe ich bis jetzt problemlos geschäftet.»

«Mit Valeries Segen?»

«Ich muss doch nicht für jedes kleine Geschäft teure Anwälte engagieren.» AFFs Gesicht passte sich farblich seinem Hemd an.

«Ihr Vater hat das akzeptiert?»

«Ich bin ein großer Junge und renne nicht mehr mit allem zu Papa.»

«Schon gut, dann erklären Sie mir bitte das beabsichtigte Geschäft im Detail, damit ich es in eine korrekte vertragliche Form bringen kann.»

«Also das ist eine, eine...» Adalberts Augen schienen aus seinen Höhlen kollern zu wollen.

«*Yes, that is really a great idea*, Adalbert», nahm ihm Garcholigoff das Wort aus dem röchelnden Mund. «Ich erkläre es Ihnen, Frau Bernhard. Es ist nämlich ganz simpel.» Er warf AFF einen strengen Blick zu und wandte sich wieder an Tara. «Die veralteten Kollektionen will Finny-Mode nicht über die eigenen Absatzkanäle verkaufen. Ich dagegen kann dank meinen Beziehungen die Ware zu einem guten Preis weiterverkaufen und gleichzeitig sicherstellen, dass sie nirgendwo auftaucht, wo sie das Image von Finny-Mode stört.»

«Auch in deinem eigenen Interesse.» AFF zwirbelte den Kugelschreiber wie einen Propeller zwischen Daumen und Zeigefinger. «Wir brauchen das Geld und Platz im Lager», wandte er sich wieder an Tara. «Also los, kümmern Sie sich um diesen Vertrag. Wir haben noch zu tun.» AFF zeigte ungeduldig zur Tür.

Der Russe erhob sich und drückte Tara seine Visitenkarte in die Hand. «Bitte schicken Sie den Vertragsentwurf direkt an mich, Frau Bernhard.»

Auf dem Weg zurück zum Büro schaute Tara nach Ines Grossweiler. Die saß an ihrem Pult, als ob nichts gewesen wäre. Nur die feuchten, zu einem strengen Dutt gebundenen Haare zeugten von der Dusche aus der Gießkanne. Tara entschuldigte sich und fragte, ob sie noch etwas für sie tun könne.

Die Rottweilerin schüttelte den Kopf. «Sie haben Ihre Hausaufgaben nicht gemacht, Frau Anwältin», tadelte der Rottweiler. «Sonst hätten Sie gewusst, wer Boris ist. Die Kundenliste ist das Einmaleins jedes Finny-Mode-Mitarbeiters.»

«Dann bringen Sie mir doch bitte die Kundenliste zusammen mit den Lieferantenverträgen», bat Tara freundlich. «Ich wusste übrigens nicht, dass Finny-Mode auch Fast-Fashion-Ketten bedient.»

«Boris Garcholigoffs High-End-Boutiquen in Moskau, Petersburg und Dubai verkaufen keine Fast Fashion.»

«Und was ist mit Uptodate?» Sie dachte an AFFs Bemerkung über die rumänische Beteiligung.

«Damit verdient er das Geld, mit dem er unsere nachhaltige Produktion in Rumänien mitfinanziert», bestätigte Rottweiler nur Taras Verdacht.

«Macht das Finny-Mode nicht unglaubwürdig?»

«Sind Sie naiv, oder wollen Sie mich ärgern?» Ines Grossweilers Augen verengten sich. «Sie müssen noch viel lernen. Die Landplage hat übrigens nach ihnen gefragt.»

«Wer?»

«Na, unsere Kommunikationsfachfrau.»

«Tara, hier bin ich.» Nadine winkte aus einem der Ateliers. «Beeil dich, ich muss gleich einer Bloggergruppe unser fake Smarty vorführen.»

Tara betrat einen Raum, der jede halbwegs modisch interessierte Frau umgehauen hätte. Nach Farben geordnet, präsentierte sich die neue Kollektion in einer Vielfalt, von der es nur ein Bruchteil in die Läden schaffte. Die Einkäufer hatten die finale Kollektion definiert, und nun wurden die Muster zu einem marginalen Unkostenpreis an die Mitarbeiterinnen verkauft.

«Hab was aus der BiSSS-Collection für dich rausgesucht.» Nadine begutachtete die luftig-seidigen Teile auf dem Kleiderständer, den Leo heranrollte. Hosen, Kleider und Blusen, alle in Beige-, Greige- und Silbergrautönen, wurden hin- und hergeschoben, an Taras Gesicht gehalten und wieder zurückgehängt, bis Nadine ein federleichtes Stoffbündel auf Taras Arm legte. «Dahinten kannst du dich umziehen.»

«Da könnte ich stundenlang stöbern.» Tara ließ einen sehnsüchtigen Blick über die voll beladenen Tische gleiten. «Zum Glück bin ich zum Arbeiten hier, nicht zum Shoppen.»

«Ein BiSSS-Outfit zusammenstellen ist Arbeit!», erklärte Nadine.

Und so arbeitete sich Tara unter Nadines und Leos Argusaugen durch die Outfits. Nach einer Stunde hatte sie sich für eine greige Hose aus Cool Wool mit Bügelfalte und eine weich fließende Bluse aus lachsrosa schimmernder BiSSS entschieden.

«Viel besser als deine gestärkten Hemdkragen und Rollkragenpullis. Genau der richtige Touch femininer Eleganz mit einem Schuss androgyner Strenge.»

«Und doch bequem wie ein Pyjama. Perfekt fürs Homeoffice.» Tara musterte ihr Spiegelbild. Etwas fehlte. «Aber fürs

Büro brauche ich dazu einen Blazer.»

«Das trägt man genau so in London, Paris, Mailand und New York», tönte eine sonore Stimme hinter ihr. «Und zwar ohne Blazer!» Der Gartenzwerg tauchte hinter der Kleiderstange auf, die Hände auf dem Rücken.

«Hi, Theobald!» Tara drehte sich ihm zu. «Aber irgendetwas muss ich doch darüber tragen.»

«Da habe ich genau das richtige für dich.» Er zog eine gelb-blau-rosa irisierende Stola hinter dem Rücken hervor und legte Tara das feine Gewebe um die Schultern. «Damit ist das Outfit auch ohne Blazer komplett.»

«Theo, doch nicht diese Farben!», quietschte Nadine entsetzt.

«Na-na-na, pass auf dein Mundwerkzeug auf, junge Dame! Für dich noch immer Theobald.» Der Chefdesigner drapierte den pastellfarbenen Schal über Taras Schultern. «Schau nur, der Schal passt sich farblich dem Outfit an.»

«Und meinen Emotionen?» Tara betrachtete das Gewebe erschrocken. Es hatte die Farbe bereits in ein zartes Rosa changierend mit Graublau gewechselt. «Huch, der Gelbstich ist verschwunden.»

«Woher hast du das?» Nadines Stimme überschlug sich vor Aufregung. «Ist das etwa der Schal, den Cheru getragen hatte?»

«Was?» Tara warf den Umhang von sich und griff sich an den Hals.

«Keine Angst, die Smarty-Stola ist harmlos. Die Technik, die Emotionen spiegeln kann, ist nur im Kleid verarbeitet. Das allein kann auf deine Gefühlsregungen reagieren.» Der Gartenzwerg bückte sich nach der schimmernden Seidenstola und legte sie Tara über den Arm. «Dieses bezaubernde Accessoire wird dich bestimmt nicht verraten.»

«Wir haben überall nach dem Schal gesucht.» Nadine warf

Tara einen eindringlichen Blick zu. «Wieso sagst du uns das erst jetzt?», wandte sie sich fassungslos an Theobald.

«Ich habe ihn gerade eben beim Aufräumen der Sachen von der WEF-Modenschau gefunden.» Der Gartenzwerg staunte. «Was soll die Aufregung?»

«Wir dachten, Cheru hat die Stola mitgenommen.» Tara hielt die irisierende Stoffwolke mit spitzen Fingern weit von sich. Hatte Cheru den Schal auf dem Weg nach draußen verloren? Oder war dies der harmlose Schal und Olivers Vermutung mit der Verwechslung stimmte?

«Mitgenommen wohin?» Theobalds Augen verengten sich. «Was ist los mit euch? Was verschweigt ihr mir?»

«In die Ferien.» Nadine biss sich auf die Lippen. «Ich habe den Schal gesucht für das Treffen mit den Presseleuten zur Smarty-Besichtigung. Ich brauche einen Ersatz, weil das Kleid noch im Labor ist, aber eben ohne Schal. Habe ich euch doch erklärt gestern.»

«Ach ja, das fake Smarty hinter Glas.» Der Gartenzwerg nahm Tara den Schal wieder ab und reichte ihn Nadine. «Hier, damit ist die Täuschung perfekt.»

Nadine wich zurück, als ob er ein Brenneisen in der Hand hielte. Der Schal fiel zu Boden.

«Hey, was ist denn los mit euch?» Der Designer schaute irritiert zuerst auf Nadine, dann auf den Schal in seinen Händen.

«Im Ernst jetzt?» Dann begann er zu lachen und schlang sich die Stola um den Hals. «Ihr glaubt das Gerücht? Diesen Fake News, die sich ein ehrgeiziger Schreiberling ausgedacht hat, um die Auflage seines Käseblatts zu erhöhen?» Er drehte sich im Kreis, hüpfte von einem Fuß auf den andern wie ein Gummiball. «So ein Quatsch! Schaut mich an, schaut den Schal an! Ich schwitze, und es passiert überhaupt nichts.» Prustend blieb er stehen, schälte sich aus dem Schal und faltete ihn zu einer kompakten Stoffbahn. «Fertig mit dem Theater, du nimmst das jetzt mit.»

«Super, dass du den Schal gefunden hast, Theobald.» Zögernd griff Nadine danach. «Und nachdem die Pressemeute durch ist, gehört er dir, Tara.» Sie nickte Tara verschwörerisch zu.

«Nicht nötig, ich bin happy mit diesen schönen Sachen», sagte Tara rasch. Diesen Schal wollte sie auf keinen Fall tragen, Gerücht hin oder her.

«Warte Tara, ich habe was viel Besseres für dich!» Der Gartenzwerg drehte sich auf halbhohem Absatz um und verschwand hinter einer Kleiderstange. Sekunden später tänzelte er mit einem silbern schimmernden Kleid heran. «Das fehlt noch in deiner BiSSS-Garderobe. Ein All-around-the-clock-Dress. Fürs Büro an einem heißen Sommertag, als Cocktail- oder Abendkleid. Und im Winter trägst du es mit einem dicken Pulli.»

Tara streifte das knöchellange Kleid über. «Das kann ich nicht annehmen.» Es war wunderschön. Es war das Kleid, das Nadine an der WEF-Show getragen hatte.

«Halt, nein! Das will ich am Green Fashion Aw...» Nadine brach ab und hielt sich die Hand über den Mund. «Das ist mein Kleid vom Green Fashion Summit. Das will ich behalten.»

«Blödsinn, du fandest das Teil schon immer scheußlich.» Theobald beäugte Nadine neugierig. «Wozu also brauchst du das Kleid?»

«Machen wir etwa am Green Fashion Award mit?», platzte Leo begeistert heraus. «Mit meiner, ich meine mit unserer neuen Kollektion?» Er warf seinem Chef einen verlegenen Blick zu.

«Ohne mich zu fragen?» Theobalds Gesicht verfärbte sich gefährlich. «Wie kannst du es wagen?»

165

«Ja, ich wollte uns... Also ich... Aber ich nicht bevor...» stotterte Nadine kleinlaut.

«Du weißt, dass sich nur Designer anmelden können!» Theobald ballte die Fäuste.

«Was ist das für ein Award?», wollte Tara wissen.

«Am 24. April, dem Jahrestag des Rana Plaza Unglücks, wird mit einem Green Fashion Award den Hunderten von Arbeitern gedacht, die beim Fabrikeinsturz vor zwei Jahren ums Leben gekommen sind. Mit dem Award soll das Unternehmen ausgezeichnet werden, das sich am Effektivsten für Nachhaltigkeit einsetzt.»

«Falsch! Nicht das Unternehmen, sondern der Designer!» Theobald fuchtelte mit seinem Zeigefinger vor Nadines Gesicht.

«Nadine, wo bleiben Sie?» Rottweilers Stimme schrillte durch den Raum. «Die nächste Pressegruppe ist da!»

«Schon?» Erschrocken schaute Nadine auf die Uhr. «Ich muss los. Vogue und Annabelle kann ich nicht warten lassen.»

Tara zückte ihr Portemonnaie. «Was schulde ich für die tollen Klamotten?»

«Gar nichts. Du bist unsere Werbeträgerin!», tönten Theobald und Leo aus einem Munde.

«Aber nur, wenn du dieses Kleid am Green Fashion Award trägst», fügte Theobald streng hinzu.

Auf dem Weg zurück ins Büro rief Tara Oliver an. Er nahm nicht ab und so hinterließ sie ihm eine Nachricht über den wieder aufgetauchten Smarty-Schal. Nachdem sie die Präsentation für die Schulung zum dritten Mal überarbeitet hatte, knöpfte sie sich das Papier vor, das den Verkauf der Lagerware an den Fast-Fashion-Zaren regeln sollte.

Zwei Stunden später druckte sie einen wasserfesten Vertrag

zwischen Finny-Mode und der Garcholigoff GmbH mit Sitz in Zug aus, las ihn noch einmal durch und schickte ihn nach den letzten Korrekturen per E-Mail an Garcholigoff und AFF. Sie war hundemüde, freute sich auf einen freien Abend und packte ihre Sachen zusammen. Gerade als sie das Fenster des E-Mail-Accounts schließen wollte, kam bereits eine Antwort: «Sind sie wahnsinnig geworden? Dieser Vertrag ist eine Zumutung, eine Ohrfeige für einen langjährigen Kunden!»

14. ... und mit Stilettos

Tara schloss die Tür auf und ließ überrascht Mappe und *Wendeshopper* auf den Boden fallen. «Du bist schon hier?» Der Duft nach Gemüse, Fisch und asiatischen Kräutern ließ sie für einen Moment die E-Mail des Juniorchefs vergessen. «Du wolltest doch erst Freitag kommen?»

«Hi, mein Schatz!» Oliver kam ihr aus der Küche entgegen mit einer Salatschüssel in den Händen. «Ich hatte Sehnsucht nach Monster!» Er grinste und drückte ihr einen Kuss auf die Lippen.

«Bin ich froh, dass du hier bist! Mein neuer Job ist...» Nein, den Gefallen würde sie ihm nicht tun. «Musst du nicht ins Institut?», fragte sie rasch, während sie ihre Sachen auf den Art Deco Glastisch neben der Eingangstür hievte.

«Ich habe dich und Monster genug vernachlässigt und spontan beschlossen, einen Tag hier zu arbeiten.» Seine graublauen Augen blitzten schelmisch durch die Brillengläser. «Du gibst mir doch Asyl?»

«Solange du nicht ganz bei mir einziehst», blitzte Tara zurück.

«Wieso eigentlich nicht?» Er blies sich grinsend eine Locke aus der hohen Stirn.

«Dich stresst ja schon der Gedanke, dass wir am gleichen Ort arbeiten.»

«Das ist etwas anderes.» Er schaute sie ernst an. «Ich will Beruf und Privates einfach nicht mischen.» Ein wenig zu schnell drehte er sich um, fand Tara, bevor er wieder in der Küche verschwand. Denn gern hätte sie ihn um Rat gefragt, ihm am liebsten den Ballast der letzten Tage vor die Füße gelegt. Aber sie wollte sich keine Blöße geben, nicht hören, dass er sie gewarnt habe vor dem Ausflug ins Haifischbecken, dass das alles eine Nummer zu groß für sie war.

Sie schlüpfte in ein paar Fellhausschuhe, die Oliver fein säuberlich vor der Tür zur Wohnküche platziert hatte. «Wo hast du die denn gefunden, ich habe überall danach gesucht.»

«Unter deinem Schreibtisch, wie immer.»

«Monster hofft wohl, einen Happen von deinem Fisch abzubekommen.» Tara bückte sich nach der riesigen schwarzen Katze, die ihr gurrend um die Beine strich.

«Nix da, den habe ich grade frisch aufgefüllt.» Oliver zeigte auf den Futternapf. «Drei Beutel Saucenhäppchen und eine Dose Gourmetmousse habe ich bereits weggeworfen, weil es ihm nicht mundete.» Er seufzte verzweifelt. «Wieso muss er eigentlich jeden dritten Tag seine Fressgewohnheit ändern?»

«Weil er eine Katze ist.» Tara hob den mauzenden Kater hoch und folgte Oliver in Tante Jos Wohnküche. «Und sein Name kommt nicht von ungefähr.» Sie sog den Duft von gedünstetem Fisch, Broccoli und Pak Choi ein. «Hm, mein Lieblingsfischgericht.» Entweder hatte Oliver ein schlechtes Gewissen, oder er wollte ihr tatsächlich das Zusammenleben schmackhaft machen. «Wie war dein Kongress?»

«Interessante Beiträge über neue Textilien und eine gute Werbung für die Smarty-Technologie.» Oliver stellte die Salatschüssel auf den gedeckten Tisch. «War doch gut, dass ich mich überwunden habe.»

«Wieso musstest du dich überwinden?»

«Nach meinem Auftritt an einer Scheinkonferenz beschloss ich, nie wieder als Gastredner aufzutreten!»

«Was war denn das für eine Konferenz?»

«Eine komplette Verarschung!» Er richtete das Besteck aus. «Ein Pseudokongress war das, bei dem mit illustren Referenten Teilnehmer angelockt wurden, und dessen Organisatoren überrissene Gebühren kassierten.»

«Ist das nicht das Prinzip eines Kongresses?» Tara grinste.

«Im Ernst, du bist auf so was hereingefallen?»

«Eine längere Geschichte.» Er holte eine Flasche Chardonnay aus dem Kühlschrank, entkorkte sie und füllte die Weingläser.

«Erzähl sie mir! Ich kann etwas Ablenkung brauchen?»

«Jetzt schon?» Oliver hob sein Glas. «Auf deinen neuen Job.» Tara setzte den Kater auf den Boden. «Alles bestens», log sie und nahm einen großen Schluck aus ihrem Weinglas. «Also, schieß los!»

«Damals war ich noch auf öffentliche Auftritte und Publikationen angewiesen, um mir einen Namen in der Textilforschung zu machen.» Oliver stand wieder hinter der Kochinsel und schob die Fischstücke vorsichtig in den Wok. Der Weißwein zischte, als er ihn auf die Fisch-Gemüse-Mischung goss. «Ein russischer Raubverlag köderte mich mit renommierten Wissenschaftlern. Als ich in Dubai ankam, hieß es, die seien alle verhindert. Bis auf eine, was sich als Glücksfall...» Er hielt entsetzt inne, als der Kater auf den Küchenkorpus sprang und den leeren Fischteller abschleckte. «Was fällt dir ein? Runter mit dir! Ich kann euch beide wirklich nicht alleine lassen. Das führt zur Sittenverrohung.» Er gab dem Kater einen Schubs.

«Er liebt eben seine Apéro-Häppchen.» Tara spießte mit einer Gabel ein Stück Fisch aus der Pfanne, blies daran, bis es abgekühlt war und legte es Monster zwischen die Pfoten.

Der brachte sich und seine Beute mit einem Satz unter dem Küchentisch in Sicherheit.

«Tara!» Oliver schüttelte entsetzt den Kopf, während er frischen Koriander hackte.

«Was?» Tara machte ein unschuldiges Gesicht. «Tante Jos Erziehung.» Hungrig steckte sie die Gabel wieder in die dampfende Pfanne. «Und du bist mein kulinarischer Glücksfall.»

«Ich hoffe, nicht nur kulinarisch.» Sorgfältig richtete er die Fischstücke auf einer Platte an, vermischte die Kräuter mit Sesamöl und goss sie über die Fisch-Gemüse-Mischung.

«Apropos Glücksfall. Was wolltest du gerade sagen?»

«Hab's vergessen.» Er stellte die Platte auf den Tisch. «Vielleicht, dass ich von Models umschwärmt wurde.»

«Models an einem Biotech-Kongress?»

«Neue Textilien. Der Hauptsponsor war ein Modemogul. Es gab eine Modenschau, jede Menge Partys, Drogen und hübsche Mädchen.»

«Klingt unseriös, aber cool.»

«Besonders für mich als Party Animal.» Oliver verzog das Gesicht. «Es gibt immer Leute, die das toll finden. So wie ...» Er schenkte Tara einen nachdenklichen Blick, als er die Teller auf den Tisch stellte. «Egal, für mich wars reine Zeitverschwendung.»

«So, wie wer?» Tara setzte sich und blies auf ihren Teller. «Du hast schon wieder einen Satz nicht beendet.»

«Ist wohl der Jet Lag.» Er gähnte. «Du siehst auch müde aus.»

«Geht so. Aber ich spüre die langen Tage vor dem Bildschirm.» Sie rieb sich den Nacken.

«Das haben wir gleich.» Er trat hinter sie und begann, ihre Schultern zu massieren.

Tara knöpfte ihre Bluse auf und gab sich seufzend seinen Händen hin. «Oh ja, das tut gut.»

«Sitzt dir Annabelle mal wieder im Nacken?»

«Nein, aber Adalbert Fuchs ist ein ganz unangenehmer Zeitgenosse.»

«Lass dich von dem Typen nicht beeindrucken.»

«Anscheinend habe ich mit meinem Vertragsentwurf einen

seiner Kunden beleidigt. Dabei müsste der Vertrag doch auch in Garcholigoffs Interesse sein», rutschte es ihr heraus.

«Garcholigoff sagst du?»

«Ja, wieso? Kennst du ihn?»

«Der Sponsor der Fake Konferenz in Dubai hieß Garcholigoff.»

«Boris Garcholigoff?»

«Ja genau, und der junge Fuchs war sein persönlicher Gast. Die beiden sah man oft zusammen in Begleitung von blutjungen Models. Fuchs Junior reiste mit dem Uptodate-Privatjet an, wie er mich am ersten Abend an der Bar ungefragt wissen ließ. Als ich einige Monate später für das Smarty-Projekt engagiert wurde und bei einer Sitzung auf Adalbert Ferdinand Fuchs traf, nahm er mich beiseite und beschwor mich, seinem Vater nichts von unserer Begegnung in Dubai zu erzählen.»

«Jetzt wird mir einiges klar.» Tara zuckte zusammen.

«Autsch!» Oliver hatte einen verspannten Muskel entdeckt. «Diese Verspannungen kommen nicht nur vom Computer.» Oliver knetete kräftig weiter.

«Ich hatte eine ähnliche Begegnung mit Fuchs Junior.» Tara berichtete von ihrem Zusammenstoß vor der WEF Modenschau, den Begegnungen am nächsten Tag im Gourmet Käch und im Café Klatsch. «Und während der Show scheint er ein junges Mädchen belästigt zu haben», erinnerte sich Tara an das Girl mit dem pinkfarbenen Bast-Tütü, das AFF hinter den Kulissen eine Ohrfeige verpasst hatte. «Nachdem mein Einsatz bei Finny-Mode beschlossene Sache war, hat er mir gedroht, ich dürfe niemandem erzählen, dass er bereits einen Tag früher am WEF war.»

«Gedroht? Womit?» Der Druck seiner Hände wurde stärker.

«Er würde meine Mission scheitern lassen.»

«Das ist doch lächerlich.» Oliver lachte trocken. «Was kann er dir schon anhaben?»

«Er ist der interimistische Geschäftsleiter. Er kann die Leute gegen mich aufbringen, meine Maßnahmen torpedieren und meine Vertragsentwürfe nicht akzeptieren.» Tara machte eine Pause, schmiegte sich an Olivers schmerzlindernde Hände. «Ich glaube, er will gar nicht, dass sein Vater so rasch befreit wird.»

«Gut möglich, dass er dich zu sabotieren versucht. Aber du hast den Verwaltungsrat hinter dir.»

«Die Brecht ist auf seiner Seite und mich hat sie sowieso auf der Latte.»

«Aber sie weiß auch, wer ihr Honorar bezahlt.»

«Was denkst du, wieso darf niemand wissen, dass er am Green Fashion Summit bereits in Davos war? An dem Abend, als sein Vater entführt wurde?»

«Vielleicht war er an einer der berüchtigten Girls Nights.»

«Girls Nights?»

«So, der medizinische Teil meiner Behandlung ist abgeschlossen.» Oliver biss sie zärtlich in die Halskuhle, während seine Hände die letzten Knöpfe ihrer Bluse öffneten und darunter verschwanden.

«Und der zweite Teil?» Tara schloss die Augen. Oliver war wie verwandelt, seit er zurück war.

«Den gibt's zum Dessert.» Er grinste.

«Aber bitte mit Sahne.» Sie zog seinen Kopf zu sich herab und küsste ihn.

«Und mit Stilettos», murmelte er, als er sich wieder an den Tisch setzte.

«Was sind Girls Nights?», wiederholte sie ihre Frage und schöpfte Olivers Fisch-Gemüse-Kreation auf die beiden Teller.

«Garcholigoffs Partys für einen handverlesenen Freundeskreis, der sich mit minderjährigen Möchtegernmodels vergnügen darf.»

«Woher weißt du das?» Taras Kopf begann sich zu drehen. In was für einen Sumpf war sie da geraten?

«Den Verdacht habe ich, seit ich Garcholigoff mit einer Horde Girlies in den Uptodate-Jet einsteigen sah. Die Gewissheit hat mir jemand anders gegeben.»

«Wer?»

«Tara, ich will weder dich damit belasten, noch die Person verraten. Lass uns von etwas Schönerem reden.» Oliver schob eine Gabel mit Gemüse in den Mund und kaute mit kritischem Blick. «Zu wenig Salz.» Er schob Tara den Salzstreuer über den Tisch.

«Danke, mein Schatz, es ist wunderbar. Heute ist einfach alles perfekt, der Wein, das Essen, die Massage zur Vorspeise und die Aussicht aufs Dessert.» Sie bedachte ihn mit einem sorgfältig einstudierten Schlafzimmerblick. «Wir sind doch ein perfektes Paar, Oliver. Und deshalb haben wir keine Geheimnisse voreinander. Je mehr ich darüber weiß, desto besser kann ich mich gegen AFF wehren.»

«Also gut.» Oliver senkte den Blick und trank sein Wasserglas in einem Zug leer. «Es ist Cheru. Sie hat mir von Garcholigoffs Hobbies erzählt.»

«Cheru?» Tara knöpfte ihre Bluse wieder zu. «Woher weiß sie davon?»

«Sie hat während ihres Studiums für den Russen gearbeitet. Er hatte eine Modelagentur und sie war zu einer dieser Girls Nights eingeladen.» Oliver spießte ein Stück Broccoli auf. «Die Party fand in einem Boutique Hotel statt, das einem seiner Freunde gehörte. Die zahlkräftigsten Gäste erhielten Schlüssel zu den Zimmern der Models. Als sich eine von Cherus Kolleginnen nach der ersten Nacht beschwerte, sagte er nur: Wir können auch auf dich verzichten.[14] Cheru selbst hatte er einen Ehrengast zugewiesen, irgendeinen Adeligen. Und Cheru...» Er lächelte verzückt wie über einen von Monsters Streichen. «Die hat sich weder von dessen Rang noch von seinen schmierigen Sprüchen beeindrucken lassen und ihn mit einem Judogriff niedergestreckt. Vor versammelter Partymeute.»

«Das macht weder Cheru zur Heldin noch den Russen zum Mädchenschänder», gab sich Tara Mühe, unbeeindruckt zu wirken. «Ich ohrfeige auch einen besoffenen Typen, wenn sich seine verschwitzte Pfote unter meinen Minirock verirrt.»

«Die Story ist noch nicht zu Ende.» Oliver legte das Besteck auf den Teller. «Nachdem Cheru realisiert hatte, was auf der Party abging, machte sie sich auf die Suche nach ihren zwei minderjährigen Kolleginnen und fand sie in einem Chambre Separée. Die eine lag gefesselt auf einem Bett, die andere halb ohnmächtig unter einem Fettwanst. Cheru setzte den Mann außer Gefecht, befreite die Gefesselte und schleppte mit deren Hilfe die Ohnmächtige aus dem Haus. Bevor Garcholigoffs Leibwächter sie einholten, konnte sie einen Taxifahrer überreden, sie ins Krankenhaus zu fahren.»

Taras Gabel fiel auf den Teller. Nun hatte sie die Sauce im Gesicht. «Und dann?» Sie griff nach ihrer Serviette.

«Garcholigoff drohte Cheru, falls sie irgendjemandem von dem Vorfall erzählte, würde er ihre Karriere zerstören, bevor diese überhaupt angefangen habe. Cheru unternahm nichts. Ihr Studienabschluss war ihr wichtiger. Aber sie arbeitete nie wieder für Uptodate.» Oliver schöpfte sich nach. «Einige Monate später traf sie auf den Taxifahrer, der sie an jenem

[14] Laut Stardesigner Wolfgang Joop war das damals gang und gäbe.

Abend ins Krankenhaus gebracht hatte. Er hatte ein kleines Restaurant eröffnet mit dem Geld, das Garcholigoff ihm für sein Schweigen angeboten hatte.»

«Wow.» Tara hatte es nicht nur die Sprache verschlagen. «Unglaublich.» Sollte sie den Verwaltungsrat über den kriminellen Kunden Garcholigoff informieren? Und über die Vorlieben des Juniorchefs für junge Mädchen und wilde Partys?

«Ja, in der Tat. Cherus Kolleginnen hatten damals vergeblich versucht, gegen den Modezar vorzugehen. Die wurden derart eingeschüchtert, dass sie auch heute noch eine Aussage verweigern würden. Cheru will sich auch nicht mit der Familie Fuchs anlegen und ihren Job riskieren. Und ich werde mich hüten, etwas zu sagen. Unsere Forschungsarbeit und Smarty sind wichtiger. Bitte, Tara.» Er nahm ihre Hand. «Behalte das für dich.»

«Wieso hat Cheru dir das alles anvertraut?»

«Cheru ist in Dubai mit der Idee eines Nanobiotech-Kleides auf mich zugekommen. Sie hatte zusammen mit einem indischen IT-Freak die Technologie entwickelt, hinter der Garcholigoff her war. Ich half ihr, ihn abzuwimmeln, und brachte KGF aufs Tapet.»

«Und dieser IT-Freak ist nun KGFs stiller Teilhaber?»

Oliver nickte und putzte seinen Teller leer. «Vermutlich.»

Tara schob ihren Teller von sich. Der Appetit war ihr vergangen.

Schweigend räumten sie den Tisch ab. Jeder hing seinen Gedanken nach. Oliver wusch die Weingläser. Plötzlich wirkte er abweisend, wie so oft in letzter Zeit.

«Morgen kommt Tante Jos Reinigungsperle.» Tara schlang ihre Arme um seinen Körper, während er das Silberbesteck von Hand abwusch.

«So will ich die Küche nicht hinterlassen. Geh doch schon

mal ins Bad.» Oliver küsste sie flüchtig und schob sie sanft von sich. «Das dauert sowieso Stunden bei dir.»

«Ich eile, ich fliege.» Sie warf ihm eine Kusshand zu und trat auf den Gang, um ihre Handtasche zu holen. Als sie wieder an der Küche vorbeikam, blieb sie stehen und betrachtete ihren Freund, wie er hingebungsvoll mit einem Mikrofasertuch eine Gabel trockenrieb und zwischendurch immer wieder anhauchte. Ihr Familiensilber erhielt mehr Aufmerksamkeit von ihm als sie selbst. Was war nur mit ihm los? Liz hätte bestimmt eine Antwort parat. Sie vermisste ihre beste Freundin. Sie hörten sich nur noch selten, seit Taras ehemaliger Chef sich nach seinem Rauswurf aus der Kanzlei zu seiner heimlichen Geliebten bekannt hatte, und mit ihr und der gemeinsamen Tochter nach Neuseeland ausgewandert war. Nachdem sie ihre beste Freundin zumindest geographisch verloren hatte, verbrachte Tara viel Zeit mit Oliver. Er war ihr bester Freund. Als er ihr seine Liebe gestand, hatte sie geglaubt, die richtige Mischung aus Leidenschaft und Geborgenheit, aus Freiheit und Vertrauen gefunden zu haben.

«I wait for you!», schmetterte sie in die Küche und versuchte, ihrer Stimme eine Prise Erotik zu verleihen. Vielleicht gelang es ihr heute, wenigstens die Innigkeit der ersten Wochen ihrer Beziehung wieder zu wecken.

«Du hast eine Freundin!», platzte Tara eine halbe Stunde später heraus, nachdem sie sich in Stilettos und dem Hauch eines Negligés vergeblich neben ihrem Freund in eine laszive Pose geworfen hatte.

Oliver lag bereits im Bett und bearbeitete seinen Laptop.

«Wie kommst du denn auf diese absurde Idee?» Verärgert, wie immer, wenn er bei der Arbeit gestört wurde, zogen sich seine Augenbrauen zusammen.

«Vor noch nicht allzu langer Zeit waren deine Hände um diese Zeit auf mir und nicht auf deinem Laptop.»
«Tara, wenn du immer Stunden brauchst, bis du im Bett bist,
vergeht mir die Lust aufs Dessert – selbst mit Stilettos.»

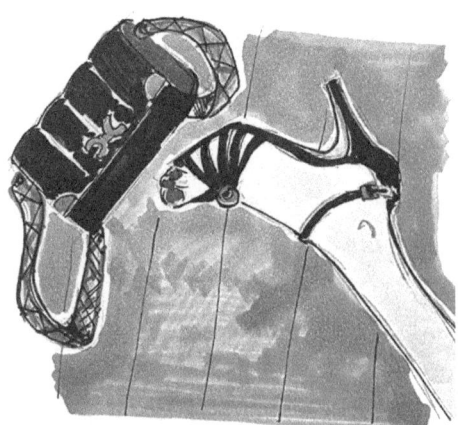

15. Anwältin ohne Recht

Wenigstens war Nadine mit ihrem Blog und ihren Stilettos erfolgreich, dachte Tara, als sie den neuesten Post las.

Nadine's Fashion & Society Blog
Mittwoch, 28. Januar 2015

Liebe Fashion- und Newsjunkies
Strategie mit Stil und Stilettos ...
In einem Reich ohne König herrscht eine Anarchie, der man nur mit Stil und Stilettos begegnen kann. Seit mein neuer Chef auf Er-holungskur ist und seinem Sohn vorübergehend das Zepter über-lassen hat, herrscht bei Finny-Mode eine Machokultur wie im Mittelalter. Deshalb trabte ich heute auf meinen schärfsten High Heels im Look der neuen BiSSS-Kollektion beim Juniorchef an. Und siehe da – mit Stil, Charme und Stilettos konnte ich ihn über-zeugen: Finny-Mode nimmt am Green Fashion Award teil! Jetzt brauche ich nur noch einen Sponsor. Bitte meldet Euch, wenn ihr einen heißen Tipp habt!

Kiss & Hug
Eure Nadine

Follow me to stay informed!

Tara seufzte und scrollte weiter durch ihre Emails. Sie selbst war gestern unverrichteter Dinge eingeschlafen. Und als sie aufwachte, war Oliver schon fort.

Keine Zeit für trübe Gedanken, die wischte sie mit einer Handbewegung weg. In einer halben Stunde musste sie ihre erste Präsentation zum Thema *Fashion Compliance* halten. Das Brummen in der Jackentasche kündigte eine neue E-Mail an. Sie legte ihre Mappe mit den Schulungsunterlagen wieder aufs Pult und zog das Smartphone heraus. Eine E-Mail von Karl Gerold Fuchs? Hatte er sich etwa befreien können?

«Liebe Frau Bernhard
Sie wundern sich bestimmt, wieso Sie nichts von mir hören. Oder wissen Sie es schon? Hat man Sie informiert, dass ich entführt wurde? Von Modeaktivisten! Ja genau, von denen, über die wir gesprochen haben. Sie hätten mich gewarnt, sagten sie. Und dann sei ich ihnen mehr oder weniger vor die Füße gefallen, mit meinem Kollaps. Was das war, weiß ich auch nicht. Cheru hat mir versichert, dass mit dem Schal alles in Ordnung war, sie habe das Problem vor der Show noch lösen können. Ja, Cheru die Ärmste ist den Entführern offenbar ins Gehege gekommen, weil sie mich ins Krankenhaus begleiten wollte. Jetzt sitzen wir beide hier fest. Sie nimmt es erstaunlich gelassen. Diskutiert mit den Entführern über unsere Freilassung und wie man mit neuen Materialien die Welt verbessern könnte. Sie glaubt, dass wir bald freikommen. Die Kids seien harmlos, wollten uns nur einen Schrecken einjagen. Da sind wir uns nicht einig.
Die Grünen Löwen (was für ein bescheuerter Name) hatten bis heute mein Smartphone konfisziert. Da hätten sie mir gleich ein Ohr abschneiden können. Fünf Tage ohne E-Mails, ohne News, ohne irgendeinen Kontakt zur Außenwelt! Das ist pure Folter, noch schlimmer als der vegane Fraß.
Jetzt habe ich mit dem Handy wenigstens wieder ein Fenster zur Außenwelt. Aber von Freilassung keine Rede!

Ich habe keine Ahnung, was diese Kids wollen. Heute zeigten sie mir das Bekennerschreiben. Ein Witz! Also dafür hätten sie mich nicht zu entführen brauchen. Offenbar glauben die nicht an meine Strategie. Jedenfalls haben sie gedroht, die Entführung publik zu machen, wenn Finny-Mode nicht spurt. Das allerdings wäre eine Katastrophe! Negative Schlagzeilen jetzt vor der Lancierung von Smarty – Gute Nacht!
Frau Bernhard, Sie müssen mit allen Mitteln verhindern, dass mein Sohn alles an sich reißt! Annabelle soll James Kuhl als interimistischen Geschäftsführer einsetzen. Ich habe doch so ein Dokument unterzeichnet.»

Tara schluckte. Sie hatte ihm die Bedeutung der notariellen Beglaubigung zig-mal erklärt. Sie las weiter:

«Ja, ich weiß… Ich hätte auf Sie und Annabelle hören und für diesen Fall vorsorgen sollen. Aber wie soll ich meine Nachfolge regeln mit einem unfähigen Sohn, einer unreifen Nichte und einer Schwester, die vom Geschäft nichts versteht und nur profitieren will?
Sie müssen mir helfen, Frau Bernhard! Binden Sie meinen Sohn zurück und unterstützen Sie Nadine dabei, rasch und medial wirksam die Forderungen der Grünen Löwen zu erfüllen. In so kurzer Zeit kann man nicht die gesamte Produktion ändern. Nachhaltigkeit beginnt mit der Kommunikation. Da müssen Sie und Nadine liefern.
Wenn Ihnen das gelingt, bekommen Sie die Stelle des Inhouse-Juristen!
Gruß
KGF
P.S. BITTE SPRECHEN Sie mit NIEMANDEM darüber, dass ich Sie kontaktiert habe! »

KGF wusste offenbar nichts von ihrem Notfalleinsatz und von dem, was sie seither schon angeleiert hatte. Nach diesen Zeilen erschien ihr die Schulungspräsentation noch wichtiger. Damit konnte sie bei KGFs Entführern punkten. Mit der Videoaufnahme, die Nadine machen wollte. Wo blieb sie eigentlich?

«Ungemach im Anmarsch», murmelte Leo, während Tara auf die nächste Folie klickte.

Tara blickte irritiert auf. Bis jetzt war es gut gelaufen. Ärgerlich nur, dass Nadine die Schulung mitsamt dem Video für die Entführer anscheinend vergessen hatte.

Die Tür des Aquariums flog auf. «Was zum Teufel...» Ein kalter Luftzug begleitete den Neuankömmling.

«Er markiert Präsenz», flüsterte ein junger Mann aus dem Produktionsteam.

«Oh, Herr Fuchs.» Tara wies, um ein Lächeln bemüht, auf einen freien Stuhl. «Schön, dass Sie uns die Ehre geben.»

Die Praktikantin, eine junge Frau mit vollem Busen und blondem Bubikopf, die neben dem freien Platz saß, rutschte mit entsetztem Blick ein Stück zur Seite, als ob der Juniorchef eine ansteckende Krankheit hätte.

«Herr Direktor Fuchs, heißt das!», herrschte der selbsternannte Juniorchef Tara an. «Haben Sie kein eigenes Büro?» Heute spannte sich ein Hemd in Türkis über seinen Bauch. Auch der weinrote Hosenanzug aus Kordsamt war mindestens eine Nummer zu klein.

«Doch, natürlich», gab Tara unbeirrt zurück und wunderte sich über die Auswüchse, die Mode gepaart mit nicht vorhandenem Geschmack hervorbringen konnten.

«Ja um Himmels willen, was haben Sie denn hier zu suchen, Frau Rechtsanwältin?»

«Wir sprechen gerade über die Tücken von Korruption.» Angewidert von der Knoblauchausdünstung, wich Tara zurück. «Setzen Sie sich doch, damit wir …»

«Sie sollen uns rechtliche Probleme vom Leib und nicht meine Leute von der Arbeit AB-HAL-TEN!» Er betonte jede Silbe einzeln. «Wenn ich die Herrschaften jetzt bitten dürfte. Ab an die Arbeit, ich habe in zehn Minuten ein Meeting.» Er schaute Tara finster an. «Und zwar hier!» Er machte mit einem gespielten Bückling einen Schritt in den Raum und wies auf die Tür. «Raus hier, alle miteinander!»

«*No way!* Auf gar keinen Fall», unterbrach eine scharfe Stimme. «Es gibt noch andere Sitzungszimmer.» James tauchte mit einer Mappe unter dem Arm hinter AFF auf. «Hier findet eine Schulung statt.» Er senkte den Kopf und raunte im Vorbeigehen: «Sie wissen, was auf dem Spiel steht, Adalbert.»

AFF grunzte etwas Unverständliches, drehte sich mit der Eleganz eines Zirkuselefanten um und schlurfte betont langsam aus dem Aquarium.

«Darf ich vorstellen, der neue Finanzchef, James Kuhl.» Überrascht lächelte Tara ihm zu. «Seine Anwesenheit bedeutet…» Ja was eigentlich?

Ein Raunen setzt ein. Die weiblichen Anwesenden schürzten die Lippen, rückten Brüste, Beine oder Hände in Position und schielten auf ihr Tablet, um eine vorwitzige Strähne festzustecken oder verstohlen die Lippen nachzuziehen. Die Praktikantin wies mit schüchternem Lächeln auf den freien Stuhl. Die Männer zückten devot ihre Stifte. Handys glitten in Hand- und Jackentaschen.

Tara räusperte sich. «James Kuhls Anwesenheit zeigt, wie wichtig das Thema nachhaltige Produktion ist, und zwar auch aus finanzieller Sicht.»

«Absolut richtig. Nachhaltige Produktion kostet. Und zwar

nicht nur Geld, sondern auch die Energie und Aufmerksamkeit eines jeden Einzelnen. Lassen Sie sich also von mir bitte nicht stören.» James hob die Hände zum Gruß, setzte sich neben die aparte Blondine und vertiefte sich in sein Smartphone.

Nachdem Tara das Kapitel über Korruption beendet hatte, klickte sie die Folie zum Thema Umweltschutz an. Diese hatte sie extra im Hinblick auf das Video für die Grünen Löwen eingefügt. Und nun war Nadine nicht da. Egal, Sie machte das ja auch für die Mitarbeiter, wollte sich bewähren, und zwar nachhaltig, nicht nur bis zur Befreiung des Modekönigs.

«Dank Billiganbietern wie Uptodate und Co. sind Kleider heute Massenware. In den USA landen laut einer Studie 60 Prozent der gekauften Kleider im Abfall. Ungetragen!» Tara nahm jeden einzelnen Teilnehmer ins Visier. Wache, offene ebenso wie kritische, schmale Augen waren auf sie gerichtet. Sie wunderte sich, wieso sie keine Mühe hatte, hier zu stehen, und fuhr rasch fort, bevor ihre Nerven es sich anders überlegten. «Die Modebranche ist schädlicher für das Klima als die kommerzielle Luftfahrt, und dafür ist die unersättliche Fast-Fashion-Gesellschaft verantwortlich. Das sieht man in eindrücklicher wie erschreckender Weise in der chilenischen Atacama-Wüste.» Sie klickte auf Fotos von riesigen, surreal anmutenden Kleiderbergen. «40`000 Tonnen Billig-Kleider aus Asien werden jährlich hier deponiert. Und zwar nicht nur von den Konsumenten. Für viele Händler ist es kostengünstiger, die bestellte und nicht verkaufte Ware hier zu deponieren, als sie zurückzuschicken.»

«Uptodate verbrennt die Kleider gleich selbst, wenn abzusehen ist, dass sie nicht verkauft werden», warf die Praktikantin ein.

«Stimmt, und das ist nicht nur eine Verschwendung.» Tara

nickte der jungen Frau zu und wies auf den Kleiderberg im Wüstensand. «Denn die meisten dieser Textilien enthalten so viel an Chemie und Kunstfasern, dass die lokalen Mülldeponien die Annahme verweigern. Und so modern sie langsam vor sich hin und vergiften die Umwelt.»

«Ja und? Wer geht schon in die Wüste?» Einer lachte höhnisch. «Das betrifft uns doch nicht.»

«Gute Frau, Sie mögen ja eine patente Juristin sein, aber von unserem Metier haben Sie keine Ahnung», ergriff der Produktionsleiter, ein geschniegelter Enddreißiger mit sarkastischem Dauergrinsen und Dauerwelle das Wort. «Mode lebt vom Wandel, und die Bekleidungsindustrie von den nicht getragenen Kleidern. Wenn der von ihnen genannte Prozentsatz an ungetragen entsorgten Kleidern wegfallen würde, wäre dies toll aus Sicht der Nachhaltigkeit, aber die Kleiderindustrie hätte ein großes Problem.»

«Die hat bereits ein Problem!», ließ Tara sich nicht aus der Ruhe bringen. «Die Kosten für die enormen Umweltschäden sind in den Preisen der schnellen Mode nämlich nicht enthalten. Und wer bezahlt diesen Preis?»

«Was geht uns das an», fuhr die Blondine dazwischen. «Wir sind ja kein Billiganbieter!»

«Wenn weniger konsumiert wird, werden das auch Anbieter hochwertiger Mode zu spüren bekommen. Ältere Kundinnen sterben aus, und neuen, kritischen Generationen muss man etwas bieten, um sie bei der Kleiderstange zu halten. Wie Mister Kuhl eingangs gesagt hat: Nachhaltige Produktion kostet.» Sie blickte verärgert zu James, der auf sein iPhone starrte, statt sie zu unterstützen. «Früher gab es Branding, um Marken zu positionieren; heute müssen Marken Position [15] beziehen. Nachhaltigkeit gehört zur DNA von Finny-Mode, wie Karl Gerold Fuchs mir erklärte. Aber wie wollen

Sie das Ihren Kundinnen, der Öffentlichkeit vermitteln?» Und den Entführern Ihres Chefs, fügte sie in Gedanken hinzu. «Wir müssen neue, nachhaltige Geschäftsmodelle entwickeln, und da sind Sie, jeder einzelne von Ihnen, mit kreativen Ideen gefordert.» Sie blickte auffordernd in die Runde, in der Hoffnung, dass jemand das Thema Altware anschneiden würde. Sie konnte noch ein paar Argumente brauchen, um ihren Vertrag für den Lagerdeal zu verteidigen.

Nachdem sich offenbar niemand auf die Äste hinauswagen wollte, fuhr sie fort: «Wie wäre es mit dem Auffrischen alter Modelle? Sie haben hier am Hauptsitz eine hochkompetente Schneiderei.» Mit Genugtuung bemerkte sie ein überraschtes Zucken um James Kuhls Mundwinkel, als sie die nächste Folie anklickte. «Eine Art exklusives Recycling.»

«Unsere Kleider werden über Generationen getragen», fuhr Theobald sie an. «Da gibt's nix zum Rezyklieren!»

«Tara hat Recht! Wir sitzen auf einer Menge unverkaufter Kollektionen aus hochwertigen Materialien, die sich bestens wiederverwerten lassen», widersprach Leo seinem Chef. «Aus alt mach neu. Genau das wollte ich Herrn Fuchs Senior letzte Woche vorschlagen, bevor er ...»

«Unterstehe dich!», fauchte Theobald ihn an. «Die Designvorschläge mache immer noch ich.»

«Was sind denn Ihre Ideen für eine sinnvolle Verwertung alter Kollektionen?» Tara blickte gespannt zwischen den beiden Designern hin und her.

«Ich finde, Nachhaltigkeit ist Aufgabe des Staates und der Produzenten, aber sicher nicht der Konsumenten», wechselte die Blondine zu Taras Enttäuschung das Thema. «Wenn ich

---

[15] Nachdem 2019 herauskam, dass Burberry jedes Jahr für fast 40 Mio. USD Waren verbrennt, schloss sich das Unternehmen der Initiative *Make Fashion Circular* an, die sich für einen ökologisch sinnvollen Kreislauf aus Wiederverwertung einsetzt.

vor einem Regal mit bunten T-Shirts stehe, will ich doch nicht eine Greenpeace Liste[16] auspacken müssen, um die sauberen von den schlechten Labels zu unterscheiden.» Sie blickte Aufmerksamkeit heischend in die Runde. «Umwelt- und Modeaktivisten haben letzte Woche in Davos zurecht den Exponaten der Textilindustrie und den Regierungen leeres Blabla vorgeworfen. Es sollte ein Einfuhrverbot für Billigklamotten geben und einen gesetzlichen Mindestpreis für T-Shirts. Zigaretten werden ja auch laufend verteuert.»

«Regulierung ist schwierig, weil sich die Produktionskette über mehrere Länder und Industrien hinweg erstreckt. Verbote, Billigware einzuführen, bringen auch nichts», erklärte Tara. «Wir dürfen die Verantwortung nicht auf die Regierungen abschieben. Es braucht ein Umdenken von allen. Nicht nur von den Herstellern, sondern auch von den Konsumenten.»

«Genau, gerade von Letzteren», kam ihr Leo wieder zu Hilfe. «Auch Stella McCartney sagte, ein Umdenken in der Mode müsse von den Konsumenten ausgehen. Nach dem Motto: Wenn du eine ethische Garderobe willst, dann verlange danach.»

«Muss ich denn als Konsumentin giftfreie Kleider verlangen? Das darf ich doch erwarten, ebenso wie ich davon ausgehen darf, dass T-Shirts aus Bio-Baumwolle weniger Wasser verbrauchen als herkömmliche», meldet sich die blonde Praktikantin wieder.

«Bio-Baumwolle ist nicht gleich Bio-Baumwolle», wies der Produktionsleiter sie zurecht. «Wir arbeiten in Indien mit dem Schweizer Bio-Baumwoll-Pionier Patrick Hohmann[17]

---

[16] Liste der Modeproduzenten, die sich im Rahmen der 2011 von Green Peace lancierten Detox-Kampagne dazu verpflichtet haben, bis 2020 Giftstoffe durch ungefährliche Substanzen zu ersetzen.

zusammen, das sollte auch eine Praktikantin wissen. Er ist bekannt für seinen verantwortungsvollen Umgang mit allen Ressourcen.»

«Auch Karl Gerold Fuchs ist ein Pionier mit seiner Forschung nach innovativen Materialien», ergriff Tara das Stichwort. «Damit hat er den ersten Schritt auf einem schmalen Pfad gemacht, den Sie alle zu einem nachhaltigen Weg ausbauen können.» Sie klickte die nächste Folie an, auf der sie die neuen Verhaltensregeln beim Einkauf von Materialien, der Auswahl von Lieferanten und dem Umgang mit Produzenten besonders in Billiglohnländern aufgelistet hatte.

«Sie haben kein Recht, uns etwas vorzuschreiben!», gab sich der Produktionsleiter kämpferisch.

«Ich zeige Ihnen nur die Problematiken bei der Produktion auf», verteidigte sich Tara. «Und ich weise Sie auf die Gefahren von umwelt- und gesundheitsschädlichen Substanzen, besonders in gefärbten Textilien hin. Wir haben uns mit der Unterzeichnung der *Detox-Kampagne* von Greenpeace verpflichtet, bis 2020 auf sämtliche umwelt- und gesundheitsschädlichen Materialien zu verzichten. Damit sind Sie alle zur sorgfältigen Prüfung verpflichtet, und zwar beim Einkauf der Materialien ebenso wie bei der Wahl der Lieferanten.»

«Wer kontrolliert und entscheidet, ob wir sorgfältig genug prüfen und was geschieht, wenn wir es nicht tun?» Der Produktionsleiter schenkte Tara ein aalglattes Grinsen.

Der Mann hatte nicht unrecht. Ohne Kontrolle und Sanktionen war das schönste Regelwerk ein zahnloser Papiertiger. Sanktionen für einen Verstoß gegen Compliance-Richtlinien

[17] Den gibt es tatsächlich und auch ein Buch über ihn: Nicole Müller: PATRICK HOHMANN DER BIO-BAUMWOLL-PIONIER, Rüffer & Rub Zürich, 2019

mussten von der Geschäftsleitung eingeführt werden, und von AFF durfte sie keine Unterstützung erwarten.

«Das sind gute Fragen, die Sie gerne Herrn Fuchs Senior stellen können, wenn er wieder hier ist», gab Tara den Ball zurück.

«Wie sollen wir kreativ sein, wenn wir uns zuerst durch einen Katalog verpönter Materialien durcharbeiten müssen?» Theobald ließ entnervt seinen Stift fallen. «Und wie sollen wir bei jedem Lieferanten sicherstellen, dass er unsere Stoffe nicht mit giftigen Chemikalien veredelt?»

«Das ist natürlich schwieriger, je mehr Lieferanten sich in der Kette befinden, und je weiter weg diese sind. In Drittweltländern fehlt es oft am Knowhow oder am Willen der Lieferanten, ihre Mitarbeitenden auszubilden», musste Tara dem Designer Recht geben.

«Mit BiSSS kommen wir ganz ohne Farben aus», versuchte Leo, seinen Chef zu besänftigen.

«Und damit sehe ich schwarz für unsere Zukunft. Oder besser mausgrau.» Theobald hackte mit seinem Stift Löcher in die Luft. «Für diesen zeit- und farblosen Einheitsbrei brauchts keine Designer. Ich kann diesen Mix aus beige und greige nicht mehr sehen!»

«Richtig! Wir brauchen Farben! Wieso sollen sie schädlich sein? Haben Sie Beweise?», tönte es von allen Seiten.

«Beweise...» Tara dachte an das Video mit dem tödlichen Farbbecken und blickte zu James. Doch der hatte sein Handy vor dem Gesicht und schien gar nicht zuzuhören. «Sie finden einige Links dazu in meiner Präsentation und noch viel mehr im Internet.» Sie wies auf die Schulungsunterlagen, die jeder Teilnehmer erhalten hatte. «Karl Gerold Fuchs will nicht nur Textilarbeiter und die Umwelt schützen. Es geht ihm auch um seine Kundinnen.»

«Was ich nicht verstehe», meldete sich Leo zu Wort. «Während für alles, was durch den Magen geht, strengste Regeln gelten, gibt es für das, was wir stundenlang, auch mal schwitzend auf unserer Haut tragen, meist nur lückenhafte Informationen.»

«Alles halb so wild. Giftige Textilien sind Vergangenheit», wiegelte der dauergewellte Produktionsleiter grinsend ab. «Giftstoffe, die Allergien auslösen, sind bereits heute verboten.»

«Es geht nicht nur um Allergien. Manche Substanzen sind sogar krebserregend», konterte Leo.

«Du musst dein T-Shirt ja auch nicht trinken…» Das Dauergrinsen vertiefte sich. «Unsere Lieferanten sind sauber, keine Sorge, du kannst dich getrost ums Design kümmern.»

«Sauber? Woher willst du das wissen?» Leo beugte sich vor und fixierte die Dauerwelle. «Du hast dich doch immer darüber beklagt, dass du aus Kostengründen laufend Lieferanten wechseln musst. Und dass die den Druck an ihre Zulieferer weitergeben, kleinste Nähateliers, die auf Rekord arbeiten, und die keiner kontrolliert.»

«Das war früher.» Dauerwelle winkte ab. «Heute ist der Kreis an Lieferanten überschaubar.»

«Was ist mit der Altware?» Leo ließ nicht locker. «Die soll jetzt nach Kasachstan und in die Mongolei verkauft werden.»

«Na und?» Dauerwelle hob die Schultern. «Wenn in der mongolischen Steppe jemand einen Ausschlag bekommt, geht uns das nichts an.»

«Das ist menschenverachtend!», empörte sich die Praktikantin.

«Genau!», doppelte Leo nach. «Und bekanntlich funktioniert die Verbannung der Restposten ja auch nicht immer.» Er nahm seinen Chef ins Visier. «Oder wie war das mit diesem Sibirien-Deal, Theobald?»

«Wovon redest du da?» Der Gartenzwerg brach seinen Stift entzwei.

«Statt in der sibirischen Tundra tauchte die Ware im Zürcher Rotlichtdistrikt auf», erwiderte Leo vorwurfsvoll.

«Was? Woher weißt du ...?» Theobald warf den zweigeteilten Stift seinem Assistenten an den Kopf. «Das ist doch ...»

«Ein interessantes Thema», ergänzte Tara. «Verbannung statt Verbrennung von Restposten. Danke Leo, für diesen Hinweis. Das heißt, wir verkaufen Altware in Regionen, in denen wir nicht präsent sind und folglich kein Imageverlust entstehen kann?»

«Das wäre der Plan», sagte Leo. «Kein guter, wenn die Ware entgegen der Abmachung vor den Augen unserer Zielgruppe verramscht wird.»

«Was genau ist denn mit diesem Sibirien-Deal schiefgelaufen?» Tara fixiert Theobald, doch der ignorierte sie und warf seinem Assistenten einen Killerblick zu. «Das wäre dann Thema der nächsten Schulung», sagte sie nach einem Blick in die Runde und klickte auf die letzte Folie. Doch niemand hörte mehr zu. Die Leute tuschelten und holten ihre Kommunikationsgeräte heraus. «Nachhaltigkeit ist mehr als nur ein Schlagwort», setzte sie zum Schlusswort an. «Sich mit hohlen Absichtserklärungen über einen sparsamen Einsatz von Chemikalien die Hände in grüner Seifenlauge zu waschen, ist keine Lösung. Danke für Ihre Aufmerksamkeit!»

Theobald packte Leo mit wutverzerrtem Gesicht am Arm und zog ihn raus. Leo warf ihr einen hilflosen Blick zu.

«Für die nächsten Kurse müssen Sie ein paar Zähne zulegen, Tara.» James hatte bereits die Hand am Griff der Glastür. «Das sind hochbegabte Handwerker, Designer und Entwickler.» Er lächelte geduldig wie Taras Primarlehrerin, als sie beim Zahlenraten das falsche Bauklötzchen in die Höhe hielt. «Kluge

Köpfe, aber keine Juristen. Sie müssen einfacher und klarer kommunizieren.»

Mach's doch besser, Blödmann, dachte Tara. «Müssen Sie einen Zahn zulegen, heißt das, Herr Kuhl.» Sie lächelte versöhnlich. «Was wissen Sie von diesem Sibirien-Deal?»

«*No idea*, das war vor meiner Zeit. Wollte Ihnen keinen Vorwurf machen. Es ist nur...» Er räusperte sich. «Wir müssen die Leute hinter uns und KGFs Strategie wissen. Die sind KGFs feste Hand gewöhnt. Im Reich ohne König hingegen tanzen sich die Untertanen gegenseitig auf der Nase herum.» Er neigte den Kopf Richtung Kaffeebar. «Zeit für einen Kaffee?»

Tara zögerte. «Danke, ich hab' gleich ein Meeting», winkte sie ab. «Aber wenn ich Sie kurz etwas fragen darf?» Sie schaute demonstrativ auf die Uhr.

«Klar, um was geht es?»

«Der Green Fashion Award. Adalbert ist mit der Teilnahme einverstanden, aber Nadine sucht noch einen Sponsor.» Sie lächelte charmant. «Kann Finny-Mode das nicht selbst bezahlen?»

«Das haben wir bereits diskutiert. Uns fehlt die Liquidität. Was wir brauchen, ist ein prominenter Sponsor, der zum nachhaltigen Image betragen kann.» Er krauste genervt die Stirn. «Ich habe Nadine ein paar Kontakte gegeben. Die soll sich gefälligst selbst auf die Suche machen!»

«Alles klar», gab sie sich cool. «Jetzt muss ich aber los. Kaffee gern ein anderes Mal», fügte sie hinzu.

«*No problem.*» James hielt ihr mit einem frechen Grinsen die Tür auf. «Wir könnten auch mal wieder zum Abendessen gehen.»

Als Tara die lichtdurchflutete Halle betrat, verstummten die Schulungsteilnehmer an der Kaffeebar. Sie entdeckte die

Praktikantin und winkte ihr zu, die aber drehte sich um. Tara spürte die abweisenden Blicke in ihrem Rücken, als sie sich auf den Weg zu ihrem Büro machte. Wie sollte sie in einem Reich ohne König dessen strenge Richtlinien durchsetzen? War er sich der der internen Widerstände bewusst? Er musste ein Machtwort sprechen aus seiner «Kur».

16. Vertrag ohne Zähne

«Mein Anwalt hat mir von diesem einseitigen Vertrag abgeraten», erklärte Boris und schob Taras Vertragsentwurf mit seinem Schneeweiß-Lächeln über den Tisch.

«Die Konventionalstrafe ist eine Beleidigung!» AFF schlug seine Zähne kraftvoll in ein reichhaltig gefülltes Baguette.

«Was ist mit dem Deal vom letzten Sommer, als die Ware statt in Sibirien in einem Discounter im Zürcher Rotlichtmilieu erschien?», warf Tara ein und freute sich über die ertappten Gesichter.

«Woher...?» presste AFF mit vollem Mund heraus. «Wer hat...?» Mayonnaise tropfte auf seine Unterlagen.

«Das scheint kein Geheimnis zu sein. Selbst in der Cafeteria redet man über den geplatzten Lagerdeal.»

«Ach, das war eine Lappalie.» Verlegen schaute AFF auf seine tropfende Zwischenmahlzeit. «T-Shirts und Pullis, die im Nu ausverkauft waren. Zudem hatten wir die Etiketten entfernt.»

«Aber der Deal ist nach Plan gelaufen.» Tara erhob sich und reichte ihm ein paar Servietten. «Hier geht es um sämtliche nicht verkauften Kollektionen der letzten Jahre und nicht nur um ein paar Basics, bei denen man die Labels vor dem Verkauf heraustrennen kann.»

«Machen Sie aus einär Wespä kein Nilpfärd, Frau Bärnhard. Ein Discount-Store in Zürichs zwielichtigäm Vergnügungsviertel ist doch keine Konkurrenz für Finny-Mode», verhunzte Boris Garcholigoff wieder die deutsche Sprache. Heute trug er zum violett schimmernden Anzug ein fliederfarbenes, bis zur behaarten Brust aufgeknöpftes Hemd.

«Unsere Kundschaft würde niemals einen Louboutin-beschuhten Fuß auf dieses schmutzige Pflaster setzen.» AFF riss Tara die Servietten ohne ein Zeichen des Dankes aus der Hand.

«Heute ist das eines der angesagtesten Quartiere mit trendigen Boutiquen nachhaltiger Designer.» Tara stützte die Hände in die Hüften. «Wo immer in Zürich Altware auftaucht, wird es unserem Image schaden, und dieses Risiko muss ich ausschließen.»

«*I fully understand, Miss Bernhard, but my problem is ...*» Der Russe erklärte, dass er für seine eigenen Vertragspartner keine Haftung übernehmen könne. «Würden Sie etwa eine Firma in Kasachstan oder der Mongolei belangen wollen?» Der Russe schniefte.

«Gerichtsstand in meinem Entwurf ist Zürich, und zwar unabhängig vom Sitz der Vertragspartei», erklärte Tara triumphierend.

«Wenn mein kasachischer oder mongolischer Vertragspartner Konkurs geht, muss ich selbst in die Tasche greifen.» Garcholigoff zog ein gefaltetes Stofftaschentuch aus seinem Jackett. «Das Risiko kann ich nicht tragen.» Er fuhr sich mit dem Taschentuch über die Nase. «Aber ich kann Ihnen schriftlich bestätigen, dass die Ware für den mongolischen und den kasachischen Markt bestimmt ist. Der Rest ist Vertrauenssache.»

«Boris wurden übrigens eine größere Menge Finny-Mode Regenmäntel zu Dumpingpreis angeboten, und er hat das Angebot ausgeschlagen!» AFF nickte seinem Geschäftspartner beflissen zu, bevor er Tara mit einem bösen Blick aus wässerigen Augen bedachte. «Er hat nämlich nichts mit diesen Graumarktgaunern am Hut!»

Wieso hat er dann überhaupt ein solches Angebot erhalten, fragte sich Tara.

«Und weil ich der Familie Fuchs, der ich so viele Jahre geschäftsfreundschaftlich verbunden bin, niemals schaden würde», bestätigte der Russe mit unschuldsweißem Lächeln ihre Vermutung.

«Man kann nicht alles kontrollieren.» Der Juniorchef fuhr mit dem Ärmel über seine Unterlagen. «Entweder wir verkaufen den Lagerbestand, oder wir vernichten ihn. Aber letzteres können wir uns nicht leisten.»

«Es gäbe noch andere Lösungen.» Tara berichtete von Leos Vorschlag, die Altware zu rezyklieren oder zu einer Vintage-Kollektion umzuarbeiten.

«Das ist kompletter Unsinn.» AFFs Doppelkinn bebte. «Das Rezyklieren von Altware lohnt sich nicht. Die verschiedenen Materialien zu trennen, wäre viel zu aufwendig.»

«Immerhin deklariert Finny-Mode die Zusammensetzung des Materials korrekt.»

«Heute vielleicht.» AFF winkte ab. «Früher hatten wir ganz andere Probleme und heute auch! Wir brauchen das Geld, wenn wir meinen Vater befreien ...» Mit dunkelrotem Kopf warf er einen verstohlenen Blick auf den Russen, der mit dem Taschentuch seine Fingernägel polierte, als ob ihn das alles nichts anging. «Damit wir ihn von all den Sorgen befreien können, und er in Ruhe seine Frischzellenkur genießen kann!»

«Ok, dann streiche ich einfach alle Haftungsklauseln?», gab Tara scheinbar nach.

«Supär! Sie verstehän mich», fiel Boris Garcholigoff wieder in sein holperiges Deutsch und blickte von seiner Politur auf. «Und du, mein Lieber, solltest dich nicht so aufregen. Brauchst du Nachschub?» Er fuhr sich vielsagend mit dem Zeigefinger über die Nase.

«Danke, meine Herren.» Tara steckte den Vertragsentwurf in

ihre Mappe und ging zur Tür. «Dann können Sie gleich den Wisch unterzeichnen, den Sie mir gegeben haben! Dafür brauchen Sie mich wohl nicht.»

«Was fällt Ihnen ein, Sie setzen gefälligst einen neuen Vertrag auf und unterzeichnen den zusammen mit mir!» AFF lief puterrot an. «Oder wollen Sie die Verantwortung übernehmen, wenn wir keinen Platz im Lager haben, um Smarty zu produzieren?»

Tara blieb unschlüssig stehen. Smarty war wichtiger, und selbst wenn die Ware irgendwo auftauchte, war der Imageschaden in der gegenwärtigen Situation das geringere Übel.

«Na gut, aber diesen zahnlosen Vertrag unterzeichne ich nicht.»

«Ich danke ihnen. Sie können mir vertrauen.» Garcholigoff stand auf und kam mit ausgestreckter Hand auf sie zu. «Ich will nur das Beste für Finny-Mode.»

Auf dem Weg zurück ins Büro focht sie einen Kampf zwischen ihrem Stolz und ihrem Gewissen aus. Sie gab Letzterem nach und wählte die Handynummer ihrer ehemaligen Arbeitskollegin, Jugendfreundin und gegenwärtigen Erzfeindin.

«Na Schätzchen, hast du Heimweh oder willst du mir unter die Nase reiben, dass du mir gerade ein Mandat abspenstig machst?», bohrte sich Sekunden später die verhasste Stimme ins Trommelfell.

«Hi Valerie.» Tara schaltete das Handy auf Lautsprecher und atmete tief durch. «Daran würde ich nicht einmal im Traum denken.» Jedenfalls solange deine Tante im Verwaltungsrat die Fäden zieht, dachte sie. Laut fuhr sie fort: «Ich brauche deinen Rat.»

«Haha, ich kenne dich und Annabelles Absichten.» Valerie lachte höhnisch. «Das nachhaltige Weichwaschen überlasse ich...»

«Du erinnerst dich vielleicht an Boris Garcholigoff», unterbrach Tara.

«Sicher schon.» Valerie kicherte heimtückisch. «Boris und Finny-Mode haben eine langjährige Beziehung, die auf diversen Pfeilern beruht.»

«Was für Pfeiler? Die Luxusboutiquen?»

«Das musst du schon selbst herausfinden, Taralein. Seit ich einmal einen Altwarenvertrag hinterfragte und KGF drohte, mir das Mandat zu entziehen, mische ich mich nicht mehr ein. Und das rate ich dir genauso.»

«KGF?» Tara verstand die Welt nicht mehr und schilderte die Situation. «Ich dachte, AFF ist allein für diese Lager-Deals verantwortlich.»

«Glaubst du im Ernst, KGF würde seinem Sohn in irgendeiner Angelegenheit freie Hand lassen. Der Alte musste entführt werden, damit Adalbert endlich eine Chance bekommt.» Valerie lachte trocken. «Aber die Chance hat Adalbert Ferdinand verdient, und wenn er hinter dem Deal steht, dann lass ihn machen.»

«Hm, danke.» Tara legte auf, schaltete den PC ein, strich den Vertrag zusammen und schickte ihn per E-Mail an James, mit ein paar Worten zu ihrer Einschätzung des Risikos.

James sah das offenbar nicht so eng und war sogar bereit, den Vertrag zu unterzeichnen, nachdem Tara erleichtert herausgefunden hatte, dass sie gar nicht unterschriftsberechtigt war. Für einmal hatte sich Rottweilers Schneckentempo für alles Administrative als Glücksfall erwiesen.

Tara drehte den ausgedruckten Vertrag unschlüssig in den Händen. Sollte sie KGF involvieren, bevor sie James Unterschrift einholte und den Vertrag AFF überbrachte?

Eine rostige Hupe riss Tara aus ihren Gedanken: «Tara, Sie sind jetzt seit drei Tagen in heikler Mission in der Firma eines unserer wichtigsten Klienten unterwegs, und ich habe noch nichts von Ihnen gehört!»

«Annabelle! Guten Abend.» Tara schaute auf die Uhr. Sie hatte gar nicht gemerkt, dass es draußen schon dunkel war. «Ich wollte Sie nicht grundlos stören, ohne News.»

«Tara! KGF hat mir geschrieben!»

«Oh, wow … Und was hat er …» Sie dachte an seine Ermahnung.

«Tun Sie nicht so scheinheilig! Ich weiß genau, dass er Ihnen auch geschrieben hat, und ich will alles wissen. Noch bin ich Ihre Chefin. Und überhaupt will ich ab sofort jeden Abend ein Update haben!»

«Okay», sagte Tara gedehnt und versuchte Zeit zu gewinnen. «Er schrieb, dass ich niemandem etwas …»

«Das gilt nicht für mich! Er weiß, dass wir uns austauschen müssen, um ihn optimal zu beraten.»

Das stimmte vielleicht in einer perfekten Welt. Aber genauso wenig, wie Annabelle sich in die Karten der von ihr verwalteten Konten blicken ließ, fühlte Tara sich bemüßigt, sämtliche ihr als Anwältin anvertrauten Geheimnisse mit ihrer Chefin zu teilen.

«Vermutlich hat er uns beiden dasselbe geschrieben», versuchte Tara der Chefin etwas zu entlocken. «Was halten Sie davon?»

«Ich bezweifle, dass er selbst diese E-Mails verfasst hat. Jedenfalls nicht aus freien Stücken», wich Annabelle aus.

«Die E-Mail an mich, das waren definitiv seine Worte.» Tara berichtet von KGFs deftigen Schilderung der letzten Tage. «Er bereut es, nicht auf uns gehört zu haben und hofft, wir könnten ihm einen fähigen Nachfolger herbeizaubern.» Tara beschloss, dass die Chefin nicht den gesamten Inhalt der Mail erfahren musste. Besonders nicht die Erwähnung von Taras

Ambitionen auf die Stelle, an die sie so unerwartet katapultiert wurde. «Das können die Grünen Löwen gar nicht wissen.»

«Tja, und das wird ihm eine Lehre sein», tönte Annabelle ernst. «Hoffen wir, dass Sie recht haben. Aber nun zu Ihrem Bericht von der Front!»

Tara fasste die wichtigsten Ereignisse und Begegnungen der letzten Tage zusammen, berichtet von der Krisensitzung mit dem schrecklichen Video, von der zähen ersten Mitarbeiterschulung und von der noch zäheren Verhandlung mit dem Juniorchef und dessen Kunden. Nach Annabelles Ermahnung, den Fast-Fashion-Zaren nicht zu vergraulen, beschloss sie, alle Karten auf den Tisch zu legen. «Annabelle, ich habe den anonymen Brief an KGF gelesen.»

«Was haben Sie?» Annabelle gab einen ihrer Knurrlaute von sich, die meist einer Schimpftirade vorangingen. «Schon gut. Hab ich mir gedacht. Und, was halten Sie davon?»

«Zuerst dachte ich an eine heimliche Liebschaft.» Tara erwähnte James mysteriöse Begleiterin und KGFs ebensolche Reaktion auf das Schreiben.

«Keine falschen Verdächtigungevn, Tara, nur weil die Frau einen Briefumschlag an der Rezeption abgegeben hat. Das waren ganz klar Modeaktivisten. Das ‹verlorene Baby› ist Symbol für das Klima, die Natur oder sonst irgendetwas, für dessen Zerstörung sie KGF verantwortlich machen.»

«Und sein Baby ist Smarty», ergänzte Tara.

«Seit der Entführung denke ich das auch. Vermutlich hatten die Grünen Löwen es auf Smarty abgesehen, wollten das Kleid zerstören. Dann ergab sich die Gelegenheit, den Modekönig mitsamt dem Kleid zu schnappen. James glaubt das zwar nicht. Nur ...» Tara stockte, sah plötzlich wieder den Juniorchef hinter den Kulissen gleich nach der Show. Hatte er es auf das Smarty abgesehen? Und waren ihm die Entführer zuvorgekommen? «Nur AFF teilt ausnahmsweise meine Meinung», beendete sie den Satz. «Wenn auch aus anderen Motiven. Seine Sorge gilt klar dem Hightech-Kleid und nicht seinem Vater.»

«Zu so einer Aktion ist AFF rein intellektuell nicht fähig.», sagte Annabelle. «Aber unter diesen Aktivisten muss es ein paar kluge Köpfe haben. Die wissen ganz genau, was sie wollen. Uns lassen sie rätseln. Ziemlich clever. Fokussieren Sie sich auf die Grünen Löwen, Tara!»

Nachdem Annabelle aufgelegt hatte, beschloss Tara, KGF zu schreiben. Sie schilderte die Schulung in rosarotem Licht und erwähnte die Begegnung mit dem nervigen Russen, der eine Lösung für die Lagerproblematik angeboten habe. Mit ihrem misslungenen Versuch, das Risiko vertraglich abzufedern, wollte sie ihn nicht unnötig verärgern.

Kaum hatte sie die E-Mail abgeschickt, meldete sich AFF und fragte nach dem Verbleib des Vertrags. Sie vertröstete ihn auf den nächsten Tag.

«Das ist zu spät!», schrie der Juniorchef durchs Telefon. «Der muss heute unterzeichnet werden, damit das Geschäft morgen abgewickelt werden kann. Ich habe soeben die Bestätigung des Spediteurs für die Konsolidierung der Ware nach Kasachstan erhalten. Diese Sicherheit ist besser als jeder Vertrag. Also dalli, dalli!»

Als Tara um acht Uhr abends die Tür ihres grasgrünen Mini-Cabrios öffnete, fiel ihr Blick auf einen Zettel unter dem Scheibenwischer. Eine Busse auf dem Firmenparkplatz? Sie faltete das Papier auseinander.

«Ihr grünes Bekenntnis in allen Ehren. Es reicht nicht, in einem Grasfrosch durch die Gegend zu fahren, Frau Mode-Anwältin! Ebenso wenig wie ein grüner Kodex, an den sich eh keiner hält. Wir wollen Aktionen sehen, und zwar dalli, dalli!»

17. Erfolg auf dünnem Eis

Knappe zwölf Stunden und eine schlaflose Nacht später saß Tara wieder an ihrem Schreibtisch vor einem schwarzen Kaffee und dem Entwurf für einen neuen Liefervertrag. Die von Rottweiler in Aussicht gestellte Liste hatte sie noch immer nicht erhalten. Auch egal, den Lieferanten zur Unterzeichnung zu bewegen oder neue zu suchen, war nicht ihre Aufgabe. Sie war für den griffigen Text verantwortlich. Wenn sie den Vertrag schon nicht den Geschäftspartnern senden konnte, dann wollte sie ihn wenigstens auf der Website platzieren. Prominent zusammen mit dem neuen Kodex, gut sichtbar für die Entführer. Und zwar rasch. Nachdem Nadine das Video der Schulung offenbar vergessen hatte, musste Tara etwas liefern. Der zahnlose Lagervertrag hatte sie zu viel Zeit gekostet. An dem Deal konnte sie nichts mehr ändern. Der war vom Tisch, zumindest von ihrem.

Ein Brummen unterbrach ihre Arbeit. Sie griff nach dem Smartphone. Eine neue Nachricht von KGF, die ihr das Blut in den Adern gefrieren ließ:

«Kein Deal mit Garcholigoff! Der hat uns den Schnäppchendeal direkt neben dem Striptease-Schuppen eingebrockt. Wenn die alten Kollektionen schon wieder in einem unserer Kernmärkte auftauchen, waren unser Auftritt am WEF und all meine Nachhaltigkeits-Bemühungen für die Katz'. Deshalb müssen Sie, Frau Bernhard, diesen Deal verhindern! Als Rechtsanwältin sind Sie nicht nur für den Vertrag, sondern auch für die korrekte Abwicklung des Geschäfts verantwortlich. Und zwar mit einem zuverlässigen Partner: Weisen Sie meinen Sohn in seine Schranken!»

Tara starrte auf das Handydisplay. Wenn sie ihren Klienten nachhaltig beindrucken wollte, dann durfte sie jetzt keinen Fehler machen. Aber wie konnte sie den Abtransport der Lagerware stoppen?

Jemand oder etwas donnerte gegen Taras Bürotür. «Gute Nachrichten!» Nadine erschien atemlos ihm Türrahmen und strahlte übers ganze Gesicht. «Cheru kommt frei. Das Video hat die Grünen Löwen offenbar mächtig beeindruckt.»

«Welches Video?», fragte Tara erstaunt.

«James hat die Schulung gefilmt und das Video den Grünen Löwen geschickt.»

«Wann?» Tara dachte an den Grund ihrer schlaflosen Nacht. «Ich meine, wann hat er es geschickt?» Sie stand auf, holte den Zettel aus ihrer Handtasche und zeigte ihn Nadine. «Das fand ich gestern Abend an meiner Autoscheibe.»

Nadine riss die Augen auf und Tara das Papier aus der Hand. «Unheimlich.» Dann lächelte sie wieder siegessicher. «Aber das Timing ist perfekt. Jetzt denken sie, ihre Drohung hätte gewirkt.»

«Wenn es denn die Grünen Löwen waren.» Tara nahm ihr den Zettel aus der Hand und legte ihn zusammengefaltet auf den Schreibtisch.

«Wer sonst?»

«Jemand, der mir einen Schrecken einjagen will?»

«Zeig es James. Und mach dir deswegen keine Gedanken.» Nadine strich ungeduldig eine Locke aus dem Gesicht. «Hauptsache es hat geklappt und Cheru kommt frei. Nun kann sie mit Oliver Smartys Probleme lösen und für dessen rasche Fortpflanzung sorgen!»

Fortpflanzung? «Glaubst du Cheru und Oliver betreiben das auch auf nichtwissenschaftliche Art?» Tara lächelte gequält.

«Das war ein Witz, Oliver ist viel zu kopflastig.»

«Wieso nicht? Eine Arbeitskollegin wie Cheru ist selbst für ein Gehirn auf zwei Beinen eine Versuchung.» Nadine grinste fies.

«Stell dir vor, sie verliebt sich und will mehr von ihm.» Tara schüttelte den Kopf «Nein, das Risiko geht Oliver nicht ein.»

«Tara, Frauen wie Cheru verlieben sich nicht. Die nehmen sich einfach, was sie wollen.»

«Solange ich nichts mitbekomme...», gab sich Tara cool. «Was machen wir, wenn die Entführer Smarty behalten?», lenkte sie ab.

«Ums Kleid würde ich mich erst sorgen, wenn Cheru ohne zurückkommt. Um deinen Freund allerdings ...»

Jemand klopfte energisch an die Tür. «Schon so früh dran, Tara?» Der Vorzimmerwachhund wirkte überrascht. «Gut, euch anzutreffen.»

«Wen haben Sie denn sonst hier erwartet?» Tara unterdrückte ein Grinsen.

«Ich könnte Hilfe im Lager brauchen». Ines Grossweiler bedachte Tara mit ihrem Killerblick und wandte sich dann an Nadine. «Darf die Verzögerung ausbaden, die wir unserer tollen Anwältin verdanken.»

«Was hast du damit zu tun, Ines?», wunderte sich Nadine.

«Wenn's brennt, kommen alle zu mir.» Der Rottweiler schaute sich in Taras Büro um und setzte sich dann auf die Schreibtischkante, wobei ihr Rock etwas hochrutschte und eine Laufmasche in ihren schwarzen Strümpfen freilegte.

«Wieso die Eile?», wollte Tara wissen.

«Sie haben wirklich keine Ahnung vom Geschäft.» Rottweiler betrachtete Tara kopfschüttelnd. «Wenn wir nicht fertig sind bis heute Abend, geht der Frachtflieger ohne unsere Ware nach Kasachstan.»

«Ja und? Sind ja keine Lebensmittel, die verderben können», gab sich Tara naiv.

«Garcholigoffs Kunden springen ab, wenn wir nicht rechtzeitig liefern», stieß die Rottweilerin aus.

«Ich helfe gerne beim Packen», ergriff Tara die Chance, um die Auslieferung zu verzögern oder sogar zu verhindern.

«Klar, ich auch. Aber vorher…» Nadine warf einen hektischen Blick auf ihre Uhr. «Vorher brauche ich deine Hilfe Ines. Ich brauche einen Arbeitsplatz, am besten ein freies Büro für Cheru.»

«Wozu das?» Rottweiler stieß sich mit einer Hand vom Schreibtisch ab.

«Die Grünen Löwen lassen sie heute frei.» Tara bedachte die Office Managerin mit einem vernichtenden Blick.

«Stimmt, die wurde ja mitentführt.» Die Office Managerin verschränkte die Hände hinter ihrem Rücken und lehnte sich an die Tischkante. «Wozu ein Büro?»

«Die Entwicklung des Prototyps ist abgeschlossen.» Nadine fuhr sich nervös durchs Haar. «Jetzt muss Cheru mit Oliver Weiss ein Labor für die serielle Produktion in der Lagerhalle vorbereiten.»

«In der Lagerhalle?» Dem Vorzimmer-Rottweiler fiel das Kinn herunter. «Und wo kommt die neue Ware hin?»

«Wir brauchen in Zukunft kein Lager mehr. BiSSS Produkte werden nur auf Bestellung angefertigt.» Nadine lächelte, als wäre das ihr Verdienst. «Damit ist auch das Problem der Überschuss- und Altware gelöst.»

«Träum weiter, Schätzchen», knurrte Rottweiler. «BiSSS fliegt noch lange nicht. Wir werden bestimmt nicht Altbewährtes über den Haufen werfen. Schon gar nicht für ein Ex-Model mit Technik-Allüren! Und überhaupt: Wozu die Hektik für einen Computer auf zwei Beinen?» Rottweiler erstarrte mitten im Satz. «Oh! Cheru…»

Tara drehte sich um. Eine glitschige Schlange legte sich um

ihr Herz. Ihre Knie wurden weich beim Anblick der Erscheinung in verschlissenen Jeans, Fliegerjacke, abgetretenen Biker-Boots, und einem naturweißen T-Shirt, das auf der olivfarbenen Haut wie aus einer Waschmittelwerbung für strahlend weiße Wäsche wirkte.

«Hey, Leute. Ich habe eure Stimmen gehört.» Cheru strahlte die drei Frauen an. «Nicht, dass ich ein Empfangskomitee erwartet hätte.»

«Oh, du bist schon da?» Nadine trat auf die Textiltechnikerin zu. «So früh haben wir dich nicht erwartet.»

«Cheru, wie geht es dir?» Wie in Trance streckte sie ihr die rechte Hand entgegen. «Wir hatten solche Angst um dich.» Eine höfliche Notlüge war jetzt wohl angebracht.

«Jöh, wie herzig.» Cheru klopfte ihr burschikos auf die Schulter.

Herzig!? Ich bin nicht herzig, dachte Tara und ärgerte sich, dass ihre Lippen im eingefrorenen Lächeln zu zittern begannen. «Wo ist KGF? Wann kommt er frei? Können wir ihn sprechen?»

«Stopp!» Cheru hob abwehrend die freie Hand. «Später. Ich muss als Erstes das Labor einrichten und einen neuen Prototyp bauen.»

«Einen neuen?», fragte Ines Grossweiler argwöhnisch. «Wo ist Smarty?»

«Als Pfand bei den Grünen Löwen. Denken wohl, dass wir KGF eher entbehren können, als Smarty.» Cheru zuckte mit den Schultern. «Aber die können nicht viel anfangen damit.»

«Oliver ist anderer Meinung», warf Tara ein.

«Klar, wäre ich auch an seiner Stelle. Ich habe viel Zeit mit den Leuten verbracht. Fanatische Weltverbesserer, aber keine Geschäftsleute.»

«Wie wollt ihr die serielle Produktion vorantreiben ohne

Smarty?», insistierte Tara.

«Wir haben noch genügend Material. Und zuerst müssen wir sowieso unser Labor einrichten.» Sie hob die dichten Augenbrauen. «Ist das Lager schon geräumt?»

«Nein, wir haben gerade erst...» Nadine blickte hilflos zum Vorzimmerwachhund.

«Kein Problem, ich brauche für den Anfang eh nicht viel Platz», winkte Cheru beruhigend ab.

«Was ist mit dem Forschungsinstitut in Davos?», fragte Rottweiler streng.

«Das wird jetzt zu eng. In unserem neuen Smarty Speziallabor werden wir auch die Spinnenseide weiterentwickeln. Das Labor bildet die Basis der geplanten Produktionsstätte.» Cheru tippte ungeduldig mit der Fußspitze auf den Boden. «Und diese wird bekanntlich hier am Hauptsitz entstehen.»

«Selbstverständlich, daran habe ich nicht mehr gedacht.» Ines Grossweiler zupfte am hochgerutschten Rock. Die Fallmasche kroch langsam, aber zielsicher an ihrem Bein hinab. « Wir packen gerade die alte Lagerware. Morgen früh ist alles weg!» Sie wedelte mit der Hand in Taras Richtung. «Ab ins Lager, Tara, hopp, hopp!»

Eine halbe Stunde später trat Tara ins Freie und sog die kalte Luft ein. Es roch nach Frühling. Die ersten Krokusse bildeten kleine Farbtupfer auf der Rasenfläche neben dem Lagergebäude. Nur im Schatten erinnerten kleine Schneehäufchen vom Winter, der sich hier im Unterland auf dem Rückzug befand. Die Morgensonne tauchte den Platz vor der Lagerhalle in ein warmes Licht. Vor der Cafeteria luden Tische und Stühle aus wasserfestem Geflecht zum Verweilen. Ein paar Raucher lungerten um einen Tisch herum. Vor einem anderen Tisch erhoben sich zwei Figuren. Tara blieb stehen und hielt eine Hand über die Augen. Eine rauchende Valerie in Lederboots und Bikerjacke mit Lucien? Nein, Cheru und James in einem vertrauten Gespräch. Ein Déjà-vu. Auf die Distanz glich die Textilingenieurin Taras verhasster Exkollegin, die ihr damals hellblondes Haar zu Internatszeiten, als sie sich Lucien unter den Nagel gerissen hatte, auch kurz trug. Oliver stand auf blonde Haare und früher auch einmal auf Valerie, bevor er ihren schlechten Charakter erkannt hatte. In dem Moment wurde Tara bewusst, wie sehr James sie an Lucien erinnerte.

18. Schnäppchenjagd

Ein Paradies für Schnäppchenjäger, dachte Tara, während sie zwischen den Kleiderstangen umherstrich. Aus der unterkühlten Lagerhalle schlug ihr ein muffiger Geruch entgegen. Dutzende Seidentops, Hemdblusen, Blazer, Hosen, Röcke und Kleider warteten darauf, in Plastik verpackt zu werden. Sie hielt sich eine türkisblaue Bluse vor die Brust. Die Farbe gefiel ihr, aber diese Fledermausärmel. Wieder andere Blusen warteten mit Puffärmeln auf, und allesamt waren oversized. An der nächsten Stange entdeckte sie kastige Blazer und Kleider mit Schulterpolstern. Weiter hinten leuchteten T-Shirts in Neonfarben. Die Klamotten erinnerten sie an eine amerikanische TV-Serie über eine texanische Öl Dynastie, die sie mit ihrer Mutter geschaut hatte. Hochwertige Materialien, aber definitiv nicht Finny-Mode-Stil, wie sie ihn kannte. Waren die Klamotten so alt wie Tara oder ein Ausrutscher eines Designers? In Almaty oder Ulaanbataar war man anscheinend nicht wählerisch. Ob Louis Vuitton seinen riesigen Store in der mongolischen Hauptstadt auch zum Absatz von Altware verwendete?

Angesichts der Masse an modischen Fehltritten, konnte Tara KGFs Besorgnis nachvollziehen. «Nicht mit Garcholigoff!», sah Tara KGFs Befehl wie ein Stoppschild vor ihrem inneren Auge. Wie konnte sie den Abtransport der Ware verhindern? Tara beschloss, ihrem Klienten das Dilemma zu schildern und ihn um Rat zu fragen. Sie wählte seine Nummer, landete aber direkt auf der Voicemail und bat ihn um Rückruf. Wenn er sich nicht bald meldete, würde sie ihm eine E-Mail schreiben. Jetzt musste sie wenigstens ein paar Sachen einpacken, um keinen Verdacht zu erwecken. Sie blieb vor einer Kleiderstange mit jüngeren Kollektionen stehen und griff nach einer sandfarbenen Kaschmirjacke. Unfähig, dem seidenweichen Material zu widerstehen, probierte sie sie an.

«Einpacken, nicht anziehen!», tönte die Stimme des Rottweilers hinter ihr.

«So schade um diese Teile. Die sind noch immer topaktuell.» Sie strich über die Jacke und wies auf die Stricksachen und Blusen, die verpackt in Plastik am Boden lagen. «Zumindest zeitlos schön. Wieso kann man die nicht in einer unserer Boutiquen verkaufen?» Tara hielt Ines Grossweiler eine weiße Hemdbluse mit blauem Kragen hin.

«Sind Sie schwer von Begriff?», fauchte der Vorzimmerdrachen. «Diese abgehobenen Kragen und Manschetten sind passé.» Sie verdrehte die Augen. «Ein Insider erkennt die Details. Heute kurz und tailliert, im nächsten Jahr weit und lang. In einer Saison ist der Boyfriend Style angesagt, in der nächsten Rüschenkragen mit Blumenprints. Im Sommer tragen wir A-Linie und Mondrian Look, im Winter Grunge.» Sie stöhnte auf, als ob ihr jemand auf den Fuß getreten wäre. «Tara, Sie haben wirklich keine Ahnung von Mode!»

«Die echte Finny-Mode Kundin schätzt angeblich zeitlose Qualität, hat ihren eigenen Stil gefunden und muss nicht auf jeder trendigen Modewelle mitreiten.» Tara wies auf eines der Plakate mit dem Slogan, schälte sich aus der Jacke und hielt sie dem Rottweiler unter die Nase. «Es gibt bestimmt ignorante Leute wie mich, die gerne Geld für hochwertige Kleidung ausgeben, ohne sich um modische Details zu scheren.»

«Ein Werbeslogan entspricht doch nicht der Realität. Wenn dem so wäre, würden unsere Kundinnen nicht jedes Jahr was Neues kaufen. Und wenn wir zeitlose Qualität ohne ständig ändernde Farb- und Schnittnuancen lieferten, würde niemand den zigsten sandfarbenen Pulli kaufen. Wovon sollten wir und überhaupt die Modeindustrie denn leben?»

«Klar, das verstehe ich.» Tara dachte an ihre Streifzüge durch die verlockenden Tempel der schnellen Mode. «Aber es braucht nicht wöchentlich neue Kollektionen, wie sie uns die Fast Fashion aufdrängt. Wieso machen wir eigentlich keinen Fabrik-Verkauf?», wagte sie einen letzten Vorstoß.

«Lohnt sich nicht bei der Pauschale, die Garcholigoff uns bezahlt.»

«Das heißt, die Sachen sind nicht abgezählt?» Tara faltete die Jacke zusammen und hielt sie zögernd über eine der Kisten.

«Nein, aber deswegen dürfen Sie sich nicht einfach bedienen!»

«Ich würde sie auch bezahlen.»

«Die Farbe steht Ihnen», sagte Ines beinahe freundlich. «Behalten Sie die Jacke. Für ihren Einsatz.» Dann hob sie eine volle Schachtel hoch und wandte sich zum Ausgang. «Halten Sie mir die Tür auf.» Plötzlich blieb sie stehen und schaute sich um. «Haben Sie Adalbert Ferdinand gesehen?» Ihre Stimme klang besorgt. «Oder Valerie?»

«Nein. Soll ich etwas ausrichten, wenn …» Was wollte Valerie hier?

«Nicht wichtig», gab Ines Grossweiler unwirsch zurück und eilte zum Ausgang.

Als der Vorzimmerwachhund außer Sichtweite war, versteckte sich Tara zwischen zwei Stangen mit bauschigen Röcken und zückte ihr Smartphone. Sie schilderte KGF ihren Konflikt und bat ihn um Anweisung. Während sie die neuen E-Mails überflog, hörte sie, wie die Tür auf- und wieder zuging. Sie lauschte. War die Rottweiler zurückgekommen? Schritte kamen näher. Wenige Sekunden später wieder das metallische Schnappen. Leise Stimmen, ein Murmeln und Flüstern.

Tara drückte sich in die voluminösen Stoffwolken. Staub und der Duft nach Mottenkugeln stiegen ihr in die Nase. Sie unterdrückte ein Niesen. Hinter ihr raschelte es. Sie blickte sich um, sah aber nur die in Plastikhüllen verpackten Tüll-Abendkleider, die sie mit der Stange ein wenig nach hinten geschoben hatte.

«Los, meine Schönste, such dir was aus. Hier sind die Klamotten aus deiner Lieblingskollektion.» AFFs Stimme war nun ganz nahe und schmalzig-süß. «In diesem Kleid siehst du bestimmt so sexy aus wie eine blonde Alexis Carrington. Los, zieh es an!»

Rascheln, etwas Metallisches fiel zu Boden.

«Ich hoffe, nicht nur in dem Kleid? Die neue Alexis im Net-flix-Remake ist übrigens blond.» Ein Kichern. «Los, zieh mir den Reißverschluss hoch.» Das war doch... Nein, das konnte nicht sein.

«Bei mir zieht sich grade was ganz anderes hoch. Komm her, ich habe dich so vermisst.»

«Ich dich auch, mein Bärchen. Aber wir sind hier nicht in der Garderobe eures Flagshipstores. Was, wenn jemand herein-kommt?»

Tara schluckte, hielt die Luft an. Valerie! Laut und deutlich.

«Dummerchen, ich habe das Tor abgeschlossen», nuschelte AFF.

«Na dann, machen Sie sich bitte unten frei, mein Herr.»

Etwas quietschte. Nur wenige Meter vor Tara wurde eine Kleiderstange auf Rädern gegen eine Wand geschoben. Her-renschuhe rutschten nach, ein Reißverschluss ratschte, die Hose fiel über die Schuhe. Schwere Atemstöße. Keuchen. Stöhnen. Ein Fuß in High Heels fuhr über ein nacktes Schien-bein. Der andere Schuh wurde abgestreift, und ein nackter Fuß schob sich zwischen die Herrenschuhe.

«Hach, du trägst den Tanga. Ich liebe dich!»

Der beschuhte Fuß landete auf dem einen Herrenschuh, dann folgte ein Klatscher.

«Autsch, spinnst du?»

«Sag das nie wieder, mein Bärchen!»

«Hey, das tat weh», tönte AFF weinerlich.

«Ich dachte, du magst Schläge.»

«Nur wenn ich ne Linie gezogen habe.»

«Damit solltest du aufhören. Er steht ja auch so. Los, gibs mir endlich, mein Großer.» Nun lösten sich beide Füße vom Boden, wie von Geisterhand hochgehoben. Valeries Beine schlangen sich um AFFs. Mit einem Ruck wurde die Kleiderstange ein Stück entlang der Wand geschoben. Stöhnen, Keuchen, Sekunden später ein spitzer Schrei und ein Grunzen.

«Ach Bärchen, du bist einfach der beste…»

«Hallo? Ist jämand da?» Lautes Klopfen, dann ein Rütteln an der Metalltüre. «Adalbärt?»

«Scheiße, Boris kommt zu früh!»

«Lieber der als du.» Kichern. Rascheln von Stoff.

«Los, versteck dich!»

Die Stange wurde zurückgeschoben. Valeries Hand schnappte nach den Schuhen, die Füße kamen näher.

Tara verkroch sich noch weiter ins Stoffgewölk. Glücklicherweise änderte Valerie Richtung und Strategie. Ein Schlüssel drehte sich, und das Tor öffnete sich scheppernd. «Hi, Boris, ich durfte noch ein paar Schnäppchen aussuchen.» Ein unsicheres Lachen. «Nur zum Vorsondieren natürlich.» Klackernd zog Valerie auf ihren hohen Hacken ab.

Tara sah den Moment gekommen und wollte sich unbemerkt davonschleichen, als sie hinter sich ein Rascheln hörte. Lauter als vorher. In dem Moment zogen stählerne Arme sie herunter und eine kühle Hand legte sich über ihren Mund. Ihr

214

Herz raste.

«*Don't worry*. Ich muss nicht alläs sehen. Eure Ware ist einwandfrei, das weiß ich.»

«Ungeheuerlich! Jemand muss uns eingeschlossen haben», empörte sich AFF. «Zum Glück habe ich noch einen Ersatzschlüssel gefunden.»

Der Druck der Hand auf Taras Mund verstärkte sich, ihr Kopf fühlte sich wie in einem Schraubstock. Sie hörte Gemurmel, Stoffraschen, das Rollen der Räder von Kleiderständern. Die Stimmen kamen näher.

«Sehr schöne Ware. Diese edlen Stoffe sind viel zu schadä für Almaty und Ulaanbaatar.» Kehliges Lachen.

Räuspern, gefolgt von mehrmaligem Schniefen. «Apropos Stoff. Bringst du was mit für die Afterparty? Ich brauche Nachschub.»

«Abär klar, mein Liebär. Wenn du wieder ein paar zahlkräftige Kunden an die Party mitbringst und dafür sorgst, dass die Aktion, wie besprochen, über die Bühne geht.»

«Keine Sorge, die wird einschlagen wie eine Bombe.»

«Und eure Anwältin? Ahnt sie etwas?»

«Valerie ist unsere Anwältin. Sie hat Tara Bernhard voll im Griff und du bist fein raus.»

Die Stimmen wurden leiser, die Schritte entfernten sich. Das Tor quietschte und fiel mit einem dumpfen Knall ins Schloss.

Die Hand löste sich von Taras Mund. Sie fiel auf alle Viere, drehte sich um und blickte direkt in Cherus dunkle Augen. Die Textiltechnikerin legte einen Finger an ihre Lippen. Auf dem gellackierten Fingernagel schimmerten noch immer die silberschwarzen Punkte.

Nach einigen Sekunden ließ Cheru die Hand sinken. «Hey? Eine Peepshow ist nichts dagegen.» Ihr schallendes Lachen brach die Stille.

«Bärchen?» Tara ahmte Valeries Stimme nach. «Naja, wo die Liebe hinfällt oder einen überfällt.»

«Sorry, dass ich dich überfallen habe. Aber ich wollte herausfinden, was die hier treiben.» Cheru grinste kopfschüttelnd. «Nicht Valerie und AFF.»

Tara strich sich die Haare aus dem Gesicht. «Was ist denn los?»

«Der AFF ist los!» Cheru erhob sich langsam und schaute sich in der Lagerhalle um. «KGF hat mich gebeten, ein Auge auf Sohnemann zu werfen. Der sei eine tickende Zeitbombe und ihr hättet wieder einen Deal mit dem Fast-Fashion-Zaren abgeschlossen.»

«Was hießt wir?» Tara schüttelte die Beine aus. «Ich war dagegen! Woher weißt du überhaupt davon?»

«Schon gut.» Cheru hob ihre flirrenden Fingernägel. «James hat seine Bedenken geäußert.»

«Wieso hat er den Vertrag überhaupt unterzeichnet?»

«Weil AFF sonst zu Brecht gerannt wäre. Und die ist als Vizepräsidentin auch unterschriftsberechtigt.»

«Und was ist mit der Bombe?»

«Die werde ich entschärfen.» Cherus Augen verengten sich zu schwarzen Schlitzen. «Aber ich brauche deine Hilfe. Wir können AFFs falsches Spiel auffliegen lassen und es gleichzeitig für KGFs Befreiung nutzen.» Cheru spielte mit ihren Fingern. «Wenn es funktioniert, steht Finny-Mode als ehrliche Firma da, die sich ernsthaft um eine Veränderung bemüht und Fehler zugeben kann. Das wird die Konsumenten und die Grünen Löwen überzeugen.»

«Was hast du da eigentlich auf deinen Nägeln?» Tara wich zurück. Sie wusste nicht, was sie mehr erschreckte, Cherus Blick oder ihre sirrenden Fingerspitzen.

«In meinen Nägeln.» Cheru grinste und hielt ihre Nägel vor

Taras Augen. «Meine fleißigen Lieschen beißen nicht.» Sie wippte mit ihren langen Fingern. «Außer, sie fühlen sich angegriffen.»

«Wie beruhigend.» Winzige Tierchen mit langen dünnen Beinchen tummelten sich in den Hohlräumen der künstlichen Fingernägel. «Magersüchtige Ameisen?»

«Ameisenspinnen. BiSSS basiert auf ihren Genen. Ich züchte sie für die Forschung.»

«Wie können die atmen?»

«Das sind spezielle, sauerstoffdurchlässige Gelnägel mit Hohlraum für Insekten oder eben kleine Spinnen.»

«Spinnen sind doch auch Insekten?», wunderte sich Tara.

«Nein, sie gehören zwar beide zum Stamm der Gliederfüßer. Aber Spinnen haben weder Flügel noch Fühler, dafür acht statt sechs Beine. Cheru lächelte. «Um nur zwei von ganz vielen Unterschieden zu nennen.»

«Wieso sind die in diesen gräss...»

«... grässlichen Krallen, wolltest du sagen?» Cheru verzog das Gesicht. «Das Ganze ist ein Werbegag, der sich aus meiner Forschungsarbeit ergeben hat. Ein Kunde, für dessen Kosmetikfirma ich an umwelt- und hautverträglichen Gelnägeln forsche, bat mich im Auftrag eines russischen Nagelstudios, Nägel mit einem Hohlraum für Ameisen zu entwickeln. Ich war entsetzt und habe mich geweigert, bei so einer Tierquälerei mitzumachen. Nachdem mich der Kunde bekniet hat, gab ich nach. Wenn sich diese kleinen Lebewesen in den von mir entwickelten Gelnägeln wohlfühlten, sei das der beste Beweis für ihre Unschädlichkeit. Das zwang mich, das Material noch zu verfeinern. Die Sauerstoffdurchlässigkeit kommt auch dem menschlichen Nagel zugute. Mein Kunde war einverstanden, die Hälfte der Werbekosten zu tragen, wenn ich Teil der Kampagne bin.» Cheru hob die Schultern. «Was macht man nicht alles für gute Kunden. Aber wenn ich schon meine Hände verschandeln lasse, dann nur mit meinen eigenen Tierchen.»

«Und die leiden wirklich nicht?» Tara schaute skeptisch auf Cherus Finger.

«Meine Krabbeltierchen würde ich niemals gefährden.» Sie schaute liebevoll auf ihre Nägel. «Ihnen verdanke ich viel.»

«Wie lange bleiben die da drin? Die müssen doch auch fressen?»

«Sobald ich im Labor bin, entlasse ich die Spinnen in ihr Terrarium, wo sie fressen, schlafen, ihre Netze bauen und sich vermehren. Die sind nie länger als ein paar Stunden eingesperrt.» Cheru betrachtete besorgt ihre Fingerspitzen. «Normalerweise ...»

«Wie haben sie die letzten Tage überlebt?»

«Allabendlich ließ ich sie auf dem Küchentisch über ein paar mit toten Fliegen vermischte Salatblätter laufen.» Cheru schmunzelte. «Vermutlich war das Grund, weshalb mich die grünen Kids laufen ließen.»

«Und was hast du nun vor?»

«Das werde ich dir gleich zeigen.» Cheru zog zwei Kaschmirjacken von einer Stange und breitete sie auf dem Boden aus. Nachdem sie Tara ihren Plan dargelegt hatte, klappte sie die Nägel ihrer linken Hand auf und ließ ein gutes Dutzend Ameisenspinnen über die eine Jacke purzeln. Emsig krabbelten die Tiere über das weiche Material, wühlten sich in die Wolle, schienen darin zu versinken, nur um Sekunden später wieder an die Oberfläche zu kommen. Nach einer Minute sammelte sie die Ameisenspinnen wieder auf und ließ sie auf die andere Jacke fallen, wo sich das Schauspiel wiederholte.

«Können die sich nicht verlieren in den Wollfäden oder einfach abhauen?», staunte Tara.

«Die wissen, wohin sie gehören. Sie markieren ihr Territorium mit einer Substanz, die für das menschliche Auge erst durch Reibung und Wärme sichtbar wird.»

«Wenn die Kleider getragen werden?»

Cheru nickte. «Diese Teile verfärben sich nicht bereits während des Transports oder durch bloße Berührung, sondern erst, wenn sie eine längere Zeit getragen werden. Und auch nur innerhalb der nächsten zwei Wochen. Hey, nix da.» Cheru schubste zwei vorwitzige Ameisenspinnen, die sich vom Ärmel machen wollten, zurück. «Die Wirksamkeit des Sekrets lässt mit der Zeit nach.»

«Wenn die Ware wirklich, wie vertraglich vereinbart, in Ulaanbaatar oder in Almaty ankommt, gibt es kein Problem für die Leute dort?»

«Natürlich nicht.»

«Aber wenn die Ware in Europa landet, werden die Käufer mit verfärbten Kleidern bestraft?»

«Das Risiko der Schnäppchenjagd.» Cheru zuckte mit den Schultern. «Sie können die Klamotten ja zurückbringen.»

«Ist das nicht gesundheitsschädlich?»

«Überhaupt nicht.»

«Und wozu das Ganze?» Tara realisierte, dass sie gerade Zeugin eines Sabotageaktes wurde, den sie als Juristin eigentlich verhindern müsste.

«Erziehung der Konsumenten oder Schnäppchenjagd mit nachhaltiger Wirkung.» Sie nahm ein Seidenkleid mit Unterrock von der Stange, legte es auf den Boden und zeigte Tara die Etikette. «Made in China. Der Unterrock ist aus indischer Viskose.» Sie sammelte die Krabbeltierchen von der Jacke ein und ließ sie vorsichtig auf das Kleid fallen. «Auch KGF wird so lange Ware unkontrolliert im Ausland produzieren lassen, bis seine Kundinnen eine Kehrtwende verlangen.»

«Willst du uns alle damit bestrafen?»

«Nein, ein Zeichen setzen. Für andere Firmen. Für Manager und Mitarbeiter, denen die Konsequenzen nicht bewusst sind.»

«Oder für Produktentwickler, die einen Kodex zum Schutz von Umwelt und Textilarbeitern als rein kosmetische Aufwertung ihrer Website betrachten.» Tara dachte an die Mitarbeiterschulung.

«Und es kommt ja keiner wirklich zu Schaden. Höchstens...» Cheru hob ihre buschigen Augenbrauen. «Höchstens jemand, der mich mal geärgert hat.»

Einige Minuten lang herrschte emsiges Krabbeln und Schweigen. Tara reichte Cheru ein Kleidungsstück nach dem andern und verpackte die behandelten Teile sorgfältig.

«Reagiert nachhaltig produzierte Seide eigentlich anders auf die Ameisenspinnenspucke?»

«Sekret, keine Spucke», korrigierte die Textiltechnikerin und erklärte, wie sie im Rahmen ihrer Forschung das Sekret und seine Wirkung als Nebenprodukt entdeckt habe. Ein Zufallsfund, der nun in der Textilverarbeitung und in der Modeindustrie als Fibertracer eingesetzt werden sollte, um gesundheits- und umweltschädliche Materialien zu erkennen.

«Zum Schutz der Verbraucher?»

«Zumindest sollen die wissen, von wem, wo und wie ihr neues Kleid verarbeitet und produziert wurde. Ist doch erschreckend, dass sich Käufer von Mode nicht mal für die Auswirkung auf ihre eigene Gesundheit interessieren, geschweige denn für das Trinkwasser der Leute, die ihre Fähnchen fabrizieren. Aber wenn Giftstoffe in der Kleidung klar erkennbar sind...» Cheru legte die hohlen Gel-Nägel auf ein Seidenkleid, schubste die Tierchen sanft wieder in die Gellackröhrchen und klappte sie zu. «Wenn immer mehr Konsumenten nachfragen, werden auch Hersteller liefern müssen. Und mit dem Fibertracer können sie ihre gesamte Produktionskette zurückverfolgen und besser kontrollieren.»

«Genial und weitaus effizienter, als renitenten Mitarbeitern einen Nachhaltigkeitskodex einzurichtern.» Tara war beeindruckt. «Wie bist du eigentlich zu deinem Beruf gekommen? Oder müsste ich sagen, zu deiner Berufung?»

«Als Model habe ich die Modewelt kennen und fürchten gelernt. Jetzt will ich meinen Beitrag leisten, dass sie eine bessere wird.»

«Vom Model zur Textilingenieurin?»

«Nein, gemodelt habe ich erst während des Studiums. Für Textilwirtschaft und neue Techniken habe ich mich viel früher interessiert.» Cheru wandte den Kopf ab. «An meinem achtzehnten Geburtstag teilten meine Eltern mir mit, dass sie mich als Baby in Indien adoptiert hatten, als sie für ein paar Jahre in Mumbai lebten. Sie kannten nur den Namen meiner Mutter, die damals in einer Textilfabrik gearbeitet habe. Nachdem ich das Gymnasium abgeschlossen hatte, reiste ich für ein halbes Jahr durch Indien, klapperte Fabriken und Nähereien ab. Meine Mutter habe ich nicht gefunden, dafür die entsetzlichen Zustände in der Textilindustrie entdeckt.» Sie schaute zu Boden, atmete tief durch. «In manchen Gegenden werden noch heute junge Frauen wie Sklavinnen in Betrieben gehalten, die unsere Modeindustrie beliefern.»

«Ja, davon habe ich gehört. Eine perfide Form von Zwangsarbeit, die in der südindischen Textilproduktion praktiziert wird. Jungen Frauen aus ärmsten Verhältnissen werden im Rahmen von mehrjährigen Arbeitsverträgen Geld für ihre Mitgift und drei warme Mahlzeiten am Tag versprochen. Stattdessen gibt es Zwölf-Stunden-Schichten und Misshandlungen. Die Mitgift wird, wenn überhaupt, erst am Ende ausbezahlt.»

«Genau. Sumangali nennt sich das ausbeuterische System, das totgeschwiegen wird.» Cheru nickte. «Die Leute, die etwas dagegen unternehmen könnten, schauen weg, wollen nichts von Arbeitsstätten wissen, in denen Mädchen ohne Tageslicht und Pausen arbeiten müssen. Das hat mich schockiert. Und so habe ich mich einer gemeinnützigen Organisation angeschlossen, die sich für diese Frauen einsetzt. Ich habe Textilwirtschaft studiert, in der Forschung gearbeitet und mich als Textilingenieurin weitergebildet.»

«Wow...» Tara fehlten die Worte und eine Motivation zur Eifersucht.

«Und jetzt brauch ich eine Zigarettenpause.» Cheru stand auf und legte Tara eine der behandelten Kaschmirjacken über die Schultern. «Hier, zieh die mal eine Weile zu Hause an.»

Tara ließ die Jacke erschrocken fallen. «Was soll ich damit?» Es war dieselbe Jacke, die Ines Grossweiler ihr großzügig überlassen hatte. Nur einen Ton heller als die sandfarbene, die sie vom Rottweiler erhalten hatte.

«Damit du siehst, was mit dem Material geschieht.» Sie hob die Jacke auf und drückte sie Tara in die Hand. «Und jetzt geh bitte zu Ines Grossweiler. Ich brauche die Lagerhalle eine gute Stunde für mich allein, damit ich meine Tierchen in Ruhe weiterarbeiten lassen kann, bevor die Teile verpackt werden.»

«Was soll ich ihr sagen?»

«Dir wird schon was einfallen.» Cheru hob den Daumen und entschwand.

19. Ein geheimnisvolles Versteck

«Wo ist diese Textilfrau?», herrschte AFF sie vom Kopfende des ovalen Tisches an, kaum hatte Tara das gläserne Sitzungszimmer betreten. «Wegen ihr wurde diese Krisensitzung einberufen!»

«Textilfachfrau, wenn schon. Und ihnen auch einen guten Tag, Herr Fuchs.» Tara schenkte ihm ein mildes Lächeln. «Sie ist in der Lagerhalle, kommt aber gleich.»

«Was tut sie da?»

«Sie baut ein provisorisches Labor auf, damit sie einen zweiten Prototypen...»

«Wieso einen zweiten?»

«Smarty ist ja als Geisel bei den Grünen Löwen.» Tara legte die beiden Kaschmirjacken vorsichtig auf ihre Mappe und setzte sich neben Nadine, die am anderen Kopfende in ihr iPad vertieft neben James saß. «Oliver und Cheru wollten sowieso ein Smarty II bauen. Der erste Prototyp hatte wohl noch ein paar Kinderkrank...»

«Dann sollen die sich mal beeilen!», unterbrach AFF. «Die Lizenzverhandlungen stehen an. Wer hat eigentlich die Liste mit den Interessenten?»

«Das wollte ich Sie gerade fragen, Adalbert», meldete sich James.

«Nadine!», herrschte AFF seine Cousine an. «Deine Fangemeinde wird wohl eine halbe Stunde ohne deinen virtuellen Senf überleben.»

«Steht alles im Notizbuch meines Onkels, und das trägt er immer bei sich.» Nadine blickte mit gelangweilt abwesendem Blick kurz auf. «Gewisse Dinge vertraut er nicht mal Ines an,

223

geschweige denn einem elektronischen Gerät.»

Wenige Minuten später betrat Cheru den Raum und entledigte sich mit einer lässigen Bewegung ihrer Jacke, die sie über den Stuhl neben Adalbert Ferdinand Fuchs fallen ließ. Der wandte sich um und starrte auf ihre wohlgeformten Brüste, die ohne BH unter dem weißen T-Shirt besonders zur Geltung kamen.

Cheru legte eine Hand auf die Brust, mit der andern zog sie ein leeres Glas zu sich. «Na, haben Sie sich sattgesehen?» Dann langte sie unter AFFs Nase vorbei nach einer Wasserkaraffe.

Der verfolgte wie hypnotisiert jede Bewegung ihrer Hände. Als sie sich Wasser ins Glas goss und ihm dann die Karaffe anbot, stieß er sich mit einem unterdrückten Schrei vom Tisch ab. «Was haben Sie da auf den Fingern?»

«Ach das?» Cheru drehte sich nach ihm um und hielt ihm ihre Nägel vors Gesicht. «Die Testphase für einen Werbegag.» Sie zwinkerte Nadine zu. «Und eine super Idee von Nadine.»

«Ja, nicht wahr?» Nadine lächelte geschmeichelt. «Ohne Ameisenspinnen keine Spinnenseide!»

«Gehen sie weg!» AFF sprang auf, käseweiß im Gesicht. Sein Stuhl fiel um. «Ich bin allergisch auf Spinnen!»

«Das ist keine Allergie, das nennt sich Arachnophobie.» Nadine unterdrückte ein Grinsen.

«Das ist doch Tierquälerei!»

«Aber nein, die fühlen sich pudelwohl bei mir.» Cheru folgte dem Juniorchef und hielt ihm ihre Finger vors Gesicht. «Schauen Sie selbst!»

«Herrgott nochmal, weg damit!» AFF klammerte sich mit angewidertem Blick an die Tischkante. «Das ist eklig und kein Werbegag. Wieso wurde ich über die Aktion nicht informiert?» Wütend schob er sein Kinn in Nadines Richtung.

«Noch bin ich der Marketingmanager, liebe Kusine!»

«Dein Papa war begeistert, und ich wollte dir ...» Nadines Blick war wieder auf ihr Tablet gerichtet. «Ich glaube, wir haben gerade andere Probleme.»

«Könnten wir nun bitte zum Grund unseres Treffens kommen?», meldet sich James und wandte sich an Cheru. «Willkommen zurück! Wir sind froh, dass Sie wieder bei uns sind. Wie geht es Ihnen?»

«Bestens, danke.» Sie lächelte spöttisch. «Was wollen Sie wirklich wissen?»

«Was war mit KGF los?»

«James, das habe ich Ihnen doch vorhin bereits gesagt.» Cherus Augen funkelten unter den zusammengezogenen Brauen. «Es lag nicht am Schal!»

«Würden Sie das bitte für alle Anwesenden wiederholen. Ich möchte, dass der Krisenstab das von Ihnen selbst hört.» James schob das blinkende Handy auf den Tisch. «Ich werde es aufnehmen fürs Protokoll.»

«Smartys Schal enthält keine Substanzen, die eine allergische Reaktion auslösen können. KGF hatte einen Kreislaufkollaps und die Grünen Löwen haben die Situation ausgenützt.»

«Danke, dann wäre das auch geklärt.» James nickte. «Nun erzählen Sie uns bitte, was Sie wissen. Wer sind diese Grünen Löwen, und wo halten sie KGF versteckt? Ist er in Gefahr, und was können wir für ihn tun?»

Cheru lehnte sich im Stuhl zurück und berichtete, wie die Entführer sie im Sanitätswagen gefesselt, ihr eine Augenbinde umgelegt und eine Spritze verpasst hatten, als sie sich wehrte. Sie sei erst am nächsten Morgen erwacht – in einem Pyjama und in einer alten Villa. «Die Kids versorgten uns mit Klamotten, gesundem Essen und einer Yogamatte. Nur Smarty war weg mitsamt dem Schal.»

«Wir haben den Schal!», rief Nadine triumphierend. «Den musst du in der Aufregung verloren haben. Theobald hat ihn gefunden.»

«Das ist ja… « Cherus Augen weiteten sich überrascht. «Super! Und wo ist er?»

«Hier.» Nadine zog das silber-weiß schimmernde Stoffbündel aus ihrer Tasche und schob es über den Tisch. «Ganz unversehrt.»

«Danke Nadine, das ist phantastisch!» Cheru nahm das zarte Gewebe mit einem dankbaren Lächeln zu sich. «Damit können wir Smarty II noch schneller entwickeln.»

«Was sind das überhaupt für Leute, diese Grünen Löwen?», wollte AFF wissen.

«Studenten, hauptsächlich junge Leute und Teenager.»

«Wer ist ihr Boss?», fragte James.

«Mal gibt die eine, mal ein anderer den Ton an. Gleichberechtigte Idealisten, die eine perfekte Welt wollen, in der alles aus nachwachsenden Rohstoffen hergestellt, sämtliche Energie aus Solarstrom bezogen wird und Autos ganz ohne Benzin oder Batterien geräuschlos durch die Luft schweben.» Nachdenklich fuhr sich Cheru durchs Haar.

«Studenten, sagten Sie? Woher…» AFFs starrte wie ein hypnotisiertes Kaninchen auf ihren Busen. «Ich meine, was studieren die?»

«Jetzt wo sie fragen, macht deren Interesse an Smarty Sinn.» Cheru strahlte AFF an, als habe sie gerade das Ei des Columbus entdeckt. «Ein paar sind ausgebildete Elektroingenieure und schreiben ihre Masterarbeit über Robotics. Deshalb haben sie mich über Smarty ausgequetscht.»

«Ha, ich wusste es!» Wie von einer Schlange gebissen zuckte das Kaninchen zurück. «Die wollen Smarty kopieren!» Seine Wangen liefen feuerrot an. «Von wegen Idealisten, das sind

Industriespione!» Er bohrte mit seinem Finger Löcher in die Luft. «Und Sie, Sie, Siiie! Sie haben mit diesen Verbrechern über unsere Geheimwaffe gesprochen?»

«Hey, easy. Wir haben nur diskutiert. Die Studenten wollten sich profilieren. Schienen an einem Job interessiert und wir könnten Verstärkung in unserem Hightech-Startup gebrauchen.»

«Wie bitte?» AFF japste und raufte sich die Haare. «Sie sind eine intelligente Frau, das können Sie nicht ernst meinen. Sie leiden am Stockholm Syndrom!»

«Nö, keine Symptome, danke der Nachfrage.» Cheru inspizierte ihre Fingerspitzen.

«Das ist die Lösung: Ein Job in der Smarty-Forschung – gegen die Freilassung von KGF!» Nadine strahlte begeistert.

«Bist du von Sinnen?» AFF löcherte mit dem Finger nun seine Stirn. «Sollen wir diese Kriminellen noch belohnen?»

«Super Idee, Nadine», mischte sich Tara ein. «So können die Grünen Löwen direkt mitverfolgen, wie sich Finny-Mode zu einem nachhaltigen Unternehmen wandelt.»

«James helfen Sie mir! Diese Weiber sind doch komplett übergeschnappt.»

«Nein, Adalbert, sind sie nicht.» James klopfte mit dem Stift auf seinen Schreibblock. «Wir sollten den Entführern das einmal vorschlagen. Und wenn sie darauf nicht eingehen und auch sonst keine Verhandlungsbereitschaft zeigen, müssen wir uns selbst in die Höhle der Grünen Löwen wagen und KGF herausholen.»

«Wieso plötzlich die Eile? Mein Vater scheint ja nicht in Lebensgefahr zu sein.» AFF hob die Hände, als sich alle Augen auf ihn richteten. «Was denn? Ich will ja nur nicht, dass Sie meinen Papa mit einer solchen Aktion in Gefahr bringen.»

«Wir brauchen KGF hier, und zwar bald!» James wandte sich

kopfschüttelnd an Cheru: «Wo ist diese Villa?»

«Woher soll ich das wissen? Kaum saß ich im Wagen, wurden mir wieder die Augen verbunden. Aber ich habe Fotos von dem feudalen Quartier.» Cheru zog ihr Smartphone hervor und tippte darauf herum. «Ich habe sie euch gerade per WhatsApp geschickt. Ein Herrschaftssitz aus dem vorletzten Jahrhundert. Im Erdgeschoss und ersten Stock wohnt ein Künstler. Im zweiten und im Dachgeschoss haben sich die Grünen Löwen eingenistet. KGF und ich hatten je ein eigenes Schlafzimmer im zweiten Stock. Das Bad mussten wir teilen. Alles etwas verlottert, aber dank Kachelöfen war es warm, und aus der vorsintflutlichen Dusche kam manchmal ein wenig warmes Wasser.»

«Und die Umgebung? Stadt oder Land? Berge, einen See oder Fluss?», hakte Tara nach. Viel mehr als das Haus interessierte sie KGFs Aufenthaltsort.

«Ein verwilderten Park mit hohen Bäumen, durch deren Wipfel man auf der einen Seite Hochhäuser und einen Kirchturm sieht, auf der andern verschneite Berggipfel.»

«Was ist das für ein Künstler?», fragte Nadine.

«Das ist doch nicht wichtig», knurrte AFF.

«Jeder Hinweis auf KGFs Versteck ist wichtig», wies James ihn zurecht.

«Er ist Maler und hat mich sogar portraitiert», fuhr Cheru fort. «Ein charmanter, älterer Herr namens Amadeo, der den ganzen Tag vor seiner Staffelei sitzt, wenn er nicht im Park eine Runde dreht oder Schokoladenkekse backt.»

«Gehört er zu den Grünen Löwen?»

«Ihm gehört das Haus.»

«Weiß er, dass er sein Haus an Kriminelle vermietet?», fuhr AFF dazwischen. «Habt ihr ihm wenigstens gesagt, dass ihr deren Geiseln seid?»

«Wozu sollten wir einen alten Mann damit belasten? Wir waren nie in Lebensgefahr. Und er ist für diese jungen Leute mehr als nur ein Vermieter. Die kümmern sich rührend um ihn – kochen, einkaufen, putzen. Eine Art symbiotische Hausgemeinschaft.»

«Wieso weißt du, dass das Haus diesem Künstler gehört?», fragte James.

«Aus Gesprächen unter den Jungen, seinen Erzählungen und von den vielen Fotos, die in seinem Atelier herumstehen.»

«Vielleicht hat er Kinder, die bei den Grünen Löwen sind», mutmaßte Tara.

«Der Mann ist ein eingefleischter Junggeselle!» Cheru lachte. «Sein Lieblingsspruch ist: Oft verliebt, selten verlobt, nie verheiratet.»

«Ha, der gefällt mir!» AFF strich sich grinsend über den Bauch. «Die einzig richtige Lebenseinstellung.»

«Klar, wenn man keine andere Wahl hat…» Cheru bedachte ihn mit einem mitleidigen Blick. «Dieser Amadeo ist ein attraktiver Mann, dem man seine achtzig Jahre nicht ansieht.»

«Kinder haben kann man auch als Single», bemerkte James trocken.

«Sprechen Sie aus eigener Erfahrung?», stellte Nadine die Frage, die Tara auf der Zunge lag.

«Hat er euch nebst seinem Alter vielleicht auch seinen Nachnamen verraten?», fragte Tara und ohrfeigte sich innerlich. James' Liebesleben hatte sie nicht zu interessieren. «Oder seine Adresse?»

«Nein, wir waren nie mit ihm alleine. Wir wurden zwar wie Gäste behandelt, konnten uns im Haus frei bewegen, aber immer unter Aufsicht eines grünen Kurschattens. Auch in den Garten durften wir nur mit Begleitung, und auch nur über die Terrassentür, sodass wir weder ein Namensschild noch eine Hausnummer sehen konnten. In meinem Zimmer war ich unbeaufsichtigt und konnte Fotos machen.»

«Und während er dich porträtiert hat, habt ihr da nicht geredet?» Tara wurde langsam ungeduldig.

«Auch dabei wurden wir bewacht. Und ich dachte, besser ihn reden lassen als ausfragen.» Cheru fuhr sich nachdenklich über die Nasenwurzel. «Er erzählte oft von einer Rätia, die auch gemalt habe, und von seinem Großvater, einem Schokoladenfabrikanten.»

Rätia!? Den Namen hatte Tara schon einmal gehört. Vor langer Zeit. Eine Schokoladenfabrik und eine schlossähnliche Villa. Eine Staffelei im Garten, ein Mann und eine Frau, die malten. Vage Bilder und schmerzende Erinnerungen entwichen wie ein Luftzug aus einem feuchtkalten Keller, dessen Tür man aus Versehen öffnete. «Ein Schokoladenfabrikant?» Schaudernd hob sie eine der Jacken auf und legte sie sich über die Schultern. «Wie kam er darauf?»

«Keine Ahnung. Wie alte Leute halt so reden. Er offerierte uns Schokokekse aus einer uralten Blechbüchse mit der Aufschrift Grischoc. Manche Kekes schmeckten tatsächlich wie aus einer anderen Zeit.» Cherus verzog das Gesicht. «Der Hausbesitzer jedenfalls scheint in einer fernen Vergangenheit zu leben. Er wechselt mitten im Satz ins Italienische, redet von Reisen mit der Kutsche nach Italien und immer wieder von dieser Rätia.»

«Leute, schaut her, das ist ja eine richtige Zuckerbäckervilla», rief Nadine aus und hielt ihr iPad hoch.

Tara betrachtete die Fotos. Das schlossähnliche Gebäude mit seinen Türmchen und der verblichenen rosa Fassade ließ weitere Bilder vor ihrem inneren Auge aufsteigen, wie verblichene Fotos. «Malt er die Umgebung seines Hauses oder Landschaftsbilder?», verdrängte sie die kalte Nebelwolke, die sich um ihr Herz legte. Es ging hier nicht um ihre eigene Vergangenheit, nicht um ihren Vater ... Sie musste ihren Lieblingsklienten finden! «Gibt es Hinweise auf seinen Gemälden, wo sich das Haus befinden könnte?» Sie legte sich die Ärmel der Jacke um den Hals.

«Einige Landschaftsbilder stehen hintereinander gestapelt an den Wänden, sodass ich nichts erkennen konnte.» Cheru fixierte Tara mit einem kaum merklichen Stirnrunzeln. «Er sagte einmal, dass er nur noch Portraits male, und zwar täglich. Das sei für ihn wie Fitnesstraining für einen Sportler. Die Wände im Haus sind mit hunderten von Porträts tapeziert, hauptsächlich von Prominenten.»

«Die kommen zu ihm in die Villa?» Nadine witterte wohl Stoff für ihren Blog.

«Vielleicht die eine oder andere lokale Berühmtheit.» Cheru fixierte Tara und schüttelte unmerklich den Kopf. «Seine Vorlagen sind Fotos aus Zeitschriften.»

«Hast du jemanden auf den Portraits erkannt? Vielleicht einen Lokalpolitiker?», hakte Tara nach.

«Ich kenne mich mit Textilien aus, Tara, nicht mit Halbprominenz.» Cheru betonte das Wort Textilien und fasste sich dabei an den Hals, den Blick unverwandt auf Tara gerichtet. «Apropos Textilien, ich sollte zurück ins Lager, unser Labor fertig einrichten und mich um Smarty II kümmern.» Sie erhob sich abrupt.

«Moment! Gab es keine weiteren Hinweise?» James ob die Hand. «Geräusche aus der Umgebung, Flieger, die übers Haus donnern, Kirchen- oder Kuhglocken oder sonstige Hinweise, die uns weiterhelfen könnten?»

«Graubünden! Das Haus steht in Graubünden. Eine der Zeitungen, aus denen der Künstler seine Portraitvorlagen herausschnitt, war das Bündner Tagblatt.» Cherus Augen lagen noch immer auf Tara.

«Danke, Cheru, das war ein wertvoller Hinweis.» James blätterte durch seine Notizen. «Irgendwelche Geräusche?»

«Straßenverkehr. Oft bis spät abends und besonders am frühen Morgen.»

«Die Villa könnte in einer Stadt an einer Haupt- oder Durchfahrtsstraße liegen», warf Tara ein. «Wie lange dauerte die Fahrt?»

«Etwa eine Stunde.»

Jetzt redeten alle durcheinander, überboten sich mit möglichen Orten. Jeder schien den andern mit seinen Geographiekenntnissen toppen zu wollen.

Tara hüllte sich in die neue Jacke und in ihre Erinnerungen, versuchte ihr Unterbewusstsein abzuklappern. Eine Schokoladenfabrik, eine verwunschene Villa, ein eigenwilliger Künstler – Bilder wie aus einem Traum, einem Märchen aus ihrer Kindheit oder aus einem Film, an den sie sich nur vage erinnerte. Sie sah sich als Fünfjährige auf einer Blumenwiese in einem idyllischen Park. Hinter einer Staffelei eine alterslose Frau mit wallendem Haar und einem Pinsel zwischen Zähnen. Neben ihr ein bildschöner Mann mittleren Alters auf einem Gartenstuhl, einen Zeichenblock auf den Knien. Der Duft von heißer Schokolade und frischen Plätzchen drang ihr in die Nase.

Tara wurde plötzlich heiß. Sie begann zu schwitzen, löste die Jackenärmel von ihrem Hals. Wurde jäh wieder in die Gegenwart zurückgeholt. Entsetzt realisierte sie, dass der Kaschmir sich verfärbt hatte. Schwarze Flecken überzogen die Jackenärmel. Deshalb Cherus Blicke. Sie hatte ob all der verwirrenden Eindrücke ihre beiden Schnäppchenjacken vertauscht. Rasch entledigte sie sich der Jacke und versorgte sie wieder unter dem Tisch.

«Ich habe etwas gefunden!» Nadine sprang auf und hielt ihr
Handydisplay in die Höhe. «Es gibt in Chur eine technische
Hochschule, die einen Lehrgang für Robotics anbietet.»
«Ja, Chur könnte es sein. Das milde Klima, die nahen Berge.»
Cheru stand mit dem Smarty-Schal überm Arm bereits an der
Tür. «Ich muss jetzt wirklich an meine Arbeit.»
Chur, das war es! Plötzlich nahmen die Bilder in Taras Kopf
Formen an. Ausflüge nach Chur, das Tor zu den Bündner Ber-
gen, wie ihr Vater es nannte. Wenn die Nanny frei hatte und
Mama arbeitete, nahm er sie mit in die Schokoladenfabrik,
für die er arbeitete, oder er überließ sie einer liebenswür-
digen älteren Dame namens Rätia. Der Name hatte die Erinnerungen wieder geweckt. Wer war sie? Und wieso sprach
dieser Amadeo von ihr?
Sie googelte die Stichworte Chur, Amadeo, Villa, Schokoladenfabrik und Künstler und wurde fündig: «Ich habe es gefunden! Das Versteck der Grünen Löwen!»

20. Ein heimlicher Retter

«Amadeo von Vilan, Künstler und Abkömmling einer Schokoladendynastie, lebt in einer Villa namens Lucrezia in Chur.» Es gab Fotos der Villa und sogar einen Zeitungsartikel über die Familie. «Sie wird auch Schokoladenvilla genannt und gehört offenbar noch immer der Gründerfamilie.» Nur über die geheimnisvolle Rätia hatte sie nichts gefunden.

«Gut gemacht, Tara!», lobte James. «Diesem Herrn von Vilan werde ich in den nächsten Tagen einen Besuch abstatten, wenn KGF bis dahin nicht...»

«Auf keinen Fall! Viel zu gefährlich», fuhr AFF dazwischen. «Und auch gar nicht nötig!» Er hob sein Handy in die Höhe und lächelte siegesgewiss. «Mein Vater ist gerettet! Am Montag werden wir die Grünen Löwen endgültig überzeugt haben. Dann müssen sie Vater freilassen!» Er habe gerade die Zusage für die Finanzierung seiner Green Teen Line erhalten, fuhr er fort. Die nachhaltige und erschwingliche Unisex-Freizeit-Kollektion für Jugendliche und Junggebliebene habe er zusammen mit dem Chefdesigner entwickelt, um seinen Vater zu überraschen. «Und zwar mit einer Party im Flagshipstore, die wie eine Bombe einschlagen wird. Die Green Teen Line wird unser nachhaltiges Image auch bei den Jüngeren stärken und das nötige Kleingeld für die BiSSS-Produktion in die Kasse spülen.»

«Was ist mit den Smarty-Lizenzen?» Tara dachte an die vorhin im Lager erwähnte Bombe, die er am Montag platzen lassen wollte. «Die sollten doch für die Finanzierung von BiSSS sorgen?»

«Wie denn – ohne Smarty?» AFF hob Bedauern heuchelnd die Hände.

«Wer finanziert diese neue Linie?» James knetete seine Hände bis die Gelenke knackten. «Und überhaupt, wieso weiß ich davon nichts?»

«Sorry, James, mit der Entführung ging vieles unter». Nadine schenkte ihm einen zerknirschten Augenaufschlag.

«Sie wussten davon, Nadine?», fragte James verärgert.

«Die BiSSS-Trunkshow für unsere Stammkundinnen am kommenden Montag war schon lange geplant, und mit der Green Teen Line wollten wir KGF überraschen.» Nadine holte Luft. «Theo hat in unserer rumänischen Fabrik eine kleine Musterkollektion produzieren lassen. Und nun sende ich allen Kundinnen noch eine extra Einladung für ihre Kids. Bloggerinnen und Fashion Presse sind bereits aufgeboten.» Sie klatschte begeistert in die Hände. «Das wird perfekt. BiSSS für die Mamis und Green Teen für die Jungmannschaft.»

«Und wer finanziert das alles?», wiederholte James seine Frage.

«Nadines heimlicher Verehrer.» AFF grinste anzüglich. «Wenn mein Vater sich einen stillen Investor leisten kann, dann kann ich mir auch einen stillen Financier leisten.»

«Das kommt nicht in Frage!», platzte Tara heraus. «Wir müssen jeden Geldgeber kennen und entsprechende Abklärungen treffen, bevor das Geld bei Finny-Mode landet.»

«Blödsinn, wir sind keine Bank, die die Herkunft jedes Rappens prüfen muss. Zudem bürgen ich und Nadine für den Financier.»

«Er ist unser Retter Tara, vertraue mir!» Nadine bedachte sie mit flehentlichen Blicken.

«Was soll an dieser Show überhaupt verkauft werden? Wir haben doch noch gar keine Produkte», wunderte sich Tara.

«Man kann alle BiSSS-Modelle aus der Musterkollektion anprobieren und bestellen», erklärte Nadine. «Das gilt auch für die Green Teen Line.»

«Ich übernehme die Verantwortung dafür.» AFF stand auf und begann, seine Sachen zusammenzupacken. «Und ich lege meine beiden Hände ins Feuer für unseren Partner, für unsere rumänische Produktion und für eine erfolgreiche Lancierung.»

«Und wo ist der Finanzierungsvertrag?», wollte James wissen.

«Habe ich längst unterzeichnet.» AFF grinste frech.

«Sie sind nicht alleine zeichnungsberechtigt.»

«In meinem Zuständigkeitsbereich habe ich Einzelunterschrift.»

«Nicht, so lange Ihr Vater abwesend ist!», erinnerte ihn James. «Sie wissen genau, dass das in der Notfallsitzung in Davos beschlossen wurde.»

«Daran kann ich mich nicht erinnern.» AFF krauste ernsthaft die Stirn.

«Aber ich», mischte Tara sich ein. «Steht im Protokoll, und ich kann die Passage gerne auch abspielen.» Sie winkte mit ihrem Smartphone.

«Hm ja, schon gut. Aber das gilt doch nur für die Finanzen», nuschelte AFF.

«Die Unterschriftenregelung bezieht sich auf alle Verträge, Herr Fuchs! Aber wenn es Ihnen egal ist, dem Financier einen ungültigen Vertrag zu geben, von mir aus.» James lehnte sich zurück. «Wir bekommen das Geld, und er keine Sicherheit.»

AFF zuckte zusammen. «Okay, okay, ich schick Ihnen den Vertrag für Ihr Autogramm.»

«Das kriegen Sie, sobald Tara den Vertrag geprüft und wenn

nötig angepasst hat», konterte James. «Diesmal gibt es keine Extrawurst!»

«Von mir aus», knurrte AFF und trollte sich aus dem Aquarium.

Tara zog sich die unbehandelte Jacke über und wartete bis auch Nadine und James weg waren. Während sie ihre Notizen einpackte, kam ihr der Zettel mit der Drohung wieder in den Sinn. Sie hatte ihn doch James zeigen wollen. Vergeblich durchsuchte sie ihre Handtasche. Ach ja, sie hatte den auf den Tisch gelegt, als Rottweiler hereinkam. Sie packte das mittlerweile schwarz-beige gescheckte Pendant ihrer neuen Jacke unter den Arm und machte sich auf den Weg ins Büro. Kein zusammengefalteter Zettel! Rottweiler hatte sich womöglich draufgesetzt und danach war er zu Boden gefallen oder direkt in den Papierkorb unter ihrem Pult. Doch der war leer. Die Putzfrau hatte ihn wohl schon geleert. War ja auch egal. James konnte an der Drohung auch nichts ändern. Tara nahm sie ernst. Sie wollte endlich ihre Arbeit an den Lieferantenverträgen und weiteren Schulungen vorantreiben und nicht schon wieder mit einem Vertrag für AFFs lusche Geschäfte Zeit verschwenden.

Kaum hatte sie den PC gestartet, dröhnte die alte Hupe ihres Handys. Für den versprochenen allabendlichen Rapport war es noch viel zu früh.

«Tara, ich habe einen Notfall und Sie ein Problem!» Annabelles Stimme war drei Tonlagen höher. Ein seltenes Alarmzeichen. «Kommen Sie ins *Family Office*. Sofort!»

21. Geheime Konten

Die funkelnden Lichter der Bahnhofstraße, das beleuchtete Opernhaus und das das glitzernde Seeufer mit den strahlenden Belle Époque Hotelfassaden des Eden und des Bellevue au Lac versetzten Tara jedes Mal in eine festliche, ja märchenhafte Stimmung. Sie schaute auf die Uhr. Erst 18.30 Uhr. Sie konnte es noch auf einen Night Cup in die Jazz au Lac Bar, ihrem Stammlokal im Hotel Bellevue au Lac, schaffen.

Zwei dicke Ordner unter dem Arm streifte Tara durch die leeren Räume von La Couronne des Bergues. Die heiklen, nur einem kleinen Kreis der Mitarbeiter zugänglichen Dossiers wurden in einem Hochsicherheitsarchiv aufbewahrt, bei dessen Anblick jeder Bankier vor Neid erblasst wäre. Die Sicherheit ihrer Kundendaten waren für Annabelle Kronenberg ebenso wichtig wie der exzellente Service. Sie war eine große Verfechterin der Weißgeldstrategie[18], die sie je nach Situation flexibel interpretierte.

Vor einem der Fenster zur Bahnhofstraße war Tara stehen geblieben und genoss den Anblick, den sie ebenso schätzen gelernt hatte wie die allabendliche Ruhe im *Family Office*. Im Gegensatz zur Anwaltskanzlei herrschte hier ein disziplinierter Arbeitsrhythmus, nach dem man die Uhr hätte richten können. Es gab keine stundenlangen Meetings, keine endlosen Gerichtsverhandlungen und keine gerichtlichen Fristen. Vor Gericht streiten durften ohnehin nur selbstständig

---

[18] Mit der Weißgeldstrategie versuchte der Bundesrat nach dem Fall des Bankgeheimnisses, die Privatsphäre der Bankkunden und die Banker vor ihrer eigenen Verantwortung zu schützen. Bankkunden wurden geködert mit dem widersinnigen Versprechen von Diskretion und weißen Westen.

tätige, unabhängige oder in einer Anwaltskanzlei angestell-
te Rechtsanwälte. Als Anwältin in einem *Family Office* durfte
Tara daher ausschließlich beratend tätig sein, was Valerie ihr
bei jeder Gelegenheit unter die Nase rieb. Doch Tara vermisste weder die gerichtlichen noch die internen Streitigkeiten.
Im *Family Office* jagte man sich nicht gegenseitig die lukrativen Klienten ab. Jeder hatte seine Aufgaben, die mit buch-
halterischer Genauigkeit und Diskretion erledigt wurden.
Wenn bei einer Familie wieder einmal Feuer im Dach war,
weil ein Kind aus dem Internat abgehauen, ein Picasso oder
Jeff Koons abhandengekommen, ein Ferrari in einem Schaufenster gelandet oder eine Party ausgeartet war, dann gab es
auch mal eine Nachtschicht. Aber ansonsten war die Arbeit
planbar und die Verwaltung der diversen Vermögensarten
wie Bankkonten, Liegenschaften, Flugzeuge, Yachten, Oldti-
mer- oder Kunstsammlungen eine unaufgeregte Angelegenheit. Ganz im Gegensatz zu deren Besitzern.
Tara hatte den ganzen Freitag damit verbracht, das Feuer unter dem ehelichen Dach ihrer ehemaligen Scheidungsklien-
tin, Sibyl Wagenbauer, zu löschen. Nach Annabelles Hilferuf
wegen eines Rosenkrieg-Szenarios mit Interessenskonflikt-
potenzial hatte Tara alles stehen und liegen lassen und war,
wenn auch immer mit Blick auf den Tachometer, im Eiltem-
po nach Zürich gefahren. Gerade noch rechtzeitig, um eine
aufgelöste Sibyl davon abzuhalten, nebst Annabelles Frisur
auch noch das gesamte Inventar des Sitzungszimmers zu de-
molieren. Sie hielt noch die leere Mineralwasserflasche über
Herbert Wagenbauer, der sich wie ein buchstäblich begosse-
ner Pudel hilflos durchs triefende Haar fuhr. Dabei wollte er
sich doch nur erkundigen, wie so ein *Family-Governance*-Pro-
gramm für seine Firma aussehen könnte. Obwohl Sibyl ihm
nach einer Überdosis Beautypillen sämtliche Seitenhopser

verziehen und den erbitterten Scheidungskampf aufgegeben hatte, traute sie ihrem frisch zurück gewonnen Gatten
offenbar noch immer nicht über den Weg. Annabelles Argument, dass die Ehefrau im *Family-Governance*-Plan ihres Gatten nichts zu suchen habe, hatte sie nicht wirklich beruhigt.
Auch nicht Herberts Entschuldigung, er sei nur auf Drängen
seiner erwachsenen Kinder aus erster Ehe hier. Als Sibyl
ihren Einbezug in die familienunternehmerische Planung
mit der Drohung erzwingen wollte, Herberts karibisches
Osternest den Schweizer Steuerbehörden zu überreichen,
eskalierte die Situation vollends. Mit einer alten Hotelrech-
nung, die sie in einer von Herbies Anzugsjacken gefunden
hatte und den im Scheidungsverfahren gesammelten Informationen machte sich Sibyl ein Datenleck namens *Panama
Papers* zu Nutze, und entdeckte die Offshore Gesellschaft mit
Domizil auf einer karibischen Insel, die Herbert nicht nur
seiner Gattin, sondern auch seiner Vermögensverwalterin
verschwiegen hatte. Letzteres hatte Annabelles Geduldsfa-
den zum Zerreißen gebracht.

Mit einem trockenen Handtuch, viel Geduld und diplomati-
schem Geschick gelang es Tara, die Wogen zu glätten und den
Ehemann davon zu überzeugen, inskünftig weder seiner Gattin noch seinen beiden Beraterinnen etwas zu verschweigen.
Seufzend löste sich Tara vom nächtlichen Glitzerpanora-
mablick. Für familiäre Angelegenheiten gab es keine allge-
meingültigen Regeln. Das hatte sie in den letzten eineinhalb
Jahren im *Family Office* gelernt. Sie gab den Code für den Ar-
chivtresor ein, worauf sich die massive Schiebetür mit einem
leisen Rauschen öffnete. Bevor sie sich AFFs Vertrag zur Finanzierung der Green Teen Line vorknöpfte, wollte sie noch
das Dossier Wagenbauer versorgen. Beim lauten Scheppern
holte sie ihr Handy aus der Hosentasche.

«Tara, hi! Wo sind Sie? Habe Sie vermisst heute.»

«Hi James, wie nett von Ihnen.» Sie versuchte ihrer Stimme einen spöttischen Unterton zu verleihen. «Ich musste wegen eines Notfalls ins *Family Office*.» Sie schaltete den Lautsprecher ein und legte das Smartphone auf die Ordner.

«Ein durchgeknallter Chihuahua, der den Rosengarten von Mister Milliardär zerstört hat, oder Krieg der Sterne, weil zwei Möchtegernstarlets sich gegenseitig der Verleumdung bezichtigen?»

«Nicht schlecht geraten», gab sich Tara locker. Stress sei genauso unsexy wie fettiges Haar, Pickel und ausgeleierte Unterwäsche, hatte Tante Jo sie gelehrt. «Eine durchgeknallte Klientin im Rosenkrieg.»

«Trifft sich gut. Sofern Sie die Scherben beseitigt haben.» Er räusperte sich. «Sie könnten mir bei der Beschaffung einer Information helfen.»

«Klar, was brauchen Sie?»

«Ich habe bei der Überprüfung der Konten Zahlungsflüsse entdeckt, die ich mir nicht erklären kann.»

«Was für Zahlungsflüsse?», fragte Tara alarmiert. Nach Sibyls Entdeckung von Herbies Offshore Osternest war sie auf alles gefasst.

«Überweisungen an Lieferanten und Berater von Gesellschaften, deren Zweck für mich nicht ersichtlich ist.»

«Vielleicht steuerliche Gründe?» Professorin Brecht war für die Steuern zuständig und würde weder geheime Konten noch illegale Steueroptimierung tolerieren.

«Da steckt mehr dahinter. Ich habe nachgeforscht, weil ich für den stillen Teilhaber erst kürzlich eine Zahlung von einer Millionen Schweizerfranken ausgelöst habe und sich heute nur noch ein Bruchteil davon auf dem Firmenkonto befindet.» Er machte eine Pause. «Kurz vor KGFs Entführung wurde über eine halbe Million Euro an unsere lettische Tochtergesellschaft überwiesen.»

«Was ist das für eine Firma? «

«Finny-Mode Smart Tech AS mit Sitz in Riga. Die IT-Services wurden letztes Jahr aus Kostengründen nach Lettland ausgelagert.»

«Dann ist doch alles ok.» Taras wanderte weiter den Archivgang entlang. Die Ordner wurden langsam schwer.

«Eben nicht! Das Geld meines Auftraggebers war für den Aufbau der Smarty Produktion und die Weiterentwicklung des Hightech-Materials vorgesehen.»

«Das ist bestimmt sehr IT-intensiv.» Tara suchte vergeblich nach einer Ablagefläche und schritt langsam weiter.

«Wofür bezahlt unsere IT-Tochter andere Firmen?»

«Vielleicht vergibt sie gewisse Arbeiten extern?»

«An eine Modefirma in London, ein Restaurant, eine lettische Baubehörde und ein Beratungsunternehmen in Riga?» Er fluchte leise vor sich hin. «Tara, das könnten Schmiergelder sein. Finny-Mode Smart Tech braucht natürlich auch externe Aufträge. Und Beamtenbestechung für lukrative IT-Projekte gibt's übrigens nicht nur im Ostblock.»

«Aber in diesen Ländern gehört Bestechung zum System», blockte Tara ab. Als Compliance Verantwortliche musste sie auch gegen Korruption von Mitarbeitern ausländischer Tochtergesellschaften vorgehen, aber das hatte nun wirklich Zeit, bis KGF befreit war.

«Was sie nicht legal macht, Tara. Sie müssen mir alle Verträge über IT und die Smarty Produktion besorgen, und zwar sobald wie möglich.»

«Ines Grossweiler sitzt auf diesen Files. Ich kümmere mich am Montag darum.»

«Zusätzlich brauche ich private Informationen von KGF, zu

denen nur Sie Zugang haben.»

«Was für Informationen?» In Taras Kopf bimmelten sämtliche Alarmsignale.

«Kontoauszüge und Steuererklärungen.»

«Schon mal was von Anwaltsgeheimnis gehört?»

«Es geht um den Schutz Ihres Klienten, Tara! Ich muss ausschließen, dass KGF Firmengelder für sich selbst abzweigt.» Die Ordner samt Handy fielen zu Boden. «Sind Sie übergeschnappt!?» Das war kein Kratzer an ihrem KGF-Reiterstandbild, das war ein Frontalangriff! «Mein Klient ist doch kein Betrüger!»

«Das behaupte ich auch nicht», beschwichtigte James und erklärte in knappen, aber deutlichen Worten, wie er auf die haarsträubende Idee kam. «Und deshalb bitte ich Sie, auch in KGFs Interesse, seine Steuerunterlagen zu durchforsten. Und zwar noch heute!»

«Annabelle würde niemals Hand zu Steuertricksereien bieten», erklärte Tara, während sie die Ordner aufhob. Nach der Überraschung mit Herbert Wagenbauers karibischem Versteck war sie allerdings selbst nicht mehr überzeugt von Annabelles Konsequenz in Sachen Transparenz. «Und für die Steuern ist Professorin Brecht verantwortlich.»

«Auch legale Strukturen können missbraucht werden.»

«Fragen Sie doch die Leute in Riga.» Sie war beim Buchstaben «W» angelangt, stellte Wagenbauers Ordner in das Fach und machte sich auf den Rückweg.

«Das habe ich bereits, danke für den Hinweis. Zahlungen ab einer gewissen Höhe können offenbar nur von KGF veranlasst werden. Verstehen Sie jetzt?»

«Nein!», versuchte sie trotzig ihr Reiterstandbild wieder aufzurichten. «Ich betreue KGF seit bald zwei Jahren und bin noch keinem Offshore-Firmenkonstrukt begegnet.»

«Schauen Sie bitte in den älteren Unterlagen nach», verlegte sich James nun mit sanfter Stimme aufs Betteln. «Bitte, Tara. Für mich.» Er lachte leise. «Ich lade Sie dafür auch zum Essen ein.»

«Kein Bedarf!» Zögernd blieb sie beim Buchstaben «F» stehen und rang mit sich. Sollte sich James Verdacht bewahrheiten, war es besser, sie würde die schwarzen Flecken in KGFs Dossier finden als die Steuerfahndung. Das Abteil «Fuchs, Karl Gerold» war eines der umfangreichsten. Annabelle traute ihrem Hochsicherheitsarchiv offenbar mehr als der elektronischen Firewall. Wie sollte sie hier etwas finden, wonach suchen? «Ich brauche etwas Konkretes, einen Firmennamen zum Beispiel.»

«Eine lettische Beratungsfirma namens Stroga...»

«Alles klar», unterbrach Tara mit einem Blick auf die Uhr. «Ich schaue, was ich finden kann.»

Sie wollte gar nichts finden.

«Treffen in zwei Stunden im Jazz au Lac?»

Nachdem sie aufgelegt hatte, fiel ihr Blick auf einen Zettel, der aus dem Wagenbauer Ordner gefallen sein musste. Privatarchiv Kronenberg stand vorne drauf. Eigenartig. Was hatte das zu bedeuten? Sie drehte das Papierstück um und erkannte das Logo einer für ihre Diskretion bekannten Privatbank. Hortete Annabelle etwa heikle Informationen ihrer Kunden auswärts?

Eineinhalb Stunden später hatte Tara den Vertrag, den AFF ihr hatte zukommen lassen, geprüft. Das Darlehen für die Produktion der Green Teen Line war auf sechs Monate befristet. Als Sicherheit diente die gesamte Produktepalette. Das ging zu weit! Zudem war der Name der Darlehensgeberin bis auf den Anfangsbuchstaben «S» eingeschwärzt. Was glaubte

244

dieser AFF eigentlich? Dass James einen Vertrag mit einem unbekannten Partner unterschreiben würde? Der, wenn Finny-Mode das Darlehen nicht rechtzeitig zurückzahlen konnte, womöglich noch Zugriff auf Smarty erhielt? War es das, was AFF mit dieser grünen Teenie-Linie in Wirklichkeit beabsichtigte? Smarty durch die Hintertür zu verscherbeln? Wütend bearbeitete sie die Tastatur, um ihre Anmerkungen in einer E-Mail an James zu schreiben. Wie konnte dieser schmarotzende Sohn so dumm sein, die Situation seines Vaters auszunutzen und dessen Werk einfach so aufs Spiel zu setzen? Sie hoffte, dass James dem einen Riegel vorschieben würde.

Widerwillig holte sie KGFs Steuerordner der letzten fünf Jahre aus dem Archiv und breitete sie auf ihrem Schreibtisch aus. Lustlos blätterte sie durch die Akten. Weder ein exotischer Firmenname noch eine Steueroase, wie erwartet.

Eine gute Stunde später brachte sie die Ordner zurück ins Archiv und freute sich, noch etwas Zeit für einen Schwatz mit dem Hoteldirektor zu haben, bevor sie James traf. Kaum hatte sie den letzten Ordner verstaut, hörte sie ein Rauschen. Wie von einer Tür. Einer Schiebetür! Dann ein leises Knacken. Die Tür war eingerastet. Und Tara eingeschlossen. Sie griff in die Hosentasche nach ihrem Handy. Die Tasche war leer. Das Handy lag vermutlich in ihrem Büro auf dem Schreibtisch. Und zu allem Übel ging jetzt auch noch das Licht aus.

22. Nur ein Kuss

Eine Stunde und zwanzig Minuten später eilte sie atemlos auf High Heels die Treppe des angestaubten Jugendstilhotels hoch. Der Schreck saß ihr noch tiefer in den Knochen als die eisige Kälte. Die Viertelstunde vom Büro über die Quaibrücke und noch ein paar Schritte dem See entlang bis zum Hotel Bellevue au Lac waren eigentlich ein angenehmer Spaziergang. An einem lauen Sommerabend. Oder in flachen Fellstiefeln ...

Das warme Licht der mit floralen Ornamenten verzierten Lampenschalen und die Jazz-Piano-Klänge aus der Bar umfingen sie wie die Arme ihrer Mutter, als sie sich auf dem Heimweg nach dem ersten Schultag im Schneegestöber verirrt hatte. Sie entdeckte James im hinteren Teil der Bar vor einem Glas Rotwein in sein iPad vertieft.

«Sorry!» Tara ließ Hand- und Aktentasche auf einen Sessel fallen. «Verspätet, dafür mit Informationen im Gepäck.» Sie zog die Handschuhe aus und hielt sich fröstelnd die tauben Finger vor den Mund.

«Kein Problem.» Höflich erhob er sich und rückte ihr einen Stuhl zurecht. «Bitter kalt heute Abend». Er nahm ihre Hand, zog sie zu sich heran und deutete einen Wangenkuss an. «Sie sind hier, und nur das zählt!» Seine Stimme vibrierte an ihrem Ohr.

Überrumpelt hielt Tara die andere Wange hin, ihre Nasenspitzen trafen sich. «Oops, sorry!» Ein herb-würziger Duft stieg in ihre Nase.

«Nur ein Kuss, bitte.» Grinsend nahm er ihr den Mantel ab und legte ihn über die Sessellehne. «Ihr Schweizer mit euren drei Begrüssungsküssen, das ist mir zu kompliziert.» Dann küss eben keine Schweizerin, dachte Tara und knallte ihre Handschuhe eine Spur zu heftig auf den Tisch.

«Haben Sie ein Gespenst gesehen, oder habe ich sie so erschreckt?» Die Fältchen um seine Augen kräuselten sich. «Sie sind noch blasser als sonst.»

«Sehr charmant.» Tara zog ihre Schreibmappe aus ihrer geräumigen Handtasche und verstaute diese umständlich unter ihrem Sessel, während sie das Gefühl seiner trockenen Lippen auf ihrer Wange und seiner kühlen Nasenspitze an ihrer zu verscheuchen versuchte. «Ja, ein Gespenst in der Gestalt unseres Sicherheitssystems. Hab aus Versehen einen falschen Knopf gedrückt, den stillen Alarm ausgelöst und die Archivtür verschlossen. Ich war eingesperrt. Ohne Handy. Bis der Sicherheitsdienst da war, dauerte es über eine halbe Stunde.» Sie verzog den zu einem debilen Grinsen eingefrorenen Mund. «Viel zu lange, wenn ich wirklich in Gefahr gewesen wäre.» Sie setzte sich in den durchgesessenen Clubsessel. «Zum Glück leuchtete der Vollmond durch ein Oberlicht, so dass ich nach dem ersten Schrecken den Lichtschalter finden konnte. Als ich das Lämpchen des stillen Alarms blinken sah, wusste ich, dass Hilfe im Anmarsch war, und nutzte die Zeit.» Sie schaute ihn triumphierend an. «Mit Erfolg.»

«Great! Darauf müssen wir anstoßen. Was trinken Sie?» Er blickte zum Kellner, der sich erwartungsvoll am Tisch aufgebaut hatte. «Dasselbe wie letztes Mal?»

«Letztes Mal?», gab sich Tara ahnungslos. «Ach ja, das Dinner», fügte sie nach einer kurzen Pause hinzu und schüttelte mit überlegenem Lächeln den Kopf. «Es muss etwas ziemlich Starkes gewesen sein. Ich hatte ein totales Blackout.» Bis zu jenem Spätsommerabend vor knapp eineinhalb Jahren hatte sie sich nie anmerken lassen, dass der unnahbare Geheimagent sie in seinen Bann zog. Eine Verkettung unglücklicher Zufälle hatte sie aus der Bahn und in seine Arme geworfen. «Wirklich? Daran kann ich mich nicht erinnern.» James legte den Kopf schief und betrachtete Tara ernst. Nur seine Mundwinkel zuckten. «Aber an den kalifornischen Chardonnay, der mit über vierzehn Prozent Alkohol auf der gehaltvolleren Seite war. Sie schienen ihn zu mögen.» Er wandte sich an den Kellner. «Haben Sie sowas?»

«Neu auf der Karte haben wir den La Sfinge, einen im Barrique ausgebauten Chardonnay vom Tessiner Weingut Tenuta Bally & Von Teufenstein. Der ist eher auf der kräftigeren Seite», erklärte der graumelierte Ober.

«Den probiere ich gern. Und bitte ein Mineralwasser dazu.» Tara versuchte krampfhaft, die Eindrücke jenes Abends zu verscheuchen. Den Stoff seines Hemdes an ihrem Gesicht, den grasig-herben Duft in der Nase, seine Lippen an ihrem Ohr, beruhigende Worte flüsternd, seine Hände auf ihrem Rücken. Diese Hände! Deren Finger gerade kaum merklich die Tischplatte bearbeiteten.

«Aber mit dem Alkoholgehalt gewisser Kalifornier kann er leider nicht mithalten», unterbrach der Kellner ihre Gedanken.

«Gut so, dann werde ich mich wenigstens an den heutigen Abend erinnern.» Tara strahlte den älteren Herrn an, als ob es hier nur um ihn ginge.

«Jetzt bin ich aber gespannt auf Ihre Fundstücke», sagte James, als die Bedienung außer Hörweite war.

«Während ich warten musste, knöpfte ich mir die Anhänge der Steuererklärungen vor, die ich zuvor nur überflogen hatte. Nebst seinem Lohn als Geschäftsleiter deklarierte KGF bis vor ein paar Jahren Honorare für Beraterleistungen, hauptsächlich von anderen Modefirmen.» Sie hielt ihm ihr Smartphone hin. «Hier, ich habe die Belege fotografiert. KGF erteilt anscheinend Nachhilfeunterricht in Sachen Nachhaltigkeit.»

«Darf ich?» James nahm ihr das Gerät aus der Hand und fuhr mit dem Finger über das Display. «Moment... Das ist ja ...» Er vergrößerte ein Foto mit Daumen und Zeigefinger. «Wie ich es befürchtet habe! KGF hat kurz vor seiner Entführung einer Stroganova AS [20] mit Sitz in Riga via unserer litauischen IT-Tochter einen größeren Betrag überwiesen. Und gemäß dieser Liste erhält er noch heute regelmäßig ein Beratungshonorar von ebendieser Stroganova.»

«Das kann nicht sein.» Tara streckte die Hand nach ihrem Smartphone aus. «Das Beratungshonorar hat er von einer Stroganova AG mit Sitz in Zug erhalten», erklärte sie nach einem Blick auf die Liste. «Also von einer Schweizer Gesellschaft und alles deklariert. Wo ist das Problem?»

«Die geheimnisvolle Darlehensgeberin für AFFs grüne Teenie Linie ist eine Stroganova AS mit Sitz Lettland.»

«Woher wissen Sie das? Der Name war doch geschwärzt?»

«Ich habe die schwarzen Balken entfernt.»

«Wie?»

«Um ein PDF zu bearbeiten, muss man kein Geheimagent sein.» Ein Schmunzeln huschte über sein Gesicht. «Fakt ist, dass dieselbe Gesellschaft, die von unserer IT-Tochter in Riga Geld erhalten hat, nun AFFs Teenie-Linie finanziert», fügte er ernst hinzu.

«Hätte KGF das Geld nicht an diese Stroganova transferiert, hätten wir kein Darlehen benötigt», schlussfolgerte Tara.

«Doch, denn das Geld war auf einem speziellen, nur für die Smarty-Entwicklung vorgesehen Konto».

---

[20] Die AS ist das lettische Pendant zur Schweizer Aktiengesellschaft (AG)

«Und die technologische Unterstützung kommt aus Litauen, von unserer IT-Firma», hatte Tara eine Erklärung parat.

«Aber nicht von der Stroganova», insistierte James.

«Vielleicht liefert sie technische Unterstützung?», schlug Tara vor.

«Dazu habe ich nichts gefunden. Wie gesagt, gibt es weitere Überweisungen an diverse andere Firmen in Litauen, aber auch in London, für die ich keine vertragliche Grundlage gefunden habe.»

«Aha, und jetzt vermuten Sie, dass KGF Bestechungsgelder für künftige IT-Aufträge bezahlt hat zur Amortisation der IT-Firma?»

«Genau und, dass er privat diese Honorareinnahmen von einer Stroganova mit Sitz in Zug erhält, ist auch nicht ganz koscher!»

«Ich bringe Licht ins Dunkel», tönte da eine Stimme hinter Tara. Der Kellner stellte lächelnd ein Windlicht mit einer flackernden Kerze, ein Glas mit sattgelbem Wein, eine Mineralwasserflasche und ein Wasserglas mit Eiswürfeln auf den Tisch.

«Bestimmt ein Zufall», stellte sich Tara schützend vor ihr Reiterstandbild, als sie wieder allein waren. «Stroganova ist nicht gerade ein ausgefallener Name.» Sie kippte die Eiswürfel ins Weinglas und füllte es mit Mineralwasser auf.

«Was tun Sie da.» Entsetzt starrte James auf ihr Weinglas.

«Einem weiteren Blackout vorbeugen.» Tara grinste, erleichtert, die Fassung wieder gefunden zu haben.

«Sehr löblich. Aber wieso bestellen Sie nicht gleich einen Spritzer?»

«Den mische ich lieber selbst.» Sie goss das Mineralwasser ins frische Glas und schob es über den Tisch. «Und so kann ich Ihnen ein Glas Wasser anbieten.»

«Das ist aber nett. Darauf trinken wir.» James hob kopfschüttelnd sein Weinglas. «Nach Mister Knigge läge es an Ihnen, aber im Englischen sind wir sowieso per du.» Er grinste. «Also lassen wir das blöde Siezen. Okay?»

Tara nickte huldvoll. «Auf KGFs rasche Befreiung.» Vorsichtig balancierte sie das übervolle Glass in seine Richtung. «Und auf unsere vorübergehende Zusammenarbeit.»

«Von mir aus nicht nur vorübergehend.» Seine Augen lächelten ohne jeglichen Anflug von Spott. «Ich verstehe nicht, wieso KGF der Brecht damals nachgegeben hat.»

«KGF nachgegeben? Wobei?» Geräuschvoll landete Taras Glas auf dem Tisch und schwappte über.

James erklärte, dass er sie, Tara, nach den erfolgreich abgeschlossenen Vertragsverhandlungen mit dem stillen Teilhaber als Firmenanwältin vorgeschlagen hatte. Doch Bernadette Brecht habe sich mit dem Argument dagegengestemmt, Tara könne nicht mehr vor Gericht auftreten. «Ich habe dagegengehalten, dass Tara Bernhard allfällige gerichtliche Streitigkeiten mit ihrem Verhandlungsgeschick im Kern ersticken würde.» Stolz strahlte er sie an. «Hey, ich habe mich wirklich für dich eingesetzt!»

«Wenig erfolgreich.» Tara runzelte die Stirn und dachte an KGFs Behauptung, James habe auf Brecht & Partner bestanden. Sie hatte sich also die ganze Zeit unnötigerweise mit der Frage gequält, ob sie sich mit ihrem heulseligen Absturz an jenem ominösen Abend selbst disqualifiziert hatte.

«KGF würgte all meine Argumente ab und stellte sich hinter die Professorin. Irgendwann war es mir zu blöd, und so gab ich nach.» Er hob bedauernd die durchtrainierten Schultern. «Sorry, Tara. Ich glaube, die Professorin hat etwas gegen ihn in der Hand.»

«Würde mich nicht wundern», versetzte sie ihrem Reiterstandbild nun selbst eine kräftige Delle. «Danke für deinen Einsatz.» Sie verkniff sich ein Lächeln und senkte den schmachtenden Blick. Keine Gefühlsduseleien! Das war keine Liebeserklärung, sondern ein Kompliment rein beruflicher Art!

«Der alte Fuchs war doch einer der Klienten, die Annabelle zur Kanzlei gebracht und später nach ihrem Krach mit Bernadette Brecht wieder abgezogen hatte?», holte der Geheimagent mit Lizenz zum Flirten sie aus ihren Gedanken.

«Darüber darf ich nicht sprechen.» Sie verschränkte die Arme. «Anwaltsgeheimnis», schob sie hinterher.

«Keine Sorge.» Er beugte sich mit aufgestellten Ellenbogen über den Tisch und fuhr leise fort. «Er hat's mir selbst gesagt. Wir können offen reden. Was weiß Bernadette Brecht?»

«Als Steuerspezialistin vermutlich mehr, als ihm lieb ist», wich sie aus und überlegte, was sie ihm sagen durfte. Annabelle hatte dem Gründungspartner der Kanzlei, Dr. Guth, viele ihrer Private Clients anvertraut, damit er deren ausländische Vermögenswerte mit steueroptimierten Strukturen vor dem Zugriff neugieriger Behörden und gieriger Verwandter schützte. Als Kenner des angelsächsischen Trustrechts und Verfechter der Schweizer Diskretion hatte Taras ehemaliger Chef im Zuge der Weißgeldstrategie eine drastische Kehrtwendung gemacht, die ihn Anwaltspatent und Partnerschaft kostete.

«Aber das war lange vor meiner Zeit, als Vieles erlaubt war, was heute als kriminell gilt», sagte sie schließlich. «Annabelle hat ihre Kunden gnadenlos von allen illegalen Relikten aus der Zeit des Bankgeheimnisses gesäubert. Wer nicht bereit war, seine Steuersünden zu beichten, musste gehen.»

«Sie kann sich das leisten.» James nickte nachdenklich. «Brecht & Partner hingegen kämpfen um jeden Kunden.»

«Frag doch die Professorin, ob KGF sich in gewissen delikaten Angelegenheiten weiterhin von ihr beraten lässt.» Tara nahm einen Schluck des von Wasser und Eis entkräfteten Chardonnays.

«Die Brecht würde mir bestimmt bereitwillig Auskunft geben», sagte James in ironischem Ton.

«Nein, nur ich bin so blöd.» Tara warf einen finsteren Blick über den Glasrand.

«Im Ernst Tara, ich schätze deine Hilfe enorm. Du handelst im Interesse deines Klienten und seines Rufs.» Er räusperte sich. «Um auf KGFs Beratungshonorare zurückzukommen. Weißt du, wohin die fließen? Auf eine Offshore-Firma?»

«Nein, diese Einnahmen landen auf demselben Konto bei der UBS Zürich wie sein Lohn und sind, wie gesagt, voll deklariert.»

«Kein Hinweis auf ein diskretes Konstrukt?»

«Nein.» Tara schüttelte den Kopf und nahm einen weiteren Schluck. «Wieso fragst du?»

«Ich vermute, die beiden Stroganova Gesellschaften gehören zu Boris Garcholigoffs Konglomerat.»

Taras «Was?» ging in einem Hustenanfall unter.

«Du sollst den Wein trinken, nicht inhalieren.» James war in Sekundenschnelle hinter Taras Sessel und klopfte sanft auf ihren Rücken. «Alles ok?»

«Ja, ja, es geht schon.» Überrascht ob der Reaktion ihres Körpers auf seine Hände, rückte sie ein Stück weg. «Sag mir lieber, was das bedeutet und woher du das weißt!»

«Eine Schlagzeile, wonach Uptodate aus steuerlichen Gründen den Firmensitz von den Cayman Islands nach London verlegt, hat mich veranlasst, die Offshore Leaks Database zu durchforsten. So habe ich über einen Cayman Trust eine Verbindung zur Stroganova AS in Riga und eine...» Er zog ein zusammengefaltetes Papier aus seiner Jackentasche und legte es auf den Tisch. «Ja, auch eine zur Stroganova AG mit Sitz in Zug entdeckt. Hier, schau selbst!»

Tara faltete den Computerausdruck auseinander und betrachtete das Diagramm aus Strichen, Kästchen, Kreisen und fantasievollen Namen. «Nicht sehr aussagekräftig.»

«Deshalb müssen wir weiter forschen.» Seine dunklen Augen verengten sich zu Schlitzen. «Was ist der gemeinsame Nenner der Stroganova in Zug, der Stroganova in Riga und unserer lettischen IT-Firma Smart-Tech?»

«Du meinst, was haben der Fast-Fashion-Zar und der Modekönig sonst noch gemeinsam, außer den uns bekannten Geschäftsbeziehungen?» Tara starrte stirnrunzelnd auf das Diagramm. «Dass der Russe sich von KGF in Sachen Nachhaltigkeit beraten lässt, wäre ja noch nachvollziehbar. Aber wofür erhält eine seiner Gesellschaften Zahlungen unseres lettischen IT-Ablegers?» Sie blickte auf und direkt in sein schönes, von Kerzenschein beleuchtetes Gesicht. «Und wieso verheimlicht AFF, dass Boris Garcholigoff die neue Teenie-Linie finanziert?» Sie wich zurück. Bloß jetzt nicht ablenken lassen! «Das Geld scheint sich im Kreis zu drehen.» Genauso wie ihre Gedanken.

«Tara, ich vermute, Finny-Mode wird von einem Rubel-Karussell missbraucht.» James starrte in sein leeres Weinglas.

«Was ist denn das schon wieder?»

«Eine Waschmaschine für Drogengeld aus zahlreichen Modeboutiquen, auch bekannt unter dem Namen Mode- oder eben Rubel-Karussell.»

Er rückte näher, um die nun aus den Lautsprechern scheppernde Jazzmusik zu übertönen und erklärte, wie Geldwäsche über Luxus-Modeboutiquen für überteuerte Ware gegen Bargeld oder über lettische Konten funktioniere.

«Wieso Lettland?», wundert sich Tara.

«Weil die Geldwäschereigesetzgebung dort nicht so streng gehandhabt wird. Um das Rubel-Karussell am Laufen zu halten, sollen sogar lettische Richter bestochen worden sein. Und deshalb glaube ich, dass KGF in die Fänge eines russischen Mode-Mafiarings gerutscht ist», schloss James seinen Bericht.

«Ich glaub, ich bin im falschen Film!» Tara bereute plötzlich, James die Information gegeben zu haben. «Mir reichts mit deinen Verschwörungstheorien.» Sie zog ihren Shopper unter dem Stuhl hervor und begann, ihre Sachen zusammenzupacken.

«Tara, warte! Ich will dir etwas gestehen, damit du verstehst, wieso ich diese Informationen brauche.» Beschwichtigend legte er eine Hand auf ihren Arm.

Die Härchen auf ihrem Unterarm stellten sich auf. Rasch schüttelte sie seine Hand ab. Das war nun wirklich nicht der Moment für Erotik. «Da bin ich aber mal gespannt.» Sie ließ die Tasche auf den Boden geleiten.

«Du weißt, dass ich nebenamtlich als Geheimagent der Wissenden arbeite.» Seine Augen blickten ernst, obwohl sein Mund sich zum obligaten spöttisch-arroganten Lächeln verzog. «Wir vertreten zurzeit internationale Organisationen im Kampf gegen die Modemafia.»

«Und nun hast du einen Job als Cheffinanzer eines Modeunternehmens, dessen Patron du der Geldwäscherei für die Mafia verdächtigst?» Tara kippte den mittlerweile komplett verwässerten Wein in einem Zug hinunter. «Klarer Fall von Interessenskonflikt. Ohne mich!»

«Überhaupt nicht», wehrte James ab und presste endlich das unangebrachte Lächeln von seinen Lippen. «Sollte Finny-Mode in dieses schmutzige Geschäft involviert sein, dann bestimmt nur als Opfer. Es ist meine Pflicht, das Unternehmen, seine Mitarbeiter und die Interessen meines Auftraggebers, der immerhin dreißig Prozent an der Firma hält, zu schützen.»

«Wie edel von dir...» Sie schob ihr leeres Weinglas über den Tisch. «Genauso, wie du mich am WEF bei deinem undercover Einsatz vor der Verhaftung schützen wolltest?»

James winkte dem Kellner und bestellte je ein Glas Malbec und La Sfinge. «Mir wäre schon was eingefallen, wenn der Kollege nicht nachgegeben hätte», sagte er, als sie wieder allein waren.

«Der hat sich bestechen lassen mit der Einladung an den Summit. Und ich glaube, nicht nur von mir.» Sie berichtete von der Begegnung mit AFF im Käseladen, von den Geldscheinen, die er danach in die Sandwichtüte steckte und vom Polizisten-Hünen, der kurze Zeit später Geldscheine aus seiner Sandwichtüte gezogen hatte. Vor dem Café Klatsch, wo sie wieder auf AFF traf.

«Danke für diesen Hinweis, Tara. Wieso hast du mir das nicht früher gesagt?»

«Weil...» Sie war froh, dass der Kellner genau in dem Moment an den Tisch trat. Während sie ihm die Weingläser und eine Schale mit Erdnüssen abnahm, haderte sie mit sich selbst. Spielte James nur mit ihr, um an Informationen zu kommen? Sie beschloss, ihm zu vertrauen. Nur so konnte sie KGF schützen. Und so erzählte sie vom Zusammenstoß mit AFF am Abend vor dem Green Fashion Summit, von seiner Drohung und von Olivers Bemerkung über die Girls Nights.

«Vielleicht hat der Polizist von dieser Girls Night Wind bekommen und AFF ihm in Garcholigoffs Auftrag Schweigegeld bezahlt. Ich glaube, dass Garcholigoff AFF mit Drogen versorgt als Gegenleistung für das Zuführen von Kunden für die Girls Nights», schloss sie ihren Bericht. «Ja, ich glaube auch, dass die beiden unter mehr als einer gemeinsamen Decke stecken. Und deshalb darfst du den Finanzierungsvertrag für die grüne Teenie Linie auf keinen Fall unterzeichnen!»

«Ganz im Gegenteil. Der Vertrag ist mein Köder.» James löffelte sich ein paar Nüsse in die hohle Hand. «Wenn Garcholigoff wirklich hinter der Stroganova steht, dann spekuliert er mit der Darlehenssicherung auf Smarty. Spätestens am Montag, wenn AFF den Russen als Financier der Green Teen Line vorstellt, haben wir die Gewissheit. Dann werde ich den Vertrag unterzeichnen und, sobald die Stroganova das Geld überwiesen hat, erstatte ich Anzeige wegen Geldwäscherei.»

«War das die ganze Zeit dein Plan?» Tara schlug die Hände auf den Tisch. Die leere Mineralwasserflasche schwankte gefährlich. «Dann hätte ich mir die Arbeit mit dem Vertrag sparen können.»

«Nein, erst dein Hinweis auf Smarty und dass ich den Passus mit der gesamten Produktepalette als Sicherheit streichen sollte, hat mich auf die Idee gebracht, dass ich ihn damit kriegen könnte.» Er warf eine Nuss in ihre Richtung und sein unwiderstehliches Lächeln hinterher. «Danke!»

«Willst du Smarty tatsächlich aufs Spiel setzen?» Tara wich dem salzigen Wurfgeschoss aus.

«Nein. Für die Smarty-Technologie haben KGF und der Investor vor kurzem eine separate Gesellschaft gegründet. Über die können KGF und ich nur gemeinsam verfügen. Smarty ohne die Technologie nützt niemandem.»

«Wenn du mit deiner Anzeige Erfolg hast und das Geld der Stroganova AS amtlich eingefroren wird, womit soll dann die Green Teen Line finanziert werden?»

«Gar nicht!» Seine Augen wanderten über ihr Gesicht weiter nach unten. «Wir sollten unsere Zeit und Ressourcen besser darauf verwenden, Smarty marktreif zu machen.»

«Genau, und damit ist auch meine Spionagearbeit erledigt.» Tara nestelte an ihrem Kragen. Zwei Knöpfe an ihrer Hemdbluse hatten sich gelöst. Ihr wurde das alles zu viel. Sie wollte nur noch weg.

«Im Gegenteil, sie hat gerade erst begonnen!» Er grinste ziemlich unwiderstehlich. «Um sicher zu gehen, dass mein Plan funktioniert, brauche ich alle Informationen zur Stroganova AG und ihren Verbindungen zu Lettland.»

«Wieso kannst du das nicht über deine Geheimorganisation herausfinden?»

«Weil Garcholigoffs Chiffriergeräte nicht von der Crypto AG gebaut wurden.» Er hob mit Unschuldsmiene die Schultern.

«Ha, ha. Verfügen *die Wissenden* denn über kein professionelles Suchsystem?», gab Tara zurück.

«Sicher schon, aber hier habe ich keinen Zugriff darauf und bis ich meine Leute instruiert habe, ist uns der Darlehensvertrag samt Garcholigoff um die Ohren geflogen. Im *Family Office* gibt's bestimmt ein System zum Anti-Geldwäsche-Monitoring und zur Verifizierung der Identität von zukünftigen Kunden.» Sein flehender Welpenblick untergrub jeglichen Widerstand.

«Du hättest Schauspieler werden sollen», gab sie kopfschüttelnd nach. «Dem Russen und seiner Stroganova spüre ich gern mit unserem KYC-Suchprogramm[21] hinterher, solange du KGF in Ruhe lässt.» Sie knöpfte die Bluse zu.

«Das kann ich dir nicht versprechen.» James klappte sein iPad zu. «Es gibt noch zu viele Unbekannte in diesem Rätsel.»

«Oh je, schon so spät.» Erschrocken blickte Tara auf die Uhr und erhob sich.

---

[21] KYC nennt man den Prozess zur Feststellung der Identität des Kunden. Programme zur Durchsuchung von Datenbanken erleichtern diese Arbeit.

«Hast du noch etwas vor?»

«Für Partyhopping bin ich zu alt.» Sie versuchte sich in einem verführerischen Lächeln. «Danke für den feinen Wein.»

«Anytime.» Er deutete eine Verneigung an, während er seinen Sessel an den Tisch und diskret eine Banknote unter eine der Snackschalen schob.

«Also dann bis Montagnachmittag.» Als er sie fragend anblickte, fügte sie hinzu. «Dieser unsägliche Cocktail für die Lancierung von BiSSS und der grünen Teenie Linie.»

«Der Champagner wird wohl das Beste daran sein.» Er verzog das Gesicht.

«Mit Garcholigoff als Sponsor ganz bestimmt.» Tara wandte sich dem Ausgang zu. Hinter den hohen Fensterscheiben bemühte sich der Vollmond um Romantik. Aus dem Augenwinkel nahm sie ein bekanntes Gesicht wahr.

Zwei schweigende Minuten später standen sie draußen und sogen die frische Abendluft ein. Eine Brise wehte den herbfrischen Geruch des Sees herbei.

«War das gerade Ines Grossweiler?», brach Tara die Stille.

«Keine Ahnung, ich hatte nur Augen für …»Sein Blick wanderten langsam über Taras Gesicht. «Die hübsche Jazz-Sängerin.»

Unschlüssig blickten sie auf den See, der im Mondlicht mit der gegenüberliegenden Küste um die Wette glitzerte.

Tara schlang fröstelnd die Arme um sich. Jetzt müsste er seine Jacke ausziehen und ihr über die Schulter legen. Zumindest in einer Romantic Comedy. «Es ist Vollmond.» Sie hauchte in die unbehandschuhten Hände.

«Sagtest du schon.» Die Hände in den Taschen seiner Jacke vergraben, wandte er den Kopf ab. «Als du von deinem Archiv-Abenteuer berichtet hast.»

Enttäuscht ließ sie ihre Hände sinken. Sie war wirklich im

falschen Film. Nicht in einer romantischen Komödie, sondern in einem Thriller! Zuerst die Tragik-Komödie mit Wagenbauers Rosenkrieg, dann eingesperrt im Archiv, und jetzt drehte sie sich im Rubelkarussell der Modemafia.

«Das war übrigens doch die Grossweiler. Mit Adalbert Ferdinand Fuchs.» James wies mit dem Kopf auf die andere Straßenseite.

«Sind die beiden etwa auch zusammen?» Tara drehte sich um und sah eine dürre Gestalt auf hohen Hacken davonstaksen.

«Was heißt auch?»

«Valerie scheint ihm ziemlich nahe zu stehen.» Sie grinste bei dem Gedanken an die Peep-Show im Lager.

«Der Vorzimmerwachhund betrachtet ihn wohl einfach als sein neues Herrchen.» James nahm wie selbstverständlich ihre Hände in die seinen. «Hunde gehorchen dem, der sie füttert.»

«Haben die uns gesehen?» Tara wurde warm, nicht nur an den klammen Fingern.

«Und wenn schon.»

«Stimmt, wir haben nichts zu verbergen», sagte sie mehr zu sich selbst. «Außer vielleicht, dass wir einem Mode-Mafiaring auf der Spur sind.»

«Und das behalten wir für uns, nicht wahr?» Er neigte seinen Kopf zu ihr hinunter.

«Na... natürlich!» Der Druck, die Wärme seiner Hände, sein Blick und seine Nähe fuhren ihr wie ein Stromstoß durch den Körper.

«Okay, ich verlasse mich auf dich», sagte er lächelnd und zog sie an sich. «Und nur ein Kuss, diesmal.»

«Einen Kuss, wenn schon.» Sie hatte sich wieder im Griff, wandte den Kopf ab und schob ihn sanft, aber bestimmt von sich. Dann drehte sie sich um und marschierte mit einem Lächeln auf den Lippen davon. Kein Thriller, eher eine Erotik-killer-Komödie …

23. Ein frecher Kater und alte Fotos

«Kind, du bist ja noch dünner als vor meiner Abreise.» Tante Jo schloss Tara in die Arme. Der Duft des Hackbratens wurde überlagert vom schweren Parfum, das ebenso zur reiselustigen Schwester von Taras verschollenem Vater gehörte wie die Seidenfoulards und das im Grace Kelly Stil frisierte aschblonde Haar.

«Dir sieht man die Kreuzfahrt auch nicht an», neckte Tara ihre Tante, die sich nach jeder Schiffsreise direkt an den Tegernsee zur Detox-Kur begab.

«Ach ja, das kulinarische Programm ist nicht mehr wie früher.» Tante Jo seufzte in gespielter Verzweiflung. «Statt Frühschoppen, Dreigang-Lunch, Kaffee und Kuchen gefolgt von einem opulenten Dinner und einem Mitternachtsbuffet gibt's heute ein all inclusive Fitnessprogramm mit Yoga, Pilates, Crossfit und Co. Statt Gänseleber alles in der light Version und Grüntee à discrétion.» Die um zwei Köpfe kleinere Lady ließ Tara los und musterte sie streng. «Aber was ist mit dir geschehen?»

«Die letzten Tage ist mir sogar die Lust auf Schokolade vergangen.» Der gestrige Abend hatte Tara nicht nur wegen des charmanten Geheimagenten auf den Magen geschlagen. Sie wusste nicht, was schlimmer war: Ihre Enttäuschung über den Lieblingsklienten, der womöglich in dubiose Machenschaften verstrickt war. Oder, dass sie vertrauliche Informationen weitergegeben hatte. Im Interesse und zum Schutz ihres Klienten, wie sie sich einreden ließ. «Ein paar anstrengende Klienten, die mir den Schlaf und letzten Nerv rauben», erklärte sie. Das war nicht einmal gelogen.

«Wie geht es eigentlich Karl Gerold?» Tante Jo nestelte an ihrer dreireihigen Kette aus schwarzen und weißen Perlen. «Er hatte offenbar am WEF einen Zusammenbruch.» Neugierig beäugte sie Tara. «Und das ausgerechnet nach der erfolgreichen Präsentation seiner Hightech-Innovation.»

«Du kennst den Modekönig?» Tara überlegte, wie sie aus der Nummer wieder herauskam. «Den kannst du mir gerne einmal vorstellen.»

«Ach Tara, Liebes, du mit deinem Anwaltsgeheimnis. Seine Schwester und ich sind langjährige Bridge-Genossinnen. Ich weiß, dass das *Family Office* die Familie betreut.»

Tara bückte sich zum Kater, der um ihre Beine strich. «Und woher kennst du ihn?», fragte sie ausweichend.

«Erwin, mein Göttergatte, Gott hab ihn selig, war ein Großkunde von Vater Fuchs. Karl Gerold jobbte als Student im Geschäft und war schon damals ein guter Verkäufer. Wir blieben in Kontakt, auch als es ihn in die Finanzwelt nach London zog. Wir waren sogar zu seiner ersten Hochzeit eingeladen.»

«In London?»

«Nein, sein Papa pfiff Karl Gerold zurück und nötigte ihn, die Tochter eines reichen Freundes zu heiraten, der als Mitgift ein hübsches Sümmchen ins darbende Modegeschäft investierte.»

«Und seine große Liebe ließ er in London zurück?» Tara dachte an KGFs Erzählung vom Bewerbungsgespräch und der Frau mit dem androgynen Namen, die statt des Jobs eine Liebeserklärung erhielt.

«Da weißt du mehr als ich.» Die Tante beäugte sie neugierig. «Erzähl!»

«Nein, nein. Ich dachte nur...» Das fiel nun definitiv unter das Anwaltsgeheimnis. «Und nach der Heirat? Trat er in die Firma ein?»

«Fuchs Senior ernannte ihn zum Finanzchef. Dank seinem Zahlenflair und dem großzügigen Schwiegerpapa stand die Firma bald wieder in voller Blüte. Wir blieben befreundet und nach Erwins Tod half Karl Gerold mir dabei, das Geschäft zu verkaufen.»

«Wieso habe ich dich noch nie an einer seiner Modeschauen gesehen?», wunderte sich Tara.

«Der heutige Modezirkus ist nichts für mich.» Tante Jo winkte ab. «Zu meiner Zeit waren Modeschauen festliche Veranstaltungen mit Champagner und schönen Mannequins. Heute sehen Models aus wie Zombies mit Magenverstimmung, und statt Champagner gibt's lauwarmen Kopfwehsprudel.» Sie hielt indigniert die Hände an die Ohren. «Und diese schreckliche Musik. Vom Publikum will ich gar nicht erst reden. Aber du, Liebes, bist jetzt mittendrin in diesem Zirkus, wie mir die Blumenthal sagte.»

«Nur vorübergehend, bis KGF einen Hausjuristen gefunden hat.» Was hatte Madam Blumenthal ihrer Tante alles erzählt? «Ich wollte ja schon immer mal Modeluft schnuppern.»

«Hol dir bloß keine Vergiftung!» Abrupt wandte sich die Tante ab. «Wir reden beim Essen weiter. Geh erst mal rein und trink deinen Champagner, bevor er warm wird.» Sie schob Tara zum Esszimmer. «Schnapp dir ein paar Lachshäppchen, bevor Monster sie entdeckt. Du musst etwas essen, Kind. Und ich muss nach meinem Hackbraten schauen.»

Tara öffnete erwartungsvoll die Tür. Der Kater huschte zielstrebig an ihr vorbei. Auf dem sechs Meter langen, mit Zwiebelmuster-Porzellan, Kristallgläsern und Familiensilber gedeckten Tisch verbreitete ein Kandelaber mit zwölf Kerzen warmes Licht. Sie legte ihre Tasche auf einen Stuhl und griff nach dem gefüllten Champagnerkelch. Neben dem Eiskübel mit dem Jahrgangschampagner stand auf einem kleinen Silberteller eine Rotweinflasche. Sie stutzte, trat näher und erstarrte. «Was ist das für ein Wein?» Sie hob die Flasche auf, als Tante Jo mit einer dampfenden Schüssel ins Esszimmer trat.

«Mein Hauswein.» Die Tante stellte die Schüssel auf den Tisch. «Wieso fragst du?»

«Diese Etikette ist mir noch nie aufgefallen.»

«Du trinkst ja nur Champagner.» Tante Jo blies sich auf die Finger.

«Wie kommst du zu diesem Wein?» Tara starrte fassungslos auf die Illustration des idyllischen Anwesens.

«Was soll die Fragerei?» Tante Jo verschränkte die Arme. «Du hast dich noch nie für die Familie interessiert.»

Das Thema Familie war für ihre Tante tabu. «Was hat das Weingut mit unserer Familie zu tun?»

«Deine Vorfahren waren Weinbauern.»

«In Chur?» Tara konnte ihren Blick nicht vom schlossähnlichen Haus auf dem Weinetikett lösen.

«Unsere Urahnen suchten wie viele Bündner ihr Glück als Zuckerbäcker im Ausland. Als deren Nachkommen als arrivierte Geschäftsleute zurückkehrten und das Weingut bauten, lagen die Weinreben noch weit außerhalb der Stadt.» Die Tante setzte sich und streckte ihre Hand nach Taras Teller aus. «Deine Urgroßmutter bewirtschaftete das Gut zusammen mit ihrem Bruder. Der Wein wurde weit über die Landesgrenzen hinaus bekannt. Bei der Erbteilung erhielt deine Uroma das Zuckerbäckerschlösschen mit Umschwung und ihr Bruder den Weinberg. Sie renovierte das Haus und versah es mit Jugendstilelementen, die damals gerade modern wurden. Aus dieser Zeit stammt auch die Etikette.» Tante Jo füllte beide Teller mit Hackbraten und Kartoffeln. «Leider entschied sie sich, das Haus zu verkaufen und aus dem Geschäft auszusteigen. Ein Großteil des ursprünglichen Weinbergs gehört heute zur Stadt und ist überbaut. Ein kleiner Teil wird noch immer von den Nachkommen deines Urgroßonkels bewirtschaftet. Am Wein haben sie viel geändert, aber nicht an der Etikette. Das Haus ist das Wahrzeichen dieses Weins.»

«Wieso weiß ich nichts von diesen Verwandten?»

«Die Familien haben sich verkracht. Deine Uroma finanzierte mit dem Erlös aus dem Verkauf angeblich die Schokoladenfabrik ihres Ehegatten, was ihr Bruder ihr nie verziehen hatte.» Die Tante füllte ihr Glas ganz undamenhaft bis zum Rand mit dem Wein.

«Mein Urgroßvater, ein Schokoladenfabrikant?» Das wurde ja immer besser.

«Er gründete zusammen mit einem Compagnon die erste und einzige Bündner Schokoladenfabrik, die heutige Grischoc. Von ihm hatte dein Vater die Leidenschaft für die süße Masse geerbt. Wusstest du das nicht?»

Ein schepperndes Geräusch ließ die beiden zusammenfahren.

«Nein! Monster, NEIN!» Tara hechtet ans andere Ende der Tafel und hinderte den Kater in letzter Sekunde daran, seine Pfote auf die Silberplatte mit den Lachsröllchen zu legen. «Was fällt dir ein?» Sie setzte das maunzende Tier unsanft auf den Boden.

«Wir haben die Lachshäppchen vergessen!» Tante Jo lachte und nahm vorsichtig einen kleinen Schluck aus ihrem vollen Glas. «Vor lauter gutem Wein und Weingut.»

«Mein Urgroßvater, ein Schokoladenfabrikant?», wiederholte Tara und starrte ihre Tante an, während ihre Gedanken rotierten. War Ihre Urgroßmutter etwa Lucrezia? Sie konnte die Frage nicht stellen, da sie abgesehen von KGFs Entführung keine plausible Erklärung für ihre Nachforschungen hatte.

«Haben dir deine Eltern nichts über deine Familie erzählt?»

«Meine Mutter sagte mir nur, dass mein Vater in einer Schokoladenfabrik arbeitete, aber nicht, dass die unserer Familie gehörte.» Wenigstens hatte Tara nun Gewissheit, dass die seit Cherus Schilderungen vom Versteck der Grünen Löwen aufgetauchten Bilder und Erinnerungen keine Hirngespinste waren. «Meinen Vater konnte ich dann nicht mehr ...»

«Wie unsensibel von mir!», unterbrach Tante Jo und schlug sich die Hand vor den Mund. «Du warst ja noch so klein, als deine Mama ihn für verschollen erklären ließ.» Sie wies auf die Etikette des Rotweins. «Dann muss ich dir wohl ein wenig familienhistorischen Nachhilfeunterricht geben.»

«Ja bitte», frohlockte Tara und stellte die Platte mit den Lachshäppchen neben den Fleischtopf.

«Dein Urgroßvater war Chemiker und ein Visionär, der davon träumte, seine eigene Schokolade zu entwickeln. Als er das Angebot erhielt, sich an der Gründung einer Schokoladenfabrik zu beteiligen, schien sein Traum in Erfüllung zu gehen.» Tante Jo zog den Stuhl neben sich etwas zurück, Monster sprang hoch und setzte sich mit gerecktem Kopf auf seinen Platz. «Nur fehlte ihm das nötige Geld. Als sich die Gattin seines künftigen Compagnons in das prachtvolle Zuckerbäckerschloss verliebte, beschloss deine Uroma, das Haus zu verkaufen. Sie wollte sich ohnehin aus dem anstrengenden Weinbau zurückziehen und mit dem Erlös konnte sich dein Urgroßvater an der Fabrik beteiligen.»

«Und das Haus gibt es heute noch?» Hungrig verzehrte Tara die Lachsröllchen und schob den angefangenen Hackbraten an den Tellerrand.

«Die Villa Lucrezia ist noch im Besitz derselben Familie und wird deswegen auch Schokoladenvilla genannt.»

Taras Gabel fiel auf den Teller. «Lucrezia? War das meine Urgroßmutter?»

«Aber nein, Lucrezia von Vilan war die Frau des Compagnons deines Urgroßvaters, eine Italienerin adliger Abstammung.» Tante Jo schaute Tara an, als ob sie schwer von Begriff wäre. «Dieser von Vilan hat für sie das Anwesen gekauft, damit sie sich in ihrer neuen Heimat wohl fühlt.»

«Die Villa wie auch die Schokoladenfabrik sind also noch immer im Besitz der Familie von Vilan. Und wir? Ist unsere Familie denn auch noch an Grischoc beteiligt?», fragte Tara, während ihre Gedanken Purzelbäume schlugen. Was hatten die Grünen Löwen in der Schokoladenvilla zu suchen und wer war Amadeo von Vilan?

«Nein. Dein Großvater war mit Leidenschaft Augenarzt. Er interessierte sich nicht für Schokoladenherstellung und als es zum großen Krach kam, verkaufte er dem geschäftsführenden Teilhaber seine Aktien.»

«Was war das für ein Krach?»

«Keine Ahnung. Ist schon so lange her.» Tante Jo wandte den Blick ab. «Und nun will ich endlich wissen, wie es meinem alten Freund Karl Gerold geht und wie es dir in seiner Firma gefällt.» Sie schenkte Tara Champagner nach. «Wie kommt eine Juristin in ein Modeunternehmen?»

«Karl Gerold Fuchs suchte einen Juristen und hat gehört, dass ich mich in Mode und Nachhaltigkeit weitergebildet habe», erklärte Tara wahrheitsgemäß. «Hast du es eigentlich nie bereut, deine Ausbildung für Erwin an den Nagel gehängt zu haben?», leitete sie ihr Ablenkungsmanöver ein.

«Oh, meine Ehe war besser als jedes Betriebswirtschaftsstudium.» Tante Jo lächelte wehmütig. «Erwin hat mich in alle wichtigen Entscheidungen und Verhandlungen miteinbezogen. Mal trat ich als seine Assistentin auf, mal als seine Chefeinkäuferin – je nach Gegenüber.»

«Aber du hast keinen Studienabschluss?», insistierte Tara.

«Wenn schon, wäre ich Modedesignerin geworden. Studieren war nicht mein Ding. Lieber die Mittel als die Titel». Tante Jo lächelte. «Den Spruch habe ich übrigens von deinem Papa.»

«Meinem Papa? In welchem Zusammenhang?» Tara hielt den Atem an.

«Als er gegen den Willen unseres Vaters seine Doktorarbeit in Chemie hinwarf für eine Karriere in der Schokoladenfabrik.»

«Grischoc?»

Tante Jo nickte und verdrehte die Augen. «Ja, er wollte unbedingt und zum Leidwesen unseres Vaters in die Fußstapfen seines Großvaters treten.»

«Ich dachte, die Familien waren verkracht?»

«Unsere Eltern. Uns Kinder ging das nichts an.»

«Hast du Fotos von meinem Vater?», wagte Tara einen Vorstoß. «Ich hätte gern eine Erinnerung.»

«Wenn du versprichst, die alten Geschichten ruhen zu lassen, Liebes.» Seufzend erhob sich Tante Jo. Fünf Minuten später erschien sie wieder mit einem Album aus vergilbtem Pergament. «Hier, das bin ich mit deinem Papa, dem Fabrikbesitzer und dessen Sohn vor der Villa.»

Drei Männer und ein Teenager posierten auf einer imposanten Steintreppe vor einer Jugendstilvilla. Der ältere der drei Männer mit Schnauzer und Bogart-Hut zum Tweed-Dreiteiler stand auf der untersten Stufe. «Das ist mein Vater.» Tara zeigte auf den hochgewachsenen jüngeren Mann auf der zweiten Stufe, mit dunkelblondem streng gescheiteltem, raspelkurzem Haar. Er trug einen Anzug mit schmaler Hochwasserhose zur dünnen Krawatte. Der dritte Mann stand ein paar Stufen erhöht. Mit der Sonnenbrille und dem schwarz gewellten Haar, das ihm in die Stirn fiel, konnte man das Gesicht nicht gut erkennen. Zur lässigen Strickjacke trug er eine helle weite Hose mit hohem Bund. Er war kaum größer als das Girlie mit Marilyn Monroe Wuschelkopf und Mini-Kleid, das noch eine Stufe höher neben ihm stand, den Kopf an seine Schulter gelehnt. «Und das bist du?»

Tante Jo nickte mit einem wehmütigen Lächeln. «Das Kleid habe ich nach einem Modell von Mary Quandt selbst geschneidert.»

«Und wer ist das?» Tara deutete auf den Mann mit der Sonnenbrille.

«Na, das ist Amadeo von Vilan.»

24. Familien- und andere Geheimnisse

Die vergilbte Fotografie war so real wie dieser für den 1. Februar frühlingshaft warme Sonnenstrahl, der sie durch die Scheiben ihres Büros an der Bahnhofstraße wärmte. Sie hatte die Aufnahme heimlich fotografiert, als Tante Jo in der Küche das Dessert zubereitete. Dass der Bildhauer mit der lässigen Haltung und dem Aussehen eines Hollywoodschauspielers ein Herzensbrecher war, hatte Tara ihrer Tante sofort geglaubt. Der zu einem spöttischen Lächeln verzogene Mund und das dunkle, leicht gewellte Haar erinnerten Tara an einen der attraktiven Männer, die an Audrey Hepburns Seite im Film oder in ihrem Leben eine Rolle spielen durften.

Wieso hatten sich die beiden Familien verkracht? Was für ein Geheimnis verbarg sich hinter Tante Jos Stirn? Und hinter den Gemäuern der Villa Lucrezia?

Tara legte ihr Smartphone schweren Herzens zur Seite. Sie war nicht in der Bibliothek des sonntäglich ruhigen *Family Office*, um in ihren Familiengeheimissen zu wühlen, sondern um nach Garcholigoffs Spuren zu suchen. Während sie Annabelles Detektiv-Programm startete, mit dem potenzielle Kunden auf Steuer- und Stubenreinheit geprüft wurden, schweiften ihre Gedanken immer wieder ab.

Amadeo von Vilan musste der attraktive Mann aus ihren Erinnerungen sein, der mit Zeichenblock auf den Knien neben der Frau hinter der Staffelei in einer Blumenwiese saß. War sie diese Rätia, die Tara hütete, wenn Papa in der Fabrik zu tun hatte? Amadeo von Vilan jedenfalls war nicht nur Miteigentümer und Bewohner des mutmaßlichen Verstecks von

KGFs Entführern. Er war auch ein Jugendfreund ihres Vaters! Wäre sie in einem Film, würde der Drehbuchautor mit solchen Zufällen wohl ziemlich schlechte Kritiken ernten.

Nachdem sie Tante Jo ein paar Würmer aus der Nase gezogen hatte, nahmen die vagen Erinnerungen klarere Formen an. Auf die Frage, wieso sie Amadeo nie erwähnt hatte, sagte die Tante nur, der habe ihr das Herz gebrochen. Deshalb sei sie mit siebzehn als Au Pair nach Paris geflüchtet. Als Tara nach einer Frau namens Rätia fragte, brach Tante Jo das Gespräch abrupt ab und verabschiedete sich mit einem Migräneanfall. Für Nachforschungen zu ihrer Familie, den von Vilans und der Schokoladenfabrik hatte sie jetzt keine Zeit. Hauptsache, ihr war dank Cherus Bericht die Weinetikette aufgefallen und sie hatte Tante Jo ein paar Informationen entlockt, die für KGFs Befreiung nützlich sein konnten. Am liebsten würde sie selbst in der Villa Lucrezia auf Spurensuche gehen, ein Familiengeheimnis aufdecken, das zum Bruch zwischen den beiden Familien geführt hatte. Aber wie? Alleine wagte sie sich nicht in die Höhle der Grünen Löwen. James hatte KGF höchstpersönlich befreien wollen. Vielleicht konnte sie ihn begleiten, als Tarnung. Doch ohne Infos über die beiden Stroganovas und Boris Garcholigoff musste sie sich gar nicht erst bei ihm melden.

Sie schüttelte die Vergangenheit ab und konzentrierte sich auf die Suchmaschine. Sie fand nichts, was auf kriminelle Machenschaften hinwies. Um weitere Informationen zu erhalten, musste sie eine Ebene tiefer gehen und dafür brauchte das System eine gewisse Zeit. Die könnte sie nutzen, um noch einmal KGFs Dossier zu durchleuchten. Auch wenn der Klient sie enttäuscht hatte, hatte sie kein gutes Gefühl, in Akten zu wühlen, die sie eigentlich nichts angingen.

Erschrocken zuckte sie zusammen, als ihr Handy klingelte.

«Hallo?» Das Display zeigte eine unbekannte Nummer.

«Hast du bereits etwas zu Stroganova gefunden?»

«Nein... ich...» Verärgert drückte sie ihre weichen Knie durch. «Die Suchmaschine arbeitet noch.» Ihn hatte sie nicht erwartet.

«Und über KGF?», löcherte er sie weiter.

«Hast du eine neue Handynummer?», konterte Tara.

«Ein Geheimagent hat mehr als eine...» Gläserklirren und leise Barmusik tönten im Hintergrund. «Also, was ist mit KGF?»

«Bis jetzt noch nichts», wich sie aus. «Aber ich habe etwas über diesen Amadeo von Vilan herausgefunden.»

«Amadeo who...?»

«Der Hausbesitzer und Vermieter der Grünen Löwen. KGFs Versteck!»

«Ok, schieß los. Ich muss gleich in ein Meeting.»

«Meine Tante kennt diesen Künstler Amadeo von Vilan und die Villa Lucrezia in Chur.»

«Du hast ihr von der Entführung erzählt?»

«Hallo?» Blödmann! «Wofür hältst du mich?»

«Wieso bist du überhaupt auf die Villa zu sprechen gekommen?»

«Wegen einer Weinetikette, auf der die Villa...»

«Interessant.» Etwas oder jemand schien ihn abzulenken.

«Hallo? Hörst du mir überhaupt zu?»

«Klar. Was für ein unglaublicher Zufall. Aber komm bloß nicht auf die Idee, allein nachzuforschen. Das ist viel zu gefährlich. What? Moment... bin gleich wieder... Yes, I am coming, darling.» Stille. Hatte er etwa auf Stumm geschaltet?

«Sorry, ich muss jetzt wirklich los. Wir treffen uns morgen im Büro nach meinem Termin mit...» Der Rest ging in einem Rauschen unter.

Darling? Wütend starrte Tara auf das Handydisplay. Als ob die Antwort in einem der bunten Apps stehen würde. James machte sich also mit Darling einen schönen Sonntag, und Oliver erforschte im alpinen Labor womöglich gerade seine schöne Kollegin. Und sie, Tara? Leistete wieder einmal Sonntagsarbeit! Jetzt brauchte sie erst mal frische Luft. Sie öffnete ein großes Fenster im Gang, hielt das Gesicht in die Sonne und atmete tief durch. Männer nervten, und zwar alle! Sie hatte keine Lust mehr auf Herzschmerz. Und schon gar keine Zeit.

Entschlossen verstaute sie das Handy in ihrer Jackentasche, schloss das Fenster und trat ins Archiv. Sie würde sich ein letztes Mal KGFs Steuerordner vorknöpfen und die Namen sämtlicher Firmen auflisten, für welche er Beratungsdienstleistungen erbrachte. Vielleicht ergaben sich mit dem Suchresultat aus Annabelles Detektivprogramm weitere Verbindungen.

In einem älteren Ordner, den sie das letzte Mal nicht mehr durchkämmen konnte, entdeckte sie weitere Honorarzahlungen der Stroganova AG in Zug. Tara begann, die Unterlagen zu fotografieren, als sie plötzlich die Eingangstür auf- und zuklappen hörte. Schritte auf dem Gang. Rasch klappte sie den Ordner zu und wollte ihn gerade verstauen, als jemand ins Archiv trat.

«Na hallo! Was machen Sie hier?»

Mit offenem Mund starrte Tara das lebendig gewordene VOGUE-Titelbild an, während sie fieberhaft nach einer plausiblen Erklärung suchte.

«Keine Sorge, der ist nicht echt.» Annabelle Kronenberg fuhr über den pelzigen Mantelkragen. Im winterweißen knöchellangen Mantel zum Zopfmuster-Rollkragenpullover, den Jeans und Chelsea Boots – alles Ton-in-Ton – schien die Chefin geradewegs vom Shooting eines Hochglanzmagazins zu kommen. «Seit wir uns mit *Fashion Compliance* beschäftigen, traue ich mich nicht mehr, meine Nerze spazieren zu führen.» Stirnrunzelnd blickte sie auf die Ordnerauslage. «Was machen Sie mit diesen Steuerunterlagen?»

«Ein hammermäßig schickes Outfit», versuchte Tara Zeit zu gewinnen. «Aber Kunstpelz ist bekanntlich auch nicht wirklich nachhaltig.»

«Oh, danke, Tara.» Mit einem überraschten Lächeln nahm Annabelle den Filzhut vom Kopf und schüttelte das weizenblonde Haar, bis ihr die weichen Locken über die Schultern fielen.

«Das ist biobasierter Kunstpelz. Seine Hauptkomponenten auf Maisbasis sind ein Nebenprodukt aus dem Biokraftstoffsektor, das sonst ungenutzt bleiben würde.» Strahlend öffnete sie ihren Mantel und wies auf die Etikette.

«Davon habe ich schon gehört.» Der biobasierte Kunstpelz kam Tara bekannt vor. «Wo haben Sie den her?»

«Stella McCartney, brandneu.»

«Klar, James Kuhls Freundin trug auch so einen Pelz, als ich ihr in Davos begegnet bin.» Tara fasste sich an die Stirn. «Ich glaube, sie hat ihn selbst entwickelt.»

«James Kuhl hat eine Freundin?» Nur ein Glitzern in ihren Augen verriet Annabelles Neugier. Der nachhaltige Kunstpelz schien sie nicht mehr zu interessieren, hoffentlich ebenso wenig wie die Steuerunterlagen auf Taras Pult.

«Gemäß Nadine und den einschlägigen Klatschspalten.» Tara zuckte mit den Schultern. «Jedenfalls habe ich diese Frau mit ihm zusammen an Garcholigoffs Cocktail gesehen.» Und an der Rezeption mit einem Briefumschlag. Aber davon wollte die Chefin nichts wissen. Und zudem, wieso sollte eine Frau, die nachhaltigen Kunstpelz produzierte und mit berühmten

Designern zusammenarbeitete, dem Schweizer Modekönig einen anonymen Drohbrief schicken?

«Was bringt Sie an einem Sonntag ins Büro?», wechselte Tara rasch das Thema.

«Ich war auf dem Heimweg von einem Brunch und habe sie am Fenster stehen sehen.» Annabelle lächelte mit einem besorgten Blick auf die Unterlagen. «Hat KGF ein Steuerproblem?»

Mist! Was jetzt? «James hat ein paar Ungereimtheiten in der Buchhaltung entdeckt und mich gebeten, KGFs Privatentnahmen der letzten Jahre zu überprüfen.» Das war nicht mal gelogen.

«Ach ja, damit hat er mich auch schon gelöchert. Ich habe ihn an Adalbert Ferdinand und die Grossweiler verwiesen.» Annabelle setzte sich auf den zweiten Stuhl am Tisch und stellte ihre farblich abgestimmte Aktentasche neben sich. «Tara, ich bin froh, Sie hier anzutreffen. Haben Sie einen Moment Zeit?»

«Klar.» Beflissen zog Tara einen Notizblock heran.

«Legen Sie das weg!» Annabelle machte eine wischende Handbewegung. «Dieses Gespräch ist mehr als nur vertraulich.»

Tara legte den Stift gehorsam zur Seite.

«Ich glaube, bei KGFs Entführung geht es um weitaus mehr als um KGFs Nachhaltigkeitsstrategie.»

«Wie kommen Sie darauf?»

«Die anonyme Drohung » Annabelle presste nachdenklich die Lippen aufeinander. «Ich habe recherchiert, nachgedacht, mich an die ersten Gespräche mit ihm erinnert. Das ist etwas Persönliches und ich habe mittlerweile einen Verdacht.»

«Haben Sie Madam Blumenthal gefragt?»

«Um Himmels Willen, wie kommen Sie denn darauf?»

«Ich dachte nur, als seine Schwester ...» Tara zögerte. «Sie scheint jedenfalls sehr in Sorge um ihn zu sein.»

«Ach, daher weht der Wind.» Annabelle blickte sie scharf an. «Hat Nadine Sie etwa instrumentalisiert?»

«Nein überhaupt nicht!», log Tara. «Wie kann ich Ihnen helfen?»

Annabelle zog zwei dicke Ordner aus ihrer Aktentasche. «Gehen Sie das bitte mal durch.»

«Was ist das?» Tara zog die Ordner zu sich.

«KGFs diskretes Portefeuille. Sie haben ein gutes Auge, Tara, und erkennen Zusammenhänge in Firmengeflechten besser als ich.»

«Oh, danke, Annabelle.» Wow, was für ein Lob! «Das weiß ich zu schätzen.»

«Ihr ehemaliger Chef hat den Grundstein für dieses Konstrukt gelegt.»

«Dr. Guth?»

«Ja, das war, bevor er die Seiten wechselte und sich eine weiße Weste zulegte.» Annabelle seufzte. «Ich predige meinen Kunden schon lange, alle ihre Oster-Nestchen offenzulegen. Aber manche Menschen sind auf beiden Ohren taub. Was soll ich machen?» Sie hob die Schultern so hoch, dass der Kunstpelz auf die Ellenbogen rutschte. «Solange es Jurisdiktionen gibt, die sich dem weltweiten Informationsaustausch widersetzen.» Mit einem tadelnden Blick schob sie sich den falschen Pelz wieder über die Schultern.

«Wer kann sich das denn heute noch leisten?», wunderte sich Tara.

«Wie wäre es mit dem Weltpolizisten?» Annabelles Augen funkelten verärgert. «Solange die USA unter Informationsaustausch eine einseitige Pflicht aller andern Staaten sehen und man in Delaware[22] faule Ostereier verstecken kann, lass ich meine beratungsresistenten Kunden in ihren stinkenden Schlupflöchern in Ruhe. Weil ich damit aber keine Mitarbeiter gefährden will, bewahre ich diese Schmuddel-Akten im einer kleinen, verschwiegenen Privatbank auf.» Sie legte die Ordner auf den Tisch. «Bitte behandeln Sie das ebenso vertraulich wie die anonyme Drohung.»

Tara nickte kreidebleich. «Und wonach soll ich suchen?» Sie konnte ihr Glück nicht fassen. Nun hielt sie – einfach so – genau die Informationen in der Hand, nach denen James gefragt hatte. Pech nur, dass sie ihm nichts sagen durfte. Nicht einmal von der anonymen Drohung. Was für ein Dilemma!

«Ich brauche eine Liste von allen Gesellschaften und Trusts, auch von den bereits aufgelösten. Notieren sie die Verbindungen unter den einzelnen Gesellschaften. Ich blicke da nicht durch und Eberhardt Guth will verständlicherweise nichts mehr damit zu tun haben.» Sie wies auf den einen Ordner. «Diese Urkunden hier gehen mehr als zwanzig Jahre zurück.»

«Und was soll das bringen?»

«Das überlassen Sie mir. Die Antwort könnte hier liegen.» Sie zeigte auf den zweiten Ordner. «Das sind die Kontoauszüge der letzten zehn Jahre. Gehen Sie die alle durch und notieren Sie alle auffälligen Kontobewegungen.»

«Die kann ich aber nicht interpretieren.» Tara schluckte, während sie durch die mit vielen Seiten voller Zahlen blätterte. «Sie sind die Vermögensverwalterin.»

«Sie müssen nichts interpretieren, nur auffällige Bewegun-

---

[22] Während sich die USA als Wächter über eine transparente Finanzindustrie aufspielen, sitzen sie selbst auf besonders faulen Eiern wie Delaware, dessen intransparentes Steuerregime als unantastbares Nationalheiligtum geschützt und als solches gar mit der Schweizer Schokoladen- und Uhrenindustrie verglichen wird.

gen wie größere Barauszahlungen oder...» Sie schüttelte unwillig ihren Kopf. «Ach, Sie wissen schon. Tun Sie einfach genau das, was Sie tun würden als aufmerksame Anwältin, die ihrem Klienten nicht traut.»

«Wie lange habe ich Zeit?»

«Bis morgen früh. Geht das?» Es war eine höfliche, aber rhetorische Frage.

«Ich muss noch eine *Due-Diligence-Prüfung* machen für einen... egal. Aber danach.» Tara schaute auf die Uhr. Es war kurz nach zwölf Uhr Mittag. Außer einem Abstecher ins Fitnessstudio hatte sie heute nichts mehr vor. «Kein Problem», log sie. Sie war hundemüde, und ihr graute davor, die Nacht durchzumachen.

«Gut, denn sobald ich die Informationen habe, muss ich meine Kontakte spielen lassen.» Annabelle nahm den Aktenkoffer hoch. «Ich bleibe hier, bis Sie durch sind. Sie finden mich in meinem Büro.»

Na toll, Nachtschicht mit der Chefin im Nacken. «Alles klar», gab sich Tara locker und verabschiedete sich von ihrem Sonntagabend. Mit Oliver war sowieso nichts los und das Leben ihres Lieblingsklienten stand auf dem Spiel.

25. Frauenparkplatz

«Tara, warte!»

Mit einem gestressten Blick auf die Uhr brachte Tara ihr Mini Cabrio vor der Ausfahrt des Modehauptquartiers am Walensee wieder zum Stehen. Wer wollte denn jetzt noch was von ihr? Es war Montag, 2. Februar, kurz nach dreizehn Uhr. Die Trunkshow begann in zwei Stunden. Im Rückspiegel erkannte sie den Geheimagenten, der mit wehendem Trenchcoat auf sie zueilte. Ernsthaft? Eigentlich sollte sie jetzt aufs Gaspedal treten. Den ganzen Vormittag hatte sie keine Anrufe angenommen und die wenigen Besuche wegen angeblicher Arbeitsüberlastung abgewimmelt. Sogar auf den versprochenen Besuch in Oliver und Cherus neuem Labor hatte sie verzichtet. Nachdem der Geheimagent auf Mafiajagd entgegen seiner Ankündigung an ihrem letzten Treffen nicht aufgetaucht war, hatte sie Annabelle über ihre Entdeckung informiert, die sie eigentlich mit ihm hatte teilen wollen. Alarmiert von Annabelles Reaktion, hatte sie entschieden, dem Geheimagenten KGFs geheimes Osternest in Delaware zu verschweigen. Sollte James doch selber schauen, wie er zu seinen Informationen und an die Trunkshow kam.

Nach einem weiteren Blick in den Rückspiegel beschloss sie, professionell, aber konsequent zu bleiben. Mitfahren ja, Informationsaustausch nein. Also trat sie auf die Bremse und begann ihr fahrbares Boudoir zu entrümpeln. Eine große und eine kleine Handtasche, Gymnastikschuhe, Ballerinas, ein Badetuch, Schals, eine Wasserflasche, eine zusammengefaltete Einkaufstüte, ein paar zerknüllte Kleenex und ein von der morgendlichen Yogaklasse verschwitztes T-Shirt flogen vom Beifahrer- auf den Rücksitz.

«Nimmst du mich mit?» Der Geheimagent mit Lizenz zum verführerischen Grinsen klopfte an die Scheibe. «Mein Motorrad springt nicht an.»

Tara ließ die Fensterschreibe runter. «Ist ja auch kein Winterfahrzeug!» Genervt wies sie auf das dezimierte, aber noch immer unübersehbare Chaos auf dem Beifahrersitz. «Wenn du warten willst, bis ich aufgeräumt habe?»

Während der ungebetene Fahrgast um ihren Grasfrosch herum ging, sammelte sie den Inhalt eines Necessaires ein, der aus der Yogatasche gepurzelt war. Auf der Suche nach einem Lippenstift entdeckte sie einen angebrochenen Schokoriegel in der Kuhle zwischen Sitz und Rücklehne. Sie wickelte den Riegel in ein Kleenex und legte ihn in die Box unter der Armlehne.

James öffnete die Beifahrertür. «So können wir uns noch ein wenig austauschen. Darf ich?» Ohne eine Antwort abzuwarten, klappte James die Sitzlehne nach vorn und legte mit einem amüsierten Blick seine Mappe auf Taras Sammelsurium. «*Great Car!* Mein allererster Wagen war auch ein Mini-Cooper. Und sollte ich mir je wieder vier Räder zulegen, dann nur einen Mini.» Lässig entledigte er sich seines gefütterten Regenmantels, zog die Beine seiner hellen Kordsamt-Hose etwas hoch und ließ sich auf den Beifahrersitz fallen. «Und erst diese Farbe. Das nenn ich Identifikation mit dem Job!»

Tara blickte stur geradeaus und presste die Lippen zusammen.

Er schaute sie von der Seite an. «Sorry, war den ganze Vormittag ununterbrochen in Calls.»

«Hatten wir denn einen Termin?», gab sich Tara patzig.

«Sag du es mir.» James pustete sich eine Locke aus dem Gesicht. «Jedenfalls kein Date. Sonst hätte ich Rosen mitgebracht.»

«Wie charmant.» Tara hatte Mühe, ihr beleidigtes Gesicht beizubehalten.

«Das mach ich immer so.» Er grinste friedfertig.

«Ach, du bist ein richtiger Versetzungsprofi?»

«Übung macht den Charmeur. Was meinst du, wie oft ich jemanden versetzten muss mit meinen Mehrfachjobs.»

«Nur jemanden oder auch Darling?» Verbissen hielt sie den Blick geradeaus gerichtet und schaltete die Zündung ein.

«Darling?» Er richtete sich auf.

Aus den Augenwinkeln nahm sie mit Genugtuung seinen erschrockenen Blick wahr. «Dein Meeting gestern?»

«Ach das.» James lehnte sich gelassen zurück. «Ich 'darlinge' alle Frauen, die mir nichts bedeuten. Ist einfacher, als sich Namen zu merken.»

«Mich hast du noch nie gedarlingt.»

«Deinen Namen kann ich mir merken.»

«Ach nein?» Vorsichtig kurvte sie aus dem Firmenareal auf die Dorfstraße. «Und woran liegt das?»

«Er klingt nach viel Trara.» Mit zwei Fingern hob er einen Stiletto unter seinen Füßen hervor. «Und Lärm auf hohen Hacken.»

«Ich bin nicht laut!»

«Nein, aber lärmig, und das gefällt mir.» Vorsichtig, als ob er zerbrechlich wäre, legte er den Schuh auf seinen Schoss. «Schöne Qualität.» Er strich sanft über das hellgraue Wildleder.

«Danke.» Ein Kribbeln breitet sich in ihrem Bauch aus, wanderte über ihren ganzen Körper. Konzentriere dich auf die Straße, herrschte sie sich an. Schau nicht auf seine Hände!

«Aber heikel.» Nun umfasste er den Schuh auch noch zärtlich wie ein Schoßhündchen. «Die passen besser zu deinem Bonbon-Outfit als diese Fellpantoffeln.»

«Nix gegen meine asphalterprobten Shopping- und Auto-schuhe!» Nimm sofort deine Hände von meinem Schuh, dachte sie und verstärkte den Griff ums Lenkrad. «Die Jeans sind übrigens nicht Bonbon-, sondern Himbeerfarben. Und meine Bluse ist ungefärbt. Sie reflektiert bloß die Farbe der Jeans.»

«Und deines Tops?» Er wandte ihr den Kopf zu. «Himbeere im Winter?»

«Aber sicher!» Sie spürte seine Blicke auf ihrem Körper. «Alles ist erlaubt, wenn man es mit BiSSS kombiniert.» Schau weg, schau weg! «Himbeer ist die Farbe der aktuellen *Cruise Collection*[23].»

«Kollektionen für eine kreuzfahrende Elite, die im Winter in die Karibik schippert, sind nicht wirklich nachhaltig.»

«Deshalb will KGF sie abschaffen.» Gottseidank ein unver-fängliches Thema. Weiterdozieren! «Die Sommerkleider kann man an Weihnachten auch in den Tropen tragen. In Zu-kunft gibt es nur noch eine Kollektion pro Jahr.»

«Und bestimmt keine grüne Teenie Linie.» James räusperte sich. «Apropos, was hat euer Detektivsystem hergegeben?»

«Es gibt tatsächlich Verbindungen zwischen der Strogano-va AG in Zug und Uptodate.» Endlich auf sicherem Terrain. «Beide Firmen werden im Zusammenhang mit einem Steuer-strafverfahren aufgeführt. Gegen Uptodate läuft übrigens ein Bußgeldverfahren wegen Datenschutzverstößen.»

«Ausspionieren von Mitarbeitern?»

Tara nickte, während sie auf die Autobahneinfahrt einbog. «Spannend, was man mit diesem System alles entdeckt.»

---

[23] Sommerliche Kollektion für diejenigen, die dem kalten Winter entfliehen, auch wenn es nicht unbedingt eine Kreuzfahrt sein muss.

«Ein aktuelles Thema. Das gehört in die Mitarbeiterschulung und in den Verhaltenskodex.»

«Absolut. Garcholigoff muss den Kodex auch unterzeichnen.» Tara fixierte den Rückspiegel und wartete auf eine Lücke. «Nicht, dass er unsere Leute in Rumänien auch noch ausspioniert.»

«Sonst noch was gefunden?»

«Ich finde das reicht, um Boris auf den Goldzahn zu fühlen.»

«Keine weiteren Verbindungen zu KGF?», hakte James nach.

«So viele Lastwagen unterwegs. Ich hasse diese stinkenden Ungetüme.»

«Los, jetzt kannst du fahren.»

«Nein, da kommt schon wieder einer.» Tara blickte in den Rückspiegel und trat auf die Bremse.

«Soll ich fahren?»

«Sicher nicht!» Endlich eine Lücke. Tara gab Gas, fuhr auf die Autobahn, nur um nach hundert Metern wieder abzubremsen. Stau. Und Lastwagen vor, hinter, sogar auf der linken Spur neben ihr. «Ich wundere mich übrigens, wieso AFF nicht wie sonst üblich nach dem Vertrag fragt. Hat er sich bei dir gemeldet?»

«Nein, und meine Frage nach dem edlen Financier hat er auch nicht beantwortet.»

«Der selbsternannte Juniorchef wird im Vorbereitungsstress für seinen großen Auftritt sein. Endlich kann er mal aus dem Schatten seines Papas und selbst ins Rampenlicht treten.»

«Ich habe übrigens noch einen Köder für Boris, wenn AFF ihn als den edlen Spender outet», sagte James unvermittelt.

«Was denn?»

«Eine Beteiligung an Finny-Mode.»

«Wieso sollte sich ein Fast-Fashion-Zar an einer Slow-Fashion-Firma beteiligen wollen?» Der Stau hatte sich aufgelöst, und Tara schlich nun hinter einem stinkenden Brummer her.

«So wie sich ein Autobauer am Stiletto-Macher beteiligen kann.» James hob den Pumps mit der roten Sohle hoch. «Louboutin ist für Agnelli eine Image-Aufwertung.»

«Und eine gute Geldanlage.» Sie warf einen Blick in den Rückspiegel und nutzte eine Lücke, um auf die Überholspur zu wechseln. «Was man von Finny-Mode nicht wirklich behaupten kann.»

«Mit einer Beteiligung hätte er Smarty und das nachhaltige Image!»

«Hey, was soll das.» Der Brummer mit Anhänger, den sie gerade überholt hatte, war plötzlich wieder auf ihrer Höhe. An ihrem Heck klebte ein SUV. Vor ihr ein Lieferwagen. Sie versuchte, das beengende Gefühl, eingeklemmt zwischen breiten Fahrzeugen und Tunnelwänden, zu ignorieren, sich auf das Gespräch zu konzentrieren, ruhig zu atmen. «Glaubst du, Boris fällt darauf herein?»

«Männer wie er lassen sich von ihrer Gier leiten.» Er legte ihr eine Hand auf den Arm. «Hey, was ist los?»

«Du Vollidiot!» Eine Adrenalinwelle schwappte über Tara. Sie bremste ab. «Was soll das!?» Hinter ihr lichthupte es. «Der Camion wollte mich überholen.» Während sie an dem schweren Laster vorbeifuhr, scherte der wieder aus und kam ihr gefährlich nahe.

«Der Anhänger schlingert. Keine Sorge, die Straße ist breit genug.» James schien das Wettrennen nicht aus der Ruhe zu bringen.

Tara drosselte die Geschwindigkeit. «Ich trau mich nicht zu überholen.» Smarty und der Darlehensvertrag waren vergessen.

«Dann setz den Blinker und wechsle die Spur.»

«Keine Chance.» Tara warf einen verzweifelten Blick in den Rückspiegel. «Da lässt mich auch keiner rein.» Kleine flirrende Punkte tanzten vor ihren Augen.

In der nächsten Kurve kam der Camion mit Anhänger wieder näher. Tara trat auf die Bremse, ignorierte das Gehupe und wartete, bis sie endlich einer auf die rechte Spur ließ. Wie in Trance nahm sie die nächste Ausfahrt und hielt auf dem erstbesten freien Parkplatz. Mit zitternden Händen schaltete sie den Motor aus, hielt sich am Lenkrad fest und legte den Kopf auf die Arme. Tränen liefen ihr übers Gesicht.

«Hey, schon gut.» Sanft legte James ihr einen Arm auf den Rücken. «Alles ok?»

«Alles bestens.» Sie hob den Kopf und schluckte den Kloß im Hals herunter. Die Berührung fühlte sich vertraut an. Als ob seine Hand dahin gehörte. «Nur eine kleine Panikattacke.»

«Willst du darüber reden?» Seine Stimme legte sich leicht und doch wärmend wie ein seidenweicher Kaschmirschal um ihren Körper.

«Nein!» Mit einem schwachen Nervenkostüm schlug man Männer in die Flucht.

«Soll ich fahren?»

Tara nickte stumm.

James hielt ihr ein Taschentuch unters tränenfeuchte Gesicht. «Ich hol uns etwas zu trinken.» James stieg aus, ging ums Auto herum und hielt ihr die Tür auf. «Und du tankst erst mal frische Luft.»

Benommen machte Tara ein paar wackelige Schritte, schlang schlotternd die Arme um ihren Körper. Mit der Kälte drang plötzlich die Erkenntnis über den Ursprung ihrer Panikattacken in ihr Bewusstsein. Es war diese Mischung aus Enttäuschung, Sorge, Angst und dem Gefühl der Hilflosigkeit. Sie war sechs Jahre alt. Die Sorge um ihren Vater, als er von einer

Reise nicht nach Hause kam. Die Wut und Enttäuschung, als ihre Mutter schluchzend neben dem Telefonapparat zusammenbrach und sagte, Papa sei abgehauen. Mit seiner Assistentin! Die nackte Angst, als es ein paar Tage später hieß, die beiden seien auf der Kakaoplantage, die Papa für die Schokoladenfabrik besuchte, von Rebellen entführt worden. Auch wenn sie als Sechsjährige nicht alle Zusammenhänge begriff, spürte sie die Ohnmacht, dem Papa nicht helfen zu können. Die Sorge, Angst und Hilflosigkeit galten heute dem Modekönig. Auch wenn ihr Reiterstandbild Kratzer erhalten hatte, wollte sie ihn retten vor den Entführern und vor der Modemafia. Aber heute musste sie nicht mehr tatenlos zusehen. Sie hatte etwas in der Hand! Und sie musste James einweihen.

«Hier, etwas Warmes, etwas Kaltes, etwas Süßes und ein paar Vitamine.» James tiefe Stimme drang beruhigend an ihr Ohr. Er drückte ihr einen Kaffeebecher in die Hand und öffnete die Beifahrertür. «Los steig ein, bevor du erfrierst.» Als er sich bückte, um seinen Becher in die Halterung zu stellen, entdeckte Tara die Katastrophe!

«James, deine Hose …» Einige Überreste des nur halb vertilgten Schokoladenriegels mussten sich zwischen Rückenlehne und Sitzpolster verborgen haben. Sie waren unter James knackigem Hintern dahingeschmolzen und klebten nun gut sichtbar wie ein dunkelbraunes Graffiti an der hellen Hose.

«Was ist damit?» Er richtete sich auf, legte eine Hand aufs Autodach. «Nicht stylisch genug für eine Trunkshow?»

«Nicht mit dieser Dekoration.» Sie unterdrückte ein Grinsen und betrachtete seinen Hosenboden mit stirnrunzelnder Verständnislosigkeit wie ein modernes Kunstwerk. «Ich glaube, da war etwas auf deinem Sitz …»

James verrenkte sich und schielte über seine Schulter. «Was

ist das?» Mit gespieltem Entsetzten wischte er sich über den Po und roch an seinen Händen.

«Da war ein…» Tara begann zu lachen. Ein befreiendes, unkontrolliertes Lachen. Der Stress löste sich. «Ein angebrochener Schokoriegel», brachte sie hicksend hervor.

«Na, vielen Dank auch, Frau Rechtsanwältin.» Er schnitt eine Grimasse, wie ein Junge, der bei einem Streich erwischt wurde. «Ich werde eine pikante Erklärung für mein Hosenbodengraffito finden.»

«Nicht nötig.» Tara wies auf seinen Mantel, nachdem sie ihr Frotteetuch auf dem Rücksitz gefunden hatte. «Columbo trägt seinen Trenchcoat bei jeder Witterung und jedem Anlass.»

«Genau, bin ja auch als Detektiv unterwegs.» Er legte einen Finger an seine Lippen. «Undercover.» Er nahm Tara das Tuch aus der Hand und drapierte es auf den Beifahrersitz. «Zur Strafe begleitest du mich zum Hosenshopping.»

«Klar. Die Green Teen Line gibt's ja auch für Männer.» Sie zog eine Grimasse. «Danke, James», schob sie hinterher, als er sich neben sie setzte.

«Danke für dein Vertrauen. Eine Frau wie du gibt das Steuer nicht gern aus der Hand.» James lenkte den Mini wieder auf die Autobahn.

«Und schon gar nicht einem Mann.» Tara verschränkte die Arme. «Apropos Steuer. KGF hat übrigens nur einen Teil des Stroganova-Honorars deklariert. Der weitaus höhere Teil wurde direkt an eine Briefkastenfirma in Delaware überwiesen und ist nie in der offiziellen Buchhaltung aufgetaucht.»

«Es gibt also doch ein Firmenkonstrukt mit Offshore-Vehikeln!» James nahm seinen Kaffeebecher aus der Halterung, schüttelte ihn und stellte ihn stirnrunzelnd wieder zurück.

«Alles liquidiert bis auf eine Kirandar LLC[24] in Delaware.» Tara schluckte. Kurz vor Mitternacht hatte sie Annabelle eine

Liste übergeben. Der Name dieser Gesellschaft hatte Annabelle offenbar auf eine Idee oder eine Spur gebracht. «Diese LLC erhält heute noch regelmäßige Zahlungen von der Stroganova AS in Riga. Bis vor ein paar Jahren erhielt KGF seinerseits von der Kirandar LLC großzügige Beraterhonorare. Einmal waren es sechs Millionen, die er im Verlauf der Jahre als Privatdarlehen an Finny-Mode überwies.»

«Offenbar hat er in illiquiden Jahren seine Firma aus dem Privatvermögen finanziert.» James nickte nachdenklich. «Mit dem Fall des Bankgeheimnisses versiegte diese Einnahmequelle.» Er lächelte amüsiert. «Und wie hat Detektivin Tara Bernhard KGFs Osternest entdeckt?»

«Unwichtig.» Dass Annabelle aufgrund des Drohbriefes KGFs Vergangenheit und damit auch sein Geheimdossier durchforsten wollte, ging James nichts an. «Fakt ist, dass KGF die Kirandar LLC vor über dreißig Jahren für seine eigenen Spekulationen gründete. Er arbeitete damals in London für einen Hedgefond. Als er in die Schweiz zurückkehrte, vergaß er offenbar, sein Osternest in der Schweiz zu deklarieren. Das steuerfrei angelegte Geld hatte sich über die Jahre verzehnfacht. Über Beraterverträge mit der Kirandar, also mit sich selbst, konnte er wenigstens einen Teil weißwaschen.»

«Diese Honorareinnahmen hat er versteuert?»

«Klar. Die Kirandar ist sogar auf einer Kundenliste im Anhang zu einer der älteren Steuererklärungen aufgeführt.» Tara suchte in James Provianttüte nach Schokolade. «Mit zunehmender Transparenz wurde es selbst ihm zu gefährlich, Geld aus seinem schwarzen Osternest in die Schweiz zu

---

[24] Die Delaware Limited Liability Company (LLC) entspricht der deutschen oder Schweizer GmbH mit dem relevanten Unterschied, dass sie für eine komplette Anonymität sorgt: Im Handelsregister eingetragen ist nur der Anwalt oder Treuhänder, der die Gesellschaft gegründet hat und dafür sowie für die Verwaltung des Briefkastens eine Managementfee erhält.

transferieren. Er sitzt auf einem Vermögen, das er nicht verwenden kann. Zumindest nicht in der Schweiz und nicht für seine Firma.»

«Gibt es in der Schweiz keine Steueramnestie?»

«Doch, einmal im Leben hat jeder das Recht auf eine straflose Selbstanzeige. KGF hat davon auf Annabelles Drängen hin Gebrauch gemacht. Nur hat er dabei die Kirandar unterschlagen. Heute würde er nebst Nachsteuern und Busse eine Gefängnisstrafe riskieren.» Tara öffnete die Colaflasche und hielt sie James hin.

«Das wäre sein geringstes Problem.» Er nahm ihr die Flasche ab und trank als wäre er am Verdursten. «Wenn KGF über die Annahme der Zahlungen von der Stroganova Teil des Rubelkartells wurde, kann er nichts mehr offenlegen, ohne das ganze Kartell zu gefährden.»

«Und das werden Boris & Co. zu verhindern wissen.» Tara öffnete die zweite Flasche, nahm einen Schluck des sprudelnden Süßgetränks. «Wieso bist du dir so sicher, dass Boris hinter der Schweizer Stroganova steckt?»

«Ich habe in der Zwischenzeit auch etwas recherchiert. Die Ware für Garcholigoffs Luxusboutiquen in Moskau und Petersburg wurde von der Stroganova in Zug bezahlt und zwar zu einem überhöhten Preis. Dass Garcholigoff hinter der lettischen Firma steckt, wissen wir dank dem Darlehensvertrag. Nur, wieso KGF kurz vor seiner Entführung ebendieser Firma Geld überwiesen hat, das für die Smarty-Produktion vorgesehen war, das verstehe ich nicht.» Er biss die Zähne zusammen. «Ich vermute, dass Garcholigoff etwas mit der Entführung zu tun hat.»

«Wieso sollten die Grünen Löwen mit ihrem Feindbild gemeinsame Sache machen? Mit seiner schnellen Mode verkörpert er doch alles, was die bekämpfen.»

«Er könnte jemanden bei den Grünen Löwen eingeschleust haben.»

«Dann wäre KGF in Lebensgefahr!» Tara schüttelte sich. Nicht nur wegen des eiskalten Getränks.

«Deshalb muss ich sobald wie möglich nach Chur und ihn da rauszuholen, bevor Boris und seine Kumpane ihn zum Schweigen bringen.»

Taras Gehirnzellen rotierten. Sie hatte den ersten Schritt zu KGFs Rettung unternommen und würde, beschützt von Geheimagent James Kuhl, in der Schokoladenvilla nach Spuren zu Tante Jos Familiengeheimnis suchen. Jetzt musste sie nur noch diesen Event hinter sich bringen, der laut AFF wie eine Bombe einschlagen sollte. Und herausfinden, was es mit AFFs Spruch über die Bombe auf sich hatte, die er und der Russe heute platzen lassen wollten.

James hatte erstaunlich rasch einen freien Parkplatz gefunden.

Noch immer etwas benommen streckte sie die steifen Knie durch und schälte sich aus dem tiefen Sitz.

Ein Wagen hielt an. «Hee Sie da! Ja, sie mit dem Grasfrosch. Diesen Platz wollte ich. Sie fahren sofort weg, oder ich zeige Sie an!» Ein runder Kopf mit Glupschaugen wackelte empört durch die halb heruntergelassene Scheibe. «Sie dürfen da nicht parken!»

«Ich weiß.» James zog seinen Mantel an, marschierte gelassen um den Mini herum und reichte Tara den Autoschlüssel. «Aber Frau Bernhard schon.» Mit einem charmanten Lächeln neigte er seinen Kopf zum grasgrünen Cabrio. «Ich wünsche Ihnen einen vergnüglichen Abend, Frau Brecht.»

Jetzt erst sah Tara das Schild «FRAUENPARKPLÄTZE.»

26. Platzende Nähte und Bomben

«Hast du den Typen mit dem dürren Mädchen gesehen? Sein Zahnpastalächeln kam mir irgendwie bekannt vor.»

«Nichts gesehen unter dem Hut. Nur, dass er ihr Vater sein könnte mit dem faltigen Hals.» Empörtes Schnauben.

«Meinst du, die beiden haben hier…?»

«…wohl kaum die Spülung repariert.» Das glockenhelle Lachen gehörte Annabelle. «Sei nicht so prüde!»

Tara atmete leise aus und wieder ein. Sie hatte sich über den Personaleingang direkt auf die Unisex-Kundentoilette des Flagshipstore geschlichen, um die Spuren ihrer Panikattacke zu beseitigen. Kaum saß sie auf dem Toilettendeckel, um ihre Winterboots gegen die von James liebkosten High Heels zu tauschen, hörte sie, wie die Tür des Waschraums aufgestoßen wurde.

«Das hat nichts mit Prüderie zu tun. Alte Säcke, die Freundinnen ihrer Töchter vögeln, sind einfach widerlich.» Das war eindeutig Mama Blumenthals Stimme.

«Ja, aber wirklich schön ist die Modewelt nur, wenn es auch Sünde gibt, wie der Stardesigner Wolfgang Joop so treffend sagte.[25]» Annabelles Stimme klang sarkastisch. «Das ist nicht schön, aber die Realität. Viele Models sitzen lieber einem Sugar Daddy auf der Tasche als an der Kasse eines Supermarkts, bis sie sich von ihrem Job ernähren können.»

«Die ernähren sich gar nicht, wenn du mich fragst», wetterte Mama Blumenthal. Glas kratzte über eine Oberfläche. «Was

[25] Zitat von Wolfgang Joop in einem Interview vom 12. November 2021 mit dem Nachrichtenmagazin «Der Spiegel», das dem Stardesigner einen Shitstorm aber auch dem «Spiegel» und den beiden Journalisten, Martin U. Müller und Tobias Rapp harsche Kritik einbrachte.

ist das denn? Orangensaft mit Tofu?»

«Mit Wattebällchen. Füllt den Bauch.» Annabelle lachte. «Hat bestimmt eines der Models stehen lassen.» Sie räusperte sich. «Also, was wolltest du mir so Wichtiges sagen, das niemand hören darf?»

«Es geht um meinen Bruder.» Schweres Seufzen. «Karli hat sich verändert seit seiner letzten Scheidung.»

Tara schaute auf die Uhr. Langsam wurde es unbequem und spät. Aber jetzt konnte sie unmöglich ihren Lauschsitz verlassen.

«Ist doch klar, er fühlt sich eben einsam, bis eine Neue die Lücke füllt. Wo liegt dein Problem?»

«Er sollte endlich einen Nachfolger benennen.»

«Gib ihm etwas Zeit.»

«Die hatte er! Wir müssen etwas unternehmen und zwar jetzt, solange er weg ist.»

«Klar, die Auswahl ist ja riesig.» Annabelle lachte trocken. «Adalbert Ferdinand ist unfähig, Nadine unerfahren.»

«Ich habe auch nicht von der Zukunft gesprochen. Wir müssen jetzt eine fähige Stellvertretung benennen.»

«Ich wollte das Thema ja schon längst angehen», lenkte Annabelle ein. «Aber Tara hats verschlafen. Jetzt hat Valerie ihm ein *Family-Governance*-Programm angeboten.»

«Na klar, mit Bernadette als Stellvertretung.»

«Wieso nicht?»

«Annabelle, ich bitte dich!»

«Willst du dich etwa zur Verfügung stellen?»

«Allerdings! Mir hat man Mode mit der Muttermilch eingeflößt.»

«Du hast Humor oder zu viel Champagner getrunken.» Annabelle lachte kurz und trocken auf. «Wenn Karl Gerold zurück ist, gehen wir das Thema behutsam an.»

«Annabelle, das war kein Witz!»

«Du hast doch gar keine Führungserfahrung, meine Liebe.»

«Ich führe eine Galerie und habe mehr Ehemänner gemanagt als du. Das schaffe ich mit links, bis Nadine nachrücken kann.»

«Nadine auf einem Chefposten?» Annabelle lachte leise.

«Gibs doch zu, Annabelle! Du willst selbst deinen Einfluss auf die Firma sichern mit deinem *Family-Governance*-Theater!»

Jemand, vermutlich Mama B., donnerte gegen die Kabinentür, ein Glas zersplitterte am Boden.

«Wie um Himmels Willen kommst du auf diese absurde Idee?» Annabelles auf Hochglanz polierte Budapester[26] fegten hektisch die Scherben unter Taras Kabinentür.

«Hat Valerie zu Nadine gesagt.»

«Valerie?» Annabelle knurrte wie ein schlecht gelaunter Schoßhund. «Die denkt nur an ihr eigenes Mandat. Mach dir bitte keine Gedanken. Karl Gerold ist geistig voll bei Kräften. Den Nachfolgeplan nehme ich an die Hand, sobald er befreit ist und Zeit hat. Aber ganz bestimmt nicht hinter seinem Rücken!»

«Du hast einen Interessenskonflikt, Annabelle.»

«Wieso? Ich bin eure Vermögensverwalterin, nicht eure Anwältin.»

«Trotzdem kommt er mit allem zu dir. Du hast ihn bei der Zusammenarbeit mit dem Investor beraten und mich überredet, einem Unbekannten einen Teil meiner Aktien zu geben. Mir reichts.» Taras Kabinentür zitterte unter dem Stoß. «Ich such mir jetzt meinen eigenen Investor, schließlich habe ich noch immer die Stimmenmehrheit!»

---

[26] Klassischer (Herren-)Schnürschuh mit Lochmuster und Flügelkappe, der seinen Namen österreich-ungarischer Schuhmachertradition verdankt.

«Sei nicht kindisch! Ich diskutiere erst wieder, wenn du nüchtern bist. Und jetzt muss ich wirklich…» Die Türfalle wurde energisch heruntergedrückt. «Huch, da ist ja jemand drin.» «Hallo, wer ist da?», tönte nun auch Madam Blumenthal mit Panik in der Stimme.

Es klopfte gegen die Tür.

Tara hustete und nuschelte mit Piepsstimme in die hohle Hand: «*Sorry, I am sick.* Mir ist schlecht.» Dann begann sie laut zu würgen und betätigte die Spülung.

«Oh je, da hat sich wohl ein bulimisches Model an den Häppchen überfressen.» Annabelle seufzte. «Wieso eifern diese jungen Mädchen ihren magersüchtigen Idolen nach. Was für eine kranke Welt.»

«Nicht besser als unsere. Wir hatten Twiggy.»

Tara wartete, bis die beiden Streithennen in die anderen Kabinen verschwunden waren, und verließ fluchtartig die Kundentoilette. Sie trat durch den blickdichten Vorhang, der den Garderobenbereich vom Ladenlokal trennte, und wurde vom unverkennbaren Duft von Finny-Mode empfangen. Eine Mischung aus Weihrauch, Amber, Sandelholz und Moschus sollte die Kunden in eine Welt voller Verheißungen tauchen. Der Ausstellungsraum war leer bis auf ein paar ältere Damen, die skeptisch die Puppen mit den Seidenkleidern musterten. Ein Kamerateam des lokalen TV-Senders hatte sich vor dem Laufsteg aufgebaut. Kellner balancierten gelangweilt Champagnergläser auf ihren Tabletts. Eine Stilberaterin richtete Türme von farblich abgestimmten Pullis aus, während sie diskret nach Kundschaft Ausschau hielt. Vom üblichen Modeschaupublikum keine Spur.

Zwei junge Frauen in Turnschuhen und ungefärbten Jeans, die Kapuzen ihrer lindengrünen Hoodies über die Köpfe gezogen, beugten sich über zusammengerollte Shirts, die auf

Silberplatten angerichtet waren wie riesige Sushi. Nadine rannte mit dem Handy am Ohr vorbei. Theobald und Leo, heute ganz dezent mit Kamelhaar-Blazer und Kaschmirrollkragenpullovern in Wollweiß zu beigen Jeans, zupften am Kleid einer Puppe und gaben der Stylistin letzte Anweisungen. Die grünen Kapuzen studierten Etiketten und Preisschilder so ausgiebig, dass der Auslagetisch bald aussah wie ein kaltes Buffet nach dem Einfall einer Horde Touristen. Adalbert schlenderte herbei und leckte sich beim Anblick der Kapuzenpullis über die Lippen. Er stutzte, sagte etwas und ging mit ausgestreckten Armen auf die beiden zu. Die kleinere von beiden wich zurück, spähte an ihm vorbei und rannte los, um sich einem Mann mit Borsalino und eierschalenfarbenem Nadelstreifen-Dreiteiler an den Hals zu werfen. Die Kapuze rutschte ihr vom Kopf, und Tara stutzte.

«Stell dir vor, es gibt eine Modenschau, und keiner geht hin», tönte eine rauchige Stimme an Taras Ohr.

«Cheru, du bist nicht im Labor?» Tara wunderte sich beinahe mehr über ihre Erleichterung als darüber, die Textiltechnikerin hier zu sehen.

«Hey, diese Show lasse ich mir nicht entgehen.» Cheru trug ein kurzes Spinnenseidenkleid über Skinny Jeans zu ihren obligaten Biker Boots. Der dünne Stoff schimmerte in Bronze- und Goldtönen. «Sieht nach einer Privatshow für alte Knacker mit jungen Gespielinnen aus.» Sie warf einen finsteren Blick zum Borsalino-Kapuzen-Pärchen.

«Das ist doch... Schau mal!» Tara fixierte das Kapuzengirl, dessen karottenrote Haare einen aparten Kontrast zum grünen Pulli boten. «Das Girlie im pinkfarbenen Bastrock, das sich nach dem Green Fashion Summit mit AFF hinter den Kulissen herumgetrieben hat. Kurz nach KGFs Zusammenbruch.»

«Da hatte ich nur Augen für KGF, sorry.» Cherus Augenbrauen zogen sich zu einem dunklen Bogen zusammen. «Wäre nicht das erste Mal, dass sich AFF und Garcholigoff eine Frau teilen.»

«Wie kommst du auf Garcholigoff?» Taras Frage blieb unbeantwortet.

«Tara, Cheru, Gottseidank!» Nadine blieb atemlos stehen. «Ich bin am Verzweifeln!»

«Brauchst du Hilfe beim Ankleiden der Models?», fragte Tara.

«Die Gäste fehlen! Wo sind die alle? Habe ich die Einladung etwa mit dem falschen Datum verschickt?»

«Alles gut!» Cheru legte Nadine beruhigend eine Hand auf den Arm und blickte zum Eingang. «Schau, da kommen die ersten.»

Eine Traube Bloggerinnen trudelte in den Laden. Nach und nach schwebten die Stammkundinnen mit ihren jugendlichen Kopien herein, begrüßten Theobald und bestaunten die Kollektion. Nadine rannte zu einer Influencerin, die vor einem BiSSS-Kleid posierte und sich im Blitzlicht ihrer Fans suhlte. Die Jugendlichen steckten ihre mit Beanies[27] bemützten Köpfe über Handy-Bildschirmen zusammen oder nippten gelangweilt an bunten Drinks. Tara erkannte das eine oder andere bekannte Gesicht. Nadines Plan war aufgegangen. Eine Mischung aus Geschäftsfrauen, Mode-Redakteurinnen, Fashion-Bloggerinnen, Künstlern und stadtbekannten Dandys hatte sich zusammengefunden. Teenager in Designer-Hoodies, Twens mit schwarzen Augenrändern im Grunge Look, Stammkundinnen in strengen Hosenanzügen und kas-

---

[27] Beanie ist eine Kopfbedeckung aus Baumwolle, Wolle oder Fleece, beliebt bei Snowboardern ebenso wie Musikern, Kids, Hipstern und junggebliebenen Oldies. Sie ähnelt in ihrer Form einer Pudelmütze ohne Bommel.

tigen Röcken von Finny-Mode. Unterschiedlicher konnte das Publikum nicht sein, doch etwas war allen gemeinsam: Gelbe Papiertüten mit schwarzer Aufschrift. Die Jüngeren ließen die Tüten am Arm baumeln und zeigten sich gegenseitig den Inhalt. Die schicken Damen versteckten sie beschämt hinter dem Rücken oder gaben sie an der Garderobe ab.

«Was ist da drin?», wunderte sich Tara. «Waren die etwa alle gemeinsam shoppen?»

«Würde die Verspätung erklären. Komm, wir mischen uns unter die Leute und fragen nach», schlug Cheru vor.

Tara nickte. «Treffen wir uns in einer Viertelstunde hinten auf der Empore. Da hat man die beste Aussicht auf die Show.» Dann folgte sie einer Dame die, ihre Tüte unter dem Mantel versteckt, zur Garderobe steuerte.

«Meine Muse in meiner einzigen Lieblingsbluse aus dieser Bissigen Kollektion!» Theobald umarmte Tara überschwänglich, als sie sich an ihm vorbeidrücken wollte. «Herrlich mit rosa Shirt und Hose. Eine wandelnde Himbeersinfonie.»

«Zum Reinbeißen!», tönte es hinter ihrem Rücken.

Tara drehte sich um und blickte in James spöttisch lachende Augen.

«Hast du die beiden Kapuzengirls gesehen?», fuhr er ernst fort und zog sie mit entschuldigender Miene beiseite. «Die gehören zu den Grünen Löwen. Zumindest die lange Dürre, die hat uns das Bekennerschreiben überbracht.»

«Dürr sind beide.» Tara schaute sich um und entdeckte die beiden jungen Frauen in ihren grünen *Hoodies*, die am Präsentiertisch Nadine ein T-Shirt unter die Nase hielten. «Die kleine Rothaarige hingegen habe ich am Green Fashion Summit gesehen, ein blutjunges Möchtegernmodel. Die wird sich ihre Karriere nicht als Modeaktivistin versauen. Zudem hätte ich sie wiedererkannt, wenn sie am nächsten Tag im Auftrag der Grünen Löwen aufgetaucht wäre.»

«Die Girls gehören eindeutig zusammen, und sie scheinen sich für die T-Shirts zu interessieren, so wie sie Nadine löchern. Sie tragen zwar keine Mützen, aber diese leuchtend grünen Pullis. Glaub mir, das sind Modeaktivistinnen, die uns auf die Finger schauen wollen.»

«Und wenn schon, wir haben nichts zu verbergen. Wo liegt das Problem?»

«Das steht da drüben.» Er wies mit Kopf zu einem Mann im hellen Nadelstreifen-Dreiteiler, der jetzt statt des dünnen Kapuzengirls seinen Hut in den Händen hielt.

«Das ist ja Garcholigoff. Habe ihn gar nicht erkannt unter seinem Borsalino und mit dem Rotschopf am Hals.»

«Genau das meine ich.» James Stimme klang besorgt. «Wenn diese Girls so vertraut mit dem Russen sind und sie zu den Grünen Löwen gehören, dann heißt das...»

Tara erstarrte. «Garcholigoff steckt hinter der Entführung. Wir müssen endlich die Polizei rufen. Gründe hätten wir mehr als genug.»

«Ja, aber keine Beweise. Daran arbeite ich ja.»

«Hast du ihn auf Stroganova angesprochen?»

«Nein! Er soll sich in Sicherheit wiegen, bis ich die Beweise habe.» James legte eine Hand auf Taras Rücken und schob sie in Garcholigoffs Richtung. «Du wirst ihm jetzt charmant auf den Zahn fühlen. Vielleicht verplappert er sich. Ich werde derweil den Juniorchef löchern.»

«Ein Garcholigoff verplappert sich bestimmt nicht.» Tara verspürte überhaupt keine Lust auf ein Gespräch mit dem schmierigen Russen. «Zuerst muss ich herausfinden, was in diesen gelben Tüten ist, die alle ... Hallo?»

James hatte sie einfach stehen lassen und war im Gewühl verschwunden.

Tara starrte auf eine gelbe Tüte, die jemand inmitten der Pullis auf den Präsentationstisch abgestellt hatte. Die Aufschrift verhieß nichts Gutes:

Coole Brands & Heiße Schnäppchen

«Hey Theobald!» Tara stupste den Designer an. «Was ist das?»

«Was denn, meine Liebe?» Theobald drehte sich um. «Ach, die sind von so einem Designer-Pop-up-Laden hier um die Ecke. Der soll seine Markenartikel verscherbeln, solange es nicht unsere sind. Nicht wahr, Boris?» Er strahlte den Russen beflissen an. «Mit dir und deinen guten Kontakten sind wir geschützt vor solchen Image-Katastrophen.» Er wandte sich wieder an Tara. «Tara, das ist Boris Garcholigoff, einer unseren besten Kunden und...»

«Wir kennän uns», schnarrte der Russe. «Frau Bernhard ist eine serr strenge Värhandlungspartnerin.» Er ließ sich ein Glas Champagner vom Getränkebuffet reichen und hielt es Tara hin. «Auf den Anfang einer großartigän Zusammänarbeit.»

«Apropos Zusammenarbeit.» Tara nahm das Glas und wich einen Schritt zurück. «Ich würde mir gern einmal ein Bild von unserer gemeinsamen Produktionsstätte in Rumänien machen.»

«Sie sind immer willkommän, auch in Rumänien.» Der Russe strahlte mit seinen Zähnen um die Wette. «Es wäre mir ein Vergnügen, Sie persönlich herumzuführen.»

«Super, danke. Gibt es eigentlich auch eine Produktion in Lettland?» Tara strahlte zurück.

Garcholigoff zuckte unmerklich zusammen. «Wie meinen Sie?» Seine Augen wurden zu schmalen Schlitzen. «Entschuldigen Sie mich, ich muss jemandän begrüßen.» Damit drehte er sich um und wandte sich einer anderen Gruppe zu.

«Was sollte das?» Irritiert blickte Theobald ihm nach. «Egal.

300

Komm, wir suchen uns einen Platz auf der Empore.»

Er nahm Taras Hand und zog sie zu einer Galerie hinter dem Laufsteg, auf die bereits ein paar Blogger geklettert waren, um sich mit dem angeblichen Smarty abzulichten. Die von Plexiglas geschützte Hightech-Kleid-Attrappe war so belichtet, dass sie je nach Blickwinkel in verschiedenen Blautönen schimmerte. Kaum hatten sie einen Platz neben Cheru gefunden, trat Nadine auf den Laufsteg und kündigte den Ablauf des Events an. Nach der BiSSS Präsentation gebe es eine Überraschung. Und danach könne man die gezeigten Modelle bestellen.

«Tara, schau da!», kreischte Theobald. «Das sind die schlimmsten Modelle meiner Designerkarriere. Oh nein, sogar die mit Schulterpolstern.» Entsetzt hielt er eine Hand vor den Mund. «Ich habe ja nichts gegen Vintage, aber dass mich ausgerechnet diese stilistischen Ausrutscher einholen. Nadine, tu was!»

Nadine hüpfte vom Laufsteg und kämpfte sich durchs Gedränge, bis sie vor einer Frau in einem knallroten Schlauchkleid stehen blieb. Hinter der Frau in Rot erschien eine Matrone in giftgrünem Kostüm. AFF schob Nadine beiseite und boxte dem rot-grünen Paar händereibend den Weg frei. Vor dem Laufsteg angekommen, flüsterte er der jüngeren Frau etwas ins Ohr. Die Frau mit der yogaschlanken Figur nickte ihm lächelnd zu, drehte sich einmal um ihre Achse und schien die auf sie gerichteten Handys und Kameras zu genießen.

«Hübscher Anblick», tönte Cheru. «Zumindest ein farbenfroher.»

«Wie kann sie mir das antun?» Theobalds Gesichtsfarbe unterschied sich kaum mehr von seinem Rollkragenpulli. «Valerie weiß, wie sehr ich diese Kollektion gehasst habe!»

Jetzt erkannte Tara ihre Ex-Kollegin im roten Schlauchkleid und Ochsenfrosch im grasgrünen Deux-Pièces. Auch die Journalisten des Lokal-Fernsehens hatten die beiden Anwältinnen entdeckt.

«Wie kommen die zu diesen alten Klamotten?», empörte sich Theobald. «Valerie hat damals nichts aus meinem unsäglichen Wiederbelebungsversuch der 80-er Jahre gekauft. Und die Professorin hat sich noch nie was aus Farben gemacht. Wieso ausgerechnet heute?» Der Chefdesigner fasste Tara am Arm. «Komm, die knöpfen wir uns vor!»

«Ich schau lieber nach Nadine, die scheint auch nicht glücklich.» Tara eilte zu ihrer Freundin.

«Diese Teile sind aus einer uralten Kollektion.» Mit den Tränen kämpfend hob Nadine ein neonfarbenes Kleid mit Schulterpolstern und Rüschen in die Höhe. «Die waren für Kasachstan und Ulanbataar bestimmt.»

Annabelle beugte sich angewidert über die Tüte. «Woher kommt das Zeugs?»

Direkt aus unserem Lager, realisierte Tara.

«Aus dem neuen Pop-up-Store um die Ecke», ließ eine Verkäuferin die Bombe platzen. «Das hat mir eine Kundin gegeben.» Sie hielt eine gelbe Tüte in der Hand. «Das ist doch eine Schweinerei! Wie sollen wir unsere teure Ware verkaufen, wenn sie nebenan diese Schnäppchen verschleudern?»

«Boris!» Nadine schrie seinen Namen. «Bringt mir sofort Boris her. Und meinen dämlichen Cousin!»

«Was ist geschehen?» Die Augen besorgt auf die Tüten gerichtet, stand Boris bereits da und legte Nadine einen Arm um die bebenden Schultern. «Das ist ja meine Ware? Woher hast du das?» Mit theatralischer Geste hob er ein neonfarbenes Teil aus der Tüte. «Ich kläre das, liebste Nadine. Bestimmt nur ein Missverständnis.» Er griff nach seinem Smartphone und entfernte sich.

«Adalbert Ferdinand!» Nadine drückte die Klamotten samt Tüte Tara in die Arme und verschwand in Richtung Laufsteg.

«Na, wie gefällt dir mein Outfit?»

Tara fuhr herum und sah sich ihrer Lieblingsfeindin gegenüber. «Valerie, wie kannst du nur?»

«Genau, Tara, sag's ihr! Sie hat mir ins Gesicht gelacht!» Theobald trat mit wedelnden Armen hinter Valerie hervor.

«Was denn?» Valerie strich sich über den flachen Bauch. «So ein Schnäppchen in Ehren.» Sie drehte sich einmal im Kreis. «Das ist eine wunderbare Hommage an deine Vielseitigkeit als Designer.»

«Eine Hommage?», höhnte Theobald. «Eine Frechheit, mir die Schandtaten vergangener Jahre vorzuführen! Er fasste Valerie ans Kleid. «Um Gotteswillen, das ist ja noch die alte Viskose.»

«Das ist doch ein Naturprodukt?», gab sich Valerie erstaunt.

«Ja, wenn sie mit umweltschonenden Lösungsmitteln und im geschlossenen Kreislauf hergestellt wird», erklärte Theobald den Zuschauern in die gezückten Handys. «Was nicht immer der Fall ist. Und deshalb haben wir unseren Lieferanten gewechselt nach dem Skandal in Indien[28]. Das solltest du als Anwältin von Finny-Mode wissen!»

«Cooles Kleid!» Eines der beiden Kapuzen-Girls trat vor und richtete ihre Kamera auf Valerie. «Und aus was für einem Material ist es, sagten Sie?»

«Eine Naturfaser, dachte ich.» Valerie hob mit Unschuldsmiene den Rockzipfel an. «Viskose, made in India.»

---

[28] Einer der wichtigsten Viskoselieferanten weltweit sitzt in Indien und wirbt mit nachhaltigen Schlagworten für sein Produkt. Dass aufgrund der giftigen Dämpfe und schädlichen Chemikalien im Trinkwasser viele Bewohner der umliegenden Dörfer schwer erkrankt, gesund geborene Kinder im Rollstuhl sind, wird totgeschwiegen. Die schwersten Fälle werden im konzerneigenen Krankenhaus behandelt; Patienten und Ärzte stehen unter Schweigepflicht.

«Oh nein», stöhnte Theobald und ergriff verzweifelt Taras Hand. «Was tut sie da?»

«Danke für diese wertvolle Information!», brüllte die Aktivistin ins Publikum. «Viskose, in den USA auch Rayon genannt, wird zwar aus Holz gewonnen. Aber mit viel Chemie in einem alles andere als umweltfreundlichen Prozess, besonders wenn der chemische Giftcocktail nachher im Abwasser landet und die Bevölkerung nichts davon weiß.»

«Halt, das stimmt nicht ganz!» Theobald ließ Tara los und stellte sich neben Valerie. «Unsere viskoseähnlichen Materialien aus TENCEL™-Fasern kommen ganz ohne schädliche Chemie aus und sind...»

«Das erstaunt mich jetzt doch.» Valerie ignorierte Theobald und wandte sich ihrem Publikum zu. «Es ist also doch nicht alles so nachhaltig, was aus dem Hause Finny-Mode...»

«Die Show beginnt!», schrie Nadine hysterisch ins Mikrophon und gab den wartenden Models ein Zeichen.

Valeries Worte gingen in der alles übertönenden Orgelmusik unter. Ätherische Wesen schienen in wallenden, schimmernden und fließenden Stoffen mehr über den Laufsteg zu schweben, als zu gehen. Weiß silbern, goldig oder in Pastell glänzten die Stoffe je nach Lichteinfall. Die Gäste applaudierten begeistert und scharten sich um den Laufsteg, Valerie und ihre Tante an vorderster Front. Ochsenfrosch litt sichtlich unter dem Scheinwerferlicht. Schweißperlen bildeten sich auf ihrer Stirn und rannen über die professoralen Wangen. Die Musik verstummte, stattdessen klang nun Vogelgezwitscher aus dem Lautsprecher, das in Loungesound überging.

«Und hier kommt unsere Green Teen Linie für Junge und Junggebliebene», schmetterte Nadine ins Mikrophon.

Braungebrannte Teenager in bunten T-Shirts, Shorts und Schlabberhosen tollten über die Bühne.

«Was für ein Stilbruch», bemerkte Annabelle.

«Ein hübscher Kontrast, finde ich», nahm Mama Blumenthal die Idee ihres Neffen in Schutz. «Den Leuten scheint es zu gefallen.» Hochgereckte Handys und Blitzlichter gaben ihr Recht.

«Ich meinte auch nicht eure junge Bio-Kollektion, sondern die alte Professorin.» Annabelle wies mit dem Kopf auf Ochsenfrosch, unteren deren Armen sich dunkle Flecken gebildet hatten.

Als die Show vorbei war, näherte sich der Juniorchef mit Boris im Schlepptau. «Mir reichts mit Ihrer Inkompetenz, Frau Rechtsanwältin!», spuckte AFF Tara ins Gesicht. «Jetzt fliegen Sie raus!»

«*Calm down, Adalbert*», beschwichtigte Boris. «Das ist ganz bestimmt nicht ihr Fehler.»

«*Yeah, but we have the problem*», schimpfte AFF ebenfalls auf Englisch. «*Who pays us now?*»

«*The money is not your problem*», erklärte Boris.

«Was ist passiert?» Tara wischte sich die feuchte Aussprache des Juniorchefs aus dem Gesicht.

«Die Lagerware wurde während des Transports gestohlen!»

«Was?» Entsetzt starrte Theobald den Russen an. «Wie konnte das geschehen?»

«Gestern auf dem Weg nach Basel vor der Verschiffung», erklärte Boris mit hängenden Schultern. «Die Ware war nicht versichert. Ich habe euch bereits bezahlt und damit alles verloren.»

«Aber wir haben den Imageschaden!», empörte sich Tara. «Schauen Sie sich doch um. Valerie und die Professorin sind nicht die einzigen, die sich Schnäppchen aus den alten Kollektionen besorgt haben.» Sie wies auf Teenager in Knallfarben und synthetischen Materialien.

«Ja, es ist eine Katastrophe.» AFF stieß Tara unsanft zur Seite und entwand Nadine das Mikrophon. «Und darüber sprechen wir nachher. Jetzt muss ich den großzügigen Financier der Green Teen Line vorstellen.»

«Welchen Financier?», gab sich Tara unwissend.

«Das werden Sie gleich hören.» AFF grinste böse. «Den Vertrag hat Valerie übrigens bereits unterzeichnet. Mister Kuhl kann sich seine Fragerei sparen.» Der Diebstahl schien ihn nicht im Geringsten zu betrüben. Er hievte sich auf den Laufsteg und klopfte aufs Mikrophon.

Ein gellender Schrei durchschnitt den Raum. Valerie zog die Aufmerksamkeit auf sich, aber wohl nicht so, wie sie sich das erhofft hatte. Ihr Kleid war voll schwarzer Flecken und begann, sich unter den Achseln und am Dekolletee aufzulösen. Ochsenfrosch stand wie eine Salzsäule da, während ihr Deux Pièces in schwarzen Fetzen von ihr herabfiel. Wieder bildete sich ein Halbkreis um die beiden Anwältinnen. Viele Handys und die Kamera des Lokalfernsehens waren auf das unheimliche Spektakel gerichtet. Adalbert Ferdinand Fuchs stand mit offenem Mund und herabhängendem Mikrophon auf dem Laufsteg. Weitere Aufschreie. Rundherum verfärbten sich die Outfits der Gäste. Einige hingen bereits in Fetzen an den Schnäppchenjägerinnen herab. Der Anblick erinnerte Tara an ihre eigene verfärbte Jacke. «Was passiert da gerade?», fragte sie Cheru. «Die Sachen sollten sich doch nur verfärben, nicht zersetzen?»

«Sie haben ganze Arbeit geleistet, meine fleißigen Tierchen.» Cheru grinste und warf einen liebevollen Blick auf die fröhlich umherkrabbelnden Ameisenspinnen in ihren Fingernägeln. «Aber einige hatten wohl Diarrhö.»

27. Im Namen der Mode

Nadine's Fashion & Society Blog
Dienstag, 3. Februar 2015

Liebe Fashion- und Newsjunkies
Was für ein Mode-Drama!
Unsere Modesünden tauchen statt in der mongolischen Tundra
direkt neben unserem Flagshipstore auf und prominente Schnäpp-
chenjägerinnen stehen mit geplatzten Nähten da. Die Gesichter
der beiden Staranwältinnen, als die neuen Kleider vor aller Augen
zu Fetzen zerfielen! Da half weder Botox noch Pokerface. Naja, ich
würde auch nicht in figurformender Unterwäsche Größe 47 daste-
hen wollen. Selber schuld – man kauft keine Schnäppchen im Look
von «Dallas» und «Denver Clan»!
Jetzt werden die Mode-Banditen vom FBI (der Fashion Beauty In-
telligence) gejagt.
Mooooment... soeben erreichen mich die neuesten NEWs... Ich
bin gleich zurück, bleibt dran!

Liebe Fashionistas – so, hier bin ich wieder, noch ganz ausser
Atem ob dieser Aufregung. Es ist UNGLAUBLLICH! Setzt euch
hin, schnallt oder haltet euch fest, füllt das Champagnerglas und
die Popkornschüssel – es geht hochdramatisch weiter mit dem
Drama «IM NAMEN DER MODE»:

«Nadine ruiniert unseren Ruf!», wandte sich Adalbert Ferdinand Fuchs erbost an Tara.
«Das hat Valerie bereits geschafft.» Tara tippte auf die Foto-
strecke eines international bekannten Modebloggers und
hielt den Bildschirm ihres iPads in die Runde. «Ihr Kleid aus

307

unserer 80er-Revival Kollektion sorgt gerade für ziemliche Aufregung.»

«Damit wurde uns ein weitaus größeres PR-Debakel erspart», sagte James leise. «Geschäftspartner von Finny-Mode der Geldwäscherei verdächtigt, wäre die schlimmere Schlagzeile.»

Nach Valeries Aufschrei hatte AFF vergeblich versucht, Boris Garcholigoff als Financier der neuen Sportlinie zu präsentieren. Der Russe wollte sich nach dem Debakel mit der ihm angeblich gestohlenen Lagerware nicht mehr ins Rampenlicht stellen.

«Du hast hoffentlich noch keine Anzeige gegen die Stroganova AS erstattet?», fragte Tara ebenso leise.

James schüttelte stirnrunzelnd den Kopf. «Erst, wenn das Geld überwiesen ist.»

«Du hast versprochen zu warten, bis wir KGF in Sicherheit wissen!» Tara hatte lauter gesprochen, als beabsichtigt. Sie war stinksauer.

«Du weißt genau, wieso ich nicht warten kann», gab er in derselben Lautstärke zurück. «Und deshalb müssen wir...»

James wollte erst Anzeige gegen die lettische Stroganova erstatten, wenn er weitere Informationen über Garcholigoffs Verbindungen zu dieser Firma in der Hand hatte. Die wollte er AFF im Gegenzug zur Unterzeichnung des Finanzierungsvertrags entlocken. Aber diesen Plan hatte Valerie mit ihrer Unterschrift durchkreuzt.

Laut James war der Russe ein Experte im effizienten Vertuschen von Spuren und wahren Besitzverhältnissen. Taras Frage nach einer lettischen Stroganova hatte ihn aufgescheucht. Die Stroganova AS könnte schon morgen aufgelöst, umbenannt oder im Portfolio einer Delaware Holding verschwunden sein, von welcher keine Spur zu einem Herrn

Garcholigoff führte. Deshalb musste James rasch handeln. «Womit können Sie nicht zuwarten, James?», unterbrach Annabelle den Geheimagenten scharf.

«Mit den Lizenzverhandlungen», wand er sich heraus. Niemand durfte wissen, was er vorhatte. «Wenn ich warte, bis KGF wieder da ist, springen uns die Interessenten ab.»

«Was für Interessenten?», mischte AFF sich ein.

«Ruhe! Darüber können wir später reden.» Annabelle erhob die Hand und ihre Stimme. «Ziel der heutigen Sitzung ist es, Karl Gerold freizubekommen, bevor das alles weiter eskaliert!»

«Und wenn die Grünen Löwen nicht nachgeben?», zeigte sich Madam Blumenthal besorgt. «Der Skandal mit den sich selbst zerstörenden Kleidern und der Altware im Billigst-Discounter hat all unsere bisherigen Erfolge vernichtet!»

Es war Dienstagnachmittag, knapp 24 Stunden nach der geplatzten Trunkshow. Der Krisenstab hatte sich im Aquarium wieder einmal in seiner vollen Größe zusammengefunden. Diesmal war auch Cheru dabei.

«Nein, Mama!» Nadine hob beschwichtigend die Hände. «Dank Cherus Idee können wir eine größere Krise verhindern. Wir wollen mit der heutigen Telefonkonferenz die Grünen Löwen überzeugen, dass es an der Zeit ist, KGF freizulassen. Er selbst wird auch dabei sein.» Sie machte eine bedeutungsvolle Pause. «Und jetzt wird Cheru euch berichten, wie wir diesen Skandal in eine nachhaltige Kampagne verwandeln können.»

«KAMPAGNÄÄÄ…», äffte AFF seine Kusine nach, während er wie ein nervöser Schimpanse vor dem Eingang hin und her tigerte. «So ein Blödsinn! Damit haben uns die grünen Kids erst recht am Wickel, und mein Vater wird stinksauer sein.»

«Ja, das wird er und zwar wegen dir!», giftete Nadine ihren Vetter an. «Du hättest diesen Lagerdeal…»

Es klopfte kaum hörbar, schon flog die Tür des Aquariums auf, und Valerie rauschte herein. AFF schob ihr beflissen einen Stuhl zurecht.

«Sorry für meine Verspätung. Lunch mit einem neuen Klienten.» Sie grinste überlegen. «Kann mich seit gestern vor neuen Mandaten kaum retten.»

«Was macht diese Verräterin hier?» Nadine schnellte wie von einer Giftspinne gebissen hoch. «Ihr Auftritt hätte unsere ganzen Bemühungen kaputt gemacht, wenn wir nicht…»

«Valerie will uns wohl berichten, dass sie die einstweilige Verfügung gegen den Pop-up-Store soeben beim Gericht deponiert hat», sagte Tara ruhig. «Damit der Verkauf unserer Altware rechtswirksam und rechtzeitig gestoppt wird.» Der Lagerdeal – über ihren Kopf hinweg genehmigt – lag nun als Scherbenhaufen vor ihren Füßen. Wenigstens wollte sie gegen die Schnäppchenverkäufer vorgehen. «Und, dass sie, wie besprochen, die Schadenersatzklage wegen Rufschädigung vorbereitet.» Sie wandte sich lächelnd an ihre Ex-Kollegin. «Nicht wahr Valerie?»

«Immer mit der Ruhe.» Mit einer lässigen Geste entledigte sich Valerie ihres schneenassen Mantels und drückte ihn AFF ins Gesicht. «Eine Superprovisorische [29] lohnt sich nicht.» Sie bedachte AFF mit einem bedeutungsvollen Blick. «Bis das Gericht entschieden hat, ist der Pop-up-Store längst wieder verschwunden.»

«Falsch, der wäre jetzt, wenn du gleich reagiert und die Ware konfiszieren lassen hättest, bereits geschlossen.» Tara knall-

---

[29] Schweizer Bezeichnung für einstweilige Verfügung.

te einen Bund Kopien aus einer juristischen Zeitschrift auf den Tisch. «Im Fall Meier Mode gegen Hofer Markenhandels AG hat es auch geklappt.»

«Valerie hat Recht, ändern können wir es nicht mehr.» AFF hielt den triefenden Mantel wie ein undichtes Hundebaby von sich. «Die Schadenersatzforderung ist wichtiger, als Altware zu konfiszieren.» Angewidert warf er das nasse Teil auf einen leeren Stuhl. «Den Imageschaden haben wir bereits.»

«Ich habe Valerie eingeladen, damit sie sich nicht aus der Verantwortung schleichen kann. Setzen Sie sich!» Annabelle nickte mit vernichtendem Blick in Valeries Richtung. Dann wandte sie sich mit einem warmen Lächeln an Cheru. «Hiermit erteile ich Cheru das Wort.»

Während Cheru die Kommunikationsstrategie für das Desaster mit den zerfetzten Schnäppchenklamotten darlegte, schweiften Taras Gedanken ab. Zum wiederholten Mal fragte sie sich, wie Cheru innert so kurzer Zeit ein Netzwerk von Modeaktivistinnen von der Aktion überzeugt hatte. Einer Aktion, mit der sich Finny-Mode nachhaltig profilieren konnte. Einer Aktion für KGFs rasche Befreiung. Einer Aktion mit Ameisenspinnen. Was war Cherus Motivation, ihnen zu helfen? Smarty war ihr Projekt. Der Rest ging sie nichts an. Klar, KGF war ihr Auftraggeber. Aber das galt auch für Oliver. Doch der schien sich um KGFs Befreiung zu foutieren, vergrub sich in seinem Labor. Cheru dagegen? Mit ihrer burschikosen Art war diese Frau ihr von Anfang an sympathisch gewesen, aber auch unheimlich. Tara konnte sich nur zu gut vorstellen, was dieses schöne, brillante Wesen in ihrem Freund auslöste. Sie lächelte Cheru zu, die am Ende ihres Berichtes angekommen war, und schüttelte die lästigen Gefühle ab.

In der Zwischenzeit hatte Nadine sich ihrem Blog gewidmet und ihren neuesten Post finalisiert:

Das FBI hat die Modebanditen gefasst: Freche und kreative ModeaktivistInnen, die mit ihrer Aktion auf giftige Materialien in Textilien aufmerksam machen wollen. «IM NAMEN DER MODE» nennen sie ihre Aktion. Sie haben sich Zugang zu Billigläden, Fast-Fashion-Produzenten und illegalen Schnäppchenanbietern verschafft und die Klamotten mit einer Substanz behandelt, die in Verbindung mit gewissen Materialien zur Verfärbung des Materials führt. Je nach Stoff und persönlicher Ausdünstung der TrägerInnen kann es auch zur Selbstzerstörung kommen (der Bekleidung ...).

Muss ich jetzt meinen Kleiderschrank ausmisten? Darf ich nichts mehr kaufen? Ausmisten schadet nie! Eure Klamotten sind nicht in Gefahr. Aber passt auf, was ihr kauft. Und zwar ab sofort: Die Zersetzungsgefahr lauert überall, denn Modeaktivistinnen weltweit treiben ihr «Unwesen».
Wie ein Virus, das Klamotten aus umwelt- oder gesundheitsschädlichen Materialien angreift.
Erst informieren, dann kaufen, lautet ab sofort das Motto!
Bei uns liegt ihr ganz bestimmt nicht falsch: Die Green Teen Line und die BiSSS-Collection findet ihr ab sofort zum Bestellen im Zürcher Flagshipstore.
Wieso ist Finny-Mode von der Aktion betroffen?
Auch wir haben in der Vergangenheit «gesündigt», aber weil wir uns ernsthaft mit dem Thema auseinandersetzen, wurden wir als Vorzeigemodell ausgewählt, und wir unterstützen diese mutigen Aktivistinnen in jeder Hinsicht.
Also – macht mit, verbessert gemeinsam mit uns die Modewelt, kauft BiSSS-Collection und Green Teen Line!

Hugs & Kiss
Eure Nadine
Follow me – stay informed!

Nachdem alle Nadines neueste Story gelesen hatten, prasselten die Fragen nur so auf sie herein.

«Was ist wirklich geschehen?»

«Sind das dieselben Modeaktivisten, die KGF entführt haben?»

«Ist die Substanz wirklich ungefährlich?», erkundigte sich Valerie mit Panik in der Stimme. «Nicht, dass ihr euch noch Schadenersatzklagen der Kunden einholt», gab sie sich gleich wieder cool.

«Ja, keine Sorge. Und die Geschichte stimmt wirklich», erklärte Nadine strahlend. «Die Aktivistinnen wollten uns natürlich bloßstellen. Dank Cherus Netzwerk und Taras Verhandlungstaktik haben wir sie jedoch auf unsere Seite gezogen.»

«Wozu braucht es ein Krisenteam, wenn ihr im Alleingang entscheidet?», schimpfte AFF wenig überzeugt.

«Alles gut, Herr Fuchs. Wir sind hier, um das Vorgehen im Namen des Verwaltungsrats abzusegnen», beschwichtigte Annabelle und schaute auf die Uhr.

«Und wo ist die Professorin?»

«Frau Brecht hat sich entschuldigt.» Annabelles Mundwinkel zuckten. «Ich rufe jetzt die Grünen Löwen an.» Sie schob den Lautsprecher zur Tischmitte. «Ich wiederhole, das Ziel dieses Telefonats ist KGFs Freilassung!»

«Dann hören wir uns einmal an, was Karl der Große dazu meint.» Der Juniorchef fläzte sich beleidigt in seinen Sessel.

Tara schaltete die Sprachaufnahme und diktierte Datum, Ort und die Namen aller Anwesenden. Sie war wieder einmal zur Protokollführung verdammt worden.

Alle Augen ruhten jetzt auf Annabelle.

«Hallo?»

Ein Rauschen, Knacken.

«Karl Gerold? Bist du da?»

«Höchstpersönlich», tönte es gutgelaunt aus dem Lautsprecher. «Wir grüßen euch.»

«Wer ist wir?» Annabelle zückte ihren Kugelschreiber.

«Drei Mitglieder der Grünen Löwen und ich», erklärte KGF freundlich. Und zwar, Isab...»

«Untersteh dich, Opa!», fauchte es aus dem Lautsprecher. «Doch nicht unsere, ihre Namen wollen wir! Hallo? Wer ist da?»

«Mein Name ist Annabelle Kronenberg. Ich bin Mitglied des Verwaltungsrates von Finny-Mode. Neben mir sind Herr Kuhl, Frau Blumenthal und Herr Fuchs Junior für den Verwaltungsrat sowie Textilexpertin, Cheru Wüstenhagen, die sie ja bereits kennen sowie Kommunikationschefin, Nadine Blumenthal und Anwältin, Tara Bernhard.» Sie spielte nervös mit ihrem Stift, während sie die Namen des Krisenteams aufzählte. «Wie geht es dir, Karl Gerold?»

«Hallo alle zusammen! Mir geht es blendend», erklärte KGF fröhlich. «Und ich bin höchst erfreut über eure kluge Aktion. Die weltweit anziehenden Verkäufe sprechen für euch. Finny-Mode ist in aller Munde. Gut gemacht, Leute! Damit habt ihr den Aasgeier abgeschossen!» Gutmütiges Lachen klang aus dem Lautsprecher.

«Ja, wir kommen gar nicht nach, all die Bestellungen zu verarbeiten», sagte Nadine. «Aber damit wir BiSSS endlich seriell produzieren können, muss Smarty lizenzfähig sein. Und dafür brauchen wir dich!» Sie holte Luft. «Deshalb, lassen Sie bitte meinen Onkel frei! Sie sehen selbst, dass wir ernst machen mit der neuen Strategie.»

«Eure Aktion hat uns nicht im Geringsten beeindruckt.» Die junge Frauenstimme kam Tara bekannt vor. «Wir lassen euren Boss erst laufen, wenn ihr den Beweis erbringt, dass die gesamte Produktepalette nachhaltig produziert wird.»

«Aber wir haben doch …»

«Mit eurer kindischen Aktion habt ihr nur bewiesen, dass ihr billige Viskose in asiatischen Sweatshops[30] verarbeiten lasst», wurde Nadine aus dem Lautsprecher abgekanzelt.

«Das stimmt nicht», wiegelte AFF ab. «Wir kennen alle …»

«Was stimmt nicht?», brüllte eine andere Stimme aus dem Lautsprecher. «Wir waren vor Ort und haben genau gehört, was die dürre Frau im roten Rock gesagt hat. Viskose, made in India, hat sie gesagt. Sie hat uns sogar die Etikette gezeigt.» Die dürre Frau guckte erschrocken aus ihrem Kaschmirpulli.

«Was soll ich?»

«Halt die Klappe, Val!», fuhr AFF sie an. «Und ihr blöden Gören, lasst mich gefälligst ausreden! Wir arbeiten heute mit umweltfreundlich hergestellter Viskose aus Österreich. In Asien und Portugal produzieren wir seit Jahren nur noch mit Familienbetrieben, die nach unseren strengen Richtlinien geführt werden.»

«Und was ist mit Rumänien, wo die Textilindustrie die Arbeitsrechte mit den Füßen tritt?»

«Unsere Romania Fashion ist eine international anerkannte Vorzeigefabrik!»

«Das werden wir nach einer Prüfung der Fabrik selbst entscheiden. Wenn die sich nicht als Grünwaschmaschine entpuppt, lassen wir den Modekönig laufen. Wenn doch, dann darf er sich selbst für eine Weile an ein Fließband stellen. Eine Delegation unserer Fachleute ist bereits unterwegs.»

«Kommt nicht infrage!» AFFs Gesicht lief knallrot an. «Dürfen die das so einfach?» Hilflos blickte er zu Valerie.

«Schon klar, dass dir, mein Sohn, nicht viel an meiner Rück-

---

[30] Als Sweatshop („Schweißladen") werden ausbeuterische Produktionsbetriebe bezeichnet, wie sie auch in Europa vorkommen (Leicester, Prato, Osteuropa).

kehr liegt.» KGF sandte ein paar kräftige Huster durch den Lautsprecher.

«Aber nein, Papa», krebste AFF zurück. «Ich meine ... wollte nur ... Wir müssen uns doch vorbereiten, wenn die ...»

«Lass gut sein. Wenn es dir ernst wäre ...»

«Genug palavert, Opa!», gellte die Stimme der Aktivistin durch den Raum. «Ihr habt die Wahl. Ihr gebt uns Zugang zur Fabrik in Rumänien oder Opa darf selbst einen Augenschein in einem Sweatshop in Kambodscha nehmen. Wie das geht, kann er sich ja mal in der Doku «*Sweatshop: Deadly Fashion*[31]» anschauen. Was ist los?» Rascheln, Rauschen, Knacken. «Was sagst du?» Zischen. Tuscheln. «Jetzt schon?» Flüstern, Murmeln. Gedämpfte Stimmen. «Hallo Leute, kleine Planänderung. Wir sind gleich wieder da. Ihr könnt in der Zwischenzeit mit dem Modekönig plaudern.»

Stille. Alle blickten sich ratlos an.

«Karl Gerold, bist du noch da?», fragte Annabelle.

«Ja, klar.»

«Bist du allein?»

«Ja.»

«Behandeln dich die Kids anständig?»

«Ja, ja. Nur, dass diese Gören null Respekt haben.»

«Hast du eine Erkältung?»

«Nein, bloß zu viele Raucherpausen.»

«Du klingst nicht zufrieden.» Annabelle wirkte besorgt.

«Bin ich auch nicht. Ich will zurück ins Geschäft, bevor Adalbert mir alles kaputt macht.»

---

[31] Drei norwegische Mode-Blogger sollten in einer Dokuserie während einen Monat lang den harten Alltag von kambodschanischen Näherinnen in Phnom Penh am eigenen Leib erfahren. Nach weltweiten Schlagzeilen, über einer Million Klicks und zahlreichen Anfragen, entschloss sich Regisseur Joakim Kleven, einen Dokumentarfilm daraus zu machen. Basierend auf dieser Dokuserie entwickelte Sebastian Nübling mit Texten von Güzin Kar für das Schauspielhaus Zürich ein Theaterstück.

«Aber Papa.» AFF kaute an seinen Fingernägeln wie ein kleiner Junge. «Ich will doch nur das Beste für...»

«Alle mal herhören.» Das war wieder der alte Karl Gerold Fuchs. «Lasst sie die Romania Fashion besichtigten. Diese Fabrik ist unser bestes Pferd im Produktionsstall. Ich will, dass jemand runterfliegt und die Grünen Löwen herumführt. Die werden Arbeiterinnen und Gewerkschaftsvertreter befragen. Nadine, du stellst sicher, dass sie die Fragen in unserem Sinn beantworten. Und Sie, Tara, sorgen dafür, dass die Leute Ihre Schulungsunterlagen erhalten.»

«Ist das wirklich nötig, Karl Gerold?» Nadine klammerte sich an ihren Bleistift. «Wir haben die Grüne Nadel, eine lokal tätige Organisation, mit der Kontrolle beauftragt.»

«NGOs seien käuflich, und die Grüne Nadel nicht streng genug, habe ich gehört. Wir sollen den strengsten Siegeln genügen, wenn es nach diesen Aktivistinnen geht. Deshalb dürfen wir uns nicht auf externe Kontrolleure verlassen, sondern müssen selbst die Romania Fashion prüfen. Habe ich mich klar ausgedrückt, Nadine?» schloss KGF mit einem kollernden Husten.

«Ja, sehr klar, Onkel Karl Gerold. Ich habe auch schon eine Idee, wie wir die Grünen Löwen besser als jedes Gütesiegel überzeugen können.» Nadine klopfte begeistert mit ihrem Bleistift auf den Tisch. «Ich stelle eine Gruppe kritischer Mode-Blogger zusammen, die mich nach Rumänien begleiten und direkt vom Produktionsort berichten. Wir machen Interviews mit den Näherinnen, zeigen wie sie arbeiten und leben.»

«Und wie die Green Teen Line produziert wird», zeigte AFF sich begeistert. «Ich komme mit!»

«Green Tea?», röchelte es aus dem Lautsprecher. «Was ist das?»

Nadine und Adalbert blickten sich betreten an.

«Sorry, Papa... ähm, ja... also das ist so... Ich wollte, dich damit überraschen, aber dann überschlugen sich die Ereignisse.»

Nachdem KGF den Erklärungsversuch seines Sohnes wütend unterbrochen hatte, versuchte Nadine ihm diplomatisch Idee und Ziel der grünen Sport- und Freizeitlinie darzulegen.

«Und wie wollt ihr das finanzieren?», tönte KGF immer noch ungehalten. «James, was wissen Sie davon?»

«Ihr Sohn hat offenbar einen lettischen Financier, dessen Namen er mir nicht verraten will», warf James den Ball wieder AFF zu.

«Ja, weißt du Paps, das sind die Leute, die uns auch in Riga mit der IT unterstützen.» AFF schniefte. «Ist nur ein kleiner Überbrückungskredit.»

«Das kannst du nicht machen!», schimpfte KGF. «Frau Bernhard, wieso haben Sie das zugelassen?» Er hatte wieder einen Hustenanfall. «Mein Sohn und seine zwielichtigen Geschäftspartner? Ich hatte Sie gewarnt!»

Tara und James tauschten einen Blick. Offiziell durften sie ja nicht wissen, dass Boris und damit ein langjähriger Geschäftspartner von KGF selbst hinter der lettischen Firma stand.

«Der Vertrag lag auf meinem Tisch, aber Valerie von Felsenkirch hatte ihn bereits unterschrieben, ohne mich zu informiere», wehrte sich Tara.

«Was? Ich werde dieser Frau alle Mandate entziehen!» KGF klang sehr wütend. «Hohe Honorare kassieren und mich hintergehen. Jetzt ist Schluss damit! Auf ihr honigblondes Gesülze falle ich nicht mehr rein.»

«Hallo Herr Fuchs, Frau Kronenberg hat vergessen zu erwähnen, dass ich heute anstelle meiner Tante hier bin.» Valerie warf ihr wie Goldregen schimmerndes Haar zurück. «Ich habe den Vertrag – natürlich nach eingehender Prüfung – selbst unterzeichnet, um Tara zu entlasten. Die Ärmste hat mich letzte Woche ganz aufgelöst angerufen, weil sie nicht mehr weiterwusste.» Sie lächelte Tara lieblich zu. «Sie hat sich noch nicht mal eine Unterschriftsberechtigung besorgen können.»

«Das ist nicht wahr!», begehrte Tara auf. «Rottweiler, ich meine Frau Grossweiler...»

«Nichts für ungut, Frau von Felsenkirch», unterbrach KGF barsch. «Frau Bernhard, Sie müssen sich besser durchsetzen, und du mein Sohn, kannst was erleben, wenn ich zurück bin!»

«Papa, es musste wirklich schnell gehen», verteidigte sich AFF. «Wie sonst sollten wir die BiSSS-Collection produzieren ohne Smarty?»

«Bestimmt nicht mit einem luschen Financier und einer neuen Linie, die überhaupt nicht zum Finny-Mode Stil passt!» KGFs Statement wurde wieder von einem Hustenanfall begleitet.

«So, Opa bist du fertig mit deiner Brut?», schallte die stimmführende Aktivistin durch den Raum. «Wir haben eine kleine Strategieänderung beschlossen. Wir geben euch Smarty zurück gegen ein Lösegeld.»

Stille. Ratlose, erschrockene Blicke, hochgezogene Augenbrauen, zwei blumenthalsche Aufschreie.

«Und zwar in Form von Firmenanteilen und einem Sitz im Verwaltungsrat», fuhr die Aktivistin fort. «Wir wollen selbst dafür sorgen, dass die neue Strategie nachhaltig umgesetzt wird.»

«Das könnt ihr doch auch so», wandte AFF ein. «Kommt zu uns in die Firma und schaut, womit wir uns jeden Tag herumschlagen.»

«Wir wollen das Aktienpaket des Modekönigs und Einsitz in den Verwaltungsrat.»

«Seid Ihr wahnsinnig geworden?» donnerte KGFs Stimme aus dem Gerät auf der Tischmitte. «Davon war nie die Rede!»

28. Mode-Pandemie

Entgeistert starrte Tara auf den Bildschirm und scrollte sich durch die Nachrichten, die mittlerweile nicht mehr nur die Modewelt erschütterten. Es war Montag, 9. Februar. Eine Woche nach dem chaotischen Event im Flagshipstore. Seither häuften sich die Meldungen aufgebrachter Modekonsumentinnen, deren Kleider sich zersetzten. Nicht im Kleiderschrank, sondern im Restaurant, in der Oper, mitten auf der Straße und sogar auf dem roten Teppich an der Eröffnung der Berlinale. Eine unbekannte Schauspielerin wurde über Nacht berühmt, weil sie sich in ihrem zerfetzten Kleid gekonnt in Szene zu setzen wusste.

Längst waren nicht mehr nur Finny-Mode-Altware oder Schnäppchen aus dem Discount Store von dem textilen Virus betroffen. Was vor zwei Tagen im Popup-Laden für Luxusschnäppchen begonnen hatte, sprang zuerst auf Uptodate über. Boris Garcholigoff war für keine Stellungnahme zu erreichen. Wütende Kundinnen bestürmten die Tempel der schnellen Mode und brachten ihre mit schwarzen Flecken übersäten oder zersetzten Teile zurück. Innerhalb von zwei Tagen waren nicht nur sämtliche Billigmodeläden und Warenhäuser, sondern auch so manche Luxusboutique weltweit vom Kleidervirus betroffen. Nur in China wurde die Ausbreitung gestoppt, indem sämtliche Läden, die mit modischen Textilien handelten, hermetisch abgeriegelt wurden. Alle Mitarbeiter und die im System erfassten KundInnen, die in den letzten 48 Stunden etwas gekauft hatten, mussten in Quarantäne.

Tara stöhnte. In was war sie da hineingeraten? Cheru war

tatsächlich nicht die Einzige, die diese kleinen, aber effizienten Seidenspinner mit dem Aussehen von Ameisen züchtete und die Wirkung des Sekrets auf bestimmte Textilien und Giftstoffe kannte. Die meisten Züchter gehörten wie Cheru einer Organisation an, die sich verpflichtet hatte, die Tiere wie auch deren Sekret nur für die medizinische und die Textil-Forschung herzugeben. Aber es gab auch schwarze Schafe, die die Rüstungsindustrie oder gar Terrororganisationen belieferten. Cherus Idee, die Altware mit dem Sekret der Ameisenspinnen zu behandeln, diente allein dem Ziel, den Vertrieb der Lagerware zu kontrollieren. Bis die behandelten Teile, wie zugesichert, in der Mongolei oder Kasachstan gelandet und in den Verkauf gelangt wären, hätte die Wirkung des Sekrets längstens nachgelassen. Mit dem Auftauchen im Zürcher Luxus-Schnäppchen-Laden war die Aktion aus dem Ruder gelaufen. Modeaktivistinnen auf der ganzen Welt hatten sich Zugang zu Fabriken und Grossisten verschafft, die Uptodate und andere Modefirmen belieferten. Anscheinend steckten sich die Textilien auch gegenseitig an, sodass es gar keiner Behandlung durch die Ameisenspinnen bedurfte.

Cheru hatte Tara nach der Krisensitzung beiseite genommen und sie beschworen, ihr Geheimnis zu wahren. Sie wollte auf keinen Fall mit dem Ursprung des Kleidervirus in Verbindung gebracht werden. «Die Leute können mit so was nicht umgehen. Ich möchte weder als Spinnen-Flüsterin noch als Insekten-Dompteurin oder als Hexe dastehen. Es reicht, dass meine Arbeit einigen Leuten bereits suspekt ist.»

«Hey, wir leben nicht mehr im Mittelalter», hatte Tara sie lachend zu beruhigen versucht.

«In Bezug auf manche gesellschaftlichen Mechanismen schon», hatte Cheru geantwortet. «Was die Menschen nicht verstehen, lehnen sie ab, egal ob Lebensentwürfe, Denk-

oder Verhaltensweisen. Glaub mir, mit einem Job wie meinem fliegst du lieber unter dem Radar.»

Tara stellte Cheru die Frage, die sie seit den ersten Berichten über zerfetzte Klamotten beschäftigte. Wieso war Uptodate mehr als alle andern Modetempel vom Kleidervirus betroffen?

«Dieser eingebildete Lackaffe hat es nicht besser verdient.»

«Kennst du ihn persönlich?» Tara dachte an Garcholigoffs Girls Nights. Daran, dass Cheru zwei ihrer Kolleginnen aus den Fängen widerlicher Fettwänste befreit hatte.

«Er verfolgt mich seit der Publikation eines Artikels über meine Arbeit.» Sie schnaubte. «Glaubte der Typ doch tatsächlich, dass ich mich von seinem Angebot einlullen lasse!»

«Das Hightech-Kleid ist doch KGFs Geheimprojekt?» Cheru wollte offenbar nicht über ihre Model-Vergangenheit reden und Tara nicht ihren Freund verraten.

«Ach, das war vor Smarty. Ich probe schon länger an einem tragbaren Kleid, das Technik und Natur verbindet. Aber der Durchbruch ist mir erst mit Oliver gelungen.» Cherus harte Züge wurden plötzlich weich. «Seine naturwissenschaftlichen Erkenntnisse ergänzen mein technisches Knowhow einfach perfekt.»

«Ja, Oliver lebt für seine Forschung.» Tara schluckte den Kloß tapfer herunter. «Aber zurück zu Garcholigoff. Wieso wolltest du seinen Auftrag nicht annehmen? Immerhin hat er Geld.»

«Mit schneller Mode verdientes Geld? Nein danke! Hey, ich muss los, ein neues Hightech-Kleid entwickeln, und du hast ja auch noch einiges vor.» Cheru hatte auf Taras Ausflug in die Höhle der Grünen Löwen zur Übergabe der Aktienzertifikate angespielt.

«Und diese Modepandemie?»

«Was ist damit?»

«Was können wir dagegen tun?»

«Nichts! Wir lassen der Selbstzerstörung der schnellen Mode ihren Lauf.» Cheru zuckte mit den Schultern. «Vielleicht gibt es ja irgendwann eine Impfung für die infizierten Klamotten. Wobei sich der Aufwand für die billigen Fetzen nicht lohnen würde. Höchstens für Luxusware. Und die exklusiven Marken werden ihre Zeit und Mittel wohl eher in ihre Produktionskette und nachhaltige Materialien investieren.» Sie holte Luft. «Und weißt du, was das Beste ist?»

«Nein.»

«Das Modevirus spielt uns in die Hände. Materialien wie BiSSS werden gefragter sein denn je, und andere Luxusbrands werden in unsere Forschungsarbeiten mitinvestieren.»

«Das ist eine gute Wendung», hatte Tara ihr zugestehen müssen. «Aber selbst, wenn KGF bald freikommt, hängt noch immer das Damoklesschwert des Aktienpakets für die Grünen Löwen über uns.»

«Tja, das ist dein Problem, liebe Tara. Du bist die Juristin.» Damit war sie davongerauscht in ihr neues Labor. Und zu Oliver!

Das war jetzt knapp eine Woche her, und Tara waren weder das Gespräch noch die Textilingenieurin aus dem Kopf gegangen. Was war ihr Ziel, ihr Antrieb? Hatte der beinahe verzückte Ausdruck auf ihrem Gesicht Oliver gegolten oder dem gemeinsamen Projekt? Verband die beiden eine kollegiale, von gemeinsamen wissenschaftlichen Interessen geprägte Beziehung oder war es mehr? Oliver war, seit er im neuen Labor am Hauptsitz arbeitete, zwar brav jeden Abend nach Hause gekommen. Aber jeweils so spät, dass es nur für einen flüchtigen Gutenachtkuss gereicht hatte. Meist hatte er bis spät in die Nacht hinein in seinem Arbeitszimmer gesessen und war am nächsten Morgen schon weg, als sie aufwachte. Gestern hatte er sie zur Besichtigung des fertig eingerichteten Smarty Labors eingeladen. Cheru hatte sie herumgeführt, während Olivers Kopf über ein Mikroskop gebeugt oder hinter einem Bildschirm versteckt war. Die beiden arbeiteten an Smarty II, einem neuen High-Tech-Kleid mit leitenden Metallfäden, auf dessen Oberfläche virtuelle Outfits produziert werden konnten.

«Wie auf eine Leinwand?», versuchte Tara sich das vorzustellen.

«Nein, eher wie ein beweglicher, formbarer Bildschirm.»

«Und wer soll das tragen?»

«Alle, die modische Abwechslung mögen.» Cheru lächelte stolz. «Das ist die Zukunft! Für ein neues Outfit brauchst du nur einen anderen Chip in den Ärmel zu schieben oder das Programm zu ändern. Das Kleid, das du am Körper trägst, bleibt immer dasselbe.»

«Kann man das waschen mitsamt der ganzen Elektronik?»

«Daran arbeiten wir noch», hatte Cheru geantwortet, als sie Tara hinausbegleitete.

Vergiss es, sagte sich Tara nun zum wiederholten Mal. Die beiden waren schlicht und einfach hoch motivierte Arbeitskollegen. Zwei Nerds, die außer ihrer Arbeit nichts an sich heranließen. Sie klickte sich seufzend durch die Bilder verfärbter und zerfetzter Kleider, die nach einer Woche noch immer die Nachrichten dominierten.

Schaudernd wandte sie sich ab und dem ausgedruckten Protokoll der letzten Krisensitzung zu. Wo war sie stehen geblieben? Ach ja, bei der Lösegeldforderung. Annabelle hatte sich als Erste vom Schock erholt und wollte wissen, was die Entführer sich davon erhofften. Sie hätten doch anfangs beteuert, rein ideelle Ziele zu verfolgen.

Daran habe sich nichts geändert, die Aktien seien eh nichts wert angesichts der aktuellen Situation von Finny-Mode, hatte die Wortführerin gesagt. An dieser Stelle quoll der Lautsprecher mit von Husten begleiteten wüsten Beschimpfungen über, wie ein Aschenbecher nach einer durchzechten Nacht. Die Grünen Löwen erklärten weiter, als Aktionäre von ihrem Informationsrecht Gebrauch zu machen und über den Sitz im Verwaltungsrat Einfluss auf die Strategie zu nehmen. Ihr Ziel sei es, Finny-Mode nachhaltig zu verändern und damit andere Firmen zum Umdenken zu animieren. Mit dem Aktienpaket könnten sie eine außerordentliche Generalversammlung einberufen. Da vermutlich am heutigen Call alle übrigen Aktionäre anwesend oder vertreten seien, wüssten die Herrschaften ja bereits, wie sie über eine Wahl abzustimmen hätten. Die Aktienübertragung sei befristet, bis Finny-Mode auf Kurs sei.

KGF kommentierte das Ganze mit Lauten, die an seiner Missbilligung keine Zweifel ließen. Die Grünen Löwinnen hatten offenbar seine Sympathien verspielt, zumindest die Wortführerin.

Nach einer kurzen Pause unter Getuschel erklärte der Modekönig sich plötzlich einverstanden mit der Aktienübertragung gegen die Übergabe von Smarty. Er sei überzeugt, dass die Grünen Löwen begeistert von der Besichtigung in Rumänien sein würden. Zudem bräuchten Oliver und Cheru den Prototypen dringender als ihn. Tara konnte den Sinneswandel nicht nachvollziehen, und niemand im Krisenteam hatte ihn hinterfragt.

Und so wurde beschlossen, dass Tara und James nach Chur fahren und im Tausch gegen Smarty die Aktienzertifikate übergeben sollten. Gegenüber dem Vermieter der Grünen Löwen, dem Künstler Amadeo von Vilan, sollten sie sich als

Kunstsammler ausgeben, die sich für sein Werk interessierten. So würde niemand Verdacht schöpfen. Betreffend Übergabetermin würden sich die Grünen Löwen noch melden. Tara sollte in der Zwischenzeit den Vertrag für die befristete Aktienübertragung aufsetzen sowie die Möglichkeit einer Schadenersatzklage gegen den Discount-Popup-Betreiber prüfen. Valeries Dienste wurden aus Kostengründen vorerst auf Eis gelegt. Jetzt hieß es, abwarten und hoffen, dass in Rumänien alles nach Plan lief und KGF vielleicht sogar gleichzeitig mit Smarty befreit werden konnte.

Nadine reiste am darauffolgenden Tag mit AFF und einer handverlesenen Gruppe von Bloggern nach Rumänien und postete seither Fotos von der sauberen Produktion und glücklichen Näherinnen. Sogar die Tagesschau berichtete über die Vorzeigefabrik des Schweizer Modekönigs in Rumänien. Tageszeitungen brachten Interviews mit zufriedenen Gewerkschaftsführern und Arbeiterinnen, deren Kinder im fabrikeigenen Hort liebevoll betreut wurden.

Tara fuhr sich über die Augen, als könnte sie damit die dunklen Wolken, die ihren Modehimmel trübten, wegwischen. Als ob die Entführung nicht reichte, war ihr Lieblingsklient ins Visier einer Ermittlung gegen die Modemafia geraten und nun stand auch noch seine Beteiligung am Familienunternehmen auf dem Spiel.

«Ich muss KGF warnen! Ich finde auch ohne Einladung dieser aktivistischen Gören einen Weg in die Villa», hatte James gestern schlecht gelaunt erklärt. «Halte dich bereit, wir fahren, sobald ich etwas arrangiert habe.»

Sie hatte seit fast einer Woche nichts mehr von ihm gehört und wusste nicht, was er vorhatte. Hauptsache, sie würde endlich die Schokoladenvilla sehen, in der ihr Vater mit seinem Jugendfreund so viel Zeit verbracht hatte. Sie gähnte, während sie die letzten Korrekturen am Protokoll anbrachte. Nachdem sie es ans Krisenteam geschickt hatte, gönnte sie sich eine Kaffeepause im LAB, das an diesem Donnerstagabend erstaunlich ruhig war. Nur vereinzelt war noch Licht in den gläsernen Büros. Ines saß in einer Besprechungsnische mit einigen Leuten aus dem Produktionsteam. Sie hob kurz den Kopf, als Tara vorbeiging, schien aber wie immer durch sie hindurchzusehen. Theobald dagegen warf Tara begeistert ein Kusshändchen zu, während er mit Leo und ein paar anderen Designern die Puppen auf dem Laufsteg mit der Green Teen Line ausstaffierte.

Es war bereits nach 20 Uhr, als der Barista den doppelten Espresso vor Tara auf den Tresen stellte. Der Kaffeeduft weckte ihre Lebensgeister. Und die brauchte sie, um den strengen Vertrag mit Verhaltensregeln für die Zulieferer der rumänischen Gesellschaft fertigzustellen. Sie bestellte einen zweiten Doppio zum Mitnehmen. Als sie am Laufsteg vorbeikam, hievte sich Theobald ächzend herunter.

«Unsere jugendliche Sportlinie ist ein Riesenerfolg. Wir können uns kaum retten vor Bestellungen!», erklärte er stolz. «Nadine hat mir ein paar Medienleute geschickt, die ich morgen allein abfackeln darf.»

«Gratuliere!»

«Nützt mir alles nichts, wenn Rumänien nicht endlich liefert.» Seine Knopfaugen verdüsterten sich.

«Was ist denn los?», fragte Tara irritiert. «Die sollten doch froh sein über diese Aufträge.»

«Schon, aber es ist so viel, dass sie gar nicht nachkommen.» Er verwarf die Arme. «Nachhaltig produzieren geht nicht so schnell. Wir müssen die Produktion erweitern, Aufträge auswärts vergeben.»

«AFF trifft sich morgen mit Stofflieferanten. Da sind vermutlich auch ein paar Nähereien dabei.» Tara runzelte die Stirn. «Die er hoffentlich sorgfältig auswählt. Ausgerechnet jetzt, wo... ähm...» Theobald wusste natürlich weder vom angekündigten Augenschein der Grünen Löwen, geschweige denn von KGFs Entführung. «Ausgerechnet während Nadines PR-Offensive.»

«Das ist meine kleinste Sorge. Wenn wir die bestellte Ware nicht bald liefern, laufen uns die Kunden davon. Und ohne die Einnahmen der Green Teen Line können wir die Spinnseidenkollektion nicht produzieren.»

Und das Darlehen nicht rechtzeitig zurückzahlen, dachte Tara. Das Darlehen! Wenn das Geld geflossen war, hatte James womöglich bereits Anzeige erstattet. «Aber die Finanzierung steht?»

«AFF hat offenbar einen großzügigen Financier gefunden.» Theobald fuhr sich erschöpft über den kahlen Kopf. «Ich hoffe nur, dass es nicht dieser Garcholigoff ist. Ich wäre fast auf seinen Charme hereingefallen, nachdem Nadine so geschwärmt hatte. Aber als ich sah, wie er auf die Lagerware aus dem Pop-up-Store reagierte, als ob ihn das nichts angehe und er selbst bestohlen wurde.»

«Keine Sorge, ein weiteres Mal wird AFF nicht auf Boris hereinfallen», schwindelte Tara.

«Wieso war der überhaupt da?» Theobald legte nachdenklich den Kopf schief. «Naja, vielleicht hat Nadine ihn eingeladen aus Dankbarkeit für...» Er hüstelte.

«Wofür?» Alarmglocken klingelten in Taras Kopf.

«Na, für sein Sponsoring des Green Fashion Award!»

«Wie bitte?» Davon wusste Tara nichts, aber es erklärte, wieso Nadine sie nicht mehr bedrängt hatte, James deswegen zu bestürmen. Tara hatte gedacht, der Award sei aufgrund der

Ereignisse in weite Ferne gerückt. Mist! Sie sah bereits die Schlagzeilen anlässlich des Green Fashion Awards vor sich: Finny-Mode- Sponsor der Geldwäscherei bezichtigt! Das konnte sie nicht zulassen! Sie musste James von der Anzeige abhalten! Zumindest bis die Teenie Linie produziert, der Green Fashion Award vorbei und KGF befreit war. Rasch verabschiedete sie sich von Theobald, eilte zurück ins Büro und versuchte vergeblich, James zu erreichen. Stattdessen fand sie eine E-Mail von ihm:

«Wir fahren morgen früh nach Chur. Treffpunkt 9 Uhr vor dem Haupteingang. Ich habe uns einen Besichtigungstermin arrangiert.»

Tara schrieb zurück, er solle sie anrufen. Es sei dringend. Die Anzeige wollte sie nicht schriftlich erwähnen. Dann packte sie den Vertrag für die befristete Aktienübertragung sowie KGFs Aktienzertifikate ein. Letztere lagen seit der letzten Krisensitzung in einer verschlossenen Schublade bereit.

Auf dem Weg zum Parkplatz brummte ihr Telefon. Bis sie die Schlüssel aus ihrer Handtasche gegraben hatte, im Auto saß und die AirPods eingesteckt hatte, war der Anrufer weg. Kurz darauf sah sie eine Sprachnachricht von einer unterdrückten Rufnummer. Während sie auf die Autobahn einbog, hörte sie die Nachricht ab und geriet in Panik. Nicht wegen vorbeidonnernder Lastwagen, sondern weil sich eine kalte Hand um ihr Herz legte. Ihr wurde nicht schwindlig und auch nicht schlecht. Sie hatte schlicht und einfach Angst, und dagegen gabs kein Medikament. Sie fuhr auf den Pannenstreifen, um die Nachricht noch einmal abzuhören, und lauschte mit Entsetzen der unbekannten Männerstimme:

«Ziehen Sie die Anzeige sofort zurück, sonst endet Ihr pelzi-
ger Liebling als Bettvorleger!»

29. Kein romantischer Ausflug

Tara hatte ihre Tante gebeten, Monster einzusperren, da ein tollwütiger Fuchs am Zürichberg sein Unwesen trieb. Als ihre Hände aufgehört hatten zu zittern, war sie weitergefahren und hatte die nächste Ausfahrt genommen.

James hatte vor einem fabrikähnlichen Gebäude beim Ortseingang Murg auf sie gewartet.

«Ich kann diese Drohung nicht ernst nehmen. Das klingt mir eher nach einem Lausbubenstreich», sagte er gerade.

«Würdest du das auch sagen, wenn man deinen Sohn entführt?» Tara ballte die Fäuste. «Meine Tante hat ihn adoptiert, aber ich liebe ihn, als wär's mein eigener.»

«Deine Tante hat einen Sohn?»

«Monster ist ein Familienmitglied mit vier Pfoten!»

«Woher sollte Boris wissen, dass du einen Hund hast?»

«Eine Katze! Wieso?» Hilflos und wütend trommelte Tara mit ihren Fäusten auf seine Brust ein. «Wieso hast du mit der Anzeige nicht zugewartet?»

«Nachdem das Darlehen letzte Woche überwiesen wurde, musste ich handeln.» Energisch aber liebevoll hielt James ihre Hände fest. «Mir liegen Beweise vor für die illegalen Aktivitäten des Darlehensgebers, in die KGF wissentlich oder unwissentlich verwickelt ist. Als Finanzchef bin ich in der Verantwortung.»

«Schon klar, aber wieso hast du mich nicht informiert?» Tara machte keine Anstalten, den Zorn aus ihrem Gesicht zu wischen oder ihre Hände zu befreien.

«Um dich zu schützen.»

«Vielen Dank auch!» Nun versuchte sie doch, sich loszumachen. «Dafür ist jetzt mein Kater in Gefahr!»

«Ganz ruhig, du musst einen klaren Kopf behalten.» James hielt ihre Hände fest. «Dass sich jemand einen schlechten Scherz mit dir erlaubt, hättest du auch nicht verhindern können.»

Tara berichtete ihm von dem Zettel an ihrem Auto. «Vielleicht war das ein schlechter Scherz. Ines oder AFF würde ich sowas zutrauen. Aber wie können die von der Anzeige wissen?»

«Wenn die Info zu Boris durchgedrungen ist, dann ist auch AFF informiert. Weiß er von deinem Kater?»

«Nein, niemand bei Finny-Mode. Woher auch?» Tara schüttelte nachdenklich den Kopf. «Nadines Fotos! Sie schoss in Garten meiner Tante eine Bildstrecke für die Frühlingskollektion und fand, der dekorative Kater müsse mit aufs Bild.» Tara schauderte. «Monster ist so zutraulich, er würde jedem Einbrecher aus der Hand fressen!» Energisch machte sie sich los. «Was soll ich jetzt tun?»

«Komm erst mal rein. Du kannst hier übernachten. In diesem Zustand lass ich dich nicht mehr hinters Steuer.»

«Hier?» Tara blickte an der Fassade des früheren Fabrikgebäudes hoch. «Bei dir?» In ihrem Zustand der verminderten Zurechnungsfähigkeit fand sie die Vorstellung gar nicht so übel.

«Von mir aus, gern.» James schmunzelte. «Aber in einem eigenen Zimmer bist du komfortabler.»

«Hast du es komfortabler, heißt das, Mister Kuhl», versuchte Tara ihre Verlegenheit zu überspielen. «Ist deine Wohnung denn so groß?»

«Dieser Gebäudeteil der Spinnerei wurde vor einigen Jahren zu einem Hotel ausgebaut.»

Erst jetzt realisierte Tara, dass sie vor dem Eingang zum Lofthotel Murg standen. «Nadine hat ein cooles Designhotel erwähnt.»

«Genau das ist es und die Sagibeiz, das hoteleigene Restaurant am Seeufer, ist ein beliebtes Ausflugsziel.» Er schüttelte tadelnd den Kopf. «Das hätte sie dir ja auch mal zeigen können.»

«Du wohnst hier?» Als sie in der Lobby die Hände an einer Tasse Tee wärmte, beschloss sie, James Vorschlag anzunehmen. So war es nur noch halb so weit bis nach Chur, und sie konnte eine halbe Stunde länger schlafen. Deo und Wäsche zum Wechseln hatte sie in ihrer Sporttasche.

«Ja, die haben spezielle Suiten für Motorradfahrer. Ebenerdig mit integrierter Garage.»

«Riecht bestimmt gut.» Die Schockstarre hatte sich gelöst.

«Ich zeige sie dir gern.»

«Zusammen mit deiner Briefmarkensammlung?» Sie versuchte sich in einem spöttischen Lächeln. «Nein danke!» Seine Anwesenheit beruhigte und irritierte sie gleichzeitig. «Aber du kannst mich gern in die Sagibeiz einladen, wenn wir das alles hinter uns haben.»

Nachdem sie aufgewärmt war, checkte sie ein. James nahm den Schlüssel entgegen. «Ich zeige ihr den Weg», sagte er zum Nachtportier.

Das geräumige, helle Zimmer lag im ersten Stock und damit glücklicherweise nicht neben der Motorradsuite.

«Morgen gibt's erst mal Frühstück in der Sagibeiz und auf dem Weg nach Chur haben wir Zeit genug, unseren Einsatz vorzubereiten.» James schaute zum Fenster. «Könnte ein romantischer Ausflug werden.»

«Den Modekönig aus den Pranken der Grünen Löwen zu retten?» Tara folgte seinem Blick. Mondschein spiegelte sich glitzernd in der glatten Seeoberfläche. «Wenn Garcholigoff wirklich etwas mit den Entführern zu tun hat, dürfen wir denen das Aktienpaket nicht überlassen.»

«Die werden wohl kaum mit ihrem Feindbild gemeinsame Sache machen.»

«Bist du sicher, dass wir KGF in dieser Villa Lucrezia finden?»

«Nein, aber ich hoffe es», gab er sich zuversichtlich. «Um elf Uhr haben wir einen Termin als Kaufinteressenten», sagte er und fügte hinzu, die Villa stehe zum Verkauf, wie er über seinen Kontaktmann bei der Bündner Kantonspolizei erfahren habe. Hermine von Vilan, die Direktorin von Grischoc und Miteigentümerin der Villa, habe ihn an ihren Sohn verwiesen, der sich um die Kaufinteressenten kümmere.

«Und wann soll der Tausch von Smarty gegen die Aktien stattfinden?», wunderte sich Tara, freute sich aber insgeheim auf die Aussicht, gleich zwei von Vilans zu treffen.

«Nach der Besichtigung statten wir den Grünen Löwen einen Spontanbesuch ab.»

Aus Taras Handy trötet ein Schiffshorn. «Tante Jo …»

James zog mit einem leisen «Good night» die Tür hinter sich zu. Tara erzählte ihrer Tante etwas von einer kurzfristig anberaumten Geschäftsreise. Nach dem Abschminkprozedere legte sich Tara erschöpft ins Bett. Nicht einmal der Gedanke, mit James unter einem Dach zu schlafen, vermochte ihre Müdigkeit zu verscheuchen. Kaum war sie eingeschlafen, wurde sie vom Klang eines Schiffshorns aus einem wirren Traum gerissen. Auf dem Display ihres iPhones stand 07:17 – Dienstag, 10. Februar.

«Was ist los?», fragte sie verschlafen.

«Monster …» Sie hörte Tante Jo schluchzen. «Er ist weg!»

Tara war plötzlich hellwach. «Seit wann?»

«Ich weiß es nicht. Ich habe ihn auf deinen Rat hin im Schlafzimmer eingesperrt. Die Balkontür stand offen. Ich wäre doch nie auf die Idee gekommen, dass er da hinunterklettert.»

Oder jemand herauf…, dachte Tara und sprang nach ein paar beruhigenden Worten unter eine eiskalte Dusche.

30. Die Schokoladenvilla

«Er hat sich bestimmt wieder einmal in einen Nachbarskeller verirrt», versuchte Tara zum x-ten Mal vergeblich, Tante Jo zu beruhigen. James hatte netterweise das Steuer übernommen. Seit über einer Stunde telefonierte sie nun schon die Nachbarschaft ab. Ohne Erfolg.

«Wer tut so etwas?» Tara schaute aus dem Fenster, ohne die malerisch verschneiten Rebberge der Bündner Herrschaft richtig wahrzunehmen. «Ein hilfloses Wesen.»

«Hilflose Wesen sind dankbare Entführungsopfer», gab sich James sarkastisch.

«Sei endlich still!» Tara hielt sich die Ohren zu. «Ich will nichts hören.» Sie musste sich für die Begegnung mit den Grünen Löwen wappnen.

«Du steigerst dich in etwas hinein. Katzen sind nachtaktive Wesen», herrschte James sie an.

«Er müsste längst zu Hause sein, verfressen wie er ist.»

«Konzentrier dich bitte auf unsere Mission, damit unser Überraschungscoup gelingt. Ein Mensch ist in Gefahr!» Einen Ton tiefer und leiser fuhr er fort: «Sorry, meinte ich nicht so. Es wird alles gut.»

Tara schaute aus dem Fenster und versuchte sich an die Fahrten mit ihrem Vater zu erinnern. Die vom Hochhausquartier Lacuna geprägte Skyline am Stadteingang kam ihr vertraut vor. Mit seinen Wohntürmen und den Gewerbezentren, die einen bei der Einfahrt in die Stadt begrüßten, wirkte Graubündens Metropole nicht wie die älteste Schweizer Stadt.

Mit dem ersten Blick auf die Schokoladenvilla fühlte sich Tara in eine vergangene Zeit versetzt. Die Kiesauffahrt, der verwilderte Park, die blassrosa Fassade. Als sie neben der Steintreppe parkten, auf der ihr Vater über vierzig Jahre zuvor mit seiner Schwester, Amadeo von Vilan und dessen Vater posierte, vergaß sie für einen Moment ihre Sorgen. Sie stieg aus und legte den Kopf in den Nacken. Ein warmer Wind fegte durch die schier unendlich hohen Baumwipfel.

«Komm, staunen kannst du später noch.» James drückte ihr die Mappe in die Arme und schob sie zum Treppenaufgang.

Klopfenden Herzens erklomm sie die steilen Stufen. James stand bereits vor dem Eingangsportal und studierte die Beschriftung der Klingelknöpfe. Die ersten beiden waren mit «von Vilan» angeschrieben und der oberste lapidar mit «Personal». Die Grünen Löwen wollten offenbar inkognito oder zumindest unter sich bleiben. James Finger schwebte bereits über dem obersten Knopf, als die schwere Holztür aufging.

«Herr und Frau Kuhl? Willkommen zur Hausbesichtigung!» Die junge Frau mit Spitzmausgesicht in Woll-Leggings unter einem übergroßen Pulli, der um ihre dünnen Oberschenkel schlabberte und einer grünen Wollmütze über den aschblonden Zöpfen wirkte alles andere als welcoming. «Wir haben sie erwartet», erklärte sie mit ernstem Blick.

Tara starrte die Frau fassungslos an. Die Stimme, diese Zöpfe. Das war doch nicht etwa…?

«Woher wissen Sie…» Für einmal schienen auch Herrn Kuhl die Worte zu fehlen.

«Der Hausherr hat sie begeistert angekündigt.» Ein amüsiertes Aufflackern in den Augen der Aktivistin. «Auch sein Neffe braucht offenbar die Kunstsammler-Ausrede, wenn er Kaufinteressenten das Haus zeigen will, ohne seinen Onkel zu ärgern.»

«Gut, dann bringen wir den Tausch doch gleich hinter uns.»

James hatte sich wieder gefasst. «Herr Fuchs sollte auch dabei sein.»

«Kommen Sie schon rein!» Sie trat zur Seite. «Wir hätten uns eh heute bei Ihnen gemeldet.»

Tara betrat zögernd die Eingangshalle. Ein Sonnenstrahl drang durch schmale, lange Fenster mit stilisierten Blumenornamenten in den bunten Scheiben.

«Hallo, ich bin Tara Bernhard, die Anwältin von Herrn Fuchs Senior.» Als Spitzmausgesicht nicht reagierte, fuhr sie fort. «Und Sie sind Gar Beau.»

«Ja und?» Sie verschränkte die Arme. «Wollen Sie mich jetzt bei der Polizei verpetzen? Oder bei meiner Mama?» Sie presste trotzig die Lippen zusammen. Als Tara nicht antwortete, fuhr sie fort. «Was wir über ihren tollen Klienten herausgefunden haben, ist weitaus schlimmer. Wir tun es für einen guten Zweck und es kommt keiner zu Schaden.»

«Davon werden wir uns selbst überzeugen.» Tara hielt der berühmten Aktivistin das Mäppchen mit dem Vertrag unter die Nase. «Wenn Karl Gerold Fuchs zusammen mit Ihnen diesen Vertrag unterzeichnet hat, wir uns von seinem Wohlbefinden überzeugt und das intakte Hightech-Kleid erhalten haben, erhalten Sie die Aktienzertifikate. Wenn Sie sich nicht an die Vereinbarung halten, wende ich mich gern an Ihre Mutter.»

«Opa schläft, und wir respektieren seine Privatsphäre.» Auf der Treppe erschien eine zweite Aktivistin. «Wir halten uns an die Abmachung.» Den roten Haarschopf mit einem grasgrünen Band zurückgebunden, trug die Kindfrau heute statt pink Stroh-Tütü ein Sweatshirt zur Jogginghose im Naturweißlook und ein weniger feindseliges Gesicht zur Schau. «Hier, wie versprochen.» Sie streckte Tara ein metallisch glänzendes Stoffbündel entgegen. «Hey, ihr beide wart doch am Green Fashion Summit in Davos? Dich habe ich bei der

Show gesehen und dich...» Erfreut schaute sie an James hoch, «... auf einer Demo!»

«So sieht man sich wieder.» Tara lächelte dem jungen Möchtegernmodel zu und bat Gar Beau, ihr die gepolsterte Tasche aufzuhalten, die Cheru ihr für den Transport des delikaten Kleids mitgegeben hatte.

«Man sieht dem smarten Kleid gar nicht an, wie viel Technologie in ihm steckt. Ich hätte es so gern meinem Professor gezeigt. Aber dann wären wir wohl aufgeflogen», sagte die bekannte Aktivistin wehmütig.

Als Tara das federleichte Kleid vorsichtig einpackte, löste sich ein Stoffstreifen und fiel auf den Mosaikboden. Sie hob ihn hoch. «James, schau mal.» Sie hielt das Stoffteil hoch. «Sieht aus wie der Schal, den Theobald...» hinter der Bühne gefunden hat, wollte sie den Satz beenden. Aber James Blick ließ sie die Quintessenz nur denken.

«Ist etwas nicht in Ordnung damit?», fragte Gar Beau mit einem panischen Flackern in den Augen. «Wir haben nichts gemacht.»

«Nein alles bestens.» Tara überreichte ihr den Umschlag mit den Aktien und das Mäppchen mit dem Vertrag. «Dann müsst ihr eben selbst für die Unterschriften auf dem Vertrag sowie das Indossament der Namenaktien sorgen.»

«Alles klar.» Gar Beau legte die Hand auf den Türknauf.

«Nicht so eilig», wehrte James ab. «Wir warten hier, bis Herr Fuchs aufgewacht ist.»

«Wenn wir in Rumänien nichts Verdächtiges finden, sehen Sie ihn ja bald wieder.» Sie presste die Lippen zusammen. «Spätestens an der Aktionärsversammlung.»

«Ich muss Herrn Fuchs wirklich dringend sprechen», beharrte James. «Das kann nicht warten.»

Vor dem Haus war Motorengeräusch zu hören. Eine Autotür schlug zu.

«Zu spät.» Gar Beau spähte durch das kleine Fenster in der Tür. «Neffe im Anmarsch, und der weiß nichts von unserem modeköniglichen Gast.»

Sekunden später trat ein drahtiger Mann, die Pudelmütze bis auf die beschlagene Brille gezogen, federnd durch die Tür. Er war einen Kopf größer als Tara. Sie schätzte ihn auf Mitte Dreißig.

«Bin ich zu spät dran?» Als er die Brille abnahm, blitzten die fröhlich lachenden Augen mit den Sommersprossen im sonnengebräunten Gesicht um die Wette. «Für euch habe ich noch etwas.» Er winkte den Studentinnen mit der Plastiktüte zu, die an seinem Handgelenk baumelte.

Tara erklärte, dass sie wohl am falschen Ort geklingelt hätten.

«Gut so.» Er zog die Mütze ab und fuhr sich durch den dunkelblonden Lockenschopf. «Bei meinem Onkel hätten Sie nämlich lange warten können.» Mit gewinnendem Lächeln streckte er Tara die Hand entgegen. «Matthis von Vilan. Willkommen in der Villa Lucrezia.»

Noch bevor Tara ihren Namen nennen konnte, fiel James ihr ins Wort und stellte sie beide als Herr und Frau Kuhl vor.

Matthis von Vilan zog eine dunkelbraune Schachtel mit goldener Schleife aus der Tüte und überreichte sie den Modeaktivistinnen. «Hier ein kleines Dankeschön, dass ihr euch so gut um meinen Onkel kümmert.»

Die beiden Aktivistinnen murmelten einen Dank und zogen ab.

Während der Hausbesichtigung schielte Tara auf die alten Fotos, die in Schlafzimmern und Salons herumstanden. Waren vielleicht auch ihre Urahnen darunter? Das Haus war ein

Sammelsurium an Nippes und Kunst, von bemalten Tellern und geknüpften Teppichen über Familienwappen, Souvenirs aus aller Welt. Viele Möbel waren im Kolonial-, einige im Jugendstil. An manchen Stellen blätterte die Tapete ab. Auch den Böden, der Küche und den sanitären Anlagen sah man das Alter an. Tara dachte an Cherus kalte Dusche. Alles wirkte sauber, wenn auch etwas staubig. Einige Türen waren verschlossen, und der zweite Stock sowie das Dachgeschoss schienen tabu.

«Und wo arbeitet Ihr Onkel?» Tara deutete auf ein Portrait zwischen zwei Blumenaquarellen, als Matthis von Vilan wieder auf die Eingangshalle zusteuerte. «Er wohnt doch auch hier?»

«Ich störe ihn nicht gern.» Matthis von Vilan schaute sie prüfend an. «Wenn Sie wirklich interessiert sind, können wir gerne bei einem zweiten Treffen etwas arrangieren.» Er seufzte. «Viele Leute kommen nur aus Neugier.»

Oder um ein Entführungsopfer zu suchen, dachte Tara. «Man sagt, Ihr Onkel habe sich auf Portraits spezialisiert. Ich würde ihm gern Modell sitzen.» Sie wollte endlich diesen Amadeo kennen lernen!

«Oh, da werden Sie auf echten Bündner Granit beißen.» Matthis von Vilan hob abwehrend die Hände. «Mein Onkel malt nur noch, was ihm Spaß macht. Auftragsarbeiten nimmt er schon lange keine mehr an.»

«Schade.» Taras Seufzer war ehrlich enttäuscht.

Von Vilan musterte sie wieder mit diesem prüfenden Blick. «Ach was solls, ich habe noch etwas Zeit. Versuchen wir es doch einfach.»

«Wir wollen wirklich nicht stören», wandte James ein und warf Tara einen besorgten Blick zu.

«Schon gut, kommen Sie nur. Er freut sich über Besucher, die sich für sein Werk interessieren. Früher malte er in seinem Atelier im Dachgeschoss, das zurzeit von Studenten bewohnt wird. Jetzt hat er den schönsten Salon zu einem Atelier umfunktioniert. Den bekommen nur seriöse Kaufinteressenten zu Gesicht.» Er verzog angewidert das Gesicht. «Meinen Onkel will ich nicht diesen Neugierlingen aussetzen.»

Und so landeten sie im Herz der Villa Lucrezia, einem zum Kunstatelier umfunktionierten hohen Raum mit goldverzierter Stuckdecke, verblichener roter Tapete, schweren Brokatvorhängen, und überquellenden Bücherregalen. Durch die halb geöffneten Vorhänge drang ein Sonnstrahl und tauchte den Raum in ein unwirkliches Licht. Tara wusste sofort, dass sie schon einmal in diesem Raum war. Derselbe Geruch von staubigen Vorhängen und einer über hundertjährigen Bibliothek. Damals überdeckte der Duft von Schokoladenkuchen den leicht moderigen Geruch. Damals quoll der Tisch nicht mit Malutensilien über, sondern mit Gebäck und Pralinen.

«Guten Tag!» Matthis räusperte sich und wiederholte etwas lauter: «Guten Tag, Onkel Amadeo. Du hast Besuch.» Er legte dem älteren Herrn liebevoll eine Hand auf die schmalen Schultern. «Ein Ehepaar, das sich für deine Portraits interessiert.»

Der Künstler blickte mit einer Mischung aus Freude und Staunen von seiner Staffelei auf, direkt in Taras Richtung. «Rätia?» Haltung und Statur ließen eben so wenig auf sein Alter schließen wie das ausdrucksstarke, von Falten zerfurchte aber noch immer schöne Gesicht. «Wo warst du so lange?» Langsam ließ er seinen Pinsel sinken.

Tara warf Matthis einen fragenden Blick zu und wandte sich dann an den Künstler. «Herr von Vilan, ich bin Tara Bern... ähm Kuhl und ich freue mich sehr, Sie kennenzulernen.»

Der kleine drahtige Mann wieselte auf Tara zu. «Meine verehrte Rätia. Ich habe dich so vermisst.» Er schaute zu Tara hoch, Enttäuschung in den tiefliegenden, dunklen Augen. Dann wandte er seinen Blick zu James. «Und das ist dein neuer Mann? Das ging aber schnell.»

«Nein, er ist nicht… Ich bin nicht…» Tara wusste nicht, was sie sagen sollte.

«Hm ja, schon gut, Sie sind nicht Rätia. Aber Sie sehen ihr sehr ähnlich. Kommen Sie.» Mit einem melancholischen Ausdruck wandte er sich ab und tippelte zurück zu seiner Staffelei. «Schauen Sie sich um. Möchten Sie einen Tee?» Er schlug ein Notizbuch auf und schon glitt sein Bleistift übers Papier. Als ob er seine Frage vergessen hätte.

«Wir müssen leider bald weiter, vielen Dank. Gerne ein anderes Mal, wenn ich…» Wenn sie einen Weg fand, um alleine mit dem Künstler zu sprechen, mehr über ihren Vater und diese geheimnisvolle Rätia zu erfahren.

James nickte ihr zu und verzog sich ans Fenster zum Park.

«Mit wem verwechselt mich Ihr Onkel?», fragte Tara leise den Neffen.

«Mit der Mutter seines besten Freundes. Rätia war eine vielseitig begabte Künstlerin.» So wie Matthis von Vilan das betonte, klang es nicht nach einem Kompliment. «Sie hatte meinen Onkel schon als kleinen Jungen gefördert, sich für seine Ausbildung an der Kunstakademie eingesetzt und ihm später viele Kunden gebracht. Böse Zungen behaupten, sie habe Amadeo nicht nur Malunterricht erteilt. Als sie nach dem Tod meiner Großeltern auch noch zu ihm zog, in diesem Haus mit ihren Kunst- und Künstlerfreunden Hof hielt…» Er trat an eine Kommode voller Fotos in verschnörkelten Bilderrahmen. «Da wollte Onkel Amadeo plötzlich nichts mehr von uns wissen.» Er zeigte auf eine der Fotografien. «Das ist sie mit ihren Kindern und Amadeo, als unsere Familien noch befreundet waren.»

«Eine blonde Audrey Hepburn.» Ungläubig starrte Tara auf die vergilbte Fotografie, beinahe identisch mit dem Bild aus Tante Jos Album. Nur stand an der Stelle von Amadeos Vater nun die Frau, die Tara aus ihren Erinnerungen wieder erkannte. Die liebevolle Künstlerin, zu der ihr Papa sie jeweils brachte, wenn er in der Schokoladenfabrik zu tun hatte. «Waren die beiden ein Paar? Ihr Onkel und diese Frau? Oder war sie eher ein Mutterersatz?»

«Vermutlich beides. Mein Onkel hat sie verehrt, war ihr richtig hörig. Sie hat unsere Familie entzweit, diese Rätia Bernhard!»

«Bernhard?» Tara fuhr herum. «Der Name kommt mir bekannt vor.» Sie versuchte, sich nichts anmerken zu lassen.

«In Chur gibt es viele Bernhards. Fast wie Meier und Müller. Wohl deshalb hat sie ihren Kindern exotische Namen gegeben.» Er schüttelte verächtlich den Kopf. «Orion und Josephine.»

Rätia war ihre Großmutter! Tara schluckte, wandte sich wieder dem Foto zu. Kein Wunder, wollte Tante Jo nicht über ihre Mutter sprechen, wenn die nicht einmal gemerkt hatte, dass ihre Tochter in den Jüngling verliebt war, mit dem sie sich vergnügte.

«Als Rätia jünger war, trug sie die Haare kürzer und dunkel, so wie Sie.» Er betrachtete Tara nachdenklich. «Klar glaubte Amadeo, in Ihnen die junge Rätia zu erkennen. Sie sehen ihr wirklich ähnlich. Dieselben Augen, die Rätia mit ihrer mädchenhaften Ausstrahlung auch noch im hohen Alter jugendlich wirken ließen.»

James trat mit einem leisen Hüsteln zu ihnen.

«Wie unhöflich von mir!» Erschrocken hielt Matthis von Vilan inne. «Sie müssen entschuldigen, dass ich Sie mit dieser Geschichte belästigt habe!»

«Überhaupt nicht», wehrte Tara ab und warf James einen verärgerten Blick zu. «Ich liebe spannende Familiengeschichten.» Besonders, wenn es die eigene war, die ihr so unverhofft präsentiert wurde. Matthis von Vilan hatte ihr Familiengeheimnis schneller gelüftet, als ihr lieb war.

«Nicht spannend, eher... Ach, lassen wir die Vergangenheit ruhen.» Matthis winkte ab. «Hauptsache, ich habe einen Draht zu meinem Onkel gefunden.» Er wandte sich an James. «Kann ich Ihnen etwas anbieten?»

«Danke nein, wir wollen Ihren Onkel nun wirklich nicht länger stören», drängte James zum Aufbruch.

«Dann darf ich Ihnen wenigstens eine Erinnerung an die Schokoladenvilla mitgeben.» Er zog eine weitere Schachtel aus seiner Plastiktüte und überreichte sie Tara. «An jemanden wie Sie beide würden wir gern verkaufen. Da wäre wohl sogar mein Onkel einverstanden. Sie gehören irgendwie in dieses Haus.» Er schenkte ihr einen Blick, in dem Staunen, Neugierde und Erleichterung lagen. «Bitte, kommen Sie noch einmal vorbei, dann zeige ich Ihnen auch die Räumlichkeiten der Studenten. Rufen Sie mich an, es wäre mir eine Freude.»

«Sehr gern!» Tara konnte ihr Glück kaum fassen, als sie die Pralinenschachtel in ihre Tasche schob.

«Wir würden gern im Park etwas frische Luft tanken, bevor wir zurückfahren.» James trat ans Fenster und zeigte auf die verschneite Anlage, mit einer Wiese voll Skulpturen, die zwischen einem Wäldchen und einem Obstgarten hervorlugten. «Sind das Plastiken Ihres Onkels?» Manche Figuren waren kaum von den Bäumen zu unterscheiden, deren Äste sich im Wind bewegten. Einige sahen aus wie einem Comic entsprungen und wieder andere wie Aliens, surrealistische Höhlenbewohner oder... Waldgeister, die Klimmzüge machten?

«Ja, das ist sein Skulpturenpark, mit dem er berühmt geworden ist.» Matthis lächelte wehmütig. «Heute sind die Figuren zweckentfremdet, der Park zu einem Vita Parcours umgestaltet worden. Schauen Sie sich ruhig um!» Mit einem kurzen Blick auf Taras Stiefeletten fügte er hinzu: «Und folgen Sie dem Kiesweg, der sollte weitgehend schneefrei sein.»

Als Tara sich von Amadeo verabschiedete, riss er eine Seite aus seinem Notizbuch. «Für Sie.» In der kurzen Zeit hatte er ein Frauengesicht skizziert. Mit Lachfalten um die grossen Augen und hervorstehenden Wangenknochen, das kastanienbraune Haar zum Pferdeschwanz gebunden, glich es einer älteren Tara Bernhard.

«Jetzt weißt du wenigstens, wie du in zwanzig Jahren aussiehst.» James grinste.

«Mit so vielen Runzeln?» Tara zog eine Grimasse und griff in den vom Föhnsturm sulzigen Schnee. «Und verheiratet.» Sie warf ihm den feuchten Klumpen an. «Was sollte eigentlich diese Scharade als Ehepaar Kuhl?»

«Gefällt dir mein Name nicht?» Er wich dem Schneeball aus. «Oder die Vorstellung, mit mir verheiratet zu sein?»

«Nein.»

«Ich wusste es.»

«Wieso?» Tara lachte. «Wieso hätte ich mich nicht vorstellen sollen? Meine Großmutter hat in dem Haus gelebt.»

«Klar, Herr von Vilan Junior hätte sich bestimmt gefreut, mit der Enkelin der verhassten Frau zu plaudern, die seine Familie auseinanderbrachte.» Er stapfte neben ihr her durch die schneebedeckte Wiese, während sie auf dem Kiesweg ihre Stiefeletten zu schonen versuchte. «Ich glaube, du kannst froh sein, dass du inkognito warst.»

«Ja, du hast leider wieder einmal recht. Retrospektiv. Was also war dein Grund?»

«Ich bin Geheimagent, inkognito auftreten gehört zu meinem Beruf.»

«Du sagtest vorhin, dass du KGF gesehen hast?» Tara wich einem Baumzweig aus, der sich als Arm einer rostigen Eisenskulptur in Form eines knorrigen blätterlosen Baums entpuppte. «Mir ist nur ein weißhaariger Hippie an einer Klimmstange aufgefallen.» Es roch nach Schnee, Tannenzweigen und Ölheizung. Und wenn man nahe genug heranging, auch nach dem Metall, das der Künstler in bizarre Waldgeister verwandelt hatte.

«Genau den meinte ich.»

«KGF auf dem Vita Parcours?» Tara blieb stehen und schob den heruntergerutschten Riemen ihrer Tragetasche mit der kostbaren Fracht wieder über die Schulter. «Das kann ich mir nun wirklich nicht vorstellen.»

«Bring die Tasche doch rasch ins Auto!», schlug James vor.

«Nach dem Rundgang. Sie ist nicht schwer.»

«Ich glaube hier war er.» James blieb vor zwei mannshohen, drachenähnlichen Aliens aus Eisen stehen, denen jemand eine banale Eisenstrange auf die spitzen Zähne gelegt hatte.

«Na endlich!» tönte eine nur allzu bekannte Stimme hinter ihnen. «Ich dachte schon, Sie hätten mich aufgegeben.» Ein hochgewachsener, breitschultriger Mann mit schlanker Taille und einer grünen Wollmütze auf dem silbergrauen Haupt trat hinter einem Baum hervor. «Hat Cheru nicht gesagt, wo ich bin?» Eingerahmt von Tränensäcken und einem Kranz dichter schwarzer Wimpern unter schwarzsilbernen Augenbrauen, richteten sich seine Augen wie zwei dunkle Scheinwerfer auf Tara.

«Herr Fuchs! Was ist denn mit Ihnen geschehen?» Entgeistert starrte Tara ihren Klienten an.

«Vegane Ernährung, kein Alkohol, täglich eine Stunde Vita Parcours im Park und dann noch diese bescheuerten Verrenkungen.» Er schüttelte seine Hände und steckte sie dann in die Tasche seiner Jogginghose. «Beim Poweryoga habe ich meine Handgelenke geschlissen.»

«Steht Ihnen gut, der neue Look», versuchte Tara sich nichts anmerken zu lassen. «Die Story von der Wellnesskur wird man Ihnen jedenfalls abnehmen.»

«Herr Fuchs, wir wollten Sie nicht mit einer Hauruck-Aktion gefährden.» Nur James zuckende Nasenflügel verrieten seine Irritation. «Jetzt sind wir hier. Kommen Sie mit. Unser Wagen steht da unten. Reden können wir unterwegs.»

«So einfach geht das nicht.» Der Modekönig wies auf seinen Fuß, an dem ein kleines Metallband befestigt war. «Elektronische Überwachung.» Dann zeigte er auf ein Miniatur-Bauernhaus. «Da hinten steht ein leerer Hühnerstall. Da können wir uns ungestört unterhalten.»

31. Eine unheimliche Begegnung

Tara flanierte durch den skurrilen Skulpturengarten. Ein Windstoß fegte durch die Bäume, Zweige knackten, die Wolkendecke riss auf, und ein Sonnenstrahl tauchte den Park in goldenes Licht. Sie hörte ein metallenes Geräusch, blieb stehen und schaute sich um. Vermutlich war KGFs Turnstange heruntergefallen. Solange er diese nicht James auf den Kopf schlug? Nein, wütend hatte KGF nicht gewirkt, als sie die beiden alleingelassen hatte. Eher geknickt. Als James die Stroganova AS erwähnte und wissen wollte, wieso KGF vom Geld für die Smarty Produktion einen größeren Betrag an diese Gesellschaft überwiesen hatte, bat KGF Tara ungewohnt kleinlaut, sie allein zu lassen. «Zu ihrem eigenen Schutz, Frau Bernhard. Ich möchte Sie da nicht hineinziehen», hatte er gesagt.

Tara ging weiter und fragte sich, wieso sie heute alle schützen wollten. Mit dem Vorenthalten von Informationen. Eigentlich eine gute Taktik. Die sie bei der nächsten Gelegenheit gegenüber ihrer Chefin ausprobieren würde. Oder bei James.

Plötzlich verdunkelte sich der Weg vor ihr.

«Frau Bernhard, kommen Sie mit!» In Zivil hätte sie den hünenhaften Polizisten, der sie in Davos verhaften wollte, beinahe nicht erkannt. «Sie sind in Gefahr. Jemand hat es auf das Hightech-Kleid abgesehen!» Er packte sie unsanft am Arm.

«Hey, was fällt Ihnen ein?» Tara schüttelte ihn ab und drückte instinktiv die Tasche mit dem kostbaren Inhalt an sich. «Was haben Sie hier zu suchen?»

«Herr Fuchs Junior hat mich zum Schutz seines Vaters hergeschickt.» Der Hüne schaute nervös zum Hauseingang. «Er traut diesen Aktivisten nicht.»

«Und jetzt wollen Sie mich auch noch beschützen?» Tara musste plötzlich lachen. «Danke, aber das kann ich selbst. Und mein Kollege kommt auch gleich», schob sie zur Sicherheit nach.

«Kommen Sie schnell da hinein.» Er zeigte auf eine Holztür, die zur Hälfte von Efeu überwuchert war. «Bevor diese jungen Fanatiker uns sehen.»

«Nein!» Tara blickte zum Hühnerstall. Was hatten die so lange zu besprechen? «Ich warte im Wagen auf meinen Kollegen.» Sie drehte sich um und marschierte zu ihrem Mini.

«Schluss jetzt, Sie kommen mit!» Der Hüne hatte sie eingeholt, umfasste sie mit einem Arm und hielt ihr ein Smartphone vors Gesicht. «Dann geschieht ihrem Pelztiger nichts.» Geblendet von der Sonne hörte Tara nur ein klägliches Miauen. «Schweinehunde!», entfuhr es ihr. «Was haben Sie mit ihm vor?»

«Ein wenig Geduld, bitte schön. Dann erfahren Sie gleich mehr.» Er ließ Tara los und stapfte zur Holztür, die er mit einer linkischen Verbeugung aufhielt. «Darf ich bitten, Madame?»

Wie in Trance gehorchte Tara. Sie fühlte keine Panik, nur eine unsägliche Wut. Blut pochte gegen ihre Schläfen. Am liebsten hätte sie diesem Mann die Augen ausgekratzt, aber das würde Monster auch nicht helfen.

«Los, los!» Er wies mit dem Kopf zu einer steilen Treppe, die in den Keller führen musste. «Nach Ihnen, bitte schön.»

Ein feucht-moderiger Geruch schlug Tara entgegen, als sie in einem dunklen Gewölbe angelangt war, dessen Konturen sie nur erahnen konnte. «Ich sehe nichts.»

«Alles geradeaus!», befahl ihr Peiniger. «Ganz zuhinterst gibt es einen Weinkeller. Sie erkennen ihn am Kiesboden unter ihren Füßen.» Er stieß gegen etwas und fluchte leise.

«Die sind eingefroren», stellte Tara fest. «Da spüre ich gar nichts mehr.» Die Angst um Monster überdeckte jeden physischen Schmerz. «Gibt's hier kein Licht?» Sie tastete die Wand nach einem Schalter ab, fand einen und drehte daran. Ein fahler Schein gab den Blick auf eine Waschküche aus dem frühen letzten Jahrhundert frei. Waschtrog, Schleudertrommel und ein Holzkasten mit Netzfenstern, der vor der Erfindung des Kühlschranks dem Lagern verderblicher Ware diente. Das Licht flackerte, dann gab es einen Knall und die einzige Glühbirne im Gang gab den Geist auf.

«Da rein!» Der Hüne leuchte mit der Taschenlampe seines Smartphones in den Weinkeller.

Auf einem Holzgestell lagerten verstaubte Weinflaschen, daneben Kisten mit Leergut. Neben einem rostigen Gartentisch standen zwei alte Plastikstühle mit Kultpotential. An einer vorsintflutlich anmutenden Drahtkonstruktion hingen ein paar Glühbirnen.

«Wo ist Monster?»

«Sie können schreien, so laut Sie wollen, hier hört sie keiner.» Er legte das Smartphone auf den Tisch.

Tara blickte mit zugeschnürtem Magen auf das Display. Monster kauerte jämmerlich maunzend in einem Käfig, der sich in einem Keller oder einer Garage befand. Im Hintergrund war ein Waschbecken zu erkennen, an dessen Hahn ein Schlauch hing. Neben dem Käfig stand ein Kübel voll Wasser.

«Wer sind diese Leute?», brüllte sie, während sie ihre Handtasche auf einen der wackeligen Stühle warf. «Was wollen Sie?» Die Tasche mit Smarty presste sie an sich.

«Das Hightech-Kleid!» Er streckte seine Hand aus. «Und wissen, was der Geheimagent so Wichtiges mit dem Modekönig zu bereden hat.»

«Niemals!» Tara überlegte, ob sie zur Tür hechten und davonrennen konnte. Aber dann war Monster diesen menschlichen Monstern ausgeliefert. Wer war zu so etwas fähig? Nicht einmal ihrem größten Feind traute sie so etwas zu. In einem irrwitzigen Gedankensprung überlegte sie sich, wer eigentlich ihr größter Feind war. Sie hatte keine Feinde. Jedenfalls keine, die ein unschuldiges Wesen peinigen würden. Nicht einmal Valerie. Die war von Ehrgeiz zerfressen, aber nicht gewalttätig.

Der Hüne folgte ihrem Blick. «Sie können jederzeit weglaufen. Aber ich weiß nicht, was Ihre Katze dazu meint.» Er neigte sich über sein Smartphone. «Hey, könnt ihr mich hören? Ich glaube, wir sind bereit für etwas mehr Action.» Wasser trommelte in einen Behälter. Es platschte. Ein markerschütterndes Miauen, gefolgt von einem Gekreische, das in das leise Wimmern eines Kindes überging, zwangen Taras Blick wieder auf den Bildschirm. Der Kater presste sich zitternd in eine Ecke des Käfigs. Der Pelz klebte an seinem Körper. Zwei teigige Männerhände hoben den Wasserkessel an und leerten ihn über dem Käfig aus.

«Halt, stopp! Ich gebe Ihnen, was Sie wollen, aber lassen Sie sofort meine Katze in Ruhe!», hörte Tara sich schreien. Sie warf die Tasche auf den Tisch und wollte nach dem Handy greifen. Doch der Hüne packte ihr Handgelenk mit der einen und die Tasche mit der anderen Hand.

«Na, das ging ja fix, liebste Tara», zischte eine bekannte Stimme. «Mit der Anzeige habt ihr meinem Klienten einigen Ärger bereitet. Und den wird dein Klient auch kriegen, wenn er uns den Schlüssel zu Smartys Herzstück nicht herausrückt.»

«Valerie?» Tara schlug sich ungläubig die freie Hand auf den Mund. «Du? Wie kannst du nur?»

«Was? Deinen Scheißkater zur Vernunft bringen?» Auf Valeries Gesicht zeichnete sich eine blutige Schramme ab. «Das wüsste ich auch gern. Aber noch lieber möchte ich wissen, wie wir an die Scheiß-Technologie herankommen!

«Du arbeitest für Boris Garcholigoff?» Stand der Russe also doch hinter der Entführung? Und AFF? Hatte er im Auftrag des Russen dem Hünen den Sandwichbeutel mit Geld zugesteckt? Hatte der korrupte Polizist die Entführung überhaupt erst ermöglicht?

«Für den Meistbietenden.» Valerie grinste böse. «Mein Spezialgebiet Wirtschaftsdelikte ist weitaus lukrativer als dein neues Tummelfeld. *Fashion Compliance,* wen interessiert das schon?» Sie lachte höhnisch. «Boris hat die lukrativeren Pläne als KGF. Eine seiner Firmen hat gerade ein Patent eingereicht für ein Material, das Fitness- und Gesundheitsdaten speichert. So kann er mit seinen billigen Sportshirts wertvolle Daten sammeln und interessierten Kreisen in der Pharmaindustrie oder an Krankenkassen verkaufen.»

«Das ist nicht legal!» Tara versuchte, Valerie von Monster abzulenken.

«Der Kunde willigt mit dem Kauf des Shirts in die Weitergabe der gesammelten Daten ein. Selber schuld, wenn er die Etiketten nicht liest. Mit den Cookies, die wir beim Surfen durchs Internet akzeptieren, sind wir längst zum gläsernen Konsumenten geworden.»

«Konsumverhalten ist nicht dasselbe wie Gesundheitsdaten.»

«Ist doch nur eine Frage der Zeit. Und der Einstellung. Mit der Technik von Wearables [32] werden Hightech-Kleider jedenfalls ein integrierter Bestandteil unseres Lebens wie heute das Smartphone.» Valerie legte eine Hand auf den Käfig. «Wenn du deiner Katze eine weitere Dusche ersparen willst,

[32] Computertechnologie, die man am Körper trägt.

354

dann rufst du KGF jetzt an und bringst ihn zum Singen. Wir brauchen den Zugang zu seinem Computer mit einem Hinweis, wie wir diese Informationen finden.»

«Und wieso sollte er das preisgeben?» Tara versuchte vergeblich, sich aus dem eisernen Griff des Hünen zu befreien.

«Dein Klient sitzt auf einem ganz hohen Miststock. Und darin wird er versinken, wenn ich dem Staatsanwalt sein Schatzkästchen verrate.»

«Was meinst du?» Tara wurde heiß trotz der feuchten Kälte, die durch die dünnen Schuhsohlen langsam an ihren Beinen hochkroch.

«Val, nein! Lass die Mieze in Ruhe und Tara laufen! Hauptsache, wir haben Smarty.» AFFs zu einer verängstigten Grimasse verzogenes Gesicht erschien im Bild. «Wenn mein Vater erfährt, dass ich über die Kirandar...» Ein Ruck ging durch seinen Körper und eine Hand legte sich auf seinen Mund.

«Du bist wirklich der dümmste Juniorchef aller Zeiten.» Valerie rollte mit den Augen. «Allmählich verstehe ich deinen Vater. Das Kleid ohne das Knowhow nützt uns nichts, du Trottel! Wir haben deinen Vater an seinen Offshore-Eiern. Wieso sollten wir uns diese Chance entgehen lassen?»

«Womit willst du KGF erpressen?», gab sich Tara unwissend.

«Ach, was solls, er kann es sich ja denken.» Valerie schüttelte genervt ihre Locken. «Du erinnerst dich, dass unsere Kanzlei auch KGFs Offshore Schatzkästchen betreute, bis Annabelle alle Private Clients abzog und ihrer neuen Rechtsabteilung einverleibte?»

«KGF ist sauber seit Annabelles Weißgeldstrategie.» Worauf wollte Valerie hinaus?

«Glaubst du das tatsächlich?» Valerie lachte hohl. «Wieso kam er dann wieder angekrochen, wollte eine Lösung für Delaware, als Annabelle ihn zur Steueramnestie drängte. Meine

Tante findet immer eine Lösung.»

«Wie kann sich das eine anerkannte Steuerexpertin erlauben?» Das war es also, was Ochsenfrosch gegen KGF in der Hand hatte.

«Offiziell gibt es natürlich weder eine Lösung noch ein Mandat und schon gar keine verräterischen Unterlagen. Bernadette will ja weder ihre Zulassung noch den Ruf unserer Kanzlei riskieren.»

«Valerie, dein Klient könnte ganz einfach mit KGF verhandeln und eine Smarty-Lizenz erwerben.» Tara versuchte einen Funken Menschlichkeit in Valeries Augen zu finden.

«Dafür entführt man doch keine Katze!»

«Das wollte Boris ja. Aber KGF hat sich geweigert. Mir hat er klar gesagt, dass er dem Fast-Fashion-König diese Technologie niemals anvertrauen würde.» Sie verzog spöttisch die Lippen. «Damals war ich noch auf KGFs Seite und musste ihm recht geben. So und jetzt ist Schluss mit dem Gelabere.» Sie streckte eine Hand in den Käfig, um das pudelnasse Tier zu packen, mit der andern hielt sie den plätschernden Wasserschlauch. «Jetzt kannst du ihm gleich selber sagen, was wir gegen ihn in der Hand haben. Los, ruf ihn an. Oder James. Sind beide eingesperrt im Hühnerstall und freuen sich bestimmt, von dir zu hören.»

Monster setzte sich auf die Hinterbeine und wedelte fauchend mit den Vorderpfoten durch die Luft. «Autsch, du elendes Vieh, warte nur!» Valerie steckte sich wie ein trotziges Kind den blutenden Finger in den Mund. «Und komm mir bloß nicht mit Interessenskonflikt! Der alte Fuchs wollte mich eh loswerden und ich habe das Mandat offiziell niedergelegt.»

«Mein Handy ist in meiner Tasche.» Tara zeigte auf den Hünen. «Und die hat er.»

«Hey Sie, sind Sie sicher, dass Smarty überhaupt in der Tasche steckt?» AFF fuchtelte mit dem Finger in die Kamera. «Schauen Sie nach!»

Der Hüne ließ Tara los, zog das Hightech-Gewebe aus der Tasche und hielt es über die Kamera. Dabei fiel der Schal zu Boden. Tara hob ihn auf und schlang ihn sich um die klammen Hände.

«Ja, das ist Smarty», sagte AFF. «Und jetzt geben Sie der Frau ihr Telefon!»

Als der Hüne den Kopf in ihrem Shopper vergrub, hörte Tara ein Geräusch. Das Licht ging wieder an und die Glühbirnen verströmten ein fahles Licht. Sie glaubte, einen Schatten an der Tür vorbeihuschen zu sehen. Vielleicht war es nur das Flackern der historisch anmutenden Lichtquelle. Der Hüne legte Taras Smartphone auf den Tisch. Der Schal in Taras Hand erwärmt sich plötzlich.

«Los, ruf ihn an!», befahl Valerie, dann wanderte ihr Blick zum Hünen. «Sie schalten jetzt den Lautsprecher aus und hören mir gut zu!»

Tara lockerte den Schal und tastete nach ihrem Smartphone, das ihr beinahe aus der schweißnassen Hand gefallen wäre. Warme Hände in diesem unterkühlten Kellergewölbe? Während sie KGFs Nummer suchte, hörte sie ein Rascheln, ein leises Knirschen. Ratten? Erschrocken suchte sie den Boden ab, versuchte das Geräusch zu verorten. Der Schal in ihrer Hand wurde noch heißer. Ihr Blick wanderte zur Tür und fiel auf ein Paar weiße Sneaker. Die neuen von Stella McCartney? Nein die vegane Version der Stan Smiths von Adidas! Aus Mycelium, einem im Labor gezüchteten Material aus Agrarabfällen und Wurzelgeflecht, das unter Pilzen wächst[33]. Sie hatte darüber

[33] Lederalternative von Start-ups wie Myco-Works und Bolt Threads.

gelesen. Die waren noch nicht auf dem Markt. Wie kamen die dann ins Kellergewölbe einer alten Villa? Jetzt bewegten sie sich auch noch! Sie blickte hoch und bemerkte eine hochgewachsene schlanke Gestalt, die ein Gerät in der Form einer kleinen Laserpistole in Taras Richtung hielt. Die Gestalt wies mit dem Kopf auf den Hünen, der mit dem Handy am Ohr und dem Rücken zu ihr stand. Der Schal in Taras Händen kühlte sich ab. Die Gestalt zielte mit dem Gerät auf den Mann, dann wieder auf Tara, genaugenommen auf ihre Hände. Auf den Schal. Der jetzt wieder warm wurde. Im schwachen Schein des Handydisplays realisierte Tara, wie das schimmernde Blau des Stoffs über ein Violett in ein dunkles Rot wechselte. Ungeduldig warf die Gestalt ihren langen Zopf über die Schultern, und Tara erkannte die Frau. Instinktiv realisierte sie, was sie zu tun hatte. Sie steckte das Handy in die Hosentasche, hielt den Schal mit beiden Händen und warf ihn dem Hünen über den Kopf. Der ließ sein Smartphone fallen, griff sich keuchend an den Hals, versuchte den Schal wegzuziehen und verstrickte sich dabei immer mehr in dem feinen Gewebe, das nun in einem hellen Orangerot leuchtete. Er torkelte, stieß gegen die Tischkante, drehte sich stöhnend einmal um sich selbst und schlug der Länge nach auf den Boden. Der immer stärker leuchtende Stoff erhellte nun das Kellergewölbe.

«Hey, was ist da los?», tönte Valeries Stimme am Boden.

«Du scheinst deinen Handlanger überfordert zu haben. Er hat sich für ein Nickerchen hingelegt.» Tara hob das Handy des Mannes auf und hielt die Kamera über den reglos auf dem Kiesboden liegenden Körper.

«Tara, mach jetzt keinen Fehler! Ich war noch nicht fertig mit dem Idioten.» Valerie streckte ihre Hand nach dem Schlauch aus. «Und mit deinem Kater auch nicht, wenn du jetzt nicht brav mitspielst.»

«Ich spiele mit! Aber nach meinen Regeln.» Die Frau hielt mit der einen Hand die Laserpistole noch immer auf den Mann am Boden gerichtet. Mit der anderen hob sie die Tasche mit Smarty vor das Handydisplay. «Ich habe das, was Sie wollen. Das Material und das Knowhow. Lassen Sie die Katze und Tara in Ruhe. Sie dürfen mit mir weiterverhandeln.» Sie sprach deutsch mit einem undefinierbaren Akzent.

«Wer… wer sind Sie?» Valerie machte ein dümmliches Gesicht. «Adalbert daher! Kennst du diese Frau?»

Adalbert Ferdinand Fuchs erschien im Hintergrund. Mit großen Augen starrte er Taras Retterin an, die über den Tisch gebeugt in die Kamera lächelte. «Nein, wer ist das?»

«Das werden Sie bald erfahren.» Ihr Lächeln verschwand. «Sofern Sie mir eine Nummer geben, wo ich Sie erreichen kann und die Katze wieder dahin zurückbringen, wo Sie sie gestohlen haben. Und zwar sofort!»

Valerie und AFF steckten die Köpfe zusammen. Sie redete stumm auf ihn ein, er schüttelte den Kopf. Dann schüttelte sie den Kopf. Den Ton hatten sie ausgeschaltet. Monster schüttelte sich auch und streckte vorsichtig den Kopf aus der halb offenen Käfigtüre.

«Monster, nein!», entfuhr es Tara. Sie zog ihr Smartphone wieder aus der Handtasche und wählte Valeries Nummer. Monster würde sich verlaufen. Sie sah, wie Valerie in die Gesäßtasche ihrer Lederhose griff.

«Was willst du?»

«Monster ist euch entwischt.» Tara presste ihr Handy ans Ohr. «Er wird sich verlaufen.»

«Mist! Wo ist das Viech??» Valerie schaltete auf stumm und sagte etwas zu AFF, der nickte und aus dem Bild verschwand.

«Tara, bin ich auf dem Lautsprecher?»

«Nein.»

«Kennst du diese Frau?»

«Nein.»

«Was hat sie mit unserem Mann gemacht?»

«Gar nichts.» Tara schaute sich nach der Frau um, die sich gerade über den menschlichen Baumstamm am Boden beugte. «Er hat sich den Smarty-Schal um den Hals gelegt und ist umgekippt.»

«Unheimlich.»

«So wie du als Katzenquälerin.»

«Und was willst du jetzt tun?»

«Tante Jo anrufen, und ihr sagen, dass Monster sich in einem Keller verirrt hat.»

«Okay, die Entführung würde dir eh niemand glauben.» Sie lachte trocken. «Gib der Frau meine Handynummer. Ich erwarte ihren Anruf.» Und weg war sie.

«Haben Sie etwas, womit wir ihn fesseln können?» Die Frau richtete sich auf. Ein Knie hatte sie auf die Brust des Mannes gedrückt. «Vielleich finden Sie da hinten eine Schnur?» Sie wies auf ein Holzgestell voll alter Kisten.

«Was ist mit ihm?» Selbst AFFs brutaler Lakai verdiente medizinische Versorgung, sollte er in Lebensgefahr sein.

«Keine Sorge, der macht bloß ein Mittagschläfchen, wie Sie das richtig bemerkt haben.» Die Frau lächelte freundlich. «Vertrauen Sie mir.»

Tara schaltete die Taschenlampe an ihrem Smartphone ein und entdeckte übereinandergestapelte Jutesäcke auf einem Regalbrett. Einen zog sie herunter. Eine Staubwolke stieg ihr ins Gesicht. Sie hustete. Mit zusammengekniffenen Augen zog sie an einer Schnur, bis die sich löste. Unter einer weiteren Wolke wiederholte sie mit abgewandtem Gesicht das Prozedere und reichte der Frau die zwei Schnüre. «Wieso sollte ich Ihnen vertrauen?»

«Ich habe Sie gerettet.» Die Frau band geschickt Hände und Füße des korrupten Beamten zusammen. «Und Ihre Katze!» Vorsichtig zog sie den silberblau schimmernden Schal unter dem Hünen hervor. «Und nun bringen Sie den samt Smarty in Sicherheit» Sie schien Taras Zögern zu bemerken, als sie ihr den Schal reichte. «Ohne Fernsteuerung ist der Schal harmlos.»

«Das da ist eine Fernsteuerung?» Skeptisch betrachtete Tara das Gerät, das die Frau auf den Tisch gelegt hatte. «Danke für Ihre Hilfe.» Sie verstaute den Schal in ihrer Tasche.

«Gern geschehen. Ich verabscheue Menschen, die Tiere quälen.»

«Das haben Sie im Käseladen in Davos auch gesagt», erinnerte sich Tara bei dem Stichwort. «Wir haben uns dort über Ihren veganen Pelzmantel unterhalten und über Smarty, das die Welt nachhaltig verändern könnte.»

«Stimmt, und Sie haben sich eingesetzt, als sich der unhöfliche Kerl vordrängelte.» Die Frau strahlte vergnügt. «Hätte ich da schon gewusst, dass das der Sohn des Modekönigs ist...»

«Sie sagten doch, dass Sie den Modekönig von früher kennen. Und jetzt sind Sie hier bei den Aktivisten? Mit einer Fernbedienung für Smartys Schal?»

Plötzlich ging das Licht wieder aus.

«Ziemlich wackelige Angelegenheit.» Die Frau schaute an die Decke und musterte die vorsintflutlichen Drähte. «Kein Wunder, dass es hier immer mal wieder einen Kurzschluss gibt.»

«Und Sie waren auch mit James Kuhl an der Cocktailparty von Garcholigoff. Tara konnte ihre Augen nicht von der Frau lassen. Sie war höchstens Ende Vierzig. Der dicke schwarze Zopf wies ein paar silberne Strähnchen auf, feine Fältchen kringelten sich um die leicht schrägstehenden Kleopatra-Augen. Die gleichen bernsteinfarbenen Augen wie Cheru. Nur ihre Augenbrauen waren feiner als Cherus buschige, kaum zurechtgestutzte Balken. «Wer sind Sie?» Die Ähnlichkeit der Gesichtszüge war frappant.

«Ich bin Textilforscherin, arbeite aber wie James auch für *die Wissenden.*» Selbst im grauen Strickpullover besaß sie die Ausstrahlung einer Prinzessin. «Wir verfolgen beide dasselbe Ziel, Garcholigoff, den Modemafiaboss.»

«Und wie kommen Sie hierher?»

«Wir wussten, dass Garcholigoffs Leute auch Aktivistengruppen unterwandern und haben uns undercover unter die Grünen Löwen gemischt. So habe ich von der Entführung erfahren und, als ich Cheru Wüstenhagen mit Smarty hier entdeckte, wusste ich, dass Garcholigoff früher oder später auftauchen würde. Den Smarty-Köder hat er jedenfalls geschluckt.» Sie lachte zufrieden. «Jetzt brauche ich nur noch die Nummer seiner Anwältin.» Sie hielt ihr Handy in die Höhe.

Tara gab ihr Valeries Nummer. «Und Smarty?»

«Es genügt, dass er glaubt, ich hätte es. Bringen Sie das Kleid Cheru, aber erzählen Sie bitte niemandem von unserer Begegnung. Auch nicht James Kuhl. Das könnte unsere Mission gefährden. Und Karl Gerold Fuchs. Inkognito kann ich Garcholigoffs Leute besser in Schach halten.» Sie wies auf den Gefesselten, der leise stöhnte. «James werde ich zu gegebener Zeit informieren», fügte sie leise hinzu.

«Woher kennen Sie Cheru?»

«Wir sind uns an einem Kongress über Textilforschung begegnet.» Dasselbe Julia-Roberts-Lächeln, dieselben faszinierenden Augen. Sie sah aus wie Cherus ältere Schwester. Nur das kurze blonde Haar der Jüngeren passte nicht ins Bild.

«Wie haben Sie mich eigentlich gefunden?», wunderte sich Tara über ihr Glück.

«Ich war auf dem Weg nach draußen, als das Licht im Treppenhaus ausging. Da wollte ich im Keller nach dem Sicherungskasten suchen und hörte die Katze schreien.»

«Und diese Fernsteuerung hatten Sie per Zufall dabei?», hakte Tara misstrauisch nach. «Wie kommen Sie überhaupt an ein Gerät, mit dem sich Smartys Schal bedienen lässt?»

«Sie sind ganz schön neugierig.» Sie lächelte. «Das ist meine neueste Erfindung, die ich hier an Smarty testen konnte. Jetzt bin ich der Star unter den technikaffinen Modeaktivisten.» Sie schob das Gerät in die Innentasche ihrer Jeans. «Und jetzt ab mit Ihnen. Ich glaube, Sie müssen zwei Männer im Hühnerstall befreien. Und ich kümmere mich um den hier.»

32. Supergau

«Schau mal, eine Skulptur unseres Schlossherrn.» James blieb vor einem Schaufenster stehen und linste durch die Scheibe der Galerie.

«Und ein grüner Löwe.» Tara wies auf einen grüngoldglänzenden Löwen, der über der Eingangstür zum Sprung bereit, die linke Pfote auf einer Kugel die frisch renovierte Kunsthandlung zu bewachen schien. GALERIE LOEWEN, stand in großen Lettern über dem Eingang. «Vielleicht haben sich unsere Aktivistenkids davon inspirieren lassen.»

«Das sind alles andere als Kids.» James schaute zum Löwen hoch. «Dass Gar Beau dabei ist, gibt der Aktion ein ganz anderes Gewicht. KGF jedenfalls scheint schwer beeindruckt von ihr zu sein. Er hat ihr angeboten, sie als Beraterin zu engagieren.»

«Gute Idee, dann wird sie sicher auch auf seine baldige Freilassung hinwirken.»

«Sie ist leider wenig beeindruckt von ihm. Aber wenn die Besichtigung in Rumänien nach Plan verläuft, kommt KGF morgen frei und kann sich selbst um die notwenigen Schritte kümmern.» James schaute Tara von der Seite an. «Juristische Hilfe wird er benötigen und zwar nicht nur in Sachen Nachhaltigkeit.»

Nach dem Lunch im historischen Restaurant Gansplatz, einem wegen seiner Cordon-Bleu-Variationen bei Einheimischen wie Touristen beliebten Lokal, schlenderten sie durch die verwinkelten Gassen der Churer Altstadt. Jetzt waren Sie wieder an dem Platz angelangt, dem das Restaurant seinen Namen verdankte.

«Noch eine Grischocokugel?» Tara holte die Pralinenschachtel des Schokoladendynastie-Sprösslings aus der Tasche.

«Unbedingt, aber dazu brauche ich jetzt einen Espresso.» Er wies auf ein mit Figuren und Ornamenten reichbemaltes Haus, vor dem gerade ein Tischchen an der Sonne frei wurde.

«Café Zschaler», entzifferte Tara die alten Lettern über dem Eingang.

«Das muss dieser Durchgang sein», sagte James, nachdem sie sich gesetzt und bestellt hatten. «Hier hat dein Peiniger offenbar seine gerechte Strafe erhalten.»

Tara folgte seinem Blick zu einem Torbogen, der an das schmale Haus grenzte. «Diesmal wird dem Idioten hoffentlich mehr blühen als eine Tracht Prügel und die Schmach, nackt durch die nächtliche Altstadt laufen zu müssen.» Nach der Schilderung ihrer unheimlichen Begegnung, gemäß welcher sie den korrupten Polizisten dank eines Kurzschlusses überrumpeln und im Keller einsperren konnte, hatte James seinen Kontaktmann bei der Kantonspolizei Graubünden angerufen. Bis der sich unter einem Vorwand Zugang zum Keller verschaffen konnte, war der Hüne bereits verschwunden. Der Kontaktmann versprach jedoch, den fehlbaren Kollegen zu melden. Taras Beschreibung passe auf einen korrupten und rassistischen Kollegen. Vor Kurzem sei der nachts nackt auf dem Polizeiposten aufgetaucht und habe behauptet, er sei unter einen Torbogen in der Altstadt gelockt, zusammengeschlagen und seiner Kleider beraubt worden. Dass er selbst kurz zuvor unter ebendiesem Torbogen einen wehrlosen Asylanten verprügelt und grundlos verhaftet hatte, schien er vergessen zu haben. Bis anhin habe man ihm nichts nachweisen können. Doch mit Taras Aussage könne man endlich gegen den verhassten Kollegen vorgehen.

«Wie hat KGF eigentlich reagiert, als du ihn mit seinem kriminellen Geschäftspartner konfrontiert hast?», wechselte Tara das Thema, bevor James sie nach weiteren Einzelheiten zu ihrer und Monsters Befreiung fragen konnte.

«Zutiefst betroffen, was ich ihm aber nicht ganz abgenommen habe.» KGF sei nach dem Fall des Bankgeheimnisses auf Garcholigoffs Hilfe angewiesen gewesen. Nur dank der Legalisierung seiner Offshore-Gelder über dessen Firmenkonstrukt habe er das Familienunternehmen retten können. Dass er sich in eine gewisse Abhängigkeit begab, sei ihm bewusst gewesen, aber nicht, dass er damit Teil eines Modemafiarings wurde. «Ich habe versprochen, ihn für seine Kooperation so weit wie möglich aus den Ermittlungen rauszuhalten.»

«Stehst du eigentlich auf ältere Frauen?», fragte Tara. Ihre rätselhafte Retterin ging ihr nicht aus dem Kopf. Vielleicht war sie mehr als nur eine Agentenkollegin.

«Natürlich», gab James unverhohlen zu. «Meine älteren Freundinnen sind schöner, klüger, reifer als viele jungen Frauen, mit denen ich bisher zusammen war. Sie sind vom Leben geprägt, können genießen, lieben ihren Körper, wollen keine Kinder und schon gar nicht heiraten. Sie haben weder Akne noch Probleme mit ihrer Figur.» Er schüttelte den Kopf. «Nicht wie diese unreifen Dinger, deren Gedanken sich nur um eines drehen: Wann krieg ich endlich den Klunker samt Heiratsantrag? Wie viele Salatblätter habe ich heute gegessen? Hat der Typ letzte Nacht meine Cellulitis gesehen?»

Tara schluckte und zögerte eine Sekunde zu lange. «Na, Gott sei Dank!» Sie warf ihre Haare nach hinten und hoffte, sie wirke dabei so verführerisch wie Valerie. «Dann bin ich ja keine Gefahr für dich.»

«Du?» Entgeistert schaute er sie an, als hätte sie ihm Insekten zum Aperitif serviert. «Keine Sorge, Tara. Das bist du nun wirklich nicht!»

«Und wieso nicht?»

«Ich stehe auf verführerische Weibchen, erotische Vollblutweiber und verwöhnte Prinzessinnen. Aber sicher nicht auf unkomplizierte Kumpel wie dich. Mit dir kann man Pferdestehlen und entführte Modekönige befreien.»

«Wieso flirtest du dann mit mir?»

«Ich flirte oft und gerne, solange keine Gefahr be...» Er brach ab mit einem schrägen Blick auf ihre Handtasche. «Versteckst du eine Ente da drin?»

«Das ist...» Tara tauchte ihren Kopf ins schwarz-rote Innenleben ihres cognacfarbenen *Wendeshoppers* und fischte das schnatternde Handy heraus. «Das war Nadine.» Sie tippte aufs Display, wählte die angezeigte Nummer und wartete einige Sekunden. «Sie nimmt nicht mehr ab. Wenn es was Wichtiges ist, wird sie mir den Beantworter zumüllen.» Prompt kündigte ein zweimaliges Fiepen den Eingang einer SMS an. «Tara, SOS! Liest du keine News? Was soll ich tun?», las sie die Nachricht vor.

«Shit!» James starrte entsetzt auf sein Display. «Schau dir den Newsfeed an!»

Tara öffnete den Internetbrowser und sah die Schlagzeilen der letzten zwei Stunden:

Supergau für Vorzeigeunternehmen Finny-Mode!
Textilarbeiterinnen in Rumänien erhalten Hungerlohn für die neue, als nachhaltig propagierte «Green Teen Line» von FINNY Mode: Lohndumping vom Schäbigsten!

33. Späte Rache

Nadine's Fashion & Society Blog
Rumänien, Mittwoch 11. Februar 2015

Liebe Fashionistas
Green Teen Pullis und Etuikleider von Finny-Mode in einem ru-
mänischen Sweatshop? Ausgerechnet während ich euch LIVE aus
unserer rumänischen Vorzeigefabrik berichte. Schaut sie euch an,
die Bilder unserer Textilfachleute, wie sie jedes einzelne Teil von
Hand herstellen. Sie sind zufrieden und sie sind gut, denn sie wer-
den ständig weitergebildet und gut bezahlt. Oder die Interviews
mit unseren Näherinnen, deren Kinder die von uns aufgebaute
Schule besuchen. Menschen, die stolz sind, Teil von Finny-Mode
zu sein. Habt bitte diese Bilder vor Augen, wenn ihr die fiesen
Fake News lest!

Denn nichts anderes ist die Behauptung, die Green Teen Line und
sogar hochwertige Modelle von Finny-Mode würden an die bil-
ligsten Unterlieferanten vergeben, die Hungerlöhne bezahlen und
Baumwolle voller Pestizide verwenden.
Das sind alles FALSCHE BEHAUPTUNGEN!!

Wir haben keine Ahnung, wie Kleider mit unseren Etiketten in
einen Sweatshop kommen. Es muss sich um Diebstahl handeln!
Wir werden jedenfalls rechtliche Schritte gegen die Diebe und Fäl-
scher sowie die Verbreiter der Fake News unternehmen!

Also seid beruhigt, liebe Freunde – Finny-Mode ist nach wie vor
auf Kurs: Nachhaltig, zeitlos, fair, grün, sportlich und luxuriös!

Hug & Kiss
Eure Nadine
Follow me – stay truly informed!

Es war Mittwoch, 11. Februar, kurz nach neun Uhr morgens, ein Tag nach Monsters Befreiung und nach dem Supergau für Finny-Mode. Die Grünen Löwen hatten gestern Nachmittag eine Generalversammlung in der Villa Lucrezia auf heute einberufen. Damit sie als Universalversammlung ohne Einhaltung von Fristen und Formalitäten abgehalten werden konnte, mussten alle Aktionäre anwesend sein. Und so saßen sie versammelt am langen Tisch im Esszimmer der Schokoladenvilla in Chur: Die neuen Aktionäre von Finny-Mode, vertreten durch drei Grüne Löwinnen, ein ziemlich verschlafen dreinblickender James, eine sauertöpfische Madam Blumenthal, eine aufgeregte Nadine und Tara, die sich bemühte, ihren Gefühlszustand zu kontrollieren. Der ehemalige Hauptaktionär, Karl Gerold Fuchs, war als Schatten seiner selbst gerade in der Küche verschwunden.

«Wer glaubt denn diesem PR-Geschwafel?» Gar Beau, heute in der grüner-Hoodie-ungefärbte-Jeans-Uniform der Modeaktivisten, wies auf den Bildschirm ihres iPads. «Dieser Blogeintrag ist Fake News! Wir haben euch auf frischer Tat ertappt mit euren möchtegern-grünen Teenie-Fetzen.» Sie lächelte grimmig, während sie über das Display strich. «Ganze Stapel eurer angeblich grünen Jugendlinie liegen in einer kleinen dreckigen Bude, in der Tag und Nacht im Akkord geschuftet wird.»

«Diese Bilder sind Quatsch, junge Frau», sagte James mit ruhiger Stimme. «Wir wurden hereingelegt.»

«Jemand hat uns eine Falle gestellt, Kleider samt Etiketten

aus unserer Fabrik gestohlen, in irgendwelche Billigproduktionen geschmuggelt und dann die Investigativ-Journalisten dorthin gelockt», doppelte Nadine nach.

Sie war mit Boris in seinem Privatjet noch gestern Nacht zurückgeflogen. Der Russe sei selbst Opfer der Zustände in der osteuropäischen Textilindustrie geworden, hatte Nadine Tara heute in aller Früh erklärt und verzückt hinzugefügt, sie seien sich auf dem Rumänienausflug nähergekommen.

«Wir haben rechtliche Schritte wegen Fälschung, Diebstahl und übler Nachrede eingeleitet», sagte Tara. Dass sich offenbar auch Nadines Verstand von den Hormonen hatte übertölpeln lassen, war kein Trost.

Nadines Blog-Eintrag war natürlich eine verlogene aber notwendige Lösung, um KGFs Befreiung nicht zu gefährden. Denn laut Nadines hysterischem Bericht gestern Abend waren ein paar Blogger per Zufall auf eines dieser Kleinstunternehmen gestoßen, die tatsächlich Romania Fashion belieferten. Leider stimmte die Berichterstattung, wie Boris auf Nadines Drängen zugeben musste. Fake war nur die Vorzeigefabrik. Innerhalb so kurzer Zeit, wie für die Produktion der Green Teen Line einberechnet wurde, konnte man gar nicht nachhaltig produzieren. Das war nur in Akkordarbeit möglich, und das verstieß gegen den Nachhaltigkeitskodex der Romania Fashion. Also musste man den Großteil der Ware anderswo produzieren lassen, wo es keine Kontrollen gab. Was auch gegen den Kodex war, aber niemanden interessierte. Der Kodex war nicht bindend für Subunternehmer, nur eine Empfehlung. Das zu ändern war Taras Job, der bis jetzt erfolgreich von AFF verhindert wurde. Und so hatten James, Nadine und Tara beschlossen, in die kommunikative Offensive zu gehen, um Zeit zu gewinnen. Zeit, in der vor Ort etwas geschehen musste. Aber was, das wusste keiner der drei. AFF wollten sie nicht einbeziehen. Dem traute auch Nadine nicht mehr, nachdem er versucht hatte, alles zu vertuschen und das Vorgehen des Russen zu schützen.

«Diebstahl? Eine Falle? So ein Quatsch!» Gar Beau legte irritiert das Tablet auf den Tisch. «Hier sieht man doch die Klamotten und eine Näherin hält das Finny-Mode Label vor die Kamera. Die haben bestätigt, die Kleider genäht zu haben.» Sie stemmte die Hände in die Hüften. «Wollt ihr etwa behaupten, die arme Frau lüge?»

«Vielleicht für Geld?» James hob die Schultern. «Bei den Hungerlöhnen ein einfaches Spiel. Glauben Sie mir, ich kenne die Zustände in der osteuropäischen Textilindustrie», behauptete James mit dreistem Lächeln. «Wir sind die große Ausnahme.»

Mit demselben Lächeln hatte er vor wenigen Stunden im romantischen Hotelzimmer Taras Bademantelgürtel geöffnet und mit seinen Händen ihren Körper erkundet. Bevor er sie auf den Hals geküsst, sie hochgehoben und aufs Arvenholz-Bett gelegt hatte. Dann hatte sie ... Nein, leider nicht das Bewusstsein verloren!

«Ich habe das Personal selbst geschult. Unsere Leute können es also nicht gewesen sein.» Tara zwang sich, ihren Blick abzuwenden, der sich an seinen Lippen festgesaugt hatte. Sie musste sich konzentrieren. Seine physische Nähe ignorieren. Aber wie, wenn Stoßwellen der Erinnerung durch ihren Körper schossen? «Für unsere Produktionsleute lege ich die Hände ins Feuer.» Oh je. Wie kam sie auf diese absurde Idee? Sah sie nur noch Hände? Nein sie fühlte sie. James Hände auf ihren Brüsten, zuerst schüchtern, zart wie Schmetterlinge, bald etwas mutiger auf ihrem Bauch, weiter wandernd, forsch, forschend ... Tara schüttelte sich, hustete. «Kann ich bitte ein Glas kaltes Wasser haben?» Eine Badewanne wäre

371

besser. Die kalte Dusche heute früh im Hotel Stern hatte rein gar nichts genützt.

James wirkte erleichtert gestern Abend. Eine seiner Missionen kam zu einem Ende. Wenn der Plan funktionierte. Sie gingen ihn zigmal durch, bis Tara bei der dritten Weinflasche zur Vernunft mahnte. Hundemüde. Er hingegen schien es nicht eilig zu haben, das gemeinsame Zimmer aufzusuchen. Ihr war mittlerweile alles egal. Zumal er immer wieder betonte, was sie für ein toller Kumpel war, mit der man Pferde stehlen und einen Modekönig befreien konnte. Umso überrumpelter war sie, als sie sich nach einer warmen Dusche ins Bett legen wollte und er sich am Gürtel ihres Bademantels zu schaffen machte ...

«Sie lügen! Unsere Leute haben es mit eigenen Augen gesehen.» Die wortführende Aktivistin drehte sich um und rief über die Schulter durch die halboffene Tür: «Hey Opa, bring Wasser mit!» Dann wandte sie sich wieder um. «Wer, bitteschön, sollte Finny-Mode schaden wollen?»

«Konkurrenz und Neid sind groß, wenn man so erfolgreich ist wie wir», warf Mama Blumenthal schnippisch ein. «Und nun kommt endlich zur Sache. Was wollt ihr von uns?» Sie fuhr mit dem Finger über die Tischplatte. «Gibt es in diesem Haus auch einen Staublappen? Und Kaffee?»

«Kommt gleich, Schwesterherz.» KGF schlurfte ein wenig gebückt durch die Tür mit einer Wasserkaraffe und acht Gläsern auf einem Tablett. «Wartet bitte auf mich!» Er stellte alles auf den Tisch. «Auch wenn ich nichts mehr zu sagen habe.» Mit hängenden Schultern trottete er wieder in die Küche.

«So habe ich meinen Bruder noch nie gesehen», raunte Mama Blumenthal Tara zu. «Nicht einmal nach zwei Wochen am Tegernsee.» Sie blickte ihm besorgt nach. «Ich bin ja froh, dass er endlich abgenommen hat. Aber seine Haltung, seine

Art. Wie ein vom Sturm umgeknickter Baum.»

«Na ja, seine gesamte Firma ist gerade ziemlichen Sturmböen ausgesetzt.» Tara legte beruhigend eine Hand auf ihren Arm. «Das werden wir schon wieder hinbiegen.» Na klar doch, der Publicity-Gau war ein Klacks und mit seinen Aktien lag fast ein Drittel der Firma in den Händen einer Horde wildgewordener Modeaktivisten – nicht der Rede wert.

«Bitte, helfen Sie Karl Gerold! Ihnen vertraut er.» Mama B. fasste nach Taras Hand.

«Ich werde ihm erst mal mit dem Kaffee helfen.» Tara erhob sich mit zuversichtlichem Lächeln. Sie musste raus aus diesem stickigen Raum, dessen vergangene Pracht auch unter der Staubschicht noch immer erkennbar war. Durchatmen. Einen klaren Kopf behalten, damit sie KGF befreien konnten. Ihr ging es nur darum. James verfolgte noch ein anderes Ziel mit dem Plan, den sie gestern ausgeklügelt hatten. Zuerst während des Nachtessens in der Bauernstube des «Romantik Hotels Stern». Anschließend in der winzigen Bar und zuletzt mit der dritten Flasche Wein im Zimmer, das sie sich teilen mussten, weil das Hotel ausgebucht war. Dass Oliver seine Nacht mit Cheru verbringen würde, wenn auch angeblich nur im Labor, hatte nicht wirklich dazu beigetragen, sich zurückzuhalten, als James Hand an sie legte … James, der Unnahbare, der gestern jegliche Coolness verloren hatte. Nach zwei Flaschen Wein. Tara hatte sich zurückgehalten, weil sie nicht wieder denselben Fehler machen wollte. Nicht wieder schwach werden. Na toll! Hatte ja bestens geklappt. Sie linste in die Küche, wo der Modekönig gerade einen Kaffeekocher vom Gasherd nahm. «Kann ich Ihnen helfen?»

«Mir ist nicht mehr zu helfen.» Er lächelte traurig. «Ich habe alles verloren. Mein Baby Smarty, meine Aktien und meinen Traum von einer sauberen Modeproduktion.»

«Aber wieso denn?»

«Ich habe einen Fehler gemacht. Mehr als einen.»

«Ach was», versucht Tara ihn zu beruhigen. «Wir haben Smarty, und holen Sie heute hier raus.» James hatte die Schlinge nach Boris ausgeworfen. Doch bevor er sie zuziehen konnte, mussten sie KGF freibekommen. Zuversichtlicher lächelnd als ihr zumute war, ergriff sie das Tablett mit den Kaffeetassen. «Oliver und Cheru stehen mit Smarty II in den Startlöchern.» Sie blickte ihn eindringlich an und fuhr mit leiser Stimme fort. «Wir brauchen Sie so rasch wie möglich zurück. Sie kommen heute mit uns. Egal ob mit oder ohne Einwilligung dieser Grünen Löwen. Denn ohne Sie läuft bei Finny-Mode gar nichts.»

«Meinen Sie?» Seine Augen leuchteten kurz auf. «Ich weiß doch gar nicht, ob ich das alles wieder grade biegen kann.»

«Herr Fuchs, was ist los mit Ihnen?» Tara stellte das Tablett wieder ab. «Haben die ihnen Drogen gegeben? So kenne ich Sie gar nicht.»

«Nein, es ist nur...» Er trat seufzend ans Fenster. «Ich muss in meiner Jugend wohl einen Fehler begangen haben.»

«Ja und? Das machen wir doch alle.»

«Mich hat die Vergangenheit eingeholt. Zumindest jemand, der etwas weiß. Und zwar mehr, als ich selbst.»

«Hat es etwas mit dem Brief zu tun, den Sie Annabelle gegeben haben?»

«Haben Sie ihn gelesen?» Seine Augenbrauen zogen sich zu einem buschigen Bogen zusammen. Genau wie bei Cheru, wenn sie sich ärgerte. «Natürlich haben Sie. Sie sind meine Anwältin.» Seine Lippen verzogen sich zu einem hilflosen Lächeln. «Offenbar muss ich ein Kind gezeugt haben, das die Mutter wegen mir verloren hat. Aber wer?»

«Der Text könnte im übertragenen Sinn gemeint sein. So, wie

Smarty ihr Baby ist, hat jemand vielleicht wegen Ihnen ein Geschäft, eine Erfindung oder irgendetwas Wertvolles verloren.»

«Auch möglich.» Er wandte sich wieder um und goss den Kaffee in eine Thermoskanne. «Dieser Jemand muss jedenfalls die Entführung ausgenützt und den Kids für die Aktien viel Geld geboten haben. Ich habe sie verloren und weiß nicht einmal, an wen.»

«Was heißt verloren? Die sollten doch den Hinterlegungsvertrag unterzeichnen.»

«Ich habe die Aktien übertragen. Einfach so.» Er hob die Schultern. «Es blieb mir nichts anderes übrig.»

«Und der Vertrag?»

«Vernichtet.»

«Das können Sie nicht tun. Was sagt Ihre Familie dazu? Und der stille Teilhaber?»

«Ich weiß, Frau Bernhard.» Er hob hilflos die Hände. «Ich habe noch einen großen Fehler gemacht, weil ich nicht auf Sie und Annabelle gehört habe. Ein griffiges *Family-Governance*-Reglement hätte mich vermutlich daran gehindert. Nicht einmal einen Aktionärbindungsvertrag habe ich für nötig gehalten. Weil immer alle nach meiner Pfeife tanzten.» Mit wehmütigem Lächeln goss er Milch in ein Kännchen. «Selber schuld. Jetzt heißt es abwarten und Kaffee trinken.» Er drückte Tara das Milchkännchen in die Hand und griff nach der Thermoskanne. «Hören wir uns mal an, was die Kids von uns wollen.»

Als der Kaffee verteilt war und alle ihre Position bezogen hatten – James mit KGF am unteren Ende, Tara, Nadine mit ihrer Mutter auf der einen, die drei Grünen Löwinnen auf der andern Seite – wiederholte Mama Blumenthal ihre Frage: «Nachdem meine Tochter mich heute in aller Früh aus Zürich hierher befohlen hat und ich meinen Frisörtermin ab-

sagen musste, möchte ich endlich wissen, was das hier soll.»
«Sie besitzen 40 Prozent der Aktien an Finny-Mode, ist das
richtig?», fragte die Wortführerin.

Mama Blumenthal nickte. «Mein Bruder und der stille Teilhaber haben je dreißig Prozent.»

«Korrigendum: Hatte! Diese Aktien haben wir.» Gar Beau erhob sich mit grimmigem Blick. «Hiermit stelle ich fest, dass
alle Aktionäre der Finny-Mode AG anwesend oder vertreten
sind.» Sie konsultierte ihren Notizblock. «Wir haben folgen-
de Anträge: Neuwahl des Verwaltungsrats und Festlegung
der neuen Strategie.»

«Und wie soll die aussehen?», fragte KGF.

«Klappe, Opa, du hast jetzt nichts mehr zu melden. Nach dem
Desaster in Rumänien müssen wir hart durchgreifen.»

«Das Desaster, wenn es denn eines war, wäre unter meiner
Leitung nicht passiert.» Empört schlug er die Hände auf den
Tisch. «Das haben wir nur meinem Sohn zu verdanken!» Abgesehen von diesem Temperamentausbruch glich er eher
Heidis Alpöhi als einem glamourösen Modekönig. «Bin ja gespannt, wie ihr grünen Gören das Steuer herumreißen wollt
mit euren naiven Vorstellungen.»

«Wie gesagt, du hast nichts mehr zu sagen.» Die Cheflöwin
nickte Madam Blumenthal und James zu. «Ihr beide werdet
den Modekönig als Verwaltungsrat verabschieden und an
seiner Stelle uns drei wählen. Bei der nächsten VR-Sitzung
entscheiden wir, wen wir sonst noch loswerden müssen.»

Wie aufs Stichwort wurde die Tür aufgestoßen, und AFF trat
ein. «Hi Leute. Sorry für meine Verspätung, aber ich habe
gerade erst erfahren, dass hier eine Generalversammlung
stattfindet.»

«Woher...?» Erschrocken war Nadine aufgesprungen.

«Als Mitglied des Verwaltungsrats sehe ich es als meine

Pflicht, an jeder Generalversammlung teilzunehmen. Könnte ja sein, dass jemand eine Frage an mich richten will.» Mit einem feisten Grinsen setze er sich auf den letzten freien Stuhl am unteren Kopfende. «Der Verwaltungsrat ist ja nicht einmal vollzählig.» Er hob abwehrend die Hände, als KGF sich langsam erhob. «Schon gut, schon gut. Lasst euch durch mich nicht stören.»

«Diese Versammlung ist auch ohne Ihre Anwesenheit beschlussfähig, Herr Fuchs», erklärte Tara freundlich, obwohl sie ihm am liebsten das Gesicht verkratzt hätte. «Aber es gibt sicher Fragen, die Sie uns später beantworten können.» Sie griff nach der Wasserflasche, erhob sich und machte einen Schritt auf ihn zu. «Etwas Wasser gefällig?»

«Aber Frau Bernhard, Sie wollen doch nicht...?» AFF duckte sich unter der über ihm schwebenden Karaffe.

«Einschenken können Sie sich selbst.» Tara stellte ihm die Karaffe energisch vor die Nase und setzte sich wieder. «Die neuen Aktionäre wollten sich gerade in den Verwaltungsrat wählen lassen.» Sie wandte sich an die Grünen Löwinnen. «Ich glaube aber nicht, dass die beiden andern Aktionäre Ihnen einfach so ihre Stimme geben. Und eine erzwungene Wahl wäre anfechtbar.»

«Wir wollen dasselbe wie Opa Fuchs, nur etwas rassiger», sagte Gar Beau.

«Das ist nicht realistisch», wandte Nadine ein. «Wie wollt ihr in so kurzer Zeit sicherstellen, dass...»

Es klopfte, und ein junger Mann in Grün öffnete zaghaft die Tür. «Besuch für Nadine Blumenthal.»

«Wie nett, dass Sie auf mich gewartet habän.» Garcholigoff schob den Modeaktivisten unsanft beiseite, entledigte sich seiner Pelzjacke und drückte Nadine einen Kuss auf den Mund. «Danke, mein Püppchen, für die Information.» Dann verneigte er sich galant vor Madam Blumenthal. «Ich danke Ihnen, Madame, dass Sie mein Darlehen an Finny-Mode mit einem Teil Ihre Aktien gesichert haben. War ja auch in Ihrem Interesse.» Er winkte mit einem Plastikmäppchen. «Denn ohne diese hier hätte ich das Darlehen nach dem Publicity-Desaster zurückgezogen.»

«Was will dieser Clown hier?», brüllte Gar Beau.

«Frau Blumenthal, wie konnten Sie nur?» Tara war entsetzt.

«Mir blieb keine andere Wahl.» Madam Blumenthal hob entschuldigend die Hände.

«Das war der Preis für den Green Fashion Award», verteidigte Nadine ihre Mutter.

«Und weil ich nicht vorgesorgt habe, wirft meine Schwester nun ihre Aktien diesem dahergelaufenen Betrüger in den Rachen?», echauffierte sich KGF. «Ja, ja, schon gut, bin selber schuld.» Er nickte resigniert in Taras Richtung.

«Aber Karl Gerold, wie redäst du mit mir, einäm deiner bestän Kunden?» Garcholigoff zog eine beleidigte Schnute. «Du hast mir so viel zu verdanken.»

«Allerdings, deinen erpresserischen Freundeskreis und …» KGF stemmte die Hände auf den Tisch. «Und mehr als einen geplatzten Lagerdeal. Mongolei und Kasachstan? Lachhaft. Du hast meine unfreiwillige Abwesenheit, ja meine Entführung schamlos ausgenützt!»

«Tu nicht so unschuldig. Den Lagerdeal haben wir beide vereinbart», fuhr er auf Englisch fort. «Dafür grade stehen durfte dein Sohn.» Garcholigoffs Blick wanderte zu Tara. «Und deine Anwältin!» Er hob entschuldigend die Schultern. «*Sorry, dear, fashion is a dirty business.*»

James stand auf, murmelte etwas von 'Hände waschen' und verließ mit dem Modeaktivisten den Raum. Tara bat um eine Pause und öffnete die Fenster. Kurze Zeit später kam James

wieder zurück mit zwei Polizisten im Schlepptau. Sie über-
rumpelten Boris und legten ihm Handschellen an. James
nahm das Plastikmäppchen mit Madam Blumenthals Aktienzertifikat an sich.

«Hiermit nehme ich Sie fest wegen Geldwäscherei, Betrug
und Beteiligung am berüchtigten Mode-Karussell. Im Weiteren werden Ihnen Erpressung, Korruption und Geiselnahme
vorgeworfen», erklärte der jüngere der beiden Uniformierten, der sich gerade noch als Modeaktivist ausgegeben hatte.

«He, was soll das? Mit der Entführung von Herrn Fuchs habe
ich nichts zu tun!», wehrte sich Boris. «Natürlich bestreite ich
auch alle anderen Vorwürfe.»

«Natürlich», sagte James mit sardonischem Lächeln. «Wie jeder Angeklagte.»

«Dann müssen Sie auch Herrn Fuchs festnehmen!», schrie
Boris, ohne seinen charmanten Schafspelz nun ganz der
böse Wolf. «Ohne ihn hätte unser Karussell gar nicht funktioniert.»

Nadine und ihre Mutter wandten KGF entsetzt ihre Köpfe zu.
Der hob mit einem resignierten Lächeln seine Kaffeetasse
hoch.

«Danke für den Hinweis», erklärte James liebenswürdig. «Sie
müssen sich nicht weiter selbst beschuldigen. Das wird Herr
Fuchs Senior als Kronzeuge gern für Sie übernehmen.» Er
klopfte dem Russen tröstend auf die Schultern. «Wenn Sie
uns jetzt bitte entschuldigen, wir müssen eine Generalversammlung zu Ende bringen.»

«Das war ein nettes Intermezzo. Könnten wir nun endlich zur
Wahl schreiten.» Gar Beaus Mundwinkel zeigten zum ersten
Mal ein Zeichen der Erheiterung.

In dem Moment klopfte es wieder an die Tür und Taras Retterin in einem weißen Hosenanzug zum dunkelgrünen T-Shirt

trat herein. «Ich komme wohl gerade rechtzeitig.» Sie lächelte freundlich und trat zu den Grünen Löwinnen. «Danke, meine lieben Mitstreiterinnen, jetzt übernehme ich.» Dann wandte sie sich an den Geheimagenten. «Mister Kuhl, auch Ihnen danke ich für die gute Arbeit.»

«Frau Khan?» James fuhr sich betreten durchs Haar. «Sie hier?»

«Kiran, du?» KGF ließ seine Tasse fallen. Die dunkle Flüssigkeit ergoss sich über den Tisch, die Tasse kullerte zu Boden, während er sich, käseweiß im Gesicht, langsam erhob.

380

34. Überraschungen

«Überraschung!» Die kleine dünne Aktivistin, die Tara seit ihrer ersten Begegnung an der WEF Modeschau Pink Tütü nannte, stürmte zur Tür herein und drängte sich an Kiran Khan vorbei. «Du in Handschellen?» Sie stieß die Polizisten beiseite, die den Russen flankierten. «Boris, mein Liebster, ich habe dich so sehr vermisst!» Theatralisch warf sie sich ihm an die Brust. «Na, wo sind denn deine Hände? Das letzte Mal warst du nicht so schüchtern.»

«He, was soll das?» Boris trat, sichtlich um Fassung ringend, einen Schritt zur Seite. «Wer..., wer sind Sie?»

«Ach, jetzt will er mich plötzlich nicht mehr kennen? Nachdem er mich engagiert und mir eine große Karriere als Topmodel in New York versprochen hat. Weil ich so einen tollen Body habe, obwohl ich erst fünfzehn bin, hat er gesagt.»

«Sie lügt!», schrie der Fast-Fashion-Zar. «Ich habe diese Frau noch nie gesehen!»

«Und letzte Woche auf der Kundentoilette hast du mich so richtig drangenommen.» Sie spuckte ihm ins Gesicht. «Du hast mir ins Ohr geflüstert, mein junger Körper sei so geil, mein zartes Alter so schützenswert und du würdest mich immer beschützen. Ja, und wie du mich beschützt hast.»

«Wir haben ihm eine Falle gestellt.» Triumphierend hob Gar Beau ihr Handy hoch. «iPhone in der Kabine versteckt, und alles gefilmt.» Sie tippte aufs Display. «Will jemand gucken?» Eindeutige Geräusche quollen aus dem Lautsprecher des Smartphones, während man auf dem Video das verzerrte Gesicht des Russen erkannte.

«Genug! Ich gebe es ja zu, aber ich wusste nicht, dass sie...»

«Sie wussten es ganz genau, Garcholigoff!» Cheru war lautlos hinter Kiran Khan aufgetaucht. «Die Kleine war eines der Mädels, die Sie für Ihre Privatparty in Davos angeheuert haben mit dem Versprechen, sie als Model zu engagieren. Stattdessen haben Sie sie mit synthetischen Drogen gefügig gemacht. So wie damals meine Kolleginnen an der Party in Dubai.» Sie ließ ihre Augen durch den Raum wandern. «An der übrigens auch zwei der hier anwesenden Herren teilgenommen haben.»

«Was erzählen Sie für einen Blödsinn, ich war damals…», verriet sich der junge Fuchs und schwieg betreten, als sich alle Augen auf ihn richteten.

«Girls Nights nennt man die berüchtigten Partys für Garcholigoffs handverlesenen Freundeskreis, der sich mit minderjährigen Möchtegernmodels vergnügen darf», erinnerte sich Tara. «Habe ich zumindest gehört.» Sie brach ab, als KGFs flehender Blick sie traf.

«Das schlagkräftige Topmodel?» Ungläubig starrte der Russe Cheru an. «Das waren Sie?»

«Genau. Leider hatte ich keine Gelegenheit mehr, mich bei Ihrem Ehrengast, einem Herrn mit Adelstitel», sie zeichnete mit den Fingern Anführungszeichen in die Luft und fixierte KGF, der beschämt den Blick abwandte, «für meine Ohrfeige zu entschuldigen.»

«Das war keine Ohrfeige!», begehrte Garcholigoff auf. «Niedergestreckt haben Sie ihn mit einem Karategriff.»

«Judo. Schön, dass ich Ihr Gedächtnis auffrischen konnte.» Sie wandte sich an die Polizisten. «Hier ist übrigens noch Herrn Garcholigoffs tägliche Kokain-Ration, die ich einem seiner Adlaten vor dem Haus abgenommen habe.» Mit einem Augenzwinkern in Taras Richtung zog sie den Smarty-Schal hinter ihrem Rücken hervor. «Warum der sich die letzten

Tage hier herumtrieb und vor allem, was er so trieb, davon kann Ihnen eine hier anwesende Zeugin berichten.»

Was hatte Cheru hier zu suchen? Trotz ihrer kurzen blonden Haare und den buschigen Augenbrauen stach Tara die frappante Ähnlichkeit der beiden Frauen ins Auge. War Kiran Khan ihre Schwester?

«Garcholigoffs Adlat, ein vom Dienst suspendierter Polizeibeamter, wurde übrigens ganz gesprächig unter meinem Judogriff. Er sollte sich im Auftrag der Herren Garcholigoff und Fuchs Junior gegen gute Bezahlung unseres Hightech-Kleids bemächtigen und hat sich den Grünen Löwen an die Fersen geheftet.» Cheru wies strahlend auf den entsetzt dreinblickenden AFF. «Adalbert Ferdinand Fuchs wusste die ganze Zeit, dass sein Vater hier festgehalten wird.»

«Adalbert Ferdinand!» brüllten Mama Blumenthal, Nadine und KGF aus einem Munde.

«Oh, da sitzt ja mein Ehrengast, den ich in Davos bedienen durfte,» quiekte Pink Tütü und tippelte theatralisch auf AFF zu. «Darfs noch etwas mehr sein, mein Süßer?» Sie griff nach der Wasserkaraffe, die noch immer vor ihm stand, und schüttete sie ihm ins verdutzte Gesicht.

«Jetzt reichts aber!» Fuchs Junior rieb sich die Augen.

«Ja, das finde ich auch», sagte James an die Polizisten gewandt. «Sie können die beiden Herren abführen. Geständnisse und Beweise haben wir jetzt mehr als genug.» Er nickte dem Russen höflich zu. «Heute früh haben wir übrigens noch eine Strafanzeige wegen Drogen- und Mädchenhandels deponiert.»

«Was ist jetzt mit der Generalversammlung?», fragte Madam Blumenthal, die sich als Erste wieder gefasst hatte, nachdem die Polizisten mit AFF und dem Russen abgezogen waren. «Und wer ist diese Frau?»

«Ich bin die stille Teilhaberin von Finny-Mode.» Kiran Khan trat ans obere Ende des Tisches. «Mit den Aktien, die Ihr Bruder meinen Mitstreiterinnen übertragen hat, besitzen wir sechzig Prozent und damit die Stimmenmehrheit.» Sie lächelte verbindlich. «Nach allem, was Sie gerade gehört haben, werden Sie die Übertragung ihrer Aktien an Boris Garcholigoff bestimmt rückgängig machen wollen. Finny-Mode sollte doch ein Familienunternehmen bleiben, nicht wahr?»

«Genau, und deshalb erhalten Sie und Ihre Aktivistenbande sicher nicht die Stimmenmehrheit.» Empört wandte sich Madam Blumenthal an Tara. «Sagen Sie doch etwas, Frau Bernhard!»

«Die Stimmenmehrheit erhält Frau Khan erst, wenn sie im Aktionärsregister eingetragen ist», erklärte Tara. «Und darüber kann nur der Verwaltungsrat entscheiden.»

«Ich glaube nicht, dass der etwas dagegen haben wird. Denn ich werde nicht nur dafür sorgen, dass die Nachhaltigkeitsversprechen endlich eingelöst werden, sondern auch, dass Finny-Mode ein Familienunternehmen bleibt.» Kiran Khan nickte KGFs Schwester zu. «Denn genau wie Sie, Frau Blumenthal, möchte ich meinen Anteil eines Tages meiner Tochter übergeben.» Sie nahm Cheru bei der Hand, die neben sie trat, und blickte einen Moment schweigend in die Runde. «Vor 34 Jahren habe ich Cheru verloren. Dank einem glücklichen Zufall und unserem gemeinsamen Ziel, die Modewelt zu einer besseren zu machen, haben wir uns wiedergefunden.» Sie wandte sie sich mit einem traurigen Lächeln an KGF. «Vor 35 Jahren wolltest du nichts von ihr wissen. Aber jetzt, mein Lieber, ist es an der Zeit, deiner Tochter Cheru einen Platz in deinem Leben zu geben. Wenn sie das überhaupt will.»

35. Finale Grande auf dem Grünen Teppich

Tara blinzelte in die Märzsonne, die sich zaghaft durch die milchige Wolkenschicht über der Quaibrücke kämpfte. Sie blieb stehen, stützte sich auf die Brüstung und blickte zurück zum *Family Office* und dann hinüber zum Opernhaus. Arbeiter rollten gerade einen etwa zwei Meter breiten grünen Teppich über den Sechseläutenplatz aus, auf dem heute der Green Fashion Award verliehen wurde. Links und rechts vom Teppich waren Tribünen aufgebaut. Wohin führte ihr persönlicher grüner Teppich? Zurück ins *Family Office* oder in die Modebranche?

Sie stieß sich ab und machte sich wieder auf den Weg zur Verabredung mit ihrer Chefin. Unterwegs ließ sie die Generalversammlung in der Villa Lucrezia zum wiederholten Mal Revue passieren: Nach Kiran Khans Enthüllung ihrer und Cherus Identität, hatte Madam Blumenthal unter Tränen gestanden, dass sie damals Kirans Briefe an KGF abgefangen und vernichtet hatte. Kiran hatte die Briefe an sein Elternhaus adressiert, wo auch seine Schwester wohnte. Und die wusste, dass KGF die Hochzeit hätte platzen lassen, hätte er von der Schwangerschaft seiner Geliebten erfahren. Sie hätte alles getan, um die Familienfirma vor dem Konkurs zu retten und ihrem Vater diesen Kummer zu ersparen, hatte Madam Blumenthal schluchzend erklärt.

Einige Tage später wurde Kiran Khan vom Verwaltungsrat offiziell als Aktionärin anerkannt und der Generalversammlung zur Wahl als Präsidentin vorgeschlagen. Nachdem Kiran die Aktienmehrheit hatte, war das reine Formsache. Als keine einfache Formsache erwies sich die Rückübertragung von Garcholigoffs Aktien an Madam Blumenthal. Das Aktienzertifikat lag zwar wieder in ihrem Safe, aber der Russe weigerte sich, die für die Eigentumsübertragung notwenige Unterschrift zu leisten. Und so musste sie diese mit einer Klage durchsetzen und dem Gericht nachweisen, dass sie übers Ohr gehauen wurde. Der Verwaltungsrat suspendierte ihr Stimmrecht für die Dauer des Verfahrens und ein solches konnte lange dauern. Und während dieser Zeit konnte KGFs Schwester weder mitreden noch über ihre Aktien verfügen, was Kiran als gerechte Strafe erschien.

Kiran wollte ihrer Tochter die Geschäftsleitung von Finny-Mode übergeben. Die zeigte aber kein Interesse an einer Führungsposition. Sie wollte sich auf ihre Forschungsarbeit konzentrieren. Und auf Oliver? Tara lächelte wehmütig. Sie spürte, dass etwas im Busch war, aber Oliver war ihr die letzten Wochen gekonnt ausgewichen, hatte sich wie immer hinter seiner Arbeit und im Labor verschanzt. Klar, Smarty war wichtiger, und er hatte mit Kiran Khan eine anspruchsvolle Auftraggeberin. Tara war ihm nicht böse. Sie dachte an James. Seit der Nacht in Chur vor über zwei Wochen hatten sie sich nur noch ein einziges Mal unter vier Augen getroffen. Zum Spaziergang mit anschließendem Kaffee. Kurz bevor er geschäftlich in die Staaten flog. Jetzt, da Kiran das Steuer des Modeunternehmens übernommen hatte, konnte er sich anderen Kunden widmen. Tara hatte ihm von ihrem Plan erzählt, Amadeo von Vilan einen Besuch abzustatten, um mehr über ihre Familie herauszufinden. Als sie ihm ihren Vater auf dem Foto mit Tante Jo, Amadeo und Heinrich von Vilan gezeigt hatte, war er plötzlich wie verändert. Er entschuldigte sich mit einer dringenden Angelegenheit, küsste sie zum Abschied nur flüchtig und versprach, sich nach seiner Rückkehr zu melden. Seither war Funkstille. Und ihre Sehnsucht gepaart mit Unsicherheit, genährt von tausend Fragen, wuchs mit jedem Tag.

Sie hätte ihn am liebsten angerufen. Aber das verstieß gegen die Regeln. Sie schaute auf die Uhr. In Neuseeland war es jetzt mitten in der Nacht. Anrufen konnte sie nicht. Aber eine Nachricht schreiben:

«Meine liebe Liz
Man hat nur eine beste Freundin und nur eine große Liebe. Du
wirst immer für mich da sein, auch wenn du gerade nicht da
bist. Dich kann keine ersetzen! Aber kann es sein, dass ich im
zweiten Punkt falsch liege? Gibt es eine zweite große Liebe, oder
habe ich die einzig wahre vielleicht noch gar nicht gefunden?
War Lucien meine große Liebe oder einfach nur eine große Lei-
denschaft (mit Betonung auf Leiden)? Jedenfalls habe ich gerade
etwas gelernt: Wahre Leidenschaft geht auch ohne Leiden! Es gibt
da jemanden. Er erinnert mich an Lucien, nur glaube, hoffe ich,
dass er anders ist. Reifer, keine launische Windfahne. Mehr dann
mündlich. Heute am späteren Abend meine Zeit?»

Nachdem sie die Nachricht abgeschickt hatte, war ihr ein wenig leichter ums Herz. Manchmal half es nur schon, seinen Gefühlen Worte zu verleihen. Zum Glück hatte sie jetzt genügend Ablenkung.

KGF hatte sich komplett aus dem Geschäft zurückgezogen. Das in der Kirandar LLC in Delaware gebunkerte Schwarzgeld spendete er Kirans gemeinnütziger Institution. Diese unterstützte TextilarbeiterInnen mit Ausbildungen, sozialen und medizinischen Einrichtungen. Kiran hatte eine Anwaltskanzlei mit der Untersuchung der undurchsichtigen Vorgänge in der Modefirma beauftragt. Sie wollte KGF zur Verantwortung ziehen, aber auch die Mitglieder des Verwaltungsrats, denen sie Untätigkeit und Ignoranz vorwarf. Tara hatte sie eine Stelle als Chefjuristin angeboten. Die Anwältin hatte sich eine Bedenkzeit ausbedungen. So verlockend das klang, von der Modebranche hatte sie gerade ziemlich die Nase voll. Zudem wollte sie nicht in eine Untersuchung gegen ihre Chefin hineingezogen werden.

«Tara, hören Sie mir überhaupt zu?» Annabelle blickte streng über den Rand ihres Champagnerglases.

«Ja, klar.» Tara saß nun ihrer Chefin gegenüber. Sie hatten sich im Jazz au Lac zu einem Apéro vor der großen Gala des Green Fashion Award verabredet. Denn Annabelle wollte nun hören, was sich hinter den Kulissen zugetragen hatte. Als Mitglied des Verwaltungsrates war sie natürlich über Kiran Khan als neue Mehrheitsaktionärin informiert. Aber wie genau es dazu kam, das hatte sie weder aus Taras E-Mails, noch aus Nadines Blog und schon gar nicht aus den «modischen» Schlagzeilen erfahren.

«Smarty wurde also weder von einem Virus befallen noch Opfer eines Hackerangriffs?», wiederholte die Chefin ihre Frage.

Tara schüttelte den Kopf. «Nein, Cheru hat nur...», versuchte sie den verlorenen Gesprächsfaden wieder aufzunehmen. Bei Kirans Namen waren ihre Gedanken schon wieder abgeschweift. Zur Untersuchung, vor der sie Annabelle nicht warnen durfte. Und zur Frage, ob sich ihre Chefin etwas zu Schulden kommen lassen hatte, um ihren Kunden zu schützen. «Cheru hat vor der Show eine Fehlfunktion von Smarty vorgetäuscht, damit sie den Verdacht auf das Material lenken konnte, sollte jemand Zweifel an KGFs Kollaps haben», beendete sie rasch den Satz.

«Und diesen hat Kiran mit ihrer Fernbedienung veranlasst,

um KGF dann mit Hilfe von Cheru und den Grünen Löwen zu entführen.» Annabelle betrachtete ungläubig ihr Glas. «Sie hat die Entführung also von Anfang an geplant. Wie hat sie denn diese Aktivisten instrumentalisiert?»

«Mit ihrer Stiftung unterstützt Kiran auch Gar Beaus Aktivitäten. Und die war begeistert von der Idee, dem Modekönig einen Denkzettel zu verpassen.» Tara schenkte sich Wasser ein. Dann schaute sie die Chefin prüfend an. «Wussten Sie, dass Kiran Khan die stille Teilhaberin von Finny-Mode ist?»

«Nein, auf die Idee wäre ich niemals gekommen. Der Name Khan mag damals wohl gefallen sein. Aber für die näheren Abklärungen war Valerie verantwortlich.»

«Und KGF? War er nicht neugierig, wer hinter Smartys Technologie und der biosynthetischen *Ameisenspinnenseide* steckte?»

«Das war offiziell ja Cheru. Und nachdem Valerie grünes Licht betreffend Herkunft der investierten Vermögenswerte gegeben hatte, gab auch er sich zufrieden.»

«Valerie wusste also die ganze Zeit…?»

«Ja, aber sie konnte nichts damit anfangen, da sie nichts von seiner Jugendliebe wusste.»

«Kiran war mehr als eine Jugendliebe.» Tara dachte an KGFs Bemerkung. «Ich glaube, sie war seine einzige Liebe.» Sie erzählte, was sie über Kirans Lebensweg erfahren hatte. Vom Verstoß der Familie, die sie gezwungen hatte, das uneheliche Kind zur Adoption freizugeben. Weil man in einer der höchsten Kasten nicht duldete, dass die einzige Tochter sich von einem Fremdling schwängern ließ. Von Kirans Überleben als einfache Näherin, von ihrem Glück, gefördert und zur Textilfachfrau befördert zu werden. Aber auch von den Schwierigkeiten, trotz ihrer Fähigkeiten und ihrer Ausbildung als Frau ohne gesellschaftlichen und finanziellen

Rückhalt eine Chance zu erhalten. Und schließlich von der Ehe mit dem Besitzer einer kleinen Textilfabrik, die alles verändern sollte. Der hatte ihr Anliegen ernst genommen und seine Produktion mit Hilfe ihres technischen Knowhows komplett umgestellt. Sie hatte ein Verfahren entwickelt zur Reinigung von Abwasser. Andere Firmen wurden auf sie aufmerksam, kauften die Technik. Die Lizenzeinnahmen investierte sie in die Erforschung und Entwicklung technischer Textilien. Nachdem ihr Mann altershalber verstarb, stürzte sie sich noch vehementer in ihre Arbeit, gewann Preise, expandierte und schuf allmählich ein kleines Imperium aus Nano-, Bio- und Hightech Firmen. «Heute gilt sie als eine der reichsten Frauen Indiens, aber niemand kennt ihren Namen, weil sie immer bescheiden im Hintergrund geblieben ist und ihre eigenen Mitarbeiter förderte, so wie sie einst gefördert wurde. Mit ihrer Stiftung unterstützt sie aktiv Frauen in der Textilindustrie», schloss Tara ihren Bericht.

«Wie kam sie ausgerechnet auf Finny-Mode?», wunderte sich Annabelle.

«Sie suchte eine Plattform für ihr Hightech Kleid. Als sie realisierte, dass es sich beim berühmten Modekönig um ihren treulosen Geliebten und den Vater ihrer Tochter handelte, beschloss sie, ihm Smarty samt Finny-Mode wegzunehmen. So wie sie damals wegen ihm ihr Baby verloren hatte.»

«Es war doch nicht seine Schuld, dass sie Cheru weggeben musste?»

«Doch natürlich. Hätte er sie geheiratet und das Kind anerkannt, hätten ihre Eltern ihr vielleicht verziehen. Zumindest hätte sie mit ihm ein neues Leben anfangen können. Dass er von ihrer Schwangerschaft nichts wusste, weil seine Schwester die Briefe abgefangen hatte, das hat Kiran ja erst jetzt erfahren.»

«Ich hätte Madam Blumenthal vieles zugetraut, aber nicht das.» Annabelle schien ihre kühle Zurückhaltung mitsamt dem Pelzmantel an der Garderobe abgegeben zu haben. «Wie sind sich eigentlich Cheru und Kiran wieder begegnet?»

«An einem Kongress über nachhaltige Textiltechnik. Ein Kollege sprach Cheru auf die Hauptrednerin Kiran Khan an und bat sie, ihm ihre Schwester vorzustellen. Mit ihren damals noch langen dunklen Haaren sah Cheru ihrer Mutter offenbar sehr ähnlich. Den beiden wurde rasch klar, dass sie mehr als nur die beruflichen Interessen sie verband.»

«Und was sind Kirans personellen Pläne?», wollte die Chefin wissen.

Tara fühlte, wie ihr das But ins Gesicht schoss. «Sie will Nadine zur Marketingchefin befördern und AFF entlassen.» Sie schluckte ihr schlechtes Gewissen mit viel Wasser hinunter.

«Nadine und Cheru sollen in ein paar Jahren eigene Aktien erhalten, wenn sie sich bewährt haben.» Sie lächelte mit einem kleinen Anflug von Stolz. «Übrigens hat KGF Kiran unser *Family-Governance*-Programm empfohlen.»

«Und was sagt sie dazu?»

«Frau Khan kommt morgen vorbei.» Tara strahlte. «Kiran will das Familiäre und Geschäftliche rechtzeitig und harmonisch regeln. Jetzt, da sie endlich eine Familie hat.»

«Adalbert Ferdinand wird auch seine Ansprüche anmelden», wandte Annabelle ein und bat den Kellner, Champagner nachzuschenken. Sie hatte eine ganze Flasche bestellt.

«Die hat er verspielt mit dem Strafverfahren am Hals.» Sie hielt eine Hand über ihr halbvolles Glas. «Übrigens, KGF hat gestern seinen Vorsorgevertrag beim Notar unterzeichnet.»

«Fantastisch!! Tara, das haben Sie wirklich gut gemacht. Jetzt ist es endlich an der Zeit, dir das DU anzubieten.» Annabelle hob ihr Glas. «Ich bin stolz auf dich, Tara!»

Tara glaubte, sich verhört zu haben. Die Chefin war mit keinem einzigen Mitarbeiter per du.

«Danke, Annabelle. Das bedeutet mir sehr viel.» Tara prostete ihrer Chefin mit unendlich schlechtem Gewissen zu. «Du warst ... Nein, du bist die beste Lehrerin.» Annabelle Kronenberg hatte ihr mehr als eine Chance gegeben, sie gefördert und unterstützt. Mit ihrem Entscheid für Finny-Mode würde sie eine wichtige, ja ihre einzige Mentorin verlieren. «Ich muss los, mich vorbereiten für meinen Auftritt auf dem grünen Teppich.»

Erstaunlicherweise hatte sie diesmal keine Panik, ja sie freute sich sogar. Es ging nicht um sie, sondern um die Sache und um ein fantastisches Team, welches das Unmögliche möglich gemacht hatte.

Cheru und Oliver hatten mit Smarty II ein neues Hightech-Kleid entwickelt, das nicht nur Emotionen zum Ausdruck bringen konnte, sondern den Nachhaltigkeitsgedanken in zukunftsträchtiger Form umsetzte. Die einschlägigen Medien waren voll des Lobes für den Schweizer Modekönig, der sein Unternehmen in die Hände einer nachhaltig engagierten und finanzkräftigen Geschäftsfrau gelegt und damit in eine neue Zukunft gelenkt hatte.

«Wie lange dauert eigentlich dein Einsatz bei Finny-Mode?» Annabelle schaute sie durchdringend an. «Wir vermissen dich im *Family Office*.» Ahnte sie etwas?

«Das klärt sich bald.» Tara drehte sich um, bevor Annabelle ihr bestimmt tomatenrotes Gesicht sehen konnte. «Tschüss, bis später nach der Preisverleihung.»

Auf dem Weg zum grünen Teppich dachte sie wieder an James, die gemeinsame Nacht und den letzten, den enttäuschenden Kuss vor seiner Abreise. Bereute er die Nacht? War sie doch nicht sein Typ, nur ein Kumpel zum Pferde stehlen?

Würde der nächste Kuss ihre Fragen beantworten, würde es überhaupt einen nächsten geben? Plötzlich übermannte sie eine unbändige Lust. Sie wühlte in der Tasche, bis sie die Erlösung fand. Eine der letzten Grischocokugeln. Bittersüß wie der letzte Kuss war die Grischoc-Spezialität mit dem nussig-cremigen Kern die beste Medizin gegen Liebeskummer.

Eine Stunde später beobachtete sie, wie Cheru, umhüllt von Smarty II, über den grünen Teppich tanzte. Eine ähnliche Szenerie wie am WEF vor wenigen Wochen, nur dass man sich jetzt bei Sonnenschein an der frischen Luft versammeln konnte.

Smarty II war mit blauen Blumen übersät, ein Vorbote des Sommers. Plötzlich erschienen grüne und gelbe Tupfen auf dem Stoff. Wenige Sekunden später rot-weiße Streifen, dann wieder die blauen Blumen. Das Publikum applaudierte unter begeisterten Ahs und Ohs. Cheru verneigte sich und streckte ihre Hand nach dem hochgewachsenen, schlanken Mann mit Nickelbrille aus, der zuvorderst auf der Tribüne saß und sich nun widerwillig auf den Teppich ziehen ließ. Sie legte Oliver ihren Schal um den Hals. In dem Moment, als sich die beiden unter Applaus verneigten, verfärbten sich die Blumen zu einem leuchtenden Orangerot. Es versetzte Tara einen kleinen Stich. Die Ahnung war eine Sache. Die Gewissheit eine andere. Auch Oliver bemerkte es und schenkte ihr ein Lächeln, das um Verzeihung zu bitten schien. Oder um Verständnis. Während sie fragend den Kopf schief legte, spürte sie eine Hand auf ihrer Schulter. Ein warmes Gefühl durchströmte sie.

«*Good luck!*», hörte sie James Stimme an ihrem Ohr. «*Finally.* Bin gespannt auf deinen Vortrag. *Enjoy!*»

«Bist du nicht auf Geschäftsreise?», fragte sie, ohne sich umzudrehen. Die Kussfrage musste warten.

«Deinen ... ich meine den Green Fashion Award, den lass ich mir doch nicht entgehen.» Der Druck seiner Hand verstärkte sich. «Los, geh schon!»

Tara trat auf den grünen Teppich, marschierte hoch erhobenen Kopfes bis zur Mitte. Unbeirrt von den vielen bekannten Gesichtern richtete sie ihren Blick auf Kiran, die in der ersten Reihe zwischen einer erschöpft aber glücklich wirkenden Cheru und einer strahlenden Nadine saß. Zwei Frauen mit verkniffenen Gesichtern standen etwas abseits. Valerie hatte Ines Grossweiler abgeworben, um ihr die Schmach einer Kündigung zu ersparen. Als Office Managerin von Brecht & Partner durfte die Rottweilerin ihre Zähne nun in zartes Anwaltsfrischfleisch hauen. Ob sich die beiden Frauen über ihre Schwäche für einen unfähigen Juniorchef gefunden hatten oder sich darob bald zerfleischen würden?

Tara schenkte den beiden ein überlegenes Lächeln, bevor sie mit ihrem Vortrag begann, einem kurzen aber, wie sie hoffte, nachhallenden Erfahrungsbericht ihrer «modischen» Erlebnisse und Erkenntnisse der letzten Wochen. Soweit diese überhaupt für die Öffentlichkeit bestimmt waren.

«Mode ist per se nicht nachhaltig», schloss sie. «Sie zwingt mich geradezu, immer wieder Neues zu kaufen! Das ist das Eigentümliche der Mode. Um diesen Kreislauf zu durchbrechen, haben unsere Techniker zusammen mit unserem Design-Team Smarty II entwickelt, das wir heute vorstellen durften. Ein Gewand, inspiriert von virtuellen Kleidern, wie einige sie vielleicht von Computerspielen kennen. Leitende Metallfäden projizieren virtuelle Muster wie eine Fotografie auf den Stoff. Heute gelang uns das mit Hilfe eines Beamers. In Zukunft wird man Muster und Farben in elektronischer Form kaufen und je nach Lust, Laune und Modetrend übers Smartphone auf das Kleid beamen. So braucht es für eine unbegrenzte Anzahl Outfits nur noch ein einziges Kleid. Das wird ein erster Schritt in Richtung einer Mode, welche die Umwelt nicht belastet.» Sie wies auf Oliver und Cheru, die sich strahlend wie Eltern eines Neugeborenen erhoben. «Ein Applaus für die Erfinder dieser bahnbrechenden Technik, Cheru Wüstenhagen und Oliver Weiss.» Sie blickte sich um und winkte. «Und für unser Designer-Duo Theo und Leo.»

Stolz wie nach Erhalt der Doktorwürde schritten die beiden Designer über den grünen Teppich. Kiran hatte Leo befördert, und Theobald war über seinen Namensschatten gesprungen.

«Unser Chefdesigner Theo hat die äußere Hülle von Smarty und Smarty II kreiert. Und Leo ist verantwortlich für unsere erste Vintage- und Recycling-Kollektion. Nach dem Motto aus Alt mach Neu, verwerten wir unsere alten Kollektionen. Einige der Muster für Smarty II, die Sie heute gesehen haben, stammen von alten Finny-Mode-Modellen. Auch wenn manche Kleider und Stoffe sich nicht sinnvoll physisch rezyklieren ließen, werden sie auf diese Weise virtuell wieder verwertet.»

Der Applaus war überwältigend. Theo und Leo nahmen Tara in ihre Mitte. Cheru, Nadine und Oliver schlossen sich an. Gemeinsam warteten sie auf die Verkündung des Gewinners.

Epilog

«Mode ist nicht meine Welt!», sagte der Mann, den sie einst geliebt, dann ein halbes Leben lang vermisst und gehasst hatte. «Waren das nicht deine Worte, als ich dir verkündete, ich müsse zurück in die Firma meines Vaters? Hohl und oberflächlich fandest du diese Welt. Und jetzt? Jetzt bist du die Schweizer Modekönigin!»

«Ja, ja, diese Klatschblätter. Damit bestätigen sie nur meine Meinung.» Kiran lehnte sich zurück und hielt ihr Gesicht in die warme Märzsonne. «Aber ich bin stolz auf unser Baby!»

Sie hatten es sich im hinteren Teil der Sonnenterasse des Berghotels Schatzalp auf den beiden Kur-Liegestühlen gemütlich gemacht.

«Eher unser Enkelkind. Smarty II haben Cheru und Oliver ganz ohne unser Zutun entwickelt.» Karl Gerold legte ihr eine Decke über die Beine. «Ohne meines jedenfalls. Du hast die beiden die ganze Zeit begleitet, während deine Aktivisten mich mit Zwangsdiät und Fitnessprogramm beschäftigt hielten.»

«Das hat weder dir noch der Firma geschadet.» Sie hob den Kopf und lächelte amüsiert.

«Du musst mich schon sehr gehasst haben.» Er schaute sie Abbitte heischend an. «Zurecht. Ich hätte mich ja auch einmal melden können. Aber ich war wohl zu feige.»

«Ohne diese unsägliche Wut hätte ich das alles vielleicht nie erreicht.» Kiran zuckte mit den Schultern. «Ich hatte nur ein Ziel vor Augen, dir eines Tages dein Baby wegzunehmen. Deine Firma, wegen der du mich verlassen hattest.»

«Eigentlich habe ich es nicht besser verdient. Ich wollte nicht loslassen. Dabei sind mir die Ideen schon lange ausgegangen. Smarty war meine Rettung.» Karl Gerold zog die zweite Holzliege in den Schatten einer Säule. Sie knarzte, als er sich auf ihr ausstreckte. «Auf der hat wohl schon Thomas Mann gelegen und an seinem ,Zauberberg' geschrieben. Weißt du, wie oft ich die letzten Wochen davon geträumt habe?»

«Von Thomas Mann?»

«Von einer Liegekur.» Seine Hand suchte die ihre. «Mit dir auf dem Zauberberg. Die Zeit bei den Grünen Löwen war die beste Therapie im Hinblick auf meine Zwangspensionierung.»

«Du willst wirklich loslassen?» Kiran richtete sich auf, schaute ihm in die Augen. Konnte sie ihm vertrauen? Sie wollte es versuchen. Für Cheru, für ihre Familie.

«Ja, ich will. Du und Cheru, ihr habt alle meine Probleme gelöst.»

«Nicht gelöst, nur abgenommen.» Sie ließ seine Hand los und griff nach ihrem Smartphone. «Hat sie sich übrigens bei dir gemeldet? Sie wollte doch auch noch auf die Schatzalp kommen.»

«Cheru muss ihren eigenen Weg zu mir finden.» Der entthronte Modekönig senkte schuldbewusst den Kopf. «Ob sie das jemals kann, weiß ich nicht.»

Glossar

Badge

Der oder das *Badge* ist ein Begriff aus der Heraldik und wird nicht nur für historische, sondern auch für moderne Abzeichen wie z.B. Namensschilder verwendet. Besonders am WEF wird die Nähe zur historischen Bedeutung deutlich: Wie früher am Adelstitel, erkennt man an der Farbe des *Badges* die Hierarchiestufe des jeweiligen Teilnehmers.

Detox-Kampagne

Eine 2011 von Greenpeace lancierte Initiative zur Bekämpfung von Giften in der Bekleidungsindustrie. Laut dem Green-Peace-Bericht 2021 habe diese Kampagne gezeigt, dass die Verantwortung für Lieferketten der Schlüssel zur Transformation der Textilindustrie sei, aber ohne gesetzliche Regulierung der gesamten Branche bleibe Fast Fashion ein Klimakiller.

Due-Diligence-Prüfung

Due-Diligence-Prüfung nennt man die detaillierte Durchleuchtung eines Unternehmens. Meist erfolgt diese im Zusammenhang mit Übernahmeplänen oder der Bewertung im Hinblick auf den Erwerb einer Beteiligung.

Family Governance

Ein Prozess zur Optimierung der Kommunikation innerhalb vermögender Familien meistens im Zusammenhang mit einem Familienunternehmen. Nebst der Festlegung einer Familienstrategie können eine Familienversammlung und ein

Familienrat die Handhabung komplexer Vermögenswerte (Firmenbeteiligungen, Auto- Schmuck- und Kunstsammlungen, Immobilien etc.) erleichtern. Fachspezialisten können diesen Prozess begleiten und erleichtern. *Family Governance* ist auch ein beliebtes Kundenbindungsmittel. Nicht zu verwechseln mit dem Begriff *Family Office*.

Family Office

Ein inflationär verwendeter Begriff für die professionelle Verwaltung und Überwachung von großen Privatvermögen. Ein *Family Office* hilft wohlhabenden Familien und Privatpersonen, den Überblick über ihre Firmenanteile, Jachten, Privatflugzeuge, Immobilien und Kunstsammlungen zu behalten. Nebst spezialisierten Dienstleistungen wie Rechts- und Steuerberatung, Personal-, Fuhrpark-, Immobilien- und Kunstberatung kann auch das Organisieren eines Butlers, Hundesitters, Privatsekretariats oder Freizeitmanagers zum Service gehören. Einige sehr vermögende Familien beschäftigen ein eigenes *Family Office*. Die spezialisierten Dienstleitungen werden gerne auch von Banken angeboten zur Intensivierung von Großkundenbeziehungen.

Fashion Compliance

Die Einhaltung gesetzlicher Regeln und branchenüblicher Richtlinien in einem Modeunternehmen, insbesondere in den Bereichen Umweltschutz, Arbeits- und Menschenrechte, Verhinderung von Kinderarbeit, Korruption etc.

Franchisevertrag

Franchising ist ein von bekannten Marken gerne genutzter Vertriebskanal zur Verlagerung des Absatzrisikos. Der Franchisenehmer darf gegen eine Franchisegebühr das Geschäftskonzept und die Marke nutzen, während er sich an die Vorlagen des Franchisegebers halten muss und das volle Risiko trägt.

Gopfridstutz

Gottfried Stutz, gesprochen Gopfrid Stutz, auch unterdrückt Gopf…, oder Gopfridli ist ein mildes schweizerdeutsches Fluchwort, das seinen Ursprung in der Basler Studentensprache des vorletzten Jahrhunderts hat und sogar künstlerisch verarbeitet wurde (z.b. im Charthit «Kiosk» der Schweizer Dialekt-Rockgruppe Rumpelstilz).

Panama Papers

Das erste größere, 2013 öffentlich zugänglich gemachte Datenleck über Steueroasen heißt Offshore Papers. 2016 folgten die Panama-, 2017 die Paradise- und 2021 die Pandora Papers. Obwohl mein Roman im Jahr 2015 spielt, verwende ich den Namen *Panama Papers*, da der Begriff auch dank des gleichnamigen Films wohl am bekanntesten sein dürfte.

Sample Sale

Einkäufer wählen aus den Musterkollektionen aus, was sie im Ladenlokal verkaufen wollen. Nach dieser Auswahlprozedur werden die Muster (Englisch: samples) in sogenannten *Sample Sales* zu Preisen, die weit unter dem Ladenpreis liegen, verkauft. Oft sind auch Einzelstücke dabei, die es nicht in die Läden schaffen. So kann sich ein Schnäppchen unverhofft als exklusives Juwel erweisen.

Synthetische Spinnenseide

Echte Spinnenseide wurde bereits im Mittelalter zu edlen

Roben verwoben. Ein von einem Historiker und einem Unternehmer kreiertes und in vierjähriger Arbeit angefertigtes Cape aus echter Spinnenseide ist im Victoria & Albert Museum in London zu bewundern.

Spinnennetze zählen zu den robustesten Strukturen, die die Natur hervorgebracht hat. Sie können auf bis zu 140 Prozent ihrer Länge gedehnt werden, ohne zu reißen. Spinnenseide ist fünfmal fester als Stahl und dreimal so fest wie die in schusssicheren Westen verwendete Faser Kevlar.

2014 brachte das Start-up-Unternehmen AMSilk eine synthetisch hergestellte Spinnenseide auf den Markt: Basierend auf einem biotechnologischen Verfahren des Chemikers, Thomas Scheibel, wird sie in der Textil- und Kosmetikbranche sowie in der Medizin eingesetzt, zum Beispiel für bioverträgliche medizinische Implantate, besonders leichte Sportschuhe (Adidas) bis hin zu atmungsaktivem Nagellack.

Stella McCartney und Patagonia arbeiten mit dem kalifornischen Start-up Bolt Threads (Paypal-Gründer Peter Thiel hat mehr als 90 Millionen Dollar investiert).

*Ameisen*spinnenseide ist meine «Erfindung». Die von Menschen für Textilien verwertete Spinnenseide stammt von der Madagaskar-Seidenspinne oder von Kreuzspinnen.

TENCEL™, Modal, Lyocell

Zellulosefasern aus nachhaltig gewachsenem Holz gewonnen in einem geschlossenen, umweltschonenden Herstellungsprozess, bei dem das Lösungsmittel wiederverwendet wird und damit nicht in die Umwelt gelangt. Im Vergleich zu Naturfasern wie Baumwolle gelten Modal- und Lyocellfasern als nachhaltiger, da beim Herstellen und Verarbeiten weniger Wasser und Energie benötigt wird.

TENCEL™ ist der Markenname der österreichischen Firma Lenzing, welche das Verfahren entwickelt hat und diese beiden Fasertypen auch produziert. Oft wird der Markenname TENCEL™ als Zusatz zu den generischen Begriffen Lyocell und Modal verwendet.

TENCEL™ Modalfasern werden wie Viskosefasern aus Holz (Zellulose) hergestellt. Im Gegensatz zur herkömmlichen Viskose werden sie zu einem Großteil aus nachhaltigem Buchenholz und in einem umweltschonenden Verfahren produziert. Der daraus resultierende Stoff ist weich, atmungsaktiv und hautfreundlich.

TENCEL™ Lyocell steht ebenfalls für die Bezeichnung eines Fasertyps. TENCEL™ Lyocellfasern werden in einem umweltbewussten, geschlossenen Herstellungsprozess, bei dem das verwendete Lösungsmittel zu mehr als 99% zurückgeführt wird, produziert. Die Fasern zeichnen sich durch ihren kühlenden Effekt, ihre Atmungsaktivität sowie Komfort aus. TENCEL™ ist eine Marke der Lenzing AG.

Wendeshopper
Als Shopper werden Handtaschen bezeichnet, die sich – zumindest rein theoretisch – auch für den Wochenendgroßeinkauf im Supermarkt eignen würden. Ein *Wendeshoppper* ist reversibel mit einem Innenleben in anderem Muster, Farbton und Material, das man auch nach außen tragen kann. Rein theoretisch eine gute Idee abgesehen davon, dass man nichts darin findet. Es sein denn, man entscheidet sich zum Beispiel für einen der *Wendeshopper* von MCM, die auch eine kleine Tasche mit Henkel zum Herausnehmen für den gan-

zen Kleinkram enthalten. Damit hat man drei Taschen in einem und ist gerüstet für jede Tages- und Jahreszeit ;-)

Die Wissenden
Die Agentur der Wissenden ist eine fiktive Organisation, die sich den gewaltfreien Schutz des gesunden Menschenverstandes auf die Fahne geschrieben hat. Dank einer einzigartigen Verbindung von jahrhundertealtem Wissen und neuesten wissenschaftlichen Erkenntnissen versuchen sie, die Wurzeln menschlicher Zerstörungswut und Aggression zu bekämpfen. *Die Wissenden* arbeiten im Auftrag von Geheimdiensten wie auch von privaten Organisationen. Sie sind auf der ganzen Welt verstreut tätig als Wissenschaftler, Politiker, Priester, Künstler, Philosophen, Sportler, Mediziner, Industrielle, Juristen, Manager oder als Finanzspezialist wie James Kuhl.

Danke!

Alfred, der mich schreiben lässt, zum Lachen bringt, bekocht und in jeder Hinsicht geduldig unterstützt.

Alice Grünfelder für das konstruktiv-kritische Lektorat mit Sinn fürs Wesentliche. Auch dafür, dass sie sich trotz ihrer eigenen schriftstellerischen Tätigkeit Zeit für meinen Roman genommen hat! Und für den Hinweis mit den «Ameisennägeln».

Evelyn Braun fürs x-fache Test- und Korrekturlesen: Ihren wachen Augen und ihrem scharfen Geist ist nichts entgangen.

Rita Baldissera für die engagierte Begleitung durch mehr als einen Manuskriptentwurf und die Hinweise zum Thema Mode.

Yvonne Hardy-Büchel, Maya Hostettler, Andrea Roffi, Nadine Spothelfer und Thomas Frey fürs kritische Testlesen und die wertvollen Inputs.

Sibylle Liedtke, Verlagskorrektorin und Lektorin fürs sorgfältige Schlusslektorat.

Corinne Lüthi für das stilvolle, umwerfend schöne Cover und die minutiöse, optisch perfekte Gestaltung des Textes.

Florence Bachofen-Székely für die wunderschönen und einfühlsamen Illustrationen.

Meinen Verlegern Manfred Klemann und Matthias Ackeret für das Vertrauen und die Unterstützung.

Den brillanten Anwälten, Dave Zollinger-Anderegg für die effizienten, fachkundigen Erklärungen zum Thema Geldwäscherei und Oliver Staffelbach für die exzellente vertragliche Beratung.

Schriftstellerin Beate Rothmaier für die Durchsicht des allerersten Entwurfs und die Unterstützung bei der Plotfindung.

Dem Fotografen Roman Schubert für die schönen Autorenfotos, die tollen Bilder für meine neue Website, seine kreativen Ideen und für die Geduld während des Shootings und ganz besonders im Rahmen der sorgfältigen Nachbearbeitung.

Aisha Wenzel-Werz, Visagistin und Make-up-Artist fürs Styling, die psychologische Betreuung während des Shootings und ihr umwerfendes Smile, mit welchem sie auch mir das eine oder andere unverkrampfte Lächeln entlocken konnte.

Lesley Horlacher für die Gestaltung meiner neuen Website und Antonio Granja für die technische Umsetzung.

Bettina Keller, Rosemarie Amacher und Tamara Stadler-Pizigoni für die informativen wie spannenden Gespräche zum Thema nachhaltige Produktion und vielem mehr, was eine Modeunternehmerin auf Trab hält.

André Bernheim für den Austausch über die Bedeutung von Nachhaltigkeit für die Uhrenindustrie und speziell für Mondaine, die erste Schweizer Uhrenmarke, die umweltfreundliche Uhren aus nachhaltigen Materialien herstellt und das auch noch vollkommen CO2-neutral.

Carolin Gebhardt (Public Relations), Anna Haspel und Hannah Gronwald (Corporate Responsibility) bei Marc Cain für die hilfreichen Informationen zu Marc Cains vorbildlicher Umsetzung der Nachhaltigkeitsstrategie.

Christian Peter, Hess Natur, für den Einblick in die Mechanismen und die Komplexität nachhaltiger Produktion.

Angelika Durz und Matthias Maletzki, Lenzing AG, für die Ausführungen zur Produktion nachhaltiger Materialien wie *Modal, Lyocell* und *TENCEL™*.

Steven Strausak, für die spannenden Einblicke in seine Arbeit als Geheimagent.

Urs Frey für das Teilen seiner Erfahrungen mit Familienunternehmen und der Bedeutung von *Family Governance*.

HG für die Idee mit der «Ameisen-Diarrhö» und die Inspiration zu Ochsenfroschs Rolle bei der Trunkshow :-)

Alfons de Stefani für den Input zum Churer Lokalkolorit und die Anekdote zum Torbogen.

Meinen Nachbarn, Monica & Hansruedi, für die liebevolle Verpflegung und Betreuung unseres Katers Spiegel während meines Schreibrückzugs.

Anna Lisa & Werner für die großzügige Gastfreundschaft im idyllischen Schreibretreat «Villa Hundert» in Engelberg.

Last but not least Ihnen, liebe LeserInnen, dass Sie sich die Zeit für mein Buch genommen haben!